东亚文明

EAST ASIAN CIVILIZATION

第2辑

南京师范大学文物与博物馆学系

主 编

社会科学文献出版社
SOCIAL SCIENCES ACADEMIC PRESS (CHINA)

目　录
CONTENTS

Contents

【Pre – Qin Archaeology】

【Studies of Cultural Relics from Historical Periods】

【Regional Historical Culture】

【Field Archaeological Reports】

先秦考古

论"考古学文化"的学术意义

裴安平

（南京师范大学文博系）

[**摘要**] 考古学文化不仅为利用遗迹遗物研究历史的考古学提供了很好的时空框架，也在一定程度上反映了不同地区人类的生产生活特点与习俗，反映了人类历史的发展与演变。但是，考古学文化的本质就是物质遗存的共同体，而不是人类社会的共同体，也不是人类历史发展演变的载体和平台。因此，研究史前社会的发展必须以聚落组织或群聚形态为载体和平台。

[**关键词**] 考古学文化；物质遗存；聚落群聚形态

自 19 世纪中叶西方考古学形成"考古学文化"这一概念以来，"考古学文化"就成为世界范围内人们利用遗迹遗物研究历史的基本单位，尤其是史前考古，舍了"考古学文化"就没有其他具有一定时间、一定空间范围的历史共同体了。20 世纪 50 年代以后，西方逐渐兴起了"区域聚落形态"的理论与研究。虽然这一理论完全与史前社会背道而驰，有违史前社会原本的形态与特点，并将现代社会学的一些概念，如"社区""社群"等引入史前考古，但它兴起的初衷和原因却显露了西方想要复原和研究历史，可又缺少人类组织的载体与平台的局限。

20 世纪 90 年代以后，中国考古学进入了复原史前史和文明探源的学术高潮期。为了尽快获得相应的成果，中国考古学一方面继续坚持以考古学文化为历史研究的单位，另一方面又不分青红皂白地大力引进欧美的"区域聚落形态"的理论与方法，结果也显示中国的史前考古同样缺少人类组织的载体与平台。

一 考古学文化对于复原和研究史前史的积极意义

一般而言，考古学文化就是在一定时间和空间范围内，由一群有特色的遗迹遗物构成的共同体。

考古学文化的本质就是物质遗存的共同体，是人们在生产生活中自然形成的；就像现在各地人们的生活习惯与语言有重要区别一样，一切都是自然的产物。

就世界考古学而言，考古学文化之所以会成为史前考古的主要对象和研究平台，有两个基本的原因。

第一，考古学文化具备时空两方面属性。

考古所发现的史前遗迹遗物都是文字出现以前的不会"说话"的历史遗存，要使这些历史遗存转变成研究历史的资料就必须解决其时间与空间两个根本的属性问题，这是一切历史资料的基础和条件，而这两点也正是考古学文化在地层学、器物形态学支持下所具备的一大特点。正因此，具备时间与空间的属性就是考古学文化成为历史研究对象最根本的原因，也是考古学文化能够成为一种历史研究平台的根本原因。

第二，考古学文化使一盘散沙的历史遗物成为一个系统有序的整体。

所有考古发现的对象都是物质的，虽然这些发现及其遗迹遗物类似一个个历史的文字、单词或组织细胞，但是它们毕竟都是独立的，无法自行联系起来构成一个系统的整体。历史的研究也一样，个人的历史虽然是历史的一部分，但永远都不是整体的人类及其历史。值得注意的是，历史学和考古学所研究的历史一直都是人类宏观整体的历史，所以考古学文化的整体性就自然而然地使其成为人类历史的研究对象和平台。

相对世界考古学而言，中国考古学还拥有利用考古学文化复原和研究史前史的两大正面原因。

第一，大量考古学文化的发现是百年来中国考古的主要收获。

特别是 20 世纪 50 年代以来，中国考古学发现了大量史前与商周时期的考古学文化，这些发现与对它们的辨识不仅显示了中国史前与商周时期考古学文化的多样性，也显示了中国考古人孜孜不倦的追求与成果；更重要的是还让中国考古工作者发现古代中国的历史隐藏在考古学文化的背后，古代中国的历史是考古学文化的历史。因此，坚持以考古学文化来复原和研究历史不仅充分肯定了考古人的追求和成绩，还充分显示了中国考古人对过往成就的念念不忘。

第二，考古学文化区系类型理论的提出拉近了考古学文化与历史的距离。

20 世纪 80 年代初随着苏秉琦先生考古学文化区系类型理论的提出，中国考古学就因为在世界范围内首次提出了考古学文化关系的系统问题，竖起了中国学派的大旗；更重要的是，考古学文化区系类型理论还拉近了考古学文化与历史的距离，尤其是六大文化区系的划分大部都可与商周以后各地大型方国的出现及其地域范围基本对应的现象，让中国考古学界进一步意识到了考古学文化对于复原和研究古代中国历史的重要意义。从此，中国考古学界普遍认为，对考古学文化的研究就是考古研究的必由之路，并认为中华文明的形成就是在一个相当辽阔的空间范围内若干考古学文化共同演进的结果，各文化的区域特色还暗示了在走向文明的进程中各自的方式、机制、动因等也可能不尽相同。①

显然，考古学文化对于复原和研究历史的积极意义已经不再局限于对早期物质遗存本身时间、空间和整体性的研究，而且还与 20 世纪晚期考古学的发展和进步紧密地联系在一起了。

二　考古学文化对于复原和研究史前史的局限性

20 世纪 90 年代以来，特别是随着重建中国史前史与文明探源等重大课题的展开，将考古学文化当作历史研究对象与平台的局限性与问题已显露无遗。

第一，考古学文化的本质完全是物质的，是在一定的时间与空间范围内由一群有特色的遗迹遗物构成的共同体，就像现在各地不同的生活习俗一样，都是历史发展中的自然产物。虽然这种物质的共同体也连带反映了人类的某些历史与变化，但这些变化一方面并改变不了它的物质本性，另一方面这些反映都是间接的而不是考古学文化直接造成的。

第二，历史的创造者和主体是人，历史是人与人联合构成的各种社会组织。考古学的终极目的是复原并研究人的历史。虽然史前的人和组织都隐藏在了考古学遗迹遗物的背后，但这并不是考古学文化与人及人类组织可以相互替代的理由。人就是人，物就是物。物性的考古学文化永远都不会变成人，并主动去创造历史，也不会主动推动文明和国家起源。研究历史必须"由物及人"，以人为本，以人和人的社会组织为基本研究对象。千万不能用物态考古学文化的研究替代对人和人的社会组织的研究。

第三，考古学文化本身也是人类创造的，比如陶器的出现，是人类社会生产力与技术发展进步的结果，而不是考古学文化自身进步的结果。因此，要研究人类的历史与变化不可能从考古学文化中找到原因，而只能从人类历史的变化中找到考古学文化发展与演变的原因。

第四，考古学文化及其区系类型都是跨地域的范围广阔的地缘化概念。但是，史前的人类组织不仅以血缘为基础，而且规模与分布地域都很小，其内涵的丰富性远远不及考古学文化。因此，要复原史前社会，一方面不能用地缘的现象和特点来理解和复原血缘社会，另一方面也不能盲目地将考古学文化的整体当作一个统一的血缘社会组织。

第五，在史前人类的视野中，实际并没有"考古学文化"这个概念，也从来没有在"考古学文化"的旗帜下一起从事过农业、手工业，一起创造文明和国家的起源。考古学文化对古人来说完全是身外之物。人们相互之间除了血缘与婚姻关系以外，谁都不会因为使用了相似的陶器和石器而成为"亲戚"或朋友。虽然它也是当时的一种客观存在，但它只是一种地域性的物质文化的相似性和共性，对当时人们的日常生活并不存在任何影响。

---

① 王巍、赵辉：《中华文明探源工程的主要收获》，《光明日报》2010 年 2 月 23 日。

今天，人们对考古学文化及其区系类型的认识，纯粹只是对一定时空范围内有一定共性的物质遗存的主观认识，一种纯地缘化的宏观的逻辑概括。

第六，虽然历史时期某些民族和国家的主体范围有与史前考古学文化系统的分区基本吻合的现象，但这种现象只是历史过程及其演变的最后结果，而且也与文明和国家起源毫无关系。事实上，中国的考古早已证明，国家的规模是不断扩大的，国家与考古学文化的关系也是复杂的。一方面史前古国的规模与地域范围都远远小于当地所属的考古学文化，如早期楚人的活动地域就很小，就只是"辟在荆山"；另一方面，一个考古学文化的分布区内可能不止一个古国，而有的国家，如夏的主体范围实际就跨越了两个史前文化的分布地域，东南是河南龙山文化的一部分，西北是山西龙山文化的一部分。①

第七，虽然重建中国史前史与文明探源的工程已经实施 20 年有余了，但是，无论史前史还是文明探源却都没有取得任何实质性的研究成果。为什么会出现这种现象呢？其中一个重要原因就是用考古学文化研究的方法来研究社会与社会形态，哪个聚落面积大，哪个物质遗存多，哪个就代表文明，就是"王"，而周边的其他聚落就自然是"众星拱月"的"卫星"。这完全是以物的特点用形式逻辑来区别不同文化与区系类型的经典研究方法，结果完全与历史事实不符。

三 结语

今天之所以要分析和讨论考古学文化对于考古学的意义，并不是要否定它在复原历史、研究历史中的积极作用，而是要理顺廓清它在复原历史和研究历史当中应有的地位和作用。

长期以来，中国考古学界就对考古学文化及其研究情有独钟，甚至认为中华文明的形成就是在一个相当辽阔的空间范围内由若干考古学文化共同演进的结果。因此，只有真正廓清"考古学文化"对于历史研究的意义，才能真正解放思想，并有助于"中国特色、中国气派、中国风格"的考古学的诞生与形成。

20 世纪 90 年代以来，中国重建史前史与文明探源的实践早已表明中国考古学已进入复原历史、研究历史的新阶段。然而，复原历史、研究历史仅靠考古学文化及其有关理论是不够的。实际上，在历史遗物与历史之间，有许多问题需要解决。因此，考古学的理论是一个分层的体系，面对不同的问题要用不同的理论与方法来予以解决。最近，新出现的聚落群聚形态的理论就是专门研究史前社会组织与组织形态的理论。② 这种理论与考古学

---

① 佟伟华：《二里头文化向晋南的扩张》，载杜金鹏、许宏主编《二里头遗址与二里头文化研究》，科学出版社，2006，第 361 页。

② 裴安平：《中国史前聚落群聚形态研究》，中华书局，2014。

文化理论的关系不是相互替代，而是相互补充，是迭代升级。其中，考古学文化仍旧是聚落群聚形态研究的基础，因为聚落群聚形态所研究的资料的时间与空间属性都源自考古学文化的研究成果；聚落群聚形态的研究则是升级，是以人为本的研究。

因此，对复原历史、研究历史的新理论与新思想抱持拒绝和排斥的态度，采取视而不见、听而不闻的方法，不应该在学术舞台上再继续下去了。

（编辑：陈声波）

倏而来兮忽而逝

——远逝的良渚文化与远古文明

张　敏

（南京博物院）

[**摘要**]　良渚文化是古国时代最发达的考古学文化，良渚文明是古国时代最辉煌的远古文明。资源枯竭、汤汤洪水、涿鹿之战等原因虽然都有可能导致良渚文化在进入华夏国家文明前夕消亡，但"良渚古国"是一个由灵巫统治的神权社会，是一个由先进生产力与落后上层建筑构成的矛盾综合体，社会形态的滞后可能是制约"良渚古国"向方国文明发展演进的最重要原因之一，可能是良渚文化和良渚文明在突然繁荣后又突然崩溃的最重要原因之一，良渚文化所反映的古国文明也因此成为华夏文明化进程中的一个特例。

[**关键词**]　良渚文化；消亡原因；古国文明

一　良渚文化——曾经辉煌的远古文明

良渚文化是曾经辉煌的远古文明。

良渚文化所处的时代是我国历史上的五帝时代，也是文明曙光冉冉升起的古国时代。

以 1936 年施昕更先生发掘良渚遗址作为良渚文化认识与研究的肇始，迄今已 80 余年了。80 多年来，对于良渚文化的认识在不断地深化与升华，关于良渚文化的研究也在不断地深入与更新。

1973 年以来，吴县草鞋山、武进寺墩和上海福泉山等良渚文化遗址的发现，玉琮、玉璧等礼器和祭祀高台代表的文化内涵开始引人瞩目和令人瞠目，"良渚古国"的形象开始浮出水面。

1986 年以来，良渚一带先后发现了反山王族陵寝、瑶山和汇观山祭坛与墓地、莫角山神庙与宫殿、卢村和子母墩祭坛、美人地贵族居住区、文家山和卞家山等中型聚落、塘山长堤和鲤鱼山—老虎岭水坝、茅山古稻田、中初鸣玉作坊群等，尤其是反山王陵、莫角山宫殿和瑶山、汇观山祭坛与墓地的发现，使"良渚古国"的形象逐渐清晰地呈现在人们眼前，对良渚文化的认识也随之不断地深化和升华。此时，1959 年在湖州钱山漾遗址出土的良渚文化丝织品重新回归人们的视线，原来良渚先民不仅掌握了先进的蚕桑、缫丝和纺织技术，而且，良渚文化还是远古时期的"衣冠文化"①，"良渚古国"是五帝时代的衣冠上国，礼仪之邦。

2006 年以来，良渚古城的发现使遗址群之间各类遗迹的相互关系豁然开朗，"良渚古国"中心区域的布局也令人恍然大悟，在以古城为中心方圆 40 平方公里的良渚遗址群中，不同性质、不同等级的文化遗存反映了良渚文化错综复杂的社会结构体系，良渚文化无疑是古国时代最灿烂辉煌的远古文明。

一次又一次的重大考古发现使人一次又一次地感到振奋和震撼，一系列重大的考古发现无不表明良渚文化是古国时代文明化程度最高的考古学文化，无不标志着良渚文化已经进入史前文明的初级阶段并展现出"良渚古国"的风姿，而对于良渚文化的认识也逐渐从雾里看花的迷茫，经盲人摸象的探索，终于迈进窥一斑而知全豹的阶段了。

"华光犹冉冉，旭日渐曈曈。"② 距今 5300～4200 年的良渚文化无疑是古国时代文化最发达、文明化程度最高的考古学文化，良渚文化无疑是古国时代的满天星斗中光芒最璀璨的一颗新星，"在 4000～5000 年以前我国的文明曙光时代，以东方的龙山和东南的良渚文化的光芒最亮"③。

2019 年，良渚古城遗址被列入《世界遗产名录》，良渚文化以其独特的风姿向世界展现了中华文明多元一体的宏伟画卷，良渚古城终于实证了波澜壮阔的五千年中华文明史。④

"良渚古国"有着巨大的城垣，城垣内有宫殿群和王陵区，城垣外有祭坛和贵族的高台墓地、贵族居住区等大中型聚落和码头、水井，有灌溉系统完备的大型稻田，有工程浩大的巨型防洪水坝，还有黑地朱绘的镶玉漆器、阴刻神人兽面纹的象牙器和造型精致、纹饰繁缛的陶器，更有令人叹为观止的盈千累万的玉制礼器、装饰用器以及规模庞大的治玉作坊群，在部分陶器、石器和玉器上还发现具有文字性质的刻画符号。

良渚古城作为权力与信仰的中心，以社会等级秩序的建立凸显其权力中心的象征，由外城区、内城区和宫殿区构成的具有都邑性质的良渚古城，在空间上展现出向心式的层次分明、错落有序的三重结构。

大型工程的复杂性和社会生活的多元性必然导致社会分层的复杂化和社会分工的细致化，良渚文化的都邑城池、宫殿神庙、献祭神坛、权贵陵墓、大型聚落、水利工程、玉作

---

① 董楚平：《良渚人的衣冠文化》，《东南文化》1988 年第 3、4 合期。
② （唐）元稹：《会真诗三十韵》，《元微之诗集》（线装本），广陵书社，2013。
③ 俞伟超：《龙山文化与良渚文化衰变的奥秘》，载张学海主编《纪念城子崖遗址发掘 60 周年国际学术讨论会文集》，齐鲁书社，1993，第 9 页。
④ 周膺、吴晶：《中国 5000 年文明第一证：良渚文化与良渚古国》，浙江大学出版社，2004；刘斌：《良渚遗址：实证中华五千年文明史的圣地》，《杭州》（周刊）2017 年第 16 期；宋姝、刘斌：《良渚古城：中华 5000 多年文明史的实证之城》，《自然与文化遗产研究》2020 年第 3 期。

坊群、玉制礼器乃至原始文字的发现，表明早在夏王朝之前的中华大地上已出现了远古时期的雏形国家——"良渚古国"。[①]

良渚文化的文明因素丰富多彩，良渚文化的文明化迹象经纬万端。然而，良渚文明与华夏文明的相互关系如何？良渚文明与"良渚古国"在我国文明起源中的地位如何？这些都是值得深入探究的课题。

苏秉琦先生将我国古代国家形态分为古国、方国、帝国，张忠培、李伯谦、王巍先生都将我国古代国家形态划分为三个发展阶段，林沄先生论证了研究我国古代国家形态的理论与方法。[②]

张忠培先生认为古国时代处于"距今五千至四千年这个阶段，也就是公元前三千至两千年，文明发展到社会转型期，即由原始社会向阶级社会转型的时期。这段时间就相当于考古学上讲的仰韶文化晚期和龙山时代，也就是传说中的五帝时代。……这个阶段是一个转型时期，此时社会发生急剧变化，贫富分化与阶级分化愈演愈烈，区域政治中心纷纷涌现，以军权为支撑的王权、军权、神权相结合的王权国家开始形成"。[③]

因此，本文采用的古代国家概念即古国时代——仰韶文化至龙山文化时期，方国时代——夏商周时期，帝国时代——秦汉时期及秦汉之后。

在我国古代社会的文明化进程中，"已具有方国规模的良渚文化"[④] 走在了时代的前列，宗教权力、军事权力、政治权力、经济权力成为"良渚古国"社会权力的支柱，原始宗教、城市政治、社会分层、军事帝国在良渚文明中扮演着重要角色，太湖地区无疑是史前文明的圣地，良渚文化无疑是五帝时代最先进的文化，"良渚古国"无疑是古国时代的杰出代表。[⑤]

---

① 刘斌、王宁远、陈明辉、朱叶菲：《良渚：神王之国》，浙江省人民政府、故宫博物院编《良渚与古代中国》，故宫出版社，2019，第 4～14 页；朱雪菲：《神王之国：良渚古城遗址》，浙江大学出版社，2019。

② 苏秉琦：《中国文明起源新探》，《苏秉琦文集》（三），文物出版社，2009，第 328 页；张忠培：《中国古代的文化与文明》，《考古与文物》2001 年第 1 期；李伯谦：《中国古代文明化历程的启示》，《决策探索》2015 年第 3 期；王巍：《中国古代国家形成论纲》，载韩国和、张松林主编《中原地区文明化进程学术研讨会文集》，科学出版社，2006，第 78～86 页；林沄：《中国考古学中"古国""方国""王国"的理论与方法问题》，《中原文化研究》2016 年第 2 期。

③ 张忠培：《中国古代的文化与文明》，《考古与文物》2001 年第 1 期。

④ 苏秉琦：《良渚文化的历史地位——纪念良渚遗址发现六十周年》，《苏秉琦文集》（三），文物出版社，2009，第 257 页。

⑤ 夏之：《中国文明曙光升起的地方》，《浙江学刊》1995 年第 1 期；周如汉：《良渚莫角山遗址发掘与中华文明的起源》，《杭州师范学院学报》1995 年第 2 期；张忠培：《良渚文化的年代和其所处社会阶段——五千年前中国进入文明的一个例证》，《文物》1995 年第 5 期；严文明：《良渚文化：中国文明的一个重要源头》，《寻根》1995 年第 6 期；安志敏：《良渚文化与文明起源》，《浙江学刊》1996 年第 5 期；陈剩勇：《良渚文化与中华文明的起源》，《浙江学刊》1996 年第 5 期；汪遵国：《良渚文化：东方文明之光》，《浙江学刊》1996 年第 5 期；王明达：《良渚文化在东亚文明进程中的贡献》，《浙江学刊》1996 年第 5 期；张学海：《论莫角山古国》，载浙江省文物考古研究所编《良渚文化研究》，科学出版社，1999，第 17～24 页；韩建业：《良渚、陶寺与二里头——早期中国文明的演进之路》，《考古》2010 年第 11 期；赵晔：《良渚：中国早期文明的典范》，《南方文物》2018 年第 1 期；朱乃诚：《炎黄时代与中国文明的起源和形成》，《信阳师范学院学报》（哲学社会科学版）2019 年第 3 期；易华：《良渚文化与华夏文明》，《中原文化研究》2019 年第 5 期；高江涛：《试论中国早期国家形成的模式与动力》，《史学月刊》2019 年第 6 期。

"良渚古国"是中原以外的一个独立的文明实体，一个松散的政治实体。在进入以夏王朝为代表的华夏国家文明之际，曾经灿烂辉煌的良渚文化在华夏历史舞台上突然销声匿迹，率先进入华夏国家文明的夏王朝并非良渚文化的后继者，而与郑州西山古城、巩义双槐树遗址、灵宝西坡墓地等中原文化遗存有着千丝万缕的联系，与西山、双槐树、西坡文化遗存所表述的河洛文明有着盘根错节的联系，以中原为中心的历史趋势逐渐成为中国史前文明起源的基础①，正如《史记·封禅书》所云"昔三代之居皆在河洛之间"。

夏王朝不是良渚文化的后继当为不争的史实，以玉制礼器祭祀天地为代表的"良渚古国"的核心文化内涵在夏文化中几乎荡然无存。显然，良渚文化不是华夏国家文明的来源，因为在进入华夏国家文明之前，显赫一时的"良渚古国"业已崩溃，焜昱错眩的良渚文明业已消亡。

对良渚文化突然繁荣与突然消亡的文化现象进行考察，对良渚文化突然崩溃的原因进行反思，有助于史前社会复杂化进程的研究和华夏文明起源的探讨，有助于认识和理解华夏文明的起源、发展和演进历程。

探讨良渚文化与良渚文明的兴衰，"需要关于社会一般运作和人类如何行动的明确而广义的概念与理论……旨在探寻究竟是历史的延续还是理论的推测，是模式还是偶然"。②

探讨良渚文化与中华文明的相互关系，还需界定"文明"与"中国文明"，界定"中华民族的文明"与"华夏文明"。"谈中国文明起源的问题，第一步是决定'文明'该如何界说，下一步便要决定什么是'中国'文明"，"前者用广义的界说，相当于'中华民族'的文明，在时代上是连续性的；后者用狭义的界说，以最早的文明相当中国文明，亦即把华夏文明当作最早的中国文明的代表"。③

"良渚古国"特殊的文明化历程引起人们无限的遐想，也引起了无尽的反思。虽然一系列重要考古发现为探寻良渚文明提供了研究的基础，然而考察良渚文化盛极而衰的历史进程，反思良渚文明水满则溢的历史原因，检讨良渚文明"倏而来兮忽而逝"④的文化现象是"模式还是偶然"，对于华夏文明起源模式的探讨或许有一定的积极意义。

二　良渚文化——已然消逝的远古文明

良渚文化是已然消逝的远古文明。

---

① 赵辉：《以中原为中心的历史趋势的形成》，《文物》2000 年第 1 期；赵辉：《中国的史前基础——再论以中原为中心的历史趋势》，《文物》2006 年第 8 期；曹建墩：《礼、宗教与中国早期文明的演进模式》，《中原文化研究》2020 年第 1 期。
② 迈克尔·曼：《社会权力的来源（第一卷）——从开端到 1760 年的权力史》，刘北成等译，上海人民出版社，2015，第 617 页。
③ 张光直：《论"中国文明的起源"》，《文物》2004 年第 1 期。
④ （宋）洪兴祖：《楚辞补注》卷二《九歌·少司命》，中华书局，1983，第 72 页。

曾经辉煌的远古文明的消亡，虽有社会发展规律的必然性，但良渚文明的兴亡作为一种特殊的文化现象，必然有着特殊的深层次的历史原因。

良渚文化和良渚文明有发生、发展、繁荣、崩溃、消亡等不同发展阶段[①]，即时间差异；良渚文化和良渚文明有"中心区"和"次中心区"，即空间差异[②]。

然而，作为一种研究方法，将良渚文化中所有相互独立又相互联系的不同要素视为一个整体，即将良渚文化作为一个文化共同体进行宏观的综合考察，解析良渚文化崩溃原因中的主观因素和客观因素，考察良渚文化由突然繁荣至突然崩溃与消亡的发展历程中的必然性和偶然性，有利于认识的深化和研究的深入。

对良渚文化和良渚文明的考察，首先是考古学文化现象的考察，在此基础上结合对古史传说、宗教形态、北上动因、国家形态的考察，尽可能地还原考古学文化遗存所表述的良渚文明的发生、演进和衰亡历程。

（一）文化现象的考察

太湖地区新石器时代的考古学文化序列为马家浜文化→崧泽文化→良渚文化，崧泽文化和崧泽文明是良渚文化和良渚文明的前奏。

崧泽文化分布于长江以南、钱塘江以北的太湖地区，已发掘的重要遗址有上海青浦崧泽，江苏苏州草鞋山，吴江同里，常州新岗、青城墩，武进乌墩，江阴南楼，张家港徐家湾、东山村，宜兴下湾，浙江嘉兴南河浜，桐乡普安桥，湖州昆山、邱城，安吉芝里，海宁小兜里，海盐仙坛庙等。

张家港东山村遗址的发现，表明崧泽文化的中心区域在太湖西北部；武进乌墩、常州青城墩、张家港东山村大型墓葬的发现和嘉兴南河浜、桐乡普安桥、海盐仙坛庙、海宁小兜里、无锡邱承墩等大型祭坛和常州青城墩双重环壕聚落的发现，表明距今 5800 年前后的太湖地区业已开始迈向了古国时代。

距今 5500 年前后，崧泽文化周围有江淮西部的薛家岗文化、江淮中部的凌家滩文化、江淮东部的龙虬庄文化和宁镇皖南东部的北阴阳营文化。

薛家岗文化分布于江淮西部的大别山以东、巢湖以西的皖西南山地丘陵区，向西可达鄂东及赣北。"皖西南的薛家岗文化在晚期阶段达到了繁盛，但很快又急剧地衰落，其后皖西南兴起了一种以张四墩类型为代表的新文化。与薛家岗文化相比，无论是陶器还是玉、石器的制作技术、种类、数量都发生了较大的变异，大部分文化因素都与薛家岗类型

---

① 陈国庆：《良渚文化分期及相关问题》，《东南文化》1989 年第 6 期；杨晶：《论良渚文化分期》，《东南文化》1991 年第 6 期；黄宣佩：《论良渚文化的分期》，载上海博物馆集刊编辑委员会编《上海博物馆集》第 6 期，上海古籍出版社，1992，第 370～388 页；栾丰实：《良渚文化的分期与年代》，《中原文物》1992 年第 3 期；芮国耀：《良渚文化时空论》，载余杭市政协文史资料委员会等编《文明的曙光：良渚文化》，浙江人民出版社，1996，第 130～142 页；宋建：《论良渚文明的兴衰过程》，载浙江省文物考古研究所编《良渚文化研究》，科学出版社，1999，第 86～105 页；朔知：《良渚文化的初步分析》，《考古学报》2000 年第 4 期。

② 浙江省文物考古研究所：《良渚古城综合研究报告》，文物出版社，2019。

缺乏传承关系"①；"在原薛家岗文化分布范围内，出现一种明显不同于薛家岗文化而又无太多传承关系的新文化。可推测薛家岗文化在末期有过剧变，甚至是一种近乎毁灭性的打击，从而在本地销声匿迹了"。②

凌家滩文化分布于江淮中部的巢湖流域以及巢湖以南的裕溪河、滁河流域，凌家滩遗址发现的大型祭坛、积石圈和随葬大量宗教礼仪用器的大型墓葬，无不表明凌家滩文化是一个由原始宗教统治的、贫富分化显著的神权社会。然而，在距今 5300 年之后，高度发达的凌家滩文化却神秘地消失不见了，"在长江下游，凌家滩人是首先走上文明化道路的先锋队。虽然直到目前为止，我们还不知道他们的后继者是一个什么情况，是不是曾经拿过接力棒进一步奔向文明社会，但从各种情况分析，在凌家滩之后，文化发展的重心可能有所转移，至少玉石工业的重心转到太湖流域的良渚文化那里去了"③。

龙虬庄文化分布于江淮东部的里下河平原，龙虬庄文化分为三期，第二期是龙虬庄文化的繁荣期，造型优雅的陶器和发达的骨角器具有浓郁的江淮东部地方特色；第三期受到太湖流域的强烈影响，陶器、石器和玉器中出现崧泽文化晚期至良渚文化早期的文化遗物。距今 5000 年前，龙虬庄文化在江淮东部突然消失不见了，"江淮东部的龙虬庄文化，犹如一颗流星，从黑暗中来，在突然放射出耀眼的光芒之后，又流向黑暗"④。

北阴阳营文化分布于长江以南的宁镇山脉和皖南东部，北阴阳营文化分为三期，距今 5500 年前后是北阴阳营文化的第二期和第三期。第二期的文化遗物具有浓郁的地方特色，第三期的文化遗物则呈现出崧泽文化晚期、良渚文化早期的文化特征，显然受到太湖地区的强烈影响。"在良渚文化之前，宁镇地区的史前文化与太湖地区的史前文化是同步发展的；当进入良渚文化时期，太湖地区的史前文化呈现出高度发展蓬勃兴旺的景象，而宁镇地区的史前文化却一蹶不振，甚至衰亡"。⑤

根据江淮和宁镇皖南地区的考古发现，距今 5500 年前后，崧泽文化已开始西进北扩，南京北阴阳营、芜湖月堰、潜山薛家岗、黄梅塞墩、武穴鼓山发现的崧泽文化遗存，表明崧泽文化的西进已从宁镇皖南西抵江淮中部；海安青墩、高邮龙虬庄、新沂小徐庄发现的崧泽文化遗存，表明崧泽文化的北扩已从江淮东部北达黄淮南部⑥，因此，江淮地区的薛家岗文化、凌家滩文化、龙虬庄文化和宁镇皖南地区的北阴阳营文化都消亡于崧泽文化的西进北扩。

① 朔知：《皖西南新石器时代文化的变迁》，《南方文物》2006 年第 2 期。
② 吕利亚、毛振伟、朔知、王昌燧：《从张四墩遗址看薛家岗文化的去向》，《南方文物》2007 年第 1 期。
③ 严文明：《凌家滩·序》，载安徽省文物考古研究所《凌家滩——田野考古发掘报告之一》，文物出版社，2006。
④ 龙虬庄遗址考古队编著《龙虬庄——江淮东部新石器时代遗址发掘报告》，科学出版社，1999，第 531 页。
⑤ 张敏：《句容城头山遗址出土的史前玉器及相关问题的讨论》，载费孝通主编《玉魂国魄》（一），燕山出版社，2002，第 180 页。
⑥ 郝明华：《苏皖江北地区的崧泽文化因素》，《东南文化》2001 年第 5 期；栾丰实：《崧泽文化向北方地区的扩散》，《东南文化》2015 年第 1 期；朔知：《初识薛家岗与良渚的文化交流》，载浙江省文物考古研究所编《浙江省文物考古研究所学刊》第 8 辑，科学出版社，2006，第 105 页。

距今 5300 年前后，崧泽文化发展演进为良渚文化，兴化蒋庄、阜宁陆庄、新沂花厅、萧县金寨以及鲁南地区发现的良渚文化遗存表明良渚文化延续了北扩的态势①，文化与文化之间的碰撞成为文化的表象，而文化与文化之间的征服则是文化现象的本质与内核②。

在崧泽文化与良渚文化交替之际，太湖周边的考古学文化都先后突然消亡是不争的史实，广袤而富饶的宁镇地区和江淮地区随着崧泽文化的西进北扩而先后沦为考古学文化的空白区也是不争的史实。

"环太湖地区的良渚文化迅速繁盛，人口高度密集，而宁镇巢湖地区却突然衰落……可以有理由地推测，这些地区迁出社群的去向主要应当是环太湖地区"。③ 宁镇地区和江淮地区的人口流向了太湖地区是不争的史实，然而江淮地区和宁镇地区的人口并非平和地迁徙，而是作为被俘获的劳力资源被迫挈妇将雏离乡背井，浩浩荡荡地迁往太湖地区。

这一特殊的文化现象表明了太湖地区的考古学文化在向古国文明迈进的历程中，伴随着对周边地区的征伐和征服，伴随着对周边地区的侵略和掠夺。

在崧泽文化与良渚文化交替之际，通过"崧泽古国"的战争和征服、侵略和掠夺，太湖地区俘获了大量的劳力资源，掠夺了大量的经济资源和包括蕴藏丰富的玉矿、掌握娴熟治玉工艺的玉工在内的玉资源，"崧泽古国"的西征北扩加速了宁镇、江淮等周边地区考古学文化的消亡，"崧泽古国"的西征北扩铸就了良渚文化的繁荣昌盛与灿烂辉煌。

赵陵山、张陵山遗址反映了良渚文化早期的繁荣景象；良渚古城反映了良渚文化中期的繁荣景象；寺墩、福泉山遗址则反映了良渚文化晚期的繁荣景象。早期良渚文化的中心在太湖东北部，中期良渚文化的中心在太湖南部，晚期良渚文化的中心在太湖西北部，可见良渚文化的政治中心不是一成不变的，而是随着时间的推移环绕着太湖游移，此消彼长。

在以良渚古城为中心的良渚文化中心区域之外，环太湖地区分布着桐乡新地里、姚家山，海宁大坟墩、姚家浜、徐家庄，海盐龙潭港，平湖庄桥坟、戴墓墩，桐庐小青龙，上海福泉山、吴家场、马桥、亭林、广富林，昆山赵陵山、少卿山、朱墓村，苏州草鞋山、张陵山，吴江龙南，常熟罗墩、黄土山，无锡邱承墩，江阴高城墩，武进寺墩等不同等级的遗址，并发现随葬玉琮、玉璧、玉钺的大型墓葬。从空间考察，众多不同等级的遗址构成了良渚文化的"中心"与"次中心"；良渚文化的用玉制度也反映了"良渚社会不同等级贵族的存在方式与特征"。④

良渚古城外围有规模宏大的水利系统，良渚古城之内和良渚古城周边有瑶山、汇观山等大型祭坛，有莫角山、美人地、玉架山、文家山、卞家山、庙前、后山头等不同等级的聚落和反山、瑶山、汇观山、钵衣山、文家山、卞家山、上口山、庙前等不同等级的墓

① 栾丰实：《良渚文化的北渐》，《中原文物》1996 年第 3 期。
② 严文明：《碰撞与征服——花厅墓地埋葬情况的思考》，《文物天地》1990 年第 6 期。
③ 张弛：《良渚社会的基本结构及其形成过程》，载许倬云、张忠培主编《新世纪的考古学·文化、区位、生态的多元互动》，紫禁城出版社，2006，第 533 页。
④ 宋建：《良渚文化的用玉与等级》，载上海博物馆编《上海博物馆集刊》第 11 辑，上海书画出版社，2008。

葬；不同用途的公共设施与原始宗教设施表明良渚文化中心区域与周边存在着复杂的社会组织，"整个良渚社会中确实存在一张以良渚古城为中心的'中央'联系着各个'地方'中心的网络结构"①；对玉器纹饰的比较研究，也证明了良渚社会存在着关系网络，良渚的高等级社群之间存在着互动关系②，瑶山、反山墓地分属有着不同社会控制能力的社会集团，反映了良渚社会最高等级的社会集团内部还存在着权力的差异，"瑶山、反山这两个集团或有不同的社会控制能力，或各自控制着不同的社会集团，或控制同一社会集团而轮流执政"③。

牟永抗先生曾对良渚社会作了精辟的归纳："良渚文化时期已经产生了相当数量的社会财富，并集中到少数人的手里，个人财产正在迅速增加；原始宗教相当发达，构成了上层建筑的一个重要组成部分，产生了以玉琮、玉钺为首的代表神权与军权的礼器系统；兽面神像所表现的容貌，已成为良渚文化圈内共同的神像，是融艺术与宗教一体的良渚原始宗教和礼仪制度的代表和象征；巫觋与行政首领是良渚统治者的双重身份；精致的艺术品玉器的大量出现并用作与物质生活无关的礼仪活动，标志着专业工匠和宗教职务人员等组成的'知识'阶层的产生；能埋入高台墓地的只是少数的显贵者，高高在上的大墓和星布于居住址内的小墓，反映出人们社会关系的分裂。"④

谢维扬先生认为良渚文化具有的社会规模超过简单氏族、部落社会，社会分化的程度甚于一般氏族、部落社会，出现了掌握社会最高权力的个人，在社会高层权力之间存在着金字塔似的等级结构，宗教与世俗权力相结合等五个特点。⑤ 秦岭女士则认为良渚社会虽然是分化非常显著、差异非常悬殊的一个社会，但社会结构并不是典型金字塔形的，并没有以大部分社会成员的赤贫来保证上层集团少部分人的厚葬，这样的结构特点和良渚社会权力的形态有密切关系，来源于生计资源与信仰的社会权力是比较温和和松散的。⑥

然而，一个不容忽视的事实是，制作大量造型各异、纹饰精美的玉器必然需要大量的玉石资源和劳力资源，骄逸奢华的贵族生活必然需要丰富的生活资料和人力资源，而建造巨大的城垣、高大的祭坛和宏伟的水坝等大型工程更是需要大量的技术资源和劳力资源。

崧泽文化西进北扩的俘获和掠夺，为良渚文化开拓了广袤的生存空间，积累了丰厚的物质财富。俘获的大量劳力资源和掠夺的大量经济资源为良渚文化的发展注入了新的活

---

① 赵辉：《良渚的国家形态》，《中国文化遗产》2017 年第 3 期。
② 秦岭：《良渚玉器纹饰的比较研究》，载浙江省文物考古研究所编《浙江省文物考古研究所学刊》第 8 辑，科学出版社，2006，第 23 页。
③ 张弛：《良渚社会的基本结构及其形成过程》，载许倬云、张忠培主编《新世纪的考古学·文化、区位、生态的多元互动》，紫禁城出版社，2006，第 533 页。
④ 牟永抗：《论良渚》，《牟永抗考古学文集》，科学出版社，2009，第 63 页。
⑤ 谢维扬：《中国早期国家》，浙江人民出版社，1995，第 278~295 页。
⑥ 秦岭：《权力与信仰——解读良渚玉器与社会》，载浙江省文物考古研究所等编著《权力与信仰：良渚遗址群考古特展》，文物出版社，2015，第 48 页。

力，征服与掠夺为"良渚古国"高速的文明化进程奠定了坚实的经济基础；征服的劳力资源和掠夺的经济资源促进了良渚社会的迅速分化，成为高度发达的"良渚古国"的政治基础。

显然，良渚文化的发展和演进不是平和的，而是伴随着暴力和征服，伴随着掳掠和奴役。良渚社会既有祭祀和祈祷的温和，又有掳掠和奴役的暴力，因此，良渚社会既存在多元的神权统治，又存在复杂的社会矛盾。良渚社会的劳力资源无疑是最重要的生产力，物质资源无疑是最重要的生产资料，大量劳力资源和生产资料的获取促进了良渚文化的高速发展，而俘获的劳力资源和掠夺的经济资源随着时间的推移也必然制约着良渚文化的可持续性发展。

李伯谦先生通过对仰韶文化与良渚文化的比较研究，认为："'良渚古国'虽神权、军权、王权相结合，但仍是以神权为主的模式。神权高于一切，是良渚古国最终均走向消亡的根本原因。因为掌握神权的巫师，无所节制地将社会财富大量挥霍于非生产性的宗教祭祀设施的建设和活动上，掏空了社会机体正常运转和持续发展的基础，使社会失去了进一步发展的动力；掌握神权的巫师，不是靠自己的军事才能和行政才能管理国家，而是靠向神致祭、同神对话秉承神的意志和个人想象来实现领导，这样做的结果可想而知。"[1]

在良渚文化蓬勃发展之际，庞杂的社会阶层和复杂的社会分工、大型的公共工程和贵族墓地、数量巨大的宗教礼仪用品和随葬用器、极致奢靡的贵族生活和雍容华贵的生活用器消耗了大量的劳力资源和经济资源，其惊人的消耗速度已远远超过劳力资源的增殖速度和经济资源的增长速度，劳力资源和经济资源逐渐萎缩的窘境导致良渚文化政治、经济无法维持持续性的发展，枯竭的劳力资源和经济资源已无力支撑良渚文化上层贵族骄逸奢靡的物质需求，资源的衰竭成为良渚文化走向衰亡的经济原因。

距今 4200 年前后，良渚文化经历盛极而衰之后，在太湖地区突然销声匿迹。在良渚文化之后，无论是太湖地区的广富林文化、马桥文化还是宁镇地区的点将台文化，都不是良渚文化的后继文化。显然，良渚文化在发展到我国史前社会前所未有的高度后，突然在太湖地区消失不见了。

良渚文化在太湖地区的消失约在距今 4200 年前后，此时正值"滔滔洪水，无所止极"之时。赵希涛等先生对中国海岸线变迁的研究表明，距今 4300 年左右发生过一次由南向北的大海侵，海侵时的海面约高出现代海面 1.0～4.0 米[2]；俞伟超先生认为："4000 多年前我国普遍发生一次延续了若干年的特大洪水灾难，应该是历史事实。当洪水泛滥时，大河、大江流域所遭灾难，必以下游为重。可以估计到，在那个时期，黄河、长江的下游，尤其是长

---

① 李伯谦：《中国古代文明演进的两种模式》，《文物》2009 年第 3 期。
② 赵希涛：《中国海岸线变迁研究》，福建科技出版社，1984；赵希涛等：《江苏建湖庆丰剖面全新世地层及环境变迁与海面变化的初步研究》，《科学通报》1990 年第 4 期。

江三角洲之地，当是一片汪洋，人们只能向高处躲避或逃奔外地，原有发达的龙山、良渚文化的种种设施，顷刻便被摧毁，而其农耕之地更是常年淹没，再也无法以农为生了。"①

由于良渚末期的大海侵是由南向北发生的，因此良渚文化举族迁徙的最大可能是北上。江淮东部沿 4000 年前海岸线的海安青墩、兴化蒋庄，沿古射阳河的涟水三里墩、阜宁陆庄和淮北的新沂花厅、萧县金寨、邹县野店、枣庄建新、泰安大汶口、五莲丹土等遗址发现良渚文化的遗留，揭示了良渚文化沿海北上，经黄海向古射阳湖倒灌的射阳河向西进入江淮东部、再向北长途跋涉的轨迹；② 在江淮中部的刘岗、山根许、龙王庙等遗址出土的良渚文化玉器，则暗示着良渚文化在向北"远征"的同时，还存在着向西北扩张、弥漫的迹象；而陶寺类型文化中出现的龙纹图案，或许也可作为良渚文化北上中原的一个旁证。③

由南向北的大海侵形成的洪水泛滥迫使"良渚古国"举族北迁，良渚文化的迁徙是五帝时期最大规模的族群迁徙，正是由于"良渚古国"的举族迁徙，良渚文化才在太湖地区销声匿迹。因此，发生在良渚文化末期的由南向北的大海侵形成的洪水泛滥，是良渚文化在太湖地区突然消失的自然原因。

太湖地区由崧泽文化发展演进为良渚文化，由一元统治的王权社会逆向发展演进为多元统治的神权社会，是我国文明化进程中的一个偶然；良渚文化在繁荣昌盛之际又突然崩溃衰亡并突然在太湖地区销声匿迹，是华夏国家文明诞生前的一个特例。

（二）古史传说的考察

"传说有真实的历史素地，有助于说明考古学中的问题"④，"从时空框架和时代特点两方面入手，就有望将史前考古与古史传说的五帝时代作进一步的整合"⑤，苏秉琦先生晚年进行的考古学研究与探索也始终围绕着与探索国家起源有关的中国古史⑥。古史传说虽有传说和神话的成分，但古史传说如与考古发现相吻合并可相互印证，还是具有一定的参考意义。

古史传说时代是我国历史上的五帝时代，五帝时代是我国历史上第一个大分化、大改组的动荡时代，也是华夏国家文明诞生前的阵痛时代。

---

① 俞伟超：《龙山文化与良渚文化衰变的奥秘》，载张学海主编《纪念城子崖遗址发掘 60 周年国际学术讨论会文集》，齐鲁书社，1993，第 9 页。

② 严文明：《碰撞与征服》，《文物天地》1990 年第 6 期；南京博物院考古研究所等：《江苏阜宁陆庄遗址》，载徐湖平主编《东方文明之光》，海南国际新闻出版中心，1996，第 130～150 页；栾丰实：《良渚文化的北渐》，《中原文物》1996 年第 3 期。

③ 朱乃诚：《良渚的蛇纹陶片和陶寺的彩绘龙盘》，《东南文化》1998 年第 2 期；朱乃诚：《再论陶寺彩绘龙源自良渚文化》，载中国社会科学院考古研究所、中国社会科学院古代文明研究中心编《古代文明研究》第 1 辑，文物出版社，2005，第 70 页。

④ 田昌五：《对中国文明起源的探索》，《殷都学刊》1986 年第 4 期。

⑤ 孙妙凝：《用考古学成果印证五帝时代——访辽宁省文物保护专家组组长郭大顺》，《中国社会科学报》2016 年 3 月 18 日；参阅郭大顺《追寻五帝》，辽宁人民出版社，2010。

⑥ 朱乃诚：《苏秉琦晚年考古学研究探索的启示》，《文物春秋》2020 年第 2 期。

华夏即华夏民族集团，华夏民族集团的居住空间即中国。《尚书·武成》："华夏蛮貊，罔不率俾。"《左传》定公十年："裔不谋夏，夷不乱华。"《礼记·王制》："中国、夷、蛮、戎、狄，五方之民。"

黄帝、颛顼、帝喾、尧、舜，史称五帝①，五帝为先后入主中原的华夏古国的"远古帝王"；五帝时代非华夏民族集团的"远古帝王"还有太皞、少皞、蚩尤等部族首领，在诸多的"远古帝王"中，黄帝与蚩尤为五帝时代的杰出代表。

《史记·五帝本纪》："轩辕之时，神农氏世衰。诸侯相侵伐，暴虐百姓，而神农氏弗能征。于是轩辕乃习用干戈，以征不享，诸侯咸来宾从。而蚩尤最为暴，莫能伐。炎帝欲侵陵诸侯，诸侯咸归轩辕。轩辕乃修德振兵，治五气、蓺五种，抚万民、度四方，教熊罴貔貅貙虎，以与炎帝战于阪泉之野，三战，然后得其志。蚩尤作乱，不用帝命。于是黄帝乃征师诸侯，与蚩尤战于涿鹿之野，遂禽杀蚩尤。"

"诸侯相侵伐，暴虐百姓"和"习用干戈，以征不享"，当为五帝时代大分化、大改组动荡时代的真实写照；而黄帝"以与炎帝战于阪泉之野"和"与蚩尤战于涿鹿之野"则记载了五帝时代的"远古帝王"之间最著名的两场战争——"阪泉之战"和"涿鹿之战"。

炎帝、黄帝皆属华夏民族集团，"阪泉之战"导致炎黄部族率先完成华夏民族集团内部的整合与统一，形成了统一的政治、军事、经济和文化中心；"涿鹿之战"为华夏与东夷两大民族集团之间的战争，"涿鹿之战"导致华夏民族集团与东夷民族集团的大分化与大改组，最终蚩尤部族的毁灭导致华夏国家文明诞生，催生了延续四千年之久的灿烂辉煌的华夏国家文明。

历史文献中有关蚩尤的记载甚多，《尚书·吕刑》："蚩尤惟始作乱，延及于平民。"《山海经·大荒北经》："蚩尤作兵伐黄帝，黄帝……遂杀蚩尤。"《史记正义》引《龙鱼河图》："黄帝摄政前，有蚩尤兄弟八十一人……威振天下。"《初学记》卷九引《归藏·启筮》："蚩尤出自羊水……涉九淖以伐空桑，黄帝杀之于青丘。"《盐铁论·结和》："黄帝战涿鹿，杀两皞、蚩尤而为帝。"《拾遗记》卷一："轩辕去蚩尤之凶，迁其民善者于邹屠之地，迁恶者于有北之乡。"

徐旭生先生在《中国古史的传说时代》中将我国古史传说时代的部族分为华夏、东夷和苗蛮三大民族集团，并划分了华夏、东夷和苗蛮民族集团的空间分布范围，中原至西北一带为华夏民族集团的分布空间，华夏民族集团中"有黄帝和炎帝"；渤海湾以西到钱塘江以北为东夷民族集团的分布空间，东夷民族集团中"有太皞，有少皞，有蚩尤"。②

东夷民族集团分布空间包括海岱地区和太湖地区，东夷民族集团的分布空间内最发达的考古学文化为海岱地区的龙山文化和太湖地区的良渚文化，与龙山文化和良渚文化相对

---

① （西汉）司马迁：《史记》卷一《五帝本纪》，中华书局，1982，第 1 页；（清）王聘珍撰《大戴礼记解诂》卷七《五帝德》，中华书局，1983，第 117 页。
② 徐旭生：《中国古史的传说时代（增订本）》，文物出版社，1985，第 48 页。

应的族群为两皞部族和蚩尤部族，龙山文化与良渚文化所反映的是两皞部族与蚩尤部族创造的考古学文化，两皞部族创造的精神文化和物质文化即龙山文化①，蚩尤部族创造的精神文化和物质文化即良渚文化②。

龙山文化和良渚文化是我国新石器时代末期最发达的考古学文化，太皞、少皞即龙山古国的"远古帝王"，蚩尤即"良渚古国"的"远古帝王"。

据古史传说，"蚩尤兄弟八十一人"暗喻蚩尤部族是由有着血缘关系的众多族群结成的部落联盟集团，与良渚文化的"中心"与"次中心"相契合；"蚩尤作兵伐黄帝"意味着良渚文化举族北上以伐黄帝；"涉九淖以伐空桑"，"九淖"喻湖荡沼泽密布，当为江淮东部地理环境的真实写照；"于是黄帝乃征师诸侯，与蚩尤战于涿鹿之野，遂禽杀蚩尤"，发生于夷夏之间的"涿鹿之战"，以黄帝"执蚩尤、杀两皞"而告终；"迁恶者于有北之乡"即蚩尤部族举族北上走上了一条不归之路。

"涿鹿之战"之前，华夏民族集团内部发生的"阪泉之战"已使华夏民族集团通过族群的整合达到高度的统一，民族集团内部社会的整合是征服外部民族集团的政治基础，民族集团内部的高度统一遂成为"涿鹿之战"取得最终胜利的有力保证。

由于东夷民族集团的分布范围在我国东部沿海一带，纵跨江、河、淮、济。特殊的地理环境制约了东夷民族集团内部的调整与整合，因而在东夷民族集团内部始终存在着无法整合的两个强大的部族——太皞、少皞部族和蚩尤部族。③

华夏民族集团与东夷民族集团之间的"涿鹿之战"爆发之时，华夏民族集团已统一为以黄帝为首的民族集团，而东夷民族集团的两皞部族和蚩尤部族始终未能整合成一个强大的民族集团，甚至在两皞部族和蚩尤部族内部也未能取得统一，战争导致蚩尤部族的崩溃和覆灭。

战争是政治的继续，华夏民族集团与东夷民族集团之间的"涿鹿之战"，可能是良渚文化彻底毁灭的政治原因。

战争的发生虽有偶然性，但由文化背景和宗教背景不同的族群之间的社会矛盾导致战争的发生，也有可能成为必然。

（三）宗教形态的考察

原始宗教在国家文明起源中有着不可替代的作用。④ 宗教不仅指导着良渚社会的生活

---

① 栾丰实：《太昊和少昊传说的考古学研究》，《中国史研究》2000 年第 2 期。

② 陆建芳：《良渚文化去向及与蚩尤关系试考》，载南京博物院编《南京博物院建院 60 周年纪念文集》，1983；纪仲庆：《良渚文化的影响与古史传说》，《东南文化》1991 年第 5 期；秋阳：《玉器划时代 良渚帝王洲——从考古发现看蚩尤与良渚文化》，《重庆文理学院学报》（社会科学版）2012 年第 6 期。

③ 张敏：《简论考古学的"区系类型"与"文化系统"》，《南方文物》2012 年第 2 期。

④ 鲍新山：《浅析原始宗教在国家产生过程中的作用》，《青海社会科学》2000 年第 6 期；王巍：《论原始宗教与祭祀在王权与国家形成过程中的作用》，《中国社会科学院古代文明研究通讯》2001 年第 2 期；吴利中：《论原始宗教在早期文明发展中的文化价值》，《学术探索》2003 年第 12 期；江林昌：《论原始宗教对中国古代文明起源发展的影响》，《东岳论丛》2010 年第 10 期。

信仰，而且指导着良渚社会的世俗行为，考察宗教形态对于理解良渚文化的文明化进程有着积极的意义。

以玉琮、玉璧为代表的良渚文化玉器，是良渚社会原始宗教形态的物化体现，玉制礼器反映了良渚文化的原始宗教形态。

原始宗教大致可分为自然崇拜、生殖崇拜、祖先崇拜三个发展阶段。人口的增殖与繁衍与原始族群的生存息息相关，因此生殖崇拜普遍存在于远古时期，曾在许多古老的民族中盛行。生殖崇拜的特点是信仰自然界神秘的繁殖力并对性器官及性能力加以崇拜，借助祭祀巫术祈求人口增殖和农业丰收。[①]

良渚文化大型墓葬普遍随葬玉器，反山 M12、M20，瑶山 M9、M11 和寺墩 M3 随葬的玉器都在 100 件以上；大型墓葬随葬玉器中以玉琮、玉璧最具特色，寺墩 M3 随葬玉琮 33 件，反山 M23 随葬玉璧 54 件。

良渚文化玉器的器形和纹饰在太湖地区表现出强烈的一致性和规范性，表明以玉琮、玉璧为代表的原始宗教礼仪贯穿良渚文化始终，玉琮、玉璧不仅象征着良渚玉器的神秘化，更象征着良渚玉器的规范化和神圣化。玉琮、玉璧的含义和功能，可谓众说纷纭，然大多讨论的是琮、璧的衍生含义和衍生功能。[②]

---

① 车广锦：《中国传统文化论——关于生殖崇拜和祖先崇拜的考古学研究》，《东南文化》1992 年第 5 期；周斌：《生殖崇拜与祖先崇拜》，《咬文嚼字》1998 年第 8 期；叶晗：《原始生殖崇拜的多功能性分析》，《广西民族学院学报》（哲学社会科学版）2000 年第 1 期；李锦山：《史前生殖崇拜及其信仰》，《中原文物》2004 年第 2 期。

② 汪遵国：《良渚文化"玉敛葬"述略》，《文物》1984 年第 2 期；张光直：《谈"琮"及其在中国古史上的意义》，载文物出版社编辑部编《文物与考古论集》，文物出版社，1986，第 252 ~ 261 页；邓淑苹：《新石器时代的玉琮——由考古实例谈古玉鉴定》，《（台北）故宫文物月刊》第 34 期，1986 年 1 月；殷志强：《太湖地区史前玉器述略》，《史前研究》1986 年第 3 ~ 4 期；王巍：《良渚文化玉琮刍议》，《考古》1986 年第 11 期；王明达：《良渚玉器若干问题的探讨》，载中国考古学会编辑《中国考古学会第七次年会论文集》，文物出版社，1989，第 57 ~ 67 页；刘斌：《良渚文化玉琮初探》，《文物》1990 年第 2 期；杨建芳：《玉琮之研究》，《考古与文物》1990 年第 2 期；周南泉：《玉琮源流考——古玉研究之一》，《故宫博物院院刊》1990 年第 1 期；周南泉：《论中国古代的玉璧——古玉研究之二》，《故宫博物院院刊》1991 年第 1 期；林华东：《论良渚文化玉琮》，《东南文化》1991 年第 6 期；沈衣食：《论良渚文化琮璧》，《东南文化》1991 年第 6 期；任式楠：《中国史前玉器类型初析》，载中国社会科学院考古研究所编著《中国考古学论丛》，科学出版社，1993，第 106 ~ 130 页；萧兵：《"琮"的几种解说与"琮"的多重功能》，《东南文化》1994 年第 6 期；张明华：《良渚玉璧研究》，《故宫博物院院刊》1995 年第 2 期；车广锦：《玉琮与寺墩遗址》，载徐湖平主编《东方文明之光》，海南国际新闻出版中心，1996，第 371 ~ 373 页；吴汝祚：《余杭反山良渚文化玉琮上的神像形纹新释》，《中原文物》1996 年第 4 期；黄宣佩：《说琮》，《上海工艺美术》1997 年第 3 期；蒋卫东：《试论良渚文化玉璧》，载浙江省文物考古研究所编《浙江省文物考古研究所学刊》，长征出版社，1997，第 227 ~ 237 页；王明达：《良渚文化玉璧研究》，《东亚玉器》（Ⅰ），香港中文大学中国考古艺术中心，1998；汪遵国：《良渚文化玉器综论》，《东亚玉器》（Ⅰ），香港中文大学中国考古艺术中心，1998；牟永抗：《关于琮璧功能的考古学观》，载浙江省博物馆编《东方博物》第 4 辑，浙江大学出版社，1999，第 29 ~ 18 页；邓淑苹：《由良渚刻符玉璧论璧之原始意义》，载浙江省考古研究所编《良渚文化研究》，科学出版社，1999，第 202 ~ 214 页；俞为洁：《良渚玉璧功能新论》，载浙江省博物馆编《东方博物》第 5 辑，浙江大学出版社，2000，第 129 ~ 134 页；陆建芳：《良渚文化玉琮的初步解析》，《海峡两岸古玉学会议论文专辑》（Ⅰ），台湾大学出版委员会，2001；夏寒：《论良渚文化玉璧的功能》，《南方文物》2001 年第 2 期；卜工：《良渚礼制研究》，载浙江省文物考古研究所编《浙江省文物考古研究所学刊》第 8 辑，科学出版社，2006，第 316 ~ 334 页；王仁湘：《琮璧名实臆测》，《文物》2006 年第 8 期；郑建明：《史前玉璧源流、功能考》，《华夏考古》2007 年第 1 期；段渝：（转下页注）

赵国华先生认为琮、璧在生殖崇拜语境下的原始含义和原始功能是男根、女阴的象征："玉璧起源于象征女阴，具有祈求生殖繁盛的意义"；"玉琮是男根的象征物，从玉琮外壁琢刻的纹饰上分析，良渚先民更重视运用图像表现对男根的崇拜和祈求生殖繁盛"。①

《周礼·春官·大宗伯》："以苍璧礼天，以黄琮礼地。""礼天""礼地"是玉琮、玉璧的原始功能，"礼天""礼地"是生殖崇拜的含蓄表述。

《周易·说卦》："乾，天也，故称乎父；坤，地也，故称乎母。"《周易·系辞下》："乾，阳物也；坤，阴物也。阴阳合德，而刚柔有体。以体天地之撰，以通神明之德。"天地即乾坤，天地、乾坤的本义即生殖崇拜。

《说文·玉部》："琮，瑞玉，……从玉宗声。"琮本"宗"，玉为义符。

"琮"又称"驵琮"，《周礼·考工记·玉人》"驵琮五寸""驵琮七寸"，《说文·马部》"驵，从马且声"，驵音"且"，即"且宗"。

"且"是"祖"的初文，《礼记·檀弓上》"祖者，且也"，《说文·示部》"祖，始庙也，从示且声"。"且宗"即"祖宗"，"祖宗"双声，"宗"即"祖"，亦即"且"。

"且"的甲骨文、金文俱作琮的侧视象形，因此琮的原始含义为"且"，即男根的象征。

《说文·玉部》："璧，瑞玉，……从玉辟声。"璧本"辟"，玉为义符。

"璧"音辟，通"妣"，"妣"与"祖"为意义相对的固定词组②，《诗·小雅·斯干》："似续妣祖，筑室百堵。"《诗·周颂·丰年》："为酒为醴，烝畀祖妣。"

琮既为祖，璧当为妣。"祖妣"是古人的性意识的汉字构形③，郭沫若先生对卜辞"祖妣"进行过详尽的考释④。

《道德经》："谷神不死，是谓玄牝。玄牝之门，是谓天地之根。"《说文·女部》："妣，从女，比声。"籀文从女、从匕。"匕"是源自女阴或雌性动物的义符，如考老之"老"，如牡牝之"牝"，璧的原始含义即女阴的象征。

《周易·系辞上》："夫坤，其静也翕，其动也辟，是以广生焉。""其静也翕，其动也

(接上页注②)《良渚文化玉琮的功能和象征系统》，《考古》2007 年第 12 期；黄建秋、幸晓峰：《良渚文化玉璧功能新探》，《东南文化》2008 年第 6 期；王弥笑：《浅论良渚玉璧》，《陕西教育》（高教版）2008 年第 6 期；徐峰：《良渚文化玉琮及相关纹饰的文化隐喻》，《考古》2012 年第 2 期；刘铮：《璧琮原始意义新考》，《古代文明》2012 年第 4 期；刘铮：《良渚玉璧象征意义新探》，《中原文物》2012 年第 5 期；赵晔：《良渚玉琮再探》，载杨晶、蒋卫东主编《玉魂国魄》（五），浙江古籍出版社，2012，第 321 ~ 337 页；宋亦箫：《礼玉"六器"的阴阳性别及与四神的关联》，《民族艺术》2014 年第 3 期；武树臣：《玉琮的用途与豊（礼）的起源》，《殷都学刊》2014 年第 4 期；郝明：《良渚玉琮反映天地观念的再思考》，《新西部》2017 年第 15 期；徐峰：《中心—象征：良渚文化琮与璧形而上的思考》，《形象史学》2018 年第 2 期；邓淑苹：《"六器"探索与"琮"的思辨》，《中原文物》2019 年第 2 期；方向明：《成组玉礼器与良渚文明模式》，《博物院》2019 年第 2 期。

① 赵国华：《生殖崇拜文化论》，中国社会科学出版社，1990，第 298 页。
② 郑慧生：《卜辞祖妣数序之上读》，《殷都学刊》2000 年第 3 期。
③ 杨时俊：《古人的性意识与汉字构形——读郭沫若〈释祖妣〉》，《郭沫若学刊》2001 年第 1 期；暴希明：《从甲骨文"后"、"好"、"祖"等字的构形看古代的生殖崇拜》，《甘肃社会科学》2009 年第 4 期。
④ 郭沫若：《释祖妣》，《郭沫若全集·考古编》（第 1 卷），科学出版社，1982，第 19 ~ 64 页。

辟"，可作为"辟"的最好注脚；《周礼·考工记·玉人》郑玄注："员曰璧，方曰琮。《聘礼》：享君以璧，享夫人以琮。""享君以璧，享夫人以琮"，应为琮、璧原始含义的最好注脚。

据此，琮、璧的原始含义是男根、女阴的象征，琮、璧的原始功能是生殖崇拜，琮、璧的原始含义和原始功能贯穿良渚文化始终。①

根据崇拜对象的不同，原始宗教分为自然崇拜、生殖崇拜、祖先崇拜三个发展阶段，原始宗教的生殖崇拜以具象的物化物和抽象的物化物为标志，还可划分为初级阶段和高级阶段。

良渚文化以玉琮、玉璧为男根、女阴抽象的物化物，因此良渚文化的原始宗教处于生殖崇拜的高级阶段。

在良渚文化盛行生殖崇拜之时，华夏民族集团的原始宗教形态已进入祖先崇拜阶段，黄帝已成为华夏民族集团共同崇拜的祖先。

《史记·五帝本纪》："帝颛顼高阳者，黄帝之孙而昌意之子也。……帝喾高辛者，黄帝之曾孙也。"《山海经·海内经》："黄帝生骆明，骆明生白马，白马是为鲧。……鲧复生禹。"《史记·夏本纪》："夏禹，名曰文命。禹之父曰鲧，鲧之父曰帝颛顼，颛顼之父曰昌意，昌意之父曰黄帝。"

良渚社会中从事原始宗教活动的是"巫"。《说文·巫部》："巫，祝也。女能事无形，以舞降神者也。"《周礼·春官·司巫》："司巫掌群巫之政令。若国大旱，则帅巫而舞雩；国有大灾，则帅巫而造巫恒；祭祀，则共匰主，及道布，及蒩馆。凡祭事，守瘗。凡丧事，掌巫降之礼。"

良渚文化可能也有"司巫"一类的神职，而"司巫帅群巫而舞雩"的祭祀场景，可能正是良渚文化神巫世界的真实写照。

《汉书·郊祀志》："令祝立蚩尤之祠于长安。长安置祠祀官、女巫。其梁巫祠天地……之属；晋巫祠五帝……之属；秦巫祠杜主……之属；荆巫祠堂下……之属。"颜师古注："皆古巫之神也。"汉初"立蚩尤之祠"并使"古巫之神"祀蚩尤，可能与良渚文化原始宗教的孑遗有一定的关联。

良渚文化的琮、璧为原始宗教礼仪的象征，钺为军事力量的象征，拥有玉琮、玉璧者为掌握宗教权力的灵巫，拥有玉钺者为掌控军事权力的军事首领。

反山 M12 随葬玉琮、玉璧和玉钺，墓主当为集宗教首领与军事首领于一身的"良渚古国"的"远古君王"；若以随葬玉琮、玉璧与玉钺作为宗教首领与军事首领的标志和"远古君王"的象征，"良渚古国"中还存在着诸多大大小小的"远古君王"。

良渚社会是一个神巫的世界。在良渚社会中，神权最高，军权居次，军权虽是社会

---

① 张敏：《红山与良渚——玉器形态与原始宗教形态相互关系的再思考》，载杨晶、蒋卫东主编《玉魂国魄》（四），浙江古籍出版社，2010，第 104 页。

统治权力的基础，神权却是社会统治权力的主导，良渚社会政权的性质是神王统治的国度。①

在良渚文化高等级墓葬中，随葬玉琮、玉璧的墓葬明显多于随葬玉琮、玉璧、玉钺的墓葬；在出土的良渚文化玉器中，玉琮、玉璧的数量也远远多于玉钺，可见良渚社会的贵族大多是从事原始宗教活动的灵巫。

"国之大事，在祀与戎"②，而在"良渚古国"内，灵巫的数量远远多于军事首领的数量，灵巫的群体远远大于军事首领的群体，"祀"在良渚社会生活中的重要性也远远大于"戎"。

"良渚文化的宗教性器物集中出土在大型墓地和大型墓葬的倾向，使研究者们相信当时的社会已经出现了一个高于基层大众的特殊僧侣阶层，用中国的称呼方式就是巫觋"③。巫是具有天文地理、数理医药、工程设计知识的人，是掌控农业生产、礼器制作、祭祀神祇等国家经济命脉和政治命脉的人，是古代文化和古代文明传承者。④

远古时期医、巫不分，医术是巫术的重要组成部分。《山海经·海内西经》："开明东有巫彭、巫抵、巫阳、巫履、巫凡、巫相。"郭璞注："皆神医也。"

砭石亦名箴石，《说文·石部》："砭，以石刺病也。"《山海经·东山经》："高氏之山，其上多玉，其下多箴石；……凫丽之山，其上多金玉，其下多箴石。"

《黄帝内经·素问》："故东方之域，天地之所始生也。鱼盐之地，海滨傍水，其民食鱼而嗜咸，皆安其处，美其食。鱼者使人热中，盐者胜血，故其民皆黑色疏理。其病皆为痈疡，其治宜砭石。故砭石者，亦从东方来。"《黄帝内经》所云的"东方之域"不仅与良渚文化的地理方位相合，而且与良渚文化分布区的自然环境相似。良渚文化常见的锥形玉器，可能就是巫用来"以石刺病"的砭石，花厅遗址出土的带套管的玉锥形器，表明其可在穴位处按住套管捻压疗疾。

较短的锥形玉器往往与玉珠、玉管组成项饰。良渚文化显然是医、巫不分的宗教社会，巫往往掌握着某种医术，用砭石进行治疗是巫的一项基本技能，而将锥形玉器作为项饰的一部分则更显其通神的能力。

巫以"巫玉礼器"为载体，通过"巫君合一"的途径和"巫术礼仪"的形式，牢牢掌控着社会权力。⑤巫充斥着整个"良渚古国"的上层社会，掌管着"良渚古国"的宗教

---

① 刘斌、王宁远、陈明辉、朱叶菲：《良渚：神王之国》，载浙江省人民政府、故宫博物院编《良渚与古代中国》，故宫出版社，2019，第4～14页；朱雪菲：《神王之国：良渚古城遗址》，浙江大学出版社，2019。

② 《左传·成公十三年》："国之大事，在祀与戎，祀有执膰，戎有受脤，神之大节也。"杨伯峻：《春秋左传注》，中华书局，1981，第861页。

③ 赵辉：《良渚文化的若干特殊性——论一处中国史前文明的衰落原因》，载浙江省文物考古研究所编《良渚文化研究》，科学出版社，1999，第104～119页。

④ 吴汝祚：《中华古代文明与巫》，载中国社会科学院考古研究所、中国社会科学院古代文明研究中心编《古代文明研究》第1辑，文物出版社，2005，第4页。

⑤ 参阅李泽厚《由巫到礼　释礼归仁》，生活·读书·新知三联书店，2015。

礼仪，主导着"良渚古国"的发展趋势和发展方向①，"良渚古国"的一切社会行为都基于巫术和巫所掌握的宗教知识。

《说文·示部》："礼，履也，所以事神以致福也。"《说文·玉部》："灵，灵巫，以玉事神。"《大戴礼记·曾子天圆》："阳之精气曰神，阴之精气曰灵。神灵者，品物之本也，而礼乐仁义之祖也。"

玉琮、玉璧的大量出现，表明在"良渚古国"中，巫的主要职能是从事"神祀"和"祇祭"②，"良渚古国"是一个祀天神、祭地祇的崇尚生殖崇拜的社会，是一个由巫制定礼乐、职官、建制、兵刑等典章制度的社会，是一个由医术和巫术统治的神权社会，是一个由巫掌控的、多元统治的神权社会。

我国新石器时代的原始宗教分属两大体系，即"萨满文化体系"和"傩文化体系"。

"萨满文化"主要流行于多瑙河下游至松辽平原的欧亚草原畜牧业文化区③，呼伦贝尔草原、锡林郭勒草原、祁连山草原、甘南草原、伊犁草原、科尔沁草原皆属欧亚草原的"萨满文化区"；"傩文化"主要流行于江浙至云贵川的长江流域稻作农业文化区④，江苏、浙江、福建、安徽、江西、湖北、湖南、四川、甘肃、贵州皆属长江流域的"傩文化区"。

《说文·人部》："傩，行人节也。"从事祭天祀地或祭神娱神活动的是巫傩⑤，"傩文化"的核心是生殖崇拜⑥。

巫傩在祭祀天地神灵时可能用玉，《诗·卫风·竹竿》："佩玉之傩。"

巫傩在祭祀天地神灵时需在头顶部戴上面具，傩面具的特征是没有凸出的下巴，从左下颌角至右下颌角呈一条直线，良渚文化的复合兽面纹表现的即原始的傩面具形象；而欧亚草原文化带的石人、玉人、陶人都有凸出的下巴⑦，与长江流域玉人、陶人的形象迥异，显然分属不同的原始宗教体系。

良渚文化分布于长江下游的太湖流域，良渚文化的原始宗教形态处于生殖崇拜的高级

① 刘悦笛：《巫的理性化、政治化和文明化：中国文明起源的"巫史传统"试探》，《中原文化研究》2019 年第 2 期。
② 《周礼·地官·鼓人》"以雷鼓鼓神祀"，贾公彦疏："天神称祀，地祇称祭，宗庙称享。"（清）孙诒让：《周礼正义》，中华书局，1987，第 900 页。
③ 王宏刚、于晓飞：《北方萨满文化》，四川文艺出版社，2007；于丹：《萨满文化》，吉林文史出版社，2012；张碧波、庄鸿雁：《萨满文化研究》，甘肃民族出版社，2012。
④ 曲六乙、钱茀：《东方傩文化概论》，山西教育出版社，2006；王兆乾、吕光群：《中国傩文化》，汕头大学出版社，2007。
⑤ 林河：《中国巫傩史》，花城出版社，2001；庹修明：《巫傩文化与仪式戏剧研究》，贵州民族出版社，2009；吕光群：《中华巫傩文明》，合肥工业大学出版社，2019。
⑥ 谭卫宁：《原型：中国古傩与生殖崇拜的双向考释》，《吉首大学学报》（社会科学版）1991 年第 4 期；茆家升：《傩文化·生殖崇拜马石胯》，《清明》1992 年第 5 期；吕光群：《傩文化中的生殖崇拜》，曲六乙、陈达新主编《傩苑——中国梵净山傩文化研讨会论文集》，中国戏剧出版社，2004，第 36～39 页。
⑦ 徐良高：《中国三代时期的文化大传统与小传统》，《考古》2014 年第 9 期；邓淑苹：《来自草原的神祇与精灵》，《（台北）故宫文物月刊》2000 年第 210 期。

阶段，良渚文化原始宗教的表现形式属"傩文化"①。

原始宗教形态和发展阶段的不同必然导致东夷民族集团内部政治体系的不同；玉礼器的复杂化必然导致原始宗教礼仪的繁缛化，复杂的玉制礼器和繁缛的宗教礼仪必然导致良渚文化在东夷民族集团内难以得到其他族群的政治认同。

原始宗教的形态决定了良渚文化的社会形态，尽管良渚社会有着复杂的社会分层和社会分工，有着先进的农业和发达的手工业，但却笼罩着神灵的氛围，处于神权统治的秩序之下。

因此，"良渚古国"是一个充满着先进生产力与落后上层建筑的复杂而矛盾的综合社会。宗教礼器的复杂、宗教礼仪的繁缛和宗教形态的滞后无疑制约着良渚社会文明化的进程。

原始宗教在巩固"良渚古国"的社会制度方面发挥着重要的作用，原始宗教的形态制约着"良渚古国"社会形态的发展，先进的经济基础与落后的上层建筑之间的不协调阻碍着良渚文化的古国文明向方国文明的发展演进，先进的经济基础与落后的上层建筑之间的社会矛盾成为良渚文化走向崩溃的社会原因。

（四）北上动因的考察

江淮东部与黄淮南部良渚文化遗存的发现，勾勒出良渚文化沿海北上、沿射阳河西进再北上"举族迁徙"的轨迹，为考察良渚文化北上的动因提供了契机，尽管其中有部分为良渚文化早期"北上远征"的遗留。

良渚文化北上的动因是多元的。

首先可能是资源的枯竭。

在良渚文化高速度持续发展之后，劳力资源和经济资源的枯竭已无力支撑良渚文化政治、经济、文化的持续性发展。而此时良渚文化周边的宁镇地区和江淮地区仍是考古学文化的空白区，资源的枯竭直接影响到良渚贵族的恣意奢豫的生活，资源的枯竭更直接威胁到祭祀神灵和埋葬用器所需的巨大耗费，严峻的事实最终导致良渚文化被迫离开赖以生存的太湖地区而寻求新的生存空间，于是发生了我国史前时期最大规模的民族集团大迁徙和我国史前时期最悲壮惨烈的争夺生存空间的战争。

寻求新的生存空间必然发生部族与部族乃至民族集团与民族集团之间的征服与抗争，"涿鹿之战"的真正原因是生存地理空间的置换与争夺，是民族集团与民族集团之间的征服与抗争。

其次可能是海侵引起的洪水。

海洋学的研究表明，在距今 4300 年前后发生过一次由南向北的大海侵，海侵时的海

① 卜工：《文明起源的中国模式》，科学出版社，2007，第153页；张敏：《红山与良渚》，载杨晶、蒋卫东主编《玉魂国魄（四）》，浙江古籍出版社，2010，第104页。

面高出现代海面 1.0～4.0 米。海平面的上升引起海水倒灌，突如其来的高海面使得江、河、淮、济入海不畅，洪水泛滥。[①]

环境学的研究表明，"良渚文化末期是一个自然灾害群发的寒冷时期，各种自然灾害，尤其是洪涝灾害极大地改变了水网纵横、地势低平的长江三角洲地区的环境，影响了古人类的生存，这即是良渚文化中断的成因"，"古洪水泛滥是良渚文化衰落的重要原因"。[②]

五帝时代末期发生的水患洪灾给后世留下了恐怖怔忪、难以磨灭的记忆。《尚书·尧典》："汤汤洪水方割，荡荡怀山襄陵，浩浩滔天。"《尚书·皋陶谟》："洪水滔天，浩浩怀山襄陵，下民昏垫。"《史记·五帝本纪》："汤汤洪水滔天，浩浩怀山襄陵。"《孟子·滕文公上》："当尧之时，天下犹未平，洪水横流，泛滥于天下，草木畅茂，禽兽繁殖，五谷不登，禽兽逼人，兽蹄鸟迹之道交于中国。"

良渚文化在太湖地区的消失在公元前 2300 年前后，正值"滔滔洪水，无所止极"之时。由于良渚末期的大海侵是由南向北发生的，良渚古城北面的大型水利工程顿时失去抵御洪水的作用，良渚古城也无法抗拒这场突如其来的大洪水，为躲避洪水，免遭灭顶之灾，良渚人唯一的选择是离乡背井；由于海侵是由南向北发生的，良渚文化举族迁徙的最大可能是北上。

第三，"以中为尊"的观念也有可能促使良渚文化的北上。

中原为华夏、东夷、苗蛮三大民族集团的交汇地，亦即中心地带，由于居天下之中，故称中国。早期中国的概念大致经历了"共识的中国"与"理想的中国"两个认识阶段。[③]

大约在五帝时期"以中为尊""居中为尊"的观念业已形成，《史记·五帝本纪》："夫而后之中国践天子位焉，是为帝舜。"其后由于夏、商、周的践行，中国与四方、中国与四夷的"以中为尊"的观念更加深入人心，"居中而治"的政治结构更加完善和稳固。《诗·大雅·民劳》："惠此中国，以绥四方。"《尚书·大禹谟》："无怠无荒，四夷来王。"《尚书·召诰》："王来绍上帝，自服于土中。"孔颖达注："洛为天地之中。"《礼记·曲礼下》："天子祭天地，祭四方。"《公羊传·昭公二十三年》："曷为以诈战之辞言之，不与夷狄之主中国也。"《孟子·梁惠王上》："欲辟土地，朝秦楚，莅中国而抚四夷也。"《新书·属远》："古者天子地方千里，中之而为都，……公侯地百里，中之而为都。"《何尊》："宅兹中国，自兹乂民。"[④]

---

① 赵希涛：《中国海岸线演变研究》，福建科学技术出版社，1984。
② 程鹏、朱诚：《试论良渚文化中断的成因及其去向》，《东南文化》1999 年第 4 期；张强、刘春玲、朱诚、姜彤：《长江三角洲地区全新世以来环境变迁对人类活动的影响》，《海洋地质与第四纪地质》2004 年第 4 期。
③ 苏秉琦：《中国文明起源新探》，《苏秉琦文集》（三），文物出版社，2009，第 329 页。
④ 马承源：《何尊铭文初释》，《文物》1976 年第 1 期；张政烺：《何尊铭文解释补遗》，《文物》1976 年第 1 期；李学勤：《何尊新释》，《中原文物》1981 年第 1 期。

《说文解字·夊部》:"夏,中国之人也。"依文化的认同,"中国"又分为夏、诸夏和夷狄,《公羊传·成公十五年》:"内其国而外诸夏,内诸夏而外夷狄。""良渚古国"为远离"中国"的"夷狄",因而渴求居中的愿望或许比邻近"中国"的其他部族更加炽热和强烈,"以中为尊"观念也有可能导致良渚文化的举族迁徙和逐鹿中原。

"以中为尊"的观念虽有可能成为良渚文化北上的动因,但此说似乎得不到考古学和古史传说的支撑,因此"以中为尊"观念导致良渚文化北上,目前似乎还难以成立。

此外,良渚文化的北上可能是依从神的意志。

良渚文化的北上是根据神的意志和遵从神的旨意似乎是一个不能成立的伪命题,因为谁也不知道神的旨意是什么,掌控"良渚古国"的"远古君王"传达过神的什么旨意。

但是,"良渚古国"上层社会的大量集军事首领与宗教首领于一身的灵巫的存在是客观事实,灵巫可"绝地天通"以传达神的旨意,灵巫可以决定"良渚古国"的命运。在良渚社会中,神是至高无上的,如此大规模的举族迁徙中,或许只有神方能在良渚社会中有如此强大的凝聚力和号召力。

良渚文化北上的原因虽然有可能是由灵巫传达神的意志和旨意,但此说无法验证,因而聊备一说。

而此时的华夏民族集团则通过大规模的治水工程和东方社会的"亚细亚生产方式"[1],健全和完善了社会组织的管理机构,形成了雏形政府,强化了"王"在社会组织中至高无上的绝对领导地位。

以神的意志和旨意为主导、以松散的族群联盟为组织形式的良渚文化在北上过程中与以王领导、具有体制完善的社会组织和雏形政府的华夏文化发生碰撞,遭遇战争的失败和族群的灭亡当为历史的必然。

尽管良渚文化最终北上是不争的史实,但其北上的动因或许是一个永远无法解开的谜。

(五) 国家形态的考察

崧泽文化时期大型祭坛、环壕聚落、大型墓葬的发现,表明太湖地区在距今 5800 年前后已率先迈进了古国时代。

张家港东山村 M90 是崧泽文化墓葬中随葬品数量最多的一座,随葬鼎、豆、壶、鬶、罐、盘、缸等陶器 26 件,镯、璜、玦、管、耳珰、饰件等玉器 19 件,大型石钺、大型石锛等石器 6 件,其中一件石钺上有朱绘痕迹;东山村 M91 是崧泽文化墓葬中墓坑规模最大

① 吴大琨:《亚细亚生产方式与东方社会发展道路》,《中国社会科学》1994 年第 4 期;卢钟锋:《"亚细亚生产方式"的社会性质与中国文明起源的路径问题》,《历史研究》2011 年第 2 期;于金富、时艳蕾:《亚细亚生产方式与中国古代社会的特殊性质》,《河南大学学报》(社会科学版)2013 年第 6 期;涂成林:《亚细亚生产方式类型与东方发展道路》,《哲学研究》2014 年第 5 期;张碧波:《中华早期文明模式初探——基于马克思"亚细亚生产方式"理论》,《黑龙江社会科学》2016 年第 1 期。

的一座，随葬器物有鼎、鬶、豆、觚形杯、罐、缸等陶器 23 件，石钺等石器 2 件，钺、镯、环等玉器 13 件。

东山村遗址为崧泽文化的中心聚落，可能为"崧泽古国"的王都所在。

东山村大型墓葬的特征之一是随葬玉钺、石钺外，不见玉琮、玉璧。与东山村类似的是灵宝西坡仰韶文化墓地，距今 5300 年前后的西坡墓地大型墓葬中除随葬玉钺外，也不见玉琮、玉璧。

李伯谦先生认为："仰韶文化中晚期像红山文化、良渚文化一样，也已发展到分层社会的阶段，但不同的是，在凌驾于其社会之上的权力中枢中，以玉钺为象征的军权和王权占有至高无上的绝对地位。"[①]"应该说较红山、仰韶、良渚大墓年代都早的崧泽文化早中期大墓的发现已完全证明这一判断，因为在这几座大墓中出土的玉石器，除装饰品和生产工具外，最引人注目的便是作为军权、王权权力象征的形体硕大、制作精致、有的还有涂朱痕迹的石钺，根本不见作为崧泽文化后续发展的良渚文化中最有特色的象征神权的琮、璧一类东西"[②]。当薛家岗文化、凌家滩文化、龙虬庄文化、北阴阳营文化还处于松散的族群联合体时，崧泽文化已率先进入了"古国"阶段。

东山村墓地、西坡墓地的发现表明以崧泽文化为代表的东夷民族集团和以仰韶文化为代表的华夏民族集团都已步入王权社会。

王权社会中至高无上的是王，王权社会是实行原始"专制制度"的一元统治的社会。"崧泽古国"是实行原始"专制制度"的一元统治的王权社会，崧泽文化社会形态的发展走在了仰韶时代的前列，因为太湖地区进入王权统治的社会早于中原地区的仰韶文化。

良渚文化可能吸取了薛家岗文化、凌家滩文化、龙虬庄文化、北阴阳营文化中先进的生产技术、耕作方式、治玉技艺、宗教礼仪、神权政治等文化因素，良渚文化的社会形态在凌家滩文化的基础上发扬光大，距今 5300 年前后太湖地区发生的根本变化是由崧泽文化的"王权社会"进入良渚文化的"神权社会"，由王权统治的崧泽文化转型为神权统治的良渚文化。

崧泽文化大型墓葬随葬有玉钺、大型石钺而不见玉琮、玉璧的文化现象表明崧泽文化时期强化的是王权和军权；在太湖周边地区都成为考古学文化空白区即失去征伐和征服的对象之后，良渚文化的社会组织和社会结构开始急遽转型，玉琮、玉璧充斥整个良渚文化的上层社会表明王权的弱化和神权的强化，表明良渚文化迅速由原始"专制制度"的一元统治的王权社会转型为实行原始"民主制度"的多元统治的神权社会。[③]

神权统治的良渚社会在经历了高度繁荣之后，终于走向崩溃和灭亡。良渚文化崩溃和消亡的原因有诸多学者进行过研究，并从自然、政治、经济、宗教、军事等不同的研究领

① 李伯谦：《中国古代文明演进的两种模式》，《文物》2009 年第 3 期。
② 李伯谦：《崧泽文化大型墓葬的启示》，《历史研究》2010 年第 6 期。
③ 刘斌：《神巫的世界》，杭州出版社，2013；宋建：《良渚——神权主导的复合型古国》，《东南文化》2017 年第 1 期；何驽：《良渚文化原始民主制度崩溃原因蠡测》，《中原文化研究》2020 年第 3 期。

域和研究范畴提出不同的见解和假说。①

在以良渚古城为中心的良渚文化中心区域之外，环太湖地区众多不同等级的遗址构成了良渚文化的"中心"与"次中心"。良渚古城外围有规模宏大的水利系统，良渚古城之内及周边有大型祭坛、不同等级的聚落和不同等级的墓葬。不同用途的公共设施与原始宗教设施表明良渚文化中心区域与周边存在着复杂的社会组织，不同等级的聚落与墓葬表明良渚文化社会结构的多元化和复杂化。②

张忠培先生将良渚文化居民自下而上分为四个等级：第一等级是掌控政权的神王；第二等级是掌握军权的人；第三等级是具有行使军事职能权力的兼职战士；第四等级是下层从事农业劳动的居民。③ 然而良渚文化的社会构成中还有从宁镇地区、江淮地区俘获的大量劳力资源当为不争的事实。

劳力资源、经济资源的获取和生存空间的扩大，促使了良渚文化社会结构的迅速分化，良渚文化社会结构从而形成多元化和复杂化局面。

---

① 叶文宪：《良渚文化去向蠡测》，载中国人民政治协商会议浙江省余杭县委员会文史资料委员会编《良渚文化》，1987，第96～108页；俞伟超：《龙山文化与良渚文化衰变的奥秘》，载张学海主编《纪念城子崖遗址发掘60周年国际学术讨论会文集》，齐鲁书社，1993，第9页；朱国平：《良渚文化去向分析》，载徐湖平主编《东方文明之光》，海南国际新闻出版中心，1996，第285～290页；严文明：《良渚文化研究的新阶段》，《史前考古论集》，科学出版社，1998，第260～261页；安志敏：《良渚文化及其文明因素的剖析》，载浙江省文物考古研究所编《良渚文化研究》，科学出版社，1999，第12～16页；芮国耀：《失落的文明——论良渚遗址群》，载浙江省文物考古研究所编《良渚文化研究》，科学出版社，1999，第79～85页；赵辉：《良渚文化的若干特殊性——论一处中国史前文明的衰落原因》，载浙江省文物考古研究所编《良渚文化研究》，科学出版社，1999，第104～119页；蒋卫东：《自然环境变迁与良渚文化兴衰关系的思考》，《华夏考古》2003年第2期；黄宣佩：《良渚文化晚期玉器的异变》，载浙江省文物考古研究所编《浙江省文物考古研究所学刊》第6辑，杭州出版社，2004；王明达：《良渚文化的去向》，载上海博物馆编《长江下游地区文明化进程学术研讨会论文集》，上海书画出版社，2004；赵慧群：《良渚文化解体蠡测及相关问题探析》，《农业考古》2004年第1期；李新伟：《中国史前玉器反映的宇宙观——兼论中国东部史前复杂社会的上层交流网》，《东南文化》2004年第3期；陈杰：《良渚文明兴衰的生态史观》，《东南文化》2005年第5期；宋建：《良渚文化衰变研究》，载浙江省文物考古研究所编《浙江省文物考古研究所学刊》第8辑，科学出版社，2006，第227～237页；陈淳：《良渚文化崩溃探究——社会动力与玛雅崩溃之比较研究》，载浙江省文物考古研究所编《浙江省文物考古研究所学刊》第8辑，科学出版社，2006，第194～208页；赵晔：《湮灭的古国故都——良渚遗址概论》，浙江摄影出版社，2007；陈杰：《文化生态史观视野下的文明化进程》，《中原文物》2010年第1期；臧振：《良渚文化衰亡之我见》，载苏州博物馆编《苏州文博论丛》第1辑，文物出版社，2010，第17～25页；周黔生：《区域沼泽化是良渚文化中断的主要原因》，载卢敦基主编《浙江历史文化研究》第三卷，浙江大学出版社，2011，第47～50页；方向明：《聚落变迁和统一信仰的形成：从崧泽到良渚》，《东南文化》2015年第1期；何驽：《良渚文化的社会政治特征探析》，《东南文化》2016年第4期；袁靖、潘艳、董宁宁、司徒克：《良渚文化的生业经济与社会兴衰》，《考古》2020年第2期。

② 李绍连：《从反山墓地和瑶山祭坛论良渚文化的社会性质》，《中原文物》1992年第3期；陆建方：《良渚文化墓葬研究》，载徐湖平主编《东方文明之光》，海南国际新闻出版中心，1996，第176～217页；张弛：《良渚文化大墓试析》，载北京大学考古系编《考古学研究》（三），科学出版社，1997，第57～67页；赵晔：《余杭良渚遗址群聚落形态的初步考察》，《东南文化》2002年第3期；陈声波：《论良渚文化中心聚落的特殊性》，《东南文化》2005年第2期；张忠培：《良渚文化墓地与其表述的文明社会》，《考古学报》2012年第2期；郭明建：《良渚文化宏观聚落研究》，《考古学报》2014年第1期；许鹏飞：《良渚文化墓葬及其反映的社会结构与形态》，《中国国家博物馆馆刊》2015年第3期；刘斌、王宁远、陈明辉：《良渚古城——新发现与探索》，载浙江省文物考古研究所等编著《权力与信仰》，文物出版社，2015，第51～72页。

③ 张忠培：《良渚文化墓地与其表述的文明社会》，《考古学报》2012年第4期。

古国是高于部落之上的、稳定的、独立的政治实体，古国与方国之间有逻辑的、历史的、发展的关系。"良渚古国"无疑是古国时代文化最先进、最发达的古国。

国家体制是国家本质的表现，国家是出现私有制并形成阶级后，阶级矛盾不可调和的产物，国家的基本要素有领土、民族、历史、文化、宗教等，以及政府、军队、警察、监狱、法庭等，国家的基本要素构成了国家的政治体系和政治组织。

苏秉琦先生认为良渚文化是"已具有方国规模"的国家，"良渚古国"应为介于古国时代与方国时代之间的最完备的古国，或已略具方国特征的"雏形方国"。

古国与方国最基本的区别应是血缘关系与地缘关系的差异，即古国时代的国家政体是以血缘关系为纽带，而方国时代国家政体的血缘关系已逐渐为地缘关系所取代。因此，"良渚古国"的社会形态应处于古国时代的高级阶段。

良渚文化在发展过程中，始终未摆脱血缘关系的羁束，其核心文化特征是以血缘共同体组成的文化共同体，以及以血缘关系维系的政治空间。

良渚社会是一个以血缘关系为纽带的、以生殖崇拜信仰为主要统治手段的多元统治的神权社会，"良渚古国"是实行原始"民主制度"的多元统治的神权社会，良渚文化始终未能跨越方国时代的门槛，未能由血缘共同体组成的文化共同体过渡到以地缘共同体组成的文化共同体。

据《尚书》《史记》等历史文献的记载，先后入主中原的五帝并非都是有血缘关系的族群首领，五帝时代参政议政的风后、力牧、常先、大鸿、羲和、放齐、骓兜、共工、皋陶、契、后稷、伯夷、夔、龙、倕、益、彭祖和掌管四方的四岳十二牧也多为具有地缘关系的族群首领。

古国时代的中原地区已在一定程度上突破了血缘关系的羁束，出现了地缘因素主导的阶层分化，出现了由地缘共同体组成的文化共同体，率先从古国时代过渡到方国时代，并逐渐形成以军权为主要统治手段的、实行原始"专制制度"的一元统治的王权社会，即华夏国家——夏王朝。

国家权力是各种社会力量关系的集合，国家权力的核心是对社会的控制力，以血缘关系为纽带的"良渚古国"的国家形态的发展明显滞后于华夏民族集团，血缘关系的羁束制约了良渚文化社会形态向更高阶段的发展，也制约了良渚文化社会关系的调整、整合与统一。

由王权统治的"崧泽古国"演进为神权统治的"良渚古国"，由一元统治的王权社会演进为多元统治的神权社会，是社会的进步，抑或社会的倒退，值得深思。

"良渚古国"是一个拥有先进生产力与落后上层建筑的复杂而矛盾的综合社会，先进的文化与滞后的政体形态反映了复杂而矛盾的良渚社会，先进的生产力与落后的上层建筑之间的矛盾，成为"良渚古国"从繁荣与昌盛走向崩溃与覆灭的政治基因；滔滔洪水造成良渚族群举族北上，成为"良渚古国"在太湖地区消失的原因；而华夏族群与良渚族群之间发生的涿鹿之战，成为导致"良渚古国"最终覆灭的致命一击。

三　良渚文化——古国时代的千古绝唱

良渚文化是古国时代的千古绝唱。

良渚文化是神巫统治的神权社会，其社会是以有着血缘关系的族群构成的、有着"中心"与"次中心"的等级社会。良渚文化有着高度发达的古国文明，"良渚古国"是一个拥有先进生产力与落后上层建筑的复杂而矛盾的综合社会。

良渚文化是以玉琮、玉璧为代表的高度发达的礼制社会，玉琮、玉璧是抽象的生殖崇拜的物化物，良渚文化的原始宗教处于生殖崇拜的高级阶段，玉琮、玉璧贯穿了良渚文化始终。

良渚文化的社会形态未能跨越古国时代，尽管良渚文化已具备方国社会形态的某些基本要素。

良渚文化是东夷民族集团蚩尤部族创造的精神和物质文化，古史传说也反映了良渚文化的社会结构与走向衰亡的轨迹。

良渚文化虽然是东夷民族集团中最发达的考古学文化，但良渚文明不是华夏文明的渊薮，因为进入方国时代的夏代文明中，不见以玉琮、玉璧为代表的良渚礼制器物，不见与神祇祗祭伴生的高大祭祀建筑，良渚文化不同类型的文明因素在三代文明中也微乎其微。[1]

尽管如此，"良渚古国"在华夏文明进程中所发挥的巨大作用与作出的巨大贡献是不容忽视的。以良渚古城为中心的规模宏大的良渚遗址群和高度发达的良渚文化，代表了中华 5000 年文明史中最成熟的史前文明发展阶段，代表了中华 5000 年文明史中史前文明的发展高峰，良渚文化与良渚文明成为古国时代文明社会的重要里程碑。

以玉制礼器祭祀天地为代表的良渚文明的核心内涵在夏代文明中荡然无存，良渚礼制的丧失标志着良渚文明的终结。

"良渚古国"消逝的历史原因有洪水泛滥的自然原因，有资源枯竭的经济原因，有涿鹿之战的政治原因，而先进的经济基础与落后的上层建筑之间的社会矛盾可能是良渚文明走向崩溃的最主要的原因。

良渚文明是"倏而来兮忽而逝"的古国文明，"良渚古国"和良渚文明随着华夏方国文明的诞生成为古国时代的绝唱。

良渚族群不属华夏民族集团，良渚文明也不属华夏文明，但良渚文化对华夏文明的影

---

[1]　张敏：《兽面纹与饕餮纹》，《南京博物院集刊》第 6 辑，1983，第 57～65 页；李学勤：《良渚文化玉器与饕餮纹的演变》，《东南文化》1991 年第 5 期；芮国耀、沈岳明：《良渚文化与商文化关系三例》，《考古》1992 年第 11 期；吕琪昌：《青铜爵与良渚陶鬶的关系再议》，《华夏考古》2011 年第 4 期；吕琪昌：《卞家山出土漆觚的启示》，《华夏考古》2013 年第 3 期；方向明：《琮·璧：良渚玉文明因子的接力与传承》，《大众考古》2015 年第 8 期。

响是极其深远的；虽然方国时代的华夏国家文明并未继承良渚文化的国家体制和宗教体系，但良渚文化为华夏国家文明做出的巨大贡献是难以抹杀的，良渚文化在华夏国家文明中留下的深刻记忆也是无法抹去的。

良渚文化的高度文明化社会是建立在周边地区考古学文化毁灭的基础之上的，太湖周边地区考古学文化的毁灭铸就了良渚文化的辉煌，而良渚文化的毁灭催生了华夏国家文明并铸就了华夏国家文明的辉煌。

良渚文化所反映的文明模式不是华夏文明起源的必然，而是华夏文明化进程中的一个特例，一个偶然。

良渚文化和良渚文明是一颗划破黑暗星空并放射耀眼光芒的流星，它在社会发展的滚滚洪流中得到升华，在社会变革的熊熊烈火中涅槃，在华夏国家文明多元一体的历史进程中得到永生。

附记：本文原为在 2015 年 6 月 13 日北京大学考古文博学院举办的"早期文明中的权力与信仰"学术沙龙上的发言。时驻江苏高邮龙虬镇，正在为龙虬庄遗址申报国家考古遗址公园而紧张地准备各项申报材料，手头既无资料查阅，又无暇进行推敲，仅凭印象写了发言稿。因湖南省文物考古研究所郭伟民先生索稿，于是将发言稿交付，后刊于《湖南考古辑刊》第 13 集。今适逢南京师范大学王志高先生为《东亚文明》约稿，于是在原稿的基础上作了大幅度的调整与补充，遂以此滥竽充数。若与《湖南考古辑刊》所刊同名文章有抵牾之处，当以本文为正。

（编辑：徐峰）

良渚文化的木作工具与相关问题探讨*

夏 勇

（良渚博物院）

[**摘要**] 良渚文化中的石锛数量众多，在生产中起到了重要作用。表现在考古遗迹和遗存上，其装柄方式、使用方式，随葬的地域特点，都有可以继续讨论的余地，也对我们的研究方法提出了新要求。

[**关键词**] 木作；石锛；资源；礼器

良渚文化木作技术发达，数量众多、尺寸和形制各异的石锛贯穿了整个木作工序。根据现有考古资料，可对当时的木作工序做一推测与复原：伐木、运输、解料、平木和净材，最后根据需要加工成型。新石器时代木作技术与历史时期大同小异，唯因工具质地所限，效率偏低。本文拟从木作工序角度出发，以公布资料较多、较集中的良渚遗址群出土资料为主，就良渚文化时期的木作工序和各类木作工具等问题展开讨论。

一 木作工序

（一）伐木与运输

主要工具是石斧与石锛。石斧作为从旧石器砍砸器发展过来的伐木工具，有较长的手柄增加力臂，相比直接手握提高了效率。2006～2008年，浙江余杭南湖遗址发掘出土了多件带柄石器，其中就有斧式装柄的石锛①（图一）。所谓的斧式装柄，即石锛刃线与柄为

---

* 本研究系国家社科基金重大项目"长江下游社会复杂化及中原化进程研究"（20&ZD247）阶段性成果。

① 赵晔：《良渚文化石器装柄技术探究》，《南方文物》2008年第3期。文中称为"斧头式"，本文简化为"斧式"。黄建秋在《国外磨制石斧石锛研究述评》（《东南文化》2010年第2期）中根据民族调查资料和显微镜观察结果认为石斧和石锛在功能和用途上存在交叉。

同一方向，与斧头形制一致。前人对此多有研究，谓之"榫卯法"①"榫卯嵌套法"②。这种装柄方式的石锛，在现代有类似的工具——单面斧，是木工的特色工具，具体形状在南北方有所差异，相同点即为单面刃，用于砍平木料。但现代全钢或铁包钢的斧子用的是銎装柄。史前时期的端部粗大的木柄会妨碍小夹角的挥动。

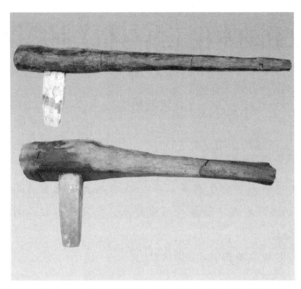

图一 余杭南湖遗址出土良渚文化带柄石锛

在道路系统远不完善、车轮尚未发明、畜力运输证据不足的情况下，如何运输体积大、数量多的木料呢？浙江省文物考古研究所对良渚古城铺垫石工程的研究为此提供了思路。

良渚古城城墙遗迹中出土的 10000 余块城墙铺垫石均来自良渚古城周边，尤其是北部的大遮山山脚。根据铺垫石分布成片、岩性集中的特征，结合水系研究，推测其使用了载重量在 600 千克以上的竹筏运输。③

良渚古城周边山地中动植物资源丰富，又有自然水系和水利系统之便。采用圆木排运的运输方式当是合理的推测。进一步的推论是伦福儒教授转述浙江省文物考古研究所的观点："高低坝间会形成湖区，这些湖区可以运输木头等资源到良渚古城内，以建造良渚古城。"④ 古城内外还有"大量的人工河道，以连接平原区的自然水域，从而形成复杂而完善的水上交通网"⑤。在放排之前，将枝杈砍去，避免排运时树枝钩挂障碍，堵塞航道。必要时可能会横截木料以统一长度方便捆扎，并在木料上加工出牛鼻孔等穿孔方便捆扎。这在莫角山东坡钟家港河段出土的大木料上有所体现，目前已发现大木料多根，其中三根

① 肖梦龙：《试论石斧石锛的安柄与使用》，《农业考古》1982 年第 2 期。
② 李浈：《中国传统建筑木作工具》，同济大学出版社，2004，第 20 页。
③ 王宁远、董传万、许红根：《良渚古城城墙铺垫石研究报告》，浙江古籍出版社，2017，第 97～100 页。
④ 科林·伦福儒：《世界早期复杂社会视野下的良渚古城》，连蕙茹译，《中国文化遗产》2017 年第 3 期。
⑤ 宋姝、刘斌：《良渚古城：中华 5000 多年文明史的实证之城》，《自然与文化遗产研究》2020 年第 5 期。

为方木，一根为圆木，牛鼻孔上留有麻绳。① 其中一根长 9 米带有 39 个方正榫眼的方木料还带着树根②（图二）。这一现象或有两种可能。一是为了提高大木料利用率而连根挖起；二是效率问题。砍斫而断与刨根而断，良渚人选择了后者。胸径较大的树木，若木质较硬，挖坑刨根是更有效率的做法。

江苏苏州的木渎镇，得名即因春秋时期吴王夫差修建姑苏台，积材三年连沟塞渎③，这说的就是排运。近代在东北林区，最为经济的运输方式就是利用河流将木材或单根、或成排沿河而下。为提高运输效率，部分河道还修筑小型水坝蓄水以便运输。④

古城北部的马金口遗址，系人工堆筑土墩，西距莫角山仅百余米，位于东城墙内。1988 年余杭县文管会首

图二　钟家港古河道木构件

先采集到一个巨型 T 字形鼎足和一片刻有"鸟首龙蛇纹"的陶片。浙江省文物考古研究所现场勘查后发现两根大木料，宽在 40 厘米上下，厚在 20 厘米上下，长者超过 6.8 米。1999 年布下的探沟，发现了 3 个柱洞，直径在 24～52 厘米。发掘者推测马金口遗址是"良渚时期重要的显贵活动区或居所"⑤。结合良渚古城的规模，相信今后还会不断发现巨木。

（二）解料与平木

如果所需木料尺寸长宽小于原木，一是可以通过斧、锛的砍斫去除余料得到所需尺寸的木料。如果所需尺寸木料远小于原木，则进入解料和截料工序。在大型框锯发明以前，解料是通过打入石楔胀裂原木来完成。这一点，杨鸿勋根据河姆渡遗址出土材料，与民族学资料比较已经指出。⑥ 从木材的物理力学性能来看，这与木材的抗拉强度相关。抗拉强度有顺纹和横纹之分。前者指木材沿着纹理方向所能承受拉力载荷的最大能力，后者则指垂直于纹理方向的相应能力。顺纹抗拉强度比横纹抗拉强度大 10～40 倍。⑦ 树木自然风干胀裂，主要是径裂。因此，选用石楔来解料，符合树木结构解剖特征。

通过裂解得到的木料端面呈半圆形或扇形。再通过石斧、石锛的粗加工，得到枋料，

---

① 良渚古城内的美人地遗址，发现有形制规整的木质护岸，作为垫木的方木，伸出的一端也有此类穿孔，常年位于水面以下，可以排除系船功能。

② 刨取树根而不是直接砍断，除砍伐者自身力量、技艺、石器制作水平等因素，客观原因是壳斗科树木木质偏硬。由此，可以推测刨根更有效率。

③ 张郁文：《木渎小志》，（台北）成文出版社，1983，第 17 页。

④ 郑宇：《近代东北森林资源产业化研究（1878—1931）》，吉林大学博士学位论文，2017。

⑤ 浙江省文物考古研究所：《良渚遗址群》，文物出版社，2005，第 67、153、154 页。

⑥ 杨鸿勋：《论石楔及石扁铲——新石器考古中被误解了的重要工具》，清华大学出版社，2008，第 593～602 页。

⑦ 贾娜、刘诚：《木材制品加工技术》，化学工业出版社，2017，第 10 页。

加工方式与上文相同。这种加工方式加工出来的枋料端面为方形。如果枋料过宽需要纵向剖解，还是用石楔进行。

位于良渚古城外城的卞家山遗址地层出土石斧 17 件[①]，其中有两件顶部有崩疤，它们有可能就是作为石楔使用的。观察线图和图版，至少还有 8 件存在可能由顶部锤击导致的剥落现象。[②]

卞家山遗址所出的许多木构件，从端面都可观察到弦切材特征[③]，同样应该是对剖开的木料进行砍斫而成（图三）。四川新都马家乡木椁墓的简报的图三中，可以看到腰坑内所用木板在端面表现出弦切材特征。[④] 当时并无证据显示已经有开料的大锯，当是将原木对半剖开后，以斧、锛平整而成。无论如何，受到工具的限制，新石器时代和先秦时期，净材都比较粗厚。用斧、锛加工木材使其减薄，浪费的料比较多，砍斫量也很大。因此，在这个阶段加工成薄板需要耗费更多的材料和人工，一般用于超出生活一般需求的特殊用途。

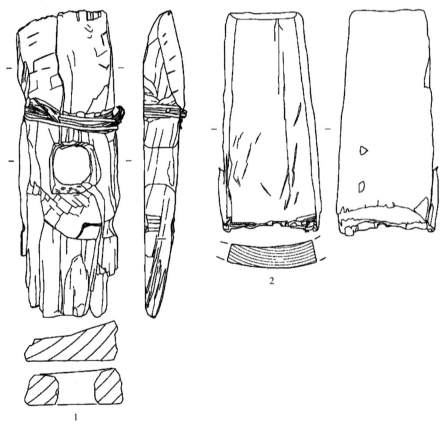

图三　卞家山遗址出土木器
1. 方孔梭形器（G2②B：198）；2. 弧形木板（T4⑪：39）

① 浙江省文物考古研究所：《卞家山》（上），文物出版社，2014，第 142～143 页。
② 浙江省文物考古研究所：《卞家山》（上），第 290～293 页。
③ 浙江省文物考古研究所：《卞家山》（上），第 325 页。
④ 四川省博物馆、新都县文物管理所：《四川新都战国木椁墓》，《文物》1981 年第 6 期。

上述只是对原木纵向的解料，横截方式在河姆渡时期与伐木相似，除了常规的用斧、锛砍断外，通过火烧使木纤维酥脆的方法也很普遍。[1] 上文提到的钟家港河段大木料，端面平整，有火烧后加工的痕迹。时代较远者如距今 8000 年左右的浙江萧山跨湖桥遗址，出土的独木舟内壁上留有焦痕，就是预先火烧需要去除的部位而留下的痕迹。杭州水田畈第四层出土的"木桩、木柱，都有火烧过的痕迹，可能与当时木器的加工方法有关"[2]。在良渚文化水井遗存当中，"有些井木的凹面也发现有火烧和锛挖的痕迹"[3]。

新石器时代已经有小型的锯子，质地为石、骨质。受限于尺寸和效率问题，在木作工序中能发挥的作用有限，它们在良渚文化考古中基本不见，本文不作讨论。

如果原木尺寸合乎需求，那只需用石锛平整即可。平整工序中石锛采用主流装柄方式，即刃线与柄呈垂直角度。工作时将原木平置并固定防止翻滚，操作者站于原木之上或一侧挥动石锛进行作业，弧背刃线与作业面相切。同理，无论国内还是国外，史前石锛的锛体与柄部夹角均小于 90°。现代铁锛留在木材上的加工痕迹因锛的弧背凸刃，略呈凹陷的鱼鳞状[4]，这与良渚时期出土木构件表面痕迹相同。良渚文化石锛多数为弧背，即为此用。石斧因两面开刃，且端部木柄远较穿銎的金属斧粗大，也决定了其不适宜用来平整木料。如果需要更细致平整的加工面，除了考验技术即每次挥动石锛的力度和砍削量的调整外，更符合效率的做法是换成短柄的小锛来操作。弧背石锛也是较早出现的形制。如果没有调整好柄部长度，石锛在接触木料后刃部砍斫木料过多或过深，会无法砍断木纤维或无法快速抽出进行下一次动作，从而大大降低效率。在余杭庙前遗址良渚文化水井木构件上发现的一些呈直角的凹陷痕迹，应当就是粗加工木料时由石锛留下的（图四）。

进入金属时代，除了石锛发展为金属锛外，精细平面工具新出现了削刀，又称"锄"。这种扁薄的刃体是石质工具不具备的。

（三）净材

净材依靠各类小尺寸石锛和石铲来完成，尤其值得一提的是石铲。杨鸿勋认为，体扁薄的石锛当为铲，并通过力学分析加以论证。[5] 在良渚文化为数众多的石锛中，确有不少石锛体扁薄，特别是背面平坦，与今天的铲相同。在锄和有刨床的中式推刨发明之前，铲应该也是木材平面精细加工的主要工具之一。

余杭南湖所出一件类似近代拉刀式工具的装柄石锛，赵晔命名为"刨子式"。无独有

① 木材主要由纤维素、半纤维素和木质素三种高聚物组成。前两者主要由多糖和单糖多聚体组成。在高温下，糖分解，分子链断裂，导致木材强度发生一个由高到低的变化过程。
② 浙江省文物管理委员会：《杭州水田畈遗址发掘报告》，《考古学报》1960 年第 2 期。
③ 黄宣佩：《良渚文化》，载邹兴华、佟宝铭编《良渚文化珍品展（上海博物馆藏）》，市政局，1992。
④ 山东地区流传的木匠用锛口诀，有"锛锛修下金龙鳞"语，就是对锛痕的描述。
⑤ 杨鸿勋：《论石楔及石扁铲——新石器考古中被误解了的重要工具》，清华大学出版社，2008，第 593 ~ 602 页。

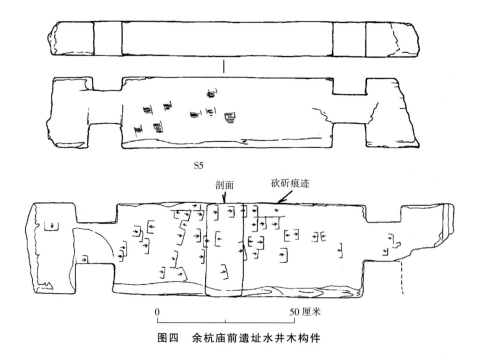

图四　余杭庙前遗址水井木构件

偶，河南孟津曾发现一件所谓的大石刨，为南湖的刨式石锛提供了佐证。刀刃垂直于横柄中央的工具样式，在后世屡见不鲜，沿用至今。从使用方法来说，该类工具有推和拉两类。前推式，主要见于铁匠、磨刀匠使用，俗称"戗子"，用于去除以前夹钢刀具上的铁，露出钢刃，以便减少磨刃的工作量，其过程即所谓的"戗菜刀"。后拉式，小型的在中国俗称"一字刨"，英文名称为"Spokeshaves"，主要用于木件曲线处理；大型的则称刮刀，现在主要用于去除木料树皮并对表面进行初步刮平处理。

石锛刃角较大，相比现代金属刨刀更为粗笨，不能像现在这样随心使用。但作为精细平面的局部修整工具，应该是可以使用的。

（四）成型

成型包括器形整体或局部的加工和榫卯的制作。河姆渡遗址出土了大量制作规整的木构件，榫卯结构包括直榫、燕尾榫、企口榫等多种常用形式。余杭庙前遗址出土的 H2 和 J1 两个木构井，形制规整、榫卯结合严密。庙前、卞家山等遗址出土的大量木构件、木器以及较多的漆觚，代表了良渚文化的大木作、小木作水平。在河姆渡和卞家山遗址都发现有改制的木构件，即原来的木构件损坏后，稍加修整挪为他用。

卞家山 G1②:207、G2B:70 漆觚，底部可见年轮，木材髓心在圈外，由此可以认为其是利用石楔破料后形成的扇形木料加工成形的。7 件漆觚木胎都是楝树，由整段木材掏膛而成。楝树"软硬适中、易加工，比樟木韧性更好一点，是制作家具和工业用材的良好木材"[1]。加

----

① 路玉章、乔岚:《中国树木与木材鉴别使用手册》，山西科学出版社，2010，第 162 页。

工难点一在掏膛，二在瓢外形的曲面加工。① 河姆
渡遗址中，T17④：23 的中空木筒，为木料对剖，
挖空后再合并缠线的，相比之下，良渚文化木作
至少在钻孔掏膛和细小部件加工方面已经有了相
当的进步。

　　具体的成型技术除使用各类尺寸的锛进行砍
斫以外，也要考虑到火烧的办法并不仅仅适用于
上文所及的横截、大块余料的去除，卯孔加工等
可能也存在先火烧再用斧锛凿等工具的可能。即
便在近现代全面使用金属工具的情况下，木作中
先火烧再行加工带来的效率提升在特定条件下依
然较为明显，更遑论在新石器时代。

　　木作加工的精确度取决于画线的精度。余杭
庙前遗址的水井 J1 由 26 根带有榫卯的木构件组
成，没有精确的画线，不严格按线加工，是无法
组装出 2 米多高的井圈的。正如玉器打样线多在
后期制作中消除一样，长期以来，良渚文化木器

图五　余杭良渚古城钟家港古河道
出土木盘坯件

上的制作痕迹也较少遗留和被人注意。2016 年初，良渚古城钟家港南端出土的三件木器半
成品，其中一件圆形木胚，端面紧贴外缘有两圈完整的圆形打样线，重圈间距即为待加工
的木盆壁厚度②（图五）。造型规整、分节均等的大量玉琮等玉器，表明良渚人对于算术、
几何知识有了相当的了解，圆规、量尺的运用已经非常普遍。

　　以上论述的工序主要针对大木作而言，对某些小型木器，如卞家山遗址所出的木镖等
使用整根木料直接加工或者没有组合关系的器型，对精度要求相对较低，工序可能就没那
么完整和井然有序。

二　讨论

（一）功能和材质决定的装柄方式

　　除了石楔，斧、锛等石质工具均装柄使用，一是为了延长力臂，提高效率；二是也可
以延长石器使用寿命，避免直接击打石器造成破损。

---

① 　发掘者认为外形以车床制作。虽然技术条件基本具备，但车床转速、石质车刀等性能是否符合，还可再议，
　　尤其是要通过实验考古的验证。浙江省文物考古研究所：《卞家山》（上），第 398 页。
② 　实物经脱水后展出于良渚博物院常设展览第一展厅"水乡泽国"之漆器展柜，浙江省文物考古研究所藏。

石斧装柄方式较为明确,顶部插入木柄卯孔①,部分资料显示可能木柄卯孔为透榫,石斧顶部出柄以捆绑固定。由石斧发展而来的石钺、玉钺,作为随葬品有较多的完整形态保存下来。其装柄方式更为明确,即通过穿孔捆缚,但体薄且打磨精致、不开刃,已无实用价值。

目前长江下游地区年代最早的石锛见于浙江浦江上山遗址,年代稍晚的跨湖桥遗址石锛与砺石等共出。这些石锛为横刃,与柄垂直,使用方式以刨削为主。

(二) 石器的分类研究

以石锛长度作为分型分式的标准之一,没有考虑到磨损问题,不能全面反映器物功能。石器韧性和硬度不及金属工具,在使用中损耗非常快。良渚文化的不少石锛,刃部与段部距离很小,这就是在使用中崩口、磨刃,循环损耗导致的,最终刃部消耗殆尽而被废弃。关于石锛长度和柄部长度的关系,尚无实验考古数据支撑。中国传统木作中,铁锛按大小分为三类。大锛,柄长在 70 厘米左右,具体尺寸与使用者臂长和腿长相关,用于大木作中的木料平整。大锛头部有狭长的木质部件加大质量、增加动能以利刨削。二锛柄长约为 40 厘米,小锛则更短,两者用于精细平面和曲面加工。史前遗址出土的石锛柄部尺寸原理也与此相同。

有段锛在环太湖流域自崧泽文化时期出现,在良渚文化时期得到了长足发展,表明了复合工具的成熟。平背锛则始终存在,体薄者可能如杨鸿勋所言,作为铲用。良渚遗址群钟家港古河道、卞家山遗址灰沟及庙前遗址集中出土的多件平背有段小石锛,其中许多大小与成年人大拇指相仿,为精细加工中所用。

在商周时,铜质工具已有一定的普及性,无论硬度、耐久度,还是体积、重量都比石器有了质的飞跃。技术的进步带来了装柄方式的改变。刃具带銎,柄穿銎而过,简化了装柄方式。但这种方式也不是一蹴而就的。天水三角圩西汉墓出土铁锛,依然为木质短柄插入锛头方形銎内,长柄再插入短柄中。原因可能多样,如铁料珍贵需节约用铁,或冶炼水平有限,无法制作直接穿銎装柄的铁器等。

现代木作中,锯几乎是唯一的解料工具,它大大提高了出材率,减轻了工作量。在锯解大型木料的龙锯和框锯发明之前,解料是一个相当费时费料的工序。新石器时代以来沿用时间非常长的石楔剖木解料,根据木材纤维结构裂解的方式,精度差、较难控制裂解方向。在平整过程中不仅浪费木料,也增加了砍斫工作量。

木作中的另一重要工具是石凿,其中有一种背面出现折角或弧背的凿,另一种凿的横截面从窄小的刃部逐渐加宽,两者用途不明,或者说它们无法完成凿的功能。凿的用途在于开卯孔,依靠垂直向下的力通过刃部切开木材纤维达到破开的目的。背面出现折角或者弧背,极大削弱了向下的凿击力,折角还会构成诱导面,使石凿刃部出现移位,离开原来

---

① 余杭南湖出土石斧卯孔部位即有木楔,现代农具中也可见在柄部卯孔内塞有布等,以增加摩擦力,防止器身脱出。

的下凿点。而刃部窄顶部宽的石凿就更无法使用了，渐宽的凿身会在下凿时卡在卯孔开口处，既无法继续下凿，又破坏已有的卯孔。

（三）亟待细化的石锛研究

林惠祥在 20 世纪 40 年代即展开了对锛的研究，将单刃器根据英语 adze 翻译为锛。傅宪国、牟永抗等进行过专题研究，有基本一致的意见：环太平洋区域广泛使用石锛，与自然环境和木材资源有密切关联。在长江下游和环太湖流域，石锛在马家浜文化、河姆渡文化中已经出现，至崧泽文化早期，目前资料所见主要为平背锛、弧背锛和有脊锛三类。迟至崧泽文化晚期，环太湖流域出现有段锛。以上分类基于器物形态，虽然也探讨到石锛的功能问题——例如主要用途是木作，乃至其背后的社会内涵，但分型缺乏对功能本身的考察。这一不足，已有多名学者指出。[①] 肖宇重拾李济在整理殷墟时提出的"锛形石器"名称[②]，对"锛"的学术史做了详细的梳理。锛从发明之始沿用至今，不存在断档。新石器时代石锛中的一种当为其祖型，其他类型演化为其他工具或被淘汰。锛的主要功能始终是砍斫，没有理由因为它的一些扩展功能或目前尚未解决的一些问题，就改变其名称。

我们建议在统称的石锛中，把刃线与柄部垂直的单刃石器称为锛；在有充分论证的情况下，将其他单刃石器从锛这个大类中分离出去。这一点还存在许多困难。有机质的木、角柄很难保存到现在，微痕分析又无法一锤定音。许多石器又是一物多用的。从肖宇对锛的统计来看，从早期到晚期锛的类型明显增加，说明对锛的功能还是有所区分的，有了一套初步的工具组合。

工具的形态进化，基本出发点是提高工作效率。对出土工具的研究，如果不从这一点入手，不免隔靴搔痒。

石锛从无段发展为有段，是为了更牢固地捆缚锛与柄，令使用者的力可以更高效地传递到作业对象上。而其他各类石锛在崧泽文化晚期至良渚文化时期共存，显然各自具有不同的具体用途。

锛的命名长期以来也是一个颇为混沌的问题。前文所述，杨鸿勋已指出有些平背锛当为石铲，其物理性能决定了它们无法承担砍斫的冲击力。

木料规格方面，受到工具限制，良渚文化时期人们无法或者说不值得将大料加工为较薄的枋料和板材。无可否认，良渚文化已经从"文明曙光"到达了"文明之光"，迈入早期国家文明阶段。余杭瓶窑良渚古城的马金口、莫角山和东坡都发现很多大型木料。一方面古城作为当时的政治、宗教中心，需要大量各种规格的木材营建各种建筑。由大体量木构件构成的高规格建筑可以渲染神圣气氛。另一方面，石制工具的锋利度和耐久度是有限

---

① 肖宇、钱耀鹏：《中国史前石锛研究评述》，《南方文物》2015 年第 2 期；赵晔：《良渚文化石器装柄技术的重要物证》，《东方博物》2008 年第 3 期。

② 肖宇：《长江下游锛形石器》，西北大学硕士学位论文，2015。

的，必须要考虑木作中的加工效率问题。玉料因珍贵而普遍采用各种切割方式。与此相比，原材料相对丰富的石器和木器则主要采用打制①和砍斫成坯。因此，反映在大木作上就表现为体量庞大，在实现设计目标、满足功能需求的基础上，即停止加工以减少砍斫量。

（四）作为随葬品的石器

在反山、瑶山墓地，随葬石器仅有象征武力和军权的钺一种。良渚古城以外的高等级贵族墓葬中，还有各类刀、锛和镞等。尤其是石锛，作为随葬品的情况较为普遍。

以高城墩遗址为例，其与瑶山遗址的布局基本一致，祭坛上堆筑一米厚的土再埋葬。随葬玉器如 M13∶13 玉琮与瑶山 M10∶19 相似度极高。高城墩遗址共发掘 14 座墓葬，按照主要玉器的组合看，墓主人地位不及良渚古城的显贵者。

无锡邱承墩遗址，第三期为良渚文化。随葬品中共出石锛 3 件，分属 M5、M10 和 M11。从随葬品规格来看，M5 和 M11 位居整个墓地第一和第三。在太湖北部，邱承墩遗址 M5 应为出土玉琮、玉璧、玉钺数量较多的大型墓葬之一。M5 随葬器物共 54 件（组），玉器 27 件（组），其中琮 2 件、璧 9 件、钺 3 件。② 从墓葬和祭祀遗迹分布示意图来看，M5 居中，M3 和 M11 分列两侧。M10 位居土台最东侧，从随葬品来看在整个第三期墓葬中也是等级最低的。

反山和瑶山的墓主人，完全脱离了普通的手工业生产，掌控神权、军权，女性贵族可能掌握了高端纺织等生产技能或者统管该类生产，处于当时社会生产链的顶端。次等级的墓地主人，随葬石锛、石刀等，说明他们参与了手工业生产，且位居该行业的顶层。

上海福泉山和吴家场高等级贵族墓葬中，不仅随葬较多的玉钺，还有石锛、石镞等，显示出墓主人身兼多职，至少是管理有较多不同行业的工匠，与反山、瑶山墓地出土的反映王权、神权的随葬品类型有明显差异。③ 这是良渚古城遗址核心地位的体现。

结　语

木作是与早期人类生活息息相关的手工业。复合工具中只有易保存的石质遗存较多地

---

① 《福泉山——新石器时代遗址发掘报告》：“制作方法据遗留痕迹是使用片状物质、加砂、加水锯磨切割成所需器形后再研磨成器，并将器表高度抛光。”大块石料也是有可能先通过锯切割分为胚料，再打制成型的，这样可以避免石料的无谓浪费。据报告后的附录看，该遗址中的石器所用石料在本地天马山和余山采的不超过 10%，其余从浙西山区等地运送来。黄宣佩主编《福泉山——新石器时代遗址发掘报告》，文物出版社，2000，第 69 页。
② 南京博物院、江苏省考古研究所、无锡市锡山区文物管理委员会编著《邱承墩——太湖西北部新石器时代遗址发掘报告》，科学出版社，2010，第 131～164 页。
③ 夏勇：《简析良渚文化刻符玉璧》，载杭州市园林文物局编《杭州文博》第 21 辑，浙江古籍出版社，2018。

被发现，其有机质部分在绝大部分情况下都朽烂不存，这为史前研究带来很大的遗憾。因此，在相关研究中，除了期待田野发掘中的突破，还有以下几点值得注意。

第一，对石器的类型学研究，除了传统的相对年代判断，还应当强化对石器功能的研究。仅从序列上填补完善，而对石器功能的认识始终模糊，并不是考古类型学的研究目的。工具外形进化的根本原因在于人类实践的进步和技术的更新。[①] 如果能够对石器的功能有更为明确的认识，对于目前基于外形的分型分式，显然会有直接的帮助。可以选择更为清晰、固定的部位进行分析，避免将因磨损等原因导致的外形差异作为分类的标准。此外，辨明从工具演化而来的礼器作为工具时的功能，对于讨论为何是这种而不是其他器类成为礼器，进而探讨当时的生业经济、人地关系乃至文明模式有很大的帮助。不同的工具类型、组合和数量，反映了当地自然资源分布和人类开发、利用资源的广度和深度。作为上层建筑的重要内容之一，礼制及其相配套的物质载体，主要脱胎于平时的生产生活实践。本地文化在对外交流过程中吸收融合的主要因素，无论是针对下层的物质生产，还是上层的精神世界，必然是在当时被认为是有益的，能够促进发展的。这也是本文试图从木作研究切入的一个角度。

第二，对石器功能的认识，除了依靠田野发掘理论和技术的进步，强化研究者的主观体验、积累客观数据、使用微痕分析外，更有赖于多学科的合作，应当扩展多学科的领域，引入人体生理解剖学、人机工程学等学科的理论和研究，从人的生理特性和材料的机械性能出发，对工具的复原、使用提出相应的科学依据。此外，如今无论在教学还是各行业实际工作中已经有大量的虚拟仿真软件的运用，如地质学研究中不仅有在宏观上对地质构造形成机理的模拟计算，还有在微观上进行分子级别的模拟。虚拟仿真技术，一方面可以弥补现有模式下的实验考古耗时日久、数据记录不能尽善尽美的短板，另一方面对于提升资料数据的公开性、实验结果的可重复性也大有裨益。相信在未来，虚拟仿真技术在考古学上会有光明的使用前景。

第三，与考古学其他分支研究一样，对石器功能、使用的认识，对其中细节的苛求，只是过程而非目的。对锛等木作工具的研究，直接目的是复原当时的工具制作原理和木作工序。理想的研究应当去理解工具制作、发展的自然背景与社会背景，既要推测制作者的思考方式，又要用现代科学原理去解决工具为什么制作成这样的问题，探索其中的共性与差异性。这种共性或许正是人类固有的一种思维模式。讲清楚了器物、建筑等制作、建造的背景与原理，在博物馆进行宣传教育时，也可以拉近观众与史前文明的距离，成为帮助社会大众了解人之所以为人和人与自然的关系的一扇窗户。

我们重视史前人类的社会生活和精神生活的努力，满足我们的好奇心只是一部分出发

---

① 2020 年 8 月 1 日，黄建秋在中山大学 2020 "历史、考古与文明" 研究生暑期学校直播讲座 "磨制石器研究的若干问题" 中也指出 "功能决定外形"。

点，更大的动力在于试图了解在史前时代的自然条件下，人类是如何面对这个世界并发展壮大的。小到每一种器具的演化，大到考古学文化的更迭，都是当时群体思考和选择的结果。考古学研究的重要目的之一是发现史前人类寓寄在物质遗存中的宇宙观，体悟他们对于这个世界的理解，为我们理解同一个世界提供若干启发。

（编辑：徐峰）

思想史上不可分割的统一性 *

——伊利亚德《萨满教：古老的入迷术》述评

石宇轩　徐　峰

（南京师范大学文博系）

[**摘要**]　本文的第一部分简要介绍伊利亚德的生平并总结《萨满教》一书的特点，正是这些特点决定了《萨满教》一书在萨满研究领域的不朽地位。作为宗教史、神话学、人类学研究的经典，此书的影响最终波及作为人类学分支的史前考古学。在第二部分，本文简单回顾《萨满教》一书对考古学所产生的影响，并回答为什么这本经典著作在出版七十年来仍未被大多数考古学家所重视。

[**关键词**]　萨满教；伊利亚德；考古学

自从 16 世纪被西方"发现"以来，萨满作为一种异质文化源源不断地吸引着西方学者对其进行研究。从魔鬼祭司到真理的敌人，从神话英雄到低级宗教形式，再到如今的文化英雄、非清醒状态下创作的艺术家，学者们对萨满的认识经历了一系列的变化。[①]　在这一系列的研究当中，宗教史家米尔恰·伊利亚德（Mircea Eliade）于 1951 年出版的《萨满教：古老的入迷术》（*Le chamanisme et les techniques archaïques de l'extase*）（以下简称《萨满教》）可谓萨满研究领域中里程碑式的著作。该书法文版付梓之后，迅速被翻译成多种文字，1953 年意大利文版，1957 年德文版，1960 年西班牙文版，1964 年英文版，1987 年俄文版，1994 年波兰文版，1997 年罗马尼亚文版，1999 年土耳其文版。[②]　1989 年，姜德顺、纳日碧力戈、孟慧英、刘宁波将本书译成中文[③]，不过未见出版。2018 年，随着段满

---

*　此语借自〔美〕米尔恰·伊利亚德：《宗教思想史》，晏可佳、吴晓群、姚蓓琴译，上海社会科学出版社，2004，第 6 页。

①　曲枫：《萨满：词语史与词语考古学分析》，《宗教学研究》2019 年第 3 期。

②　从意大利文版到英文版出版年份得自 1968 年《萨满教》法文版第二版前言，参见 Mircea Eliade, *Le chamanisme et les techniques archaques de l'extase*, Payot, 1968, Avant – propos a la deuxième édition, p. 19。俄文版到土耳其文版的出版年份，得自各语种译本版权页。

③　孟慧英：《伊利亚德萨满教研究的基本特点及其影响》，《世界民族》2010 年第 6 期。

福译本的出版①，这部经典终于有了中文版。

此书从问世至今，许多学者从萨满教学（Shamanology）、宗教学、宗教思想、宗教史方法论、新萨满教等角度对其撰文评价②，可见该书影响之巨。我们对伊利亚德其人其著作也可谓关注多年，趁近年《萨满教》中文译本的出版，也拟谈一谈对该书的若干认识，同时对萨满教和考古学的邂逅做一简要的评述，特别想要回答的是，何以该书出版七十年来仍未被大多数考古学家所重视。

一 伊利亚德生平

作为二十世纪伟大的宗教史家、文学家，米尔恰·伊利亚德的研究涉及宗教史、宗教史方法论、萨满教、瑜伽、罗马尼亚民间宗教、澳大利亚宗教、炼金术、宗教现象学、神圣与世俗、神话和宗教象征等，精通罗马尼亚语、法语、德语、意大利语、英语，能流利阅读希伯来文、波斯文和梵文。这样一位百科全书式的学者在宗教学界、神话学界、人类学界享有盛誉。

1907 年 3 月 9 日，伊利亚德生于罗马尼亚布加勒斯特的一个军人家庭，幼时酷爱读书，"好胜心强，敏感、诗意盎然，有时却陷入绝望、忧郁"③，尽管从小就对昆虫学和植物学感兴趣，但他对世界文学产生了兴趣，并由此走向了语言学、哲学和比较宗教。他在中学时写过一篇《我如何寻找哲人之石》（Cum am găsit piatra filosofală）的小说，发掘了炼金术中的神秘主义思想④，这应该算是他宗教研究的自我启蒙。1925 年，伊利亚德进入布加勒斯特大学文学与哲学系，结识了罗马尼亚著名哲学家奈伊·伊奥奈斯库（Nae Io-nesco），深受其影响。1928 年，他获得学士学位，就在同一年，在游历意大利时由于一个偶然的机会他获得了赴印度跟随达斯古普塔（Surendranath Dasgupta）学习梵文和印度哲学的五年赞助，开启了他的印度求学之行。在加尔各答大学学习期间，他住在达斯古普塔家里，跟随其学习瑜伽、奥义书和梵文。后来由于跟达斯古普塔发生矛盾，他搬到了喜马拉雅地区的哈德瓦尔，在静修所拜师修炼瑜伽。这段修炼的经历带给他极大的思想冲击，并对他之后的研究产生了极大的影响，他发现"神圣"经验可以改变生活，符号或象征是

① 〔美〕米尔恰·伊利亚德：《萨满教：古老的入迷术》，段满福译，社会科学文献出版社，2018。
② 在笔者所能见到的资料范围内，E. LOT – FALCK、Brenda Z. Seligman、H. Nachtigall、Marcelle Bouteiller、Eliza-beth E. Bacon、Dom. Schröder、J. M.、J. P. Jossua、Carl – A. Keller、W. R. Mead、Willard Z. Park、Lucas Myers、John Connell、W. R. Trask 等西方学者撰写过《萨满教：古老的入迷术》一书的书评。中文书评见姜德顺《原始宗教研究领域的一部经典之作——〈萨满教——古老的癫狂术〉述评》，《世界民族》2006 年第 1 期；陈宇慧《古老的入迷术与最后的山神》，澎湃新闻·上海书评，2019 年 2 月 4 日，https：//www.thepaper.cn/news-Detail_forward_2939970。本文在叙述重点上与上述书评有所不同。
③ 〔美〕米尔恰·伊利亚德：《宗教思想史》，晏可佳："译者的话"第 1 页。
④ 〔美〕米尔恰·伊利亚德：《宗教思想史》，晏可佳："译者的话"第 2 页。

精神生活的关键所在，以及在印度乡村广泛的民间宗教遗留痕迹。1931 年，伊利亚德应召回国服兵役。1933 年，他以博士论文《瑜伽：印度神秘主义的起源》（*Yoga, essai sur les origines de la mystique indienne*①）获得布加勒斯特大学哲学博士学位。之后，他作为奈伊·伊奥奈斯库的助手留校任教，讲授希腊哲学、基督教神秘主义神学以及印度宗教。② 1938～1942 年，他联络多国宗教学家，编辑了一份宗教研究杂志《查莫西斯》（*Zalmoxis*）。③

　　1940 年，笼罩在战争阴霾下的罗马尼亚政府将伊利亚德派往伦敦大使馆，任文化专员。在伦敦期间，他在大英博物馆做了关于萨满教、民俗学、神秘主义及其他主题的笔记，并收集到第一批关于萨满教的资料。1941 年在他的祖国政权更迭后，他又转任里斯本大使馆的文化专员，其间他阅读了各卷《民俗学家通讯》（*Folklore Fellowship Communications*），其中包含了关于亚洲特别是西伯利亚萨满教的信息及解释。④ 二战结束后，直到 1955 年，他一直在巴黎流亡。1946 年春，伊利亚德为了阅读俄国民族学家关于西伯利亚萨满教的著作而开始学习俄语，同年底，受宗教学家乔治·杜梅齐尔（Georges Dumézil）之邀，他开始在法国高等社会科学院授课。1947 年春他发表了战后在法国的第一篇文章《萨满教问题》（*Le problème du chamanisme*）。与欧盖·奥尔马克（Åke Ohlmarks）根据一种古老的、天真的唯物主义诠释，将萨满教的入迷等同于"北极歇斯底里症"中的恍惚状态不同的是，伊利亚德"试图把萨满教问题放在宗教历史的背景下审视，这是唯一一种既不违背其意义也不违背其功能的观点"。因此，他"分析了萨满加入式的类型和萨满在上天和地下的入迷旅行结构，并强调了与某些原始部落和东方人群的原始仪式和神秘体验的相似之处"。此文发表后，许多东方主义者和宗教历史学家鼓励他在篇幅更大的专著中继续讨论这个问题。⑤ 1949 年夏，伊利亚德决定在写作《萨满教》的同时创作小说《禁林》（*Noaptea de Sânziene*），在之前他已经完成了关于萨满服饰象征意义的章节，并开始着手《萨满教》第一章的写作。⑥ 同年，他的《比较宗教的范型》（*Traité d'histoire des religions*）和《宇宙与历史：永恒回归的神话》（*Le Mythe de l'éternel retour. Archétypes et répétition*）出版。1951 年秋，《萨满教》终于出版，如果不是前一年他研究萨满教的部分手稿、笔记意

---

① 1936 年，此文被译为法文出版。1954 年此书经伊利亚德整理后以《瑜伽：不死与自由》（*Le Yoga. Immortalité et liberté*）为名再版。

② 〔美〕米尔恰·伊利亚德：《宗教思想史》，晏可佳："译者的话"第 2～4 页。

③ Ioan P. Culianu, *Mircea Eliade*, Cittadella Editrice, 1978, p. 15。伊利亚德在此杂志发表的文章见 Mircea Eliade, *De Zalmoxis à Gengis - Khan：Études comparatives sur les religions et le folklore de la Dacie et de l'Europe Orientale*, Payot, 1970。

④ Mac Linscott Ricketts, "Eliade on diplomatic service in London", *Religion* 38 (4), 2008, pp. 346 - 354; Mircea Eliade, *Le messi del solstizio. Memorie 2. 1937 - 1960*, traduzione dal romeno di Roberto Scagno, Jaca Book, 1995, pp. 83 - 84.

⑤ 〔美〕米尔恰·伊利亚德：《神圣的存在：比较宗教的范型》，晏可佳、姚蓓琴译，广西师范大学出版社，2008，晏可佳："中译本导读"第 3 页；Mircea Eliade, *Le messi del solstizio. Memorie 2. 1937 - 1960*, pp. 82 - 84.

⑥ Mircea Eliade, *Le messi del solstizio. Memorie 2. 1937 - 1960*, pp. 104 - 105.

外被烧毁而拖慢了他的写作进度①，这本书本可以更早地影响到这个世界。

　　1955 年，伊利亚德应德国慕尼黑大学哲学教授埃内斯托·格拉西（Ernesto Grassi）之邀撰写《神圣与世俗》（Das Heilige und das Profane）一书，这本书被编入《罗沃尔特德语百科全书》（Rowohlts deutsche Enzyklopädie）作为宗教史和宗教现象学的引论。② 同年，美国宗教学家约阿希姆·瓦赫（Joachim Wach）邀请伊利亚德赴美讲学。1956 年，伊利亚德前往芝加哥大学任访问教授，并主持 1956 ~ 1957 年的哈斯克讲座（the Haskell Lectures），冬季学期讲授瑜伽的哲学和技术，春季学期讲授亚洲和美洲的萨满教。③ 同年，他的《坩埚与熔炉》（Forgerons et alchimistes）出版。1957 年，伊利亚德成为芝加哥大学教授并担任宗教史系主任，直至去世他一直担任此职。1960 年，他和他的同事约瑟夫·北川（Joseph Kitagawa）以及查尔斯·朗（Charles Long）决定创办《宗教史》（History of Religions）杂志，并向欧洲的专家寻求合作，次年这部杂志出版。④ 1976 年至 1983 年伊利亚德的《宗教思想史》（Histoire des croyances et des idées religieuses）前三卷陆续出版，当他为写作第四卷所准备的材料意外被烧毁后⑤，他没有像三十多年前那样继续未完之作。四个月后，1986 年 4 月 22 日伊利亚德溘然长逝，他生前未能编辑完成的 16 卷麦克米伦《宗教百科全书》（The Encyclopedia of Religion）在他去世一年后终于出版。⑥

　　伊利亚德的多部著作都已经有了中文译本，包括《神圣与世俗》《宗教思想史》，以及最新的《萨满教》。伊利亚德的作品风格大多视野宏阔，既在宏观处给人以纵横开阖、酣畅淋漓之感，于细节微观上却又笔触细腻。《萨满教》尤能体现这种特征。伊利亚德在《萨满教》一书付梓前曾自信地评价自己这部作品：

　　　　我不能怀疑我的工作的创新性和价值。第一次，所有的萨满——而不仅仅是西伯利亚和中亚的"经典"萨满——都被描绘出来并从宗教史的角度来予以解释。⑦

　　这绝非伊氏自矜，看看那么多语种的版本，《萨满教》的重要性和风靡程度根本无须赘言。事实上，作为 20 世纪最重要的萨满学著作，《萨满教》一方面影响了学术圈内的萨满教研究方向，另一方面也催生出了新萨满教（Neoshamanism），算是达到了他"为非专业读者提供对萨满教的整体研究"⑧ 的目标。

---

① Mircea Eliade, *Le messi del solstizio. Memorie 2. 1937 – 1960*, pp. 115 – 116.

② Mircea Eliade, *Le messi del solstizio. Memorie 2. 1937 – 1960*, pp. 147 – 148.

③ 在他正式任教于芝加哥大学后，同样在冬季学期讲授瑜伽，在春季学期讲授萨满教。参见 Mircea Eliade, *Le messi del solstizio. Memorie 2. 1937 – 1960*, pp. 150、163。

④ Mircea Eliade, *Le messi del solstizio. Memorie 2. 1937 – 1960*, pp. 185 – 186.

⑤ 1985 年 12 月 15 日，伊利亚德在米德维尔神学院的办公室失火，部分文件被烧毁，他认为这预示着自己将迎来死亡。参见 Mircea Eliade, *Le messi del solstizio. Memorie 2. 1937 – 1960*, PrefazionepⅢ, p. 197；〔美〕米尔恰·伊利亚德：《宗教思想史》，晏可佳："译者的话"第 7 页。

⑥ 〔美〕米尔恰·伊利亚德：《宗教思想史》，晏可佳："译者的话"第 5 页。

⑦ Mircea Eliade, *Le messi del solstizio. Memorie 2. 1937 – 1960*, p. 125.

⑧ 〔美〕米尔恰·伊利亚德：《萨满教：古老的入迷术》，"前言"第 9 页。

《萨满教》由十四章构成，前八章以北亚和中亚的萨满为中心，兼及世界其他地区的萨满，叙述了萨满教的各个方面：萨满的征选、萨满加入式、新萨满获得萨满才能的方式、萨满领神、萨满服饰和萨满鼓的象征意义、萨满的升天入地、萨满的巫咒、萨满教与宇宙学。

前八章的叙事完全可谓"由俗即圣"的演进。从萨满被神选中，经历非一般的苦痛体验，到成为萨满。伊利亚德介绍了呈现这种新的、神圣身份的萨满服饰、器具，并概述了萨满的能力（包括治疗、索魂等）。

这一部分包含了大量的民族志内容，不但可供跨文化、跨学科比较的信息量极大，而且讲故事般娓娓道来的叙述牢牢地抓住读者。我们知道，伊利亚德除了是一名宗教史家，还是一名小说家，他曾经发表过《禁林》《弥勒薏》等小说，高度的文学素养在《萨满教》这部书中随处可见。

他对萨满教现象的描写十分引人入胜。正如萨满的入迷术一样，读者阅读着其中或匪夷所思、或惊心动魄的加入式情境，也像中了蛊一样，具有极强的沉浸式体验。试举两例：阿尔泰黑萨满在升天之旅中要通过"一座一根头发宽度的桥……他步履蹒跚，几次摔倒"[1]，读来真有危颤的惊险之感。他对萨满教宇宙观的论述中提到"天空中闪耀着北极星，像一根柱子一样支撑着天空这顶帐篷"[2]，用形象的语言将抽象的宇宙观表现了出来。

为学界引用颇多的一段则是一个加入式疾病与梦境："这个萨满候选人来到一片沙漠，看到远处一座山。经过三天的跋涉，他终于来到山脚下，从一个入口进去，看到一位裸体男子正在拉风箱。火上支着一口大锅，这口锅'好像有半个地球那么大'。这位裸体男子看见他，就用一把巨大的钳子夹住了他。他这个新手萨满想了一下，'我死了！'，这个男人就砍掉了他的头颅，将他的身体剁成碎块，都放进这口大锅里。"[3]

徐峰曾用凝视 - 镜像视角来分析这段描述。这是一场入迷仪式，此一入迷乃是一个镜像过程。令人惊奇的是，入迷者在此过程中，是全程观看着自己的断身仪式发生，他并没有因为这个过程的残酷而回避（譬如人们做噩梦，梦见惊心之事时通常会醒来）。相反，未来萨满详细叙述了个中细节，极具画面感。因此可以说，备选者在入迷仪式中是一个"凝视者"。凝视是一种观看方式，是目光投射的实施主体施加于承受客体的一种作用力。[4]

诸如此类的介绍候选萨满入迷情境的描写在书中比比皆是，这些描写有一个明显的特点，即具有画面感，视觉冲击力溢出纸面。相信读到这些文字而即时生发出"这好像魔幻电影的场景啊"这样感慨的人应该不少吧！事实上，伊利亚德的几部小说都曾被改编成电影。伊利亚德用罗马尼亚文写的小说《弥勒薏》（*Maitreyi*）曾被改编为电影《孟加拉之夜》（*La Nuit Bengali*），伊利亚德是编剧之一。电影男主角是当年炙手可热的英伦小生休

---

[1] 〔美〕米尔恰·伊利亚德：《萨满教：古老的入迷术》，第 202 页。
[2] 〔美〕米尔恰·伊利亚德：《萨满教：古老的入迷术》，第 260 页。
[3] 〔美〕米尔恰·伊利亚德：《萨满教：古老的入迷术》，第 39 页。
[4] 徐峰：《"凝视 - 镜像"视角下的萨满教》，《百色学院学报》2015 年第 5 期。

·格兰特（Hugh Grant）。另一部小说《没有青春的青春》（*Tinerețe fără tinerețe*，英译名 *Youth Without Youth*）则被改编成了同名电影，导演来头很大，即《教父》（*The Godfather*）的导演弗朗西斯·福特·科波拉（Francis Ford Coppola）。还有一部名为《克里斯蒂娜小姐》（*Domnișoara Christina*，英译名 *Miss Christina*）的小说也被改编成同名电影，伊利亚德再次出任编剧。这正是对伊氏的文字描写具有画面感的一个最佳注脚。

第九章至第十二章介绍了世界上除北亚和中亚以外的北美、南美、东南亚、大洋洲、印欧民族、远东的萨满教。第十三章叙述世界各地萨满教共同的神话、象征和仪式。第十四章分析了北亚萨满教的形成，作为该书的结论。[1]

这几章讨论的意义在于，伊利亚德在不同的文化背景中寻找萨满教，进行广泛的文化对比。在书中，伊利亚德将萨满教等同于入迷术，认为入迷是萨满的本质特征。如此对于萨满教隐喻的认识获得了扩大。某种意义上说，他使萨满教走向全球。他的前辈们将这种现象限制在西伯利亚、北极和北美西部地区，而伊利亚德将这一习语应用到所有非西方信仰和前基督教时期的欧洲信仰中的类似现象中。

正是从这样的跨文化比较中，我们知晓了伊利亚德的主张，即探讨普遍的、超越的无意识原型思想，并用之解释神话及其他人类符号体系。[2] 伊氏认为宗教形式是非时间性的，不同的历史形态中存在着"思想史上具有深刻而不可分割的统一性"[3]。道格拉斯·艾伦（Douglas Allen）指出伊利亚德方法论是追求某种无历史或反历史、反启蒙或反现代、原型化、本质化和普遍化的学术方法。[4] 这确实是伊利亚德学术方法论的重要特征，在他的诸多著作中可谓一以贯之。

二　《萨满教》与考古学

伊利亚德、爱弥尔·涂尔干（Emile Durkheim）都曾经认为整个世界可被划分为两大领域：一个领域包括所有神圣的事物，另一个领域包括所有凡俗的事物[5]，即世界可以被分为"神圣与世俗（Sacred and Profane）"两个层面[6]。倘若我们阅读关于神圣空间（sacred space）的研究，我们会发现伊利亚德是一位难以绕开的人物。既然世界可以被分成

---

① 关于伊利亚德萨满教思想的研究，可参见孟慧英《伊利亚德萨满教研究的基本特点及其影响》，《世界民族》2010 年第 6 期；刘士缘：《超越人类的极限——走进伊利亚德的萨满教研究》，《西北民族大学学报》2018 年第 5 期。

② 伊万·斯特伦斯基：《二十世纪的四种神话学理论——卡西尔、伊利亚德、列维－斯特劳斯与马林诺夫斯基》，李创同、张经纬译，三联书店，2012，第 196 页。

③〔美〕米尔恰·伊利亚德：《宗教思想史》，第 6 页。

④ Douglas Allen, "Prologue: Encounters with Mircea Eliade and his legacy for the 21st century", *Religion* 38（4），2008，pp. 319 - 327.

⑤〔法〕爱弥尔·涂尔干：《宗教生活的基本形式》，渠敬东、汲喆译，商务印书馆，2015，第 48 页。

⑥〔美〕米尔恰·伊利亚德：《神圣与世俗》序言，王建光译，华夏出版社，2002，第 5 页。

神圣与世俗层面，那么将田野发掘出土的古代遗存作为研究对象的考古学与伊利亚德的思想相遇就没什么可奇怪的了。原因在于，人类在制作日常世俗器物时，也在制作一些与另外一个世界、与神灵有关的物品、建筑和图像。[①] 基于神圣与世俗这一分类视角来分析考古学遗存时，连带而来的一个主题便是沟通神圣与世俗的媒介。这个媒介在人而言便是萨满巫师，在物而言便是一系列仪式性器物。这类礼仪性器物属于礼制的组成部分，也是等级关系、意识形态、权力及社会观的反映。礼器大多与神、祖先的享用和交流相关。萨满教理论确实与考古学有联系，用萨满教理论来分析考古遗存也构成了一个外在的研究视角或者理论演绎。甚至在当代，萨满教已经成为认知考古学的一个组成部分。[②]

伊利亚德将萨满教视作世界上最古老的宗教的这一观点为美国人类学家彼得·T. 弗斯特（Peter T. Furst）所接受，弗斯特认为萨满教"是世界上所有宗教产生的根本基础"[③]。20 世纪 60 年代末，他用这种方法重新审视了奥尔梅克（Olmec）的雕塑，将其描绘为从人变成动物的萨满人物，70 年代他通过研究发现亚洲和美洲的萨满教有诸多相似之处，由此他认为亚洲和美洲存在一个共同的以萨满教和狩猎—采集经济为基础的古意识形态底层，并将其定义为亚美萨满教模式，其主要特征如下。

1. 萨满教中诸多现象均产生于巫术，"转化"是萨满教象征系统的基本原则。

2. 宇宙是分层的或重叠的，通常分为上、中、下三层，各层之间有一个中央柱相连。世界通常分为四个象限，由南北和东西中轴分隔，各个方向对应特定的颜色。

3. 人与动物是平等的。

4. 人与动物可以相互转化，萨满常有动物助手。

5. 万物有灵。

6. 人与动物的灵魂存在于骨骼中，所以人与动物可以通过骨骼再生。萨满出神常常要经历身体的骨骼化状态。

7. 灵魂与肉体可以分离，灵魂丢失是疾病的常见原因。萨满可从神灵世界取回灵魂以治愈疾病。

8. 一种并不普遍的现象是萨满通过服用致幻植物而出神。[④]

张光直受弗斯特的亚美萨满教模式启发，提出玛雅—中国文化连续体（Maya - China

---

① 新石器时代的一些石头建筑就被如此解释。参见 Christopher Tilley, Wayne Bennett, "An Archaeology of Super-natural Places: The Case of West Penwith", *The Journal of the Royal Anthropological Institute*, Vol. 7, No. 2 (Jun., 2001), pp. 335 – 362。

② Neil S. Price, *The Archaeology of Shamanism*, Routledge, 2001; James L. Pearson, *Shamanism and the Ancient Mind: A Cognitive Approach to Archaeology*, AltaMira Press, 2002.

③ Peter T. Furst, "Roots and Continuities of Shamanism", in Anne Trueblood Brodsky et al (ed.), *Stones, Bones and Skins: Ritual and Shamanic Art*, Society for Art Publications, 1977, p. 21.

④ 英文原文见 Peter T. Furst, "Shamanistic survivals in Mesoamerican religion", *Actas del XLI Congess internacional de Americanistas*Ⅲ, 1976, pp. 149 – 157；另见张光直《中国古代文明的环太平洋的底层》，《辽海文物学刊》1989 年第 2 期，载氏著《中国考古学论文集》，三联书店，1999，第 357~369 页。

continuum）一说。① 同时，张光直解读中国史前和商周考古学遗存明显受到伊利亚德的影响。比如，张光直探讨良渚玉琮，认为玉琮的原型是"世界轴""地柱"。② 这种分层宇宙观的讨论见于《萨满教》的第八章"萨满教与宇宙学"。张光直讨论商周青铜器上的动物纹样，提出有名的"动物伙伴"一说，③ 这在《萨满教》中则是"辅助精灵"（helping spirit）。此外，还有马家窑彩陶盆上的骨骼式人物，在《萨满教》中则是伊利亚德详加论述的"骨架的象征意义"。

张光直一直主张用中国的个案来丰富西方的一般社会法则，他也正是这么做的。伊利亚德正是主张探讨普遍性问题，而上述《萨满教》中的若干特征也恰好为张光直所借鉴，进而用于对中国古代文明的探讨，产生了新颖亮眼的学术成果。20 世纪八九十年代以来，随着张光直的作品被翻译为中文，国内考古学界也有一批学者用萨满教理论来释读古代遗存。萨满教理论在中国学界的传播，张光直起了引领和中介的作用。

当然，和伊利亚德主张探讨普遍的、超越的无意识原型思想引发了争议一样，也有少许学者对张的"泛萨满论"颇有微词。④

差不多同一时间，德国慕尼黑国家民族学博物馆馆长安德里亚斯·劳梅尔（Andreas Lommel）也注意到了伊利亚德萨满教理论对解读岩画的作用。⑤ 在将岩画与萨满教联系起来这一问题上，劳梅尔是位先行者。他复制了伊利亚德研究萨满教的方法，确认古代和现代部落人群艺术中普遍存在的萨满教特点。尤其是，他拣选出四个主题：人与动物的形象、组合生物、人与兽或兽与兽搏斗的形象，以及所谓"X 射线"风格绘画。从而，劳梅尔指出，在他们的降神仪式中，西伯利亚萨满经常将自己变成动物，他认为，在欧洲旧石器时代的绘画中，伪装成动物的人是萨满。劳梅尔用来自法国的"三兄弟洞窟"（Cave of

① 张氏此说最早见于他在 1984 年哈佛大学人类学系 Peabody Museum 出版的通讯 Symbols 上发表的 "Ancient China and its anthropological significance" 一文，中译见《古代中国及其在人类学上的意义》，《史前研究》1985 年第 2 期。参见陈光祖《张光直"玛雅—中国文化连续体"与"环太平洋文化底层"说的再思考》，《东亚考古学的再思——张光直先生逝世十周年纪念论文集》，（台北）"中央研究院"历史语言研究所，2013，第 413 ~ 442 页。
② 张光直：《谈"琮"及其在中国古史上的意义》，《中国青铜时代（二集）》，三联书店，1990。
③ 张光直：《商周神话与美术中所见人与动物关系之演变》，《"中央研究院"民族学研究所集刊》第 16 期，1963，第 115 ~ 146 页，载氏著《中国青铜时代》，三联书店，1983，第 288 ~ 312 页。20 年后，张氏将此说发展完善，认为商周青铜器上的动物纹样表现的确是协助巫觋通天的动物助手。参见张光直《商周青铜器上的动物纹样》，《考古与文物》1981 年第 2 期，载张光直《中国青铜时代》，第 313 ~ 342 页。
④ 萧兵：《中国上古文物中人与动物的关系——评张光直教授"动物伙伴"之泛萨满理论》，《社会科学》2006 年第 1 期；黄厚明：《良渚文化鸟人纹像的内涵和功能（下）》，《民族艺术》2005 年第 2 期；黄厚明：《探索与证伪：关于饕餮纹含义的几种学说》，《南京艺术学院学报》（美术与设计版）2008 年第 1 期；萧兵：《中国上古图饰的文化判读——建构饕餮的多面向》，湖北人民出版社，2011；萧兵：《中国早期艺术的文化释读——审美人类学微观研究》，湖北人民出版社，2014。关于萧兵对张光直"泛萨满理论"批评的研究，参见谭佳《两种"物"观——对萧兵批评张光直"泛萨满论"的再评论》，《民族艺术》2018 年第 6 期。
⑤ 参见 Andreas Lommel, Die Welt der frühen Jäger. Medizinmänner, Schamanen, Künstler, Callwey, 1965；1967 年此书英译出版，译名为 Shamanism: The Beginning of Art，又译 The World of the Early Hunters。1980 年出版德文第二版 Schamanen und Medizinmänner. Magie und Mystik früher Kulturen。另见 Andreas Lommel, Prehistoric and Primitive Man, McGraw - Hill, 1966。

Les Trois Freres）中著名的人 - 兽混合形象"巫师"（the Sorcerer）来说明。20 世纪 70 年代，除了劳梅尔之外，韦斯顿·拉巴尔（Weston La Barre）、托马斯·布莱克本（Thomas Blackburn）和 K. 赫吉斯（K. Hedges）等学者也认为萨满可能是美国印第安岩画艺术的创造者。伊利亚德的书再一次为他们提供了一个方法论的蓝图。在加利福尼亚岩画中发现萨满教证据的考古学家 K. 赫吉斯强调说："米尔恰·伊利亚德的经典研究为任何有关萨满教的调查提供了基础。"[①]

此外，20 世纪 80 年代，南非认知考古学家戴维·刘易斯 - 威廉姆斯（David Lewis - Williams）和托马斯·道森（Dowson Thomas）对南非桑人的岩画进行研究，他们通过民族学类比并结合神经心理学分析推测桑人岩画的萨满教内涵，认为是萨满在经历了恍惚状态后绘制了这些岩画[②]，这种方法被拉里·伦多夫（Larry Loendorf）、大卫·惠特利（David Whitley）等学者应用于北美岩画的研究[③]。

玛雅研究者大卫·弗雷德尔（David Freidel）、琳达·谢勒（Linda Schele）、乔伊·帕克（Joy Parker）从《萨满教》中获得灵感，认为玛雅金字塔是与创造世界有关的宇宙山，这一伊利亚德所说的"世界中心"提供了进入上层和下层世界的途径，从萨满教角度对古代玛雅政治制度观念的重新审视使他们认为拥有超自然力量才是玛雅国王权力的来源。[④]

诸如此类的例子不胜枚举。自《萨满教》问世以来，不断有学者或从伊利亚德处获得灵感，或从其他学者处得到启发，投身萨满教考古研究。[⑤] 对此，我们十分欣喜，用萨满教理论来解释考古遗存已然成为考古学研究中的一部分。然而，有喜亦有忧。与热门的科技考古、聚落考古等考古学分支领域相比，用萨满教理论解读考古学材料所属的认知考古学无论是在国外还是国内都是小众领域，甚至有些无足轻重。考古学对科学和量化方法的执着久有传统。考古学是一门根据古代人类遗留下来的物质遗存研究古代历史的学科。在这种情况下，没有太多的空间可供我们泛论人类的宗教或精神状态。总的来说，与人类学相比，考古学在"摧毁"实证主义方面是滞后的。例如，人类学家在 20 世纪六七十年代对伊利亚德的学术就很有兴趣，而在考古学方面，它的影响则显得微弱。20 世纪六七十年代以来，劳梅尔、刘易斯 - 威廉姆斯、惠特利等学者用萨满教理论来解释岩画，正是人

---

① 安德烈·兹纳姆斯基（Andrei A. Znamenski）对萨满教邂逅考古学有详细的学术史回顾。参见安德烈·兹纳姆斯基《洞中意识：当考古学遇上萨满教》，徐峰、郭卉译，载曲枫主编《北冰洋研究》第 4 辑，上海三联书店，2021。

② 参见 J. D. Lewis - Williams, *San Rock Art*, Ohio University Press, 2011；David Lewis - Williams, *The Mind in the Cave：Consciousness and the Origins of Art*, Thames & Hudson, 2002；James David Lewis - Williams, David Pearce, *Inside the neolithic mind：consciousness, cosmos and the realm of the gods*, Thames & Hudson, 2005。

③ 安德烈·兹纳姆斯基：《洞中意识：当考古学遇上萨满教》，徐峰、郭卉译，载曲枫主编《北冰洋研究》第 4 辑。

④ 参见 David Freidel, Linda Schele, Joy Parker, *Maya cosmos：three thousand years on the shaman's path*, Morrow, 1993。

⑤ 值得一提的是，尼尔·普莱斯（Neil Price）2001 年编辑的《萨满教考古学》（*The Archaeology of Shamanism*）收录了学者们针对全球范围内的萨满教相关考古材料进行的广泛讨论。Neil S. Price（ed.）, *The Archaeology of Shamanism*, Routledge, 2001。

文社会科学中大体偏离实证和行为主义方法论的一个反应。他们开始较少关注经济、技术和人类对环境的适应，而把精力转移到个体、象征和宗教的作用上来。由此，形形色色的解释、学术想象力以及考古超现实主义进入了对考古遗存的阐释。不过，多年之后天平似乎又慢慢向科学实证主义倾斜。别的不说，就拿为萨满教理论提供了充分展示舞台的史前岩画领域来讲，澳大利亚岩画学家罗伯特·贝德纳里克（Robert Bednarik）撰有《岩画科学》（*Rock Art Science*）一书①，他旗帜鲜明地反对对岩画的过度解释，而倡导"科学的岩画研究"。用他的话说，采用"国际的研究标准、全球性的岩画术语、适于操作的学术规范与体系、科学的研究方法与手段"来建立岩画研究的规范。②

因此，我们看到当前考古学总体的状态是，研究文化系统的下层结构，如自然环境、生计内容相对容易保持客观性，研究更高层次，如礼仪制度与意识形态等上层建筑领域时，推理的难度进一步加大。③ 科林·伦福儒（Colin Renfrew）谈道："由于对过去认知的许多看法具有看似无法检验的性质，致使第一批新考古学家总体上漠视认知研究。"④

一部分考古学家认为"像宗教和意识形态这样的认知领域是一种副现象，是与生存经济主要变量无关的从属变量，因此是意义不大和不值得研究的"⑤。这代表了相当一部分考古学家的观点。可是仁者见仁，智者见智。在大卫·惠特利那里，研究古代的文化信仰才是重要的。他曾说道：将考古工作约束在陶器残片、箭头和食物残渣这些"史前时代的垃圾"上一定就好吗？⑥

当然，随着认知考古学（Cognitive Archaeology）和后过程主义考古学（Post – Processual Archaeology）的发展，视意识领域研究为无用的考古学家已经越来越少了，但从事这类研究的考古学家依旧很少，这与我们必须要正视的一个问题有关，那就是"这些信仰系统并非总是能从物质文化中表现出来"，当它们表现出来时，"并非总能与日常生活的其他活动区分开来"，即这类材料很难从考古学上予以分辨。⑦

这确实是个难题。

至今依然没有一个完美的标准可以将精神领域的材料和纯粹物质领域的材料泾渭分明地区分开。扎尔·哈萨诺夫（Zaur Hasanov）提供的认定考古学材料中的萨满教因素的方案或许可以帮助我们加深对这一问题的思考。他认为首先要研究民族志材料中的萨满工具、仪式、概念、世界观、象征系统；其次，对于考古材料要注意它的埋藏情境以及地理

① Robert G. Bednarik, *Rock Art Science: The scientific Study of Palaeoart*, Brepols Publishers, Belgium, 2001.
② 汤惠生：《岩画学科的研究范式及相关问题》，《南方文物》2014 年第 4 期。
③ 陈胜前：《考古推理的结构》，《考古》2007 年第 10 期。
④ 〔英〕科林·伦福儒、〔英〕保罗·巴恩：《考古学：理论、方法与实践》（第六版），陈淳译，上海古籍出版社，2015，第 363 页。
⑤ 〔美〕肯特·弗兰纳利、〔美〕乔伊斯·马库斯：《认知考古学》，寻婧元译，陈淳校，《南方文物》2011 年第 2 期。
⑥ John Harmon, "'Avocational' Relic Hunter Has Blazed Path to Cave Art", *The Atlanta Journal – Constitution*, February 6, 1997, p. 2C.
⑦ 〔英〕科林·伦福儒、〔英〕保罗·巴恩：《考古学：理论、方法与实践》，第 385 页。

位置；当考古、文献、语言和民族志材料相互印证，揭示相关的世界观的基础时，就基本可以将此考古材料确认为萨满教遗存。①

这看起来很有操作性，可是就算考古学家手握大把相关材料，如何从材料得到结论成了一个看起来难以逾越的鸿沟，毕竟这类认知方面的考古推论是要靠大量想象去填补缺失的环节的，这种不严谨的推测方法也是萨满教考古，或者说意识领域的考古备受诟病的地方。对此，弗斯特认为学者应该更积极地依靠民族学类比，发挥想象力。他认为实证主义把考古学家束缚在知识的枷锁中，他把他的考古学分析看作对已经确立的实证主义的一种解毒剂。② 同时他也认为，将现代民族学材料对应到古代是非常容易犯错的。③

从实证主义的角度来看，这是意识领域考古的致命缺陷，但如果换个角度来看结果就会完全不同。无论如何，我们都无法弄清一幅岩画或是一个史前陶塑的确切意义，解释出来的意义和它们的制作者所赋予的意义一定存在偏差，我们在方法论上所做的一切努力就是在缩小这一偏差，这难道没有意义？我们努力的意义不是这一偏差，而是解释中的合理部分，研究越细致，这合理的部分就越大。当然，对这一"合理部分"的合理性依然可以商榷。对此，让我们从考古学中抽离出来，回忆一下自己所认识的"我"和别人所描述的"我"是否相同，这一人和另一人所描述的"我"是否相同。如果不出差错的话，答案应该是否定的，这一个个认识无所谓对错，这每一个"我"都不是完整的我，这每一个"我"又确实是我的一部分。就像玛雅研究者弗雷德尔、谢勒和帕克所认为的那样，"我们对过去的看法总是受制于现在"，对过去的重建"只是一种解释，而不是真正的原始事实"。④

三 结语

诚然，经验主义和实证主义在考古学的发展中起到了不可估量的作用，但它们在某种程度上限制了意识领域考古研究的正常发展。学术研究是戴着脚镣在跳舞，可不要戴了脚镣却忘记了跳舞。这不禁让我们想到了伊利亚德留给我们的精神遗产，道格拉斯·艾伦强调：

---

① Zaur Hasanov, "A Method for Determining the Practice of Shamanism in Archeological Cultures", *Anthropology & Archeology of Eurasia* 55 (3-4), 2016, pp. 188-231.

② Peter T. Furst, "The Olmec Were-Jaguar Motif in the Light of Ethnographic Reality", in Elizabeth P. Benson (ed.), *Dumbarton Oaks Conference on the Olmec*, Dumbarton Oaks Research Library and Collection, 1968, p. 170, 转引自 Andrei A. Znamenski, *The Beauty of the Primitive: Shamanism and Western Imagination*, Oxford University Press, 2007, p. 182。

③ Peter T. Furst, "The Olmec Were-Jaguar Motif in the Light of Ethnographic Reality", in Elizabeth P. Benson (ed.), *Dumbarton Oaks Conference on the Olmec*, Dumbarton Oaks Research Library and Collection, 1968, p177, 转引自安德烈·兹纳姆斯基《洞中意识：当考古学遇上萨满教》，徐峰、郭卉译，载曲枫主编《北冰洋研究》第4辑。

④ David Freidel, Linda Schele, Joy Parker, *Maya cosmos: three thousand years on the shaman's path*, Morrow, 1993, p. 36.

他的遗产价值可能在强调狭隘的学术验证过程方面是有限的，但在强调想象力、思辨思维、大胆的哲学反思和新的、有机的、整体的、综合的公式的理论方法方面更有价值。……伊利亚德的遗产在批评当前学术界太狭隘、太安全、使用天真的经验主义和不充分的实证主义假设和方法、接受工具理性的不充分观点和现代西方世俗化的观点方面有价值，这些观点实际上表达了西方的狭隘。①

在他的笔下，萨满教是一种古老的、广泛存在于世界各地的思维方式，萨满教的世界观被简化为"一套相当简单的象征和假设"②。这种简化虽然有助于现代人对萨满教这种古老的宗教体系有一个比较初步的了解，却无益于对其复杂性有更深入的认识。当然，他并"不是将萨满教置于特定的文化、历史或地域中，而是把握它的普遍性，以及精神上的象征意义和内在一致性，将它作为一种宗教民族学现象"来看待③，从这个意义上看，伊利亚德算是达到了为"为非专业人士写作"的初衷。

附记： 本文系国家社科基金重大项目"长江下游社会复杂化及中原化进程研究"（20&ZD247）阶段性成果。本文撰写过程中，若干资料如安德烈·兹纳姆斯基（Andrei A. Znamenski）和弗斯特（Peter T. Furst）的论文由聊城大学曲枫先生提供，引用的意大利文文献由罗马美术学院研究生张雅迪校对，谨致谢忱！

（编辑：陈声波）

---

① Douglas Allen, "Prologue: Encounters with Mircea Eliade and his legacy for the 21st century", *Religion* 38 (4), 2008, pp. 319 – 327.

② David Freidel, Linda Schele, Joy Parker, *Maya cosmos: three thousand years on the shaman's path*, p. 12；安德烈·兹纳姆斯基：《洞中意识：当考古学遇上萨满教》，徐峰、郭卉译，载曲枫主编《北冰洋研究》第 4 辑。

③ Andrei A. Znamenski, *The Beauty of the Primitive: Shamanism and Western Imagination*, p. 171.

历史时期文物考古研究

北朝石棺床的使用场景与画像配置*

李梅田

（中国人民大学历史学院）

[**摘要**] 本文是对北朝石棺床使用场景、画像石棺床形制与画像配置等问题的讨论。石棺床在墓室中起到营造礼仪空间的作用，可分为床榻式、围屏式、双阙围屏式三种形制，后两类带有围屏的石棺床上，围屏画像有四种配置方式，具有明确的叙事逻辑和主题，体现了北朝后期丧葬艺术的复杂性。

[**关键词**] 石棺床；画像配置；礼仪空间；丧葬艺术

画像石棺床是北朝时期高等级墓葬的一种奢华葬具，以精美的浮雕或线刻画像作为装饰，有的还加上了贴金和彩绘，画像的艺术水准相当高，也深具人文内涵，是中国古代艺术史的重要构成部分。由于用途、画材、技法与画像配置等的特殊性，研究者一般将它与传世绘画、墓室壁画等古代画迹区别开来，而与画像石棺、房形石椁等单列为一科，称为"石葬具画像"，讨论了这类石葬具的制作、粉本、画像配置与艺术表达等问题。[①] 不过，这三类石葬具的流行年代、形制和使用场景都有差异，应区别对待。本文拟对石棺床的使用场景、画像石棺床的形制与年代、围屏的画像配置等问题再作一些讨论。

---

* 本文系国家社科基金重大招标项目"隋唐五代壁画墓与中古文化变迁研究"的阶段性研究成果（项目编号：20&ZD249；首席专家：李梅田）。

① 专门讨论石葬具画像的论文很多，如贺西林《北朝画像石葬具的发现与研究》，载巫鸿主编《汉唐之间的视觉文化与物质文化》，文物出版社，2003，第341~376页；郑岩《北朝葬具孝子图的形式与意义》，《美术学报》2012年第6期；孙武军《北朝隋唐入华粟特人死亡观研究——以葬具图像的解读为主》，《考古与文物》2012年第2期；邹清泉《北魏画像石榻考辨》，《考古与文物》2014年第5期；林圣智《图像与装饰——北朝墓葬的生死表象》下编，台湾大学出版中心，2019，第159~308页；贺西林《胡风与汉尚——北周入华中亚人画像石葬具的视觉传统与文化记忆》，《美术大观》2020年第11期；等等。

一 石棺床的使用场景

考古发现的大多数棺床只是简单的砖台或土台，有的仅以几块稍高出地面的砖来承托棺木，只有较讲究的棺床才用雕凿精致的石板搭建，石棺床（尤其是画像石棺床）是高等级墓的一种奢华葬具。

棺床来源于现实生活中作为坐具的床榻，围绕棺床的设置也多模拟床榻。汉至唐以前墓室中常见的墓主宴饮图，反映了现实生活中的室内场景，画中的墓主夫妇一般坐在帷帐之内，帷帐内外绘有供奉饮食的侍者和乐舞伎者，墓主的坐具就是长方形的床榻。图像中的床榻在汉代多是没有围挡的矮台子，到北朝时期则在床榻左右及背后出现了围挡，构成围屏式的坐具，考古发现的实物棺床也有类似的形制演变过程。在丧礼中，床榻是作为灵床使用的，是礼仪场景的视觉中心，先要陈尸于床，进行沐浴、饭含、小敛等一系列复杂的仪节，遗体盛装入棺（大敛）后，再陈棺柩于床，接受后续的悼念与祭奠。现实生活中的床榻或丧礼中的灵床被模拟到墓中就成为棺床，用以承托棺柩。一些薄葬提倡者常有省略棺柩而直接置尸于床的做法，以示节俭，如东汉凉州学者张奂遗令素服薄葬，"措尸灵床，幅巾而已"[1]，西晋名士皇甫谧"幅巾故衣，以籧篨裹尸，麻约二头，置尸灵床上……举床就坑，去床下尸"[2]，杨王孙、石苞也有不设床帐、明器的遗嘱[3]。这些都是特殊情况，正常的埋葬方式应是将棺木置于棺床上的。

棺床一般设在多室墓的后室或单室墓的一侧，构成墓室的埋葬空间，墓内的其他陈设都是围绕棺床来设计的。《西京杂记》载广川王刘去疾盗掘的古墓中，就有床、帐、几案、屏风、俑类设施，"（哀王冢）石床方四丈，床上有石几，左右各三石人立侍，皆武冠带剑……复入一户，亦石扉，开钥得石床，方七尺。石屏风、铜帐构一具，或在床上，或在地下，似是帐糜朽，而铜构堕落。床上石枕一枚，尘埃朏朏，甚高，似是衣服。床左右妇人各二十，悉皆立侍。或有执巾栉镜镊之象，或有执盘奉食之形"[4]。从描述来看，广川王发掘的古冢应不是战国墓，倒是与汉代宅第式墓的陈设方式接近，床、帐的布置方式与画像所见的墓主宴饮图相近。考古中常见散落于棺床周围的帐座、帐构等遗存应就是围绕棺床的陈设，棺床与帷帐、屏风等一起构成了墓室的埋葬空间。

棺床以外的墓室空间（如多室墓的前室或中室，单室墓的棺床前部）被营造为祭祀空间，由帷帐、灵座、祭台和祭器等构成，下葬时会在棺床前举行最后的祭祀，再封闭墓

---

① （南朝宋）范晔：《后汉书》卷六十五《张奂传》，中华书局，1965，第 2143 页。

② （唐）房玄龄等：《晋书》卷五十一《皇甫谧传》，中华书局，1974，第 1417～1418 页。

③ （汉）班超撰，（唐）颜师古注《汉书》卷六十七《杨王孙传》，中华书局，1962，第 2907 页；《晋书》卷三十三《石苞传》，第 1003 页。

④ （晋）葛洪撰，周天游校注《西京杂记》卷六，三秦出版社，2006，第 259 页。

室。安阳固岸村东魏 M57（有墓志砖铭"武定六年二月廿五日谢氏冯僧晖铭记"）直接陈尸于一座带双阙的围屏式石棺床上，棺床前的地面上摆放着一组 7 件陶瓷器，较好地呈现了墓室礼仪空间的营造情况，棺床是埋葬空间，棺床前是祭祀空间（图一）①。

图一　安阳固岸村东魏 M57 棺床出土场景

资料来源：《华夏考古》2009 年第 3 期彩版一九。

一般来说石棺床上是置木棺的，但像固岸村东魏 M57 这样直接陈尸于床的例子，在北朝时期并不罕见。本文附表所列的 26 件北朝画像石棺床中，凡经过考古发掘、出土环境清楚的，都是直接将遗体安放在棺床上的，并不使用棺木。其中，北魏太安三年（457）尉迟定州墓、大同南郊 M112、西魏武定六年（548）的安阳固岸村东魏 M57、北周大象元年（579）安伽墓、西魏天和六年（571）康业墓、北周大象二年（580）史君墓，发掘报告均明确表示未见棺木痕迹。宋绍祖墓的两具人骨架位于石椁的顶板上，未见棺木痕迹，可能和太原虞弘墓一样是将墓主夫妇遗体直接放在椁座盖板上的，椁的盖板充当了石棺床的作用。② 类似的不用棺木的"裸葬"现象也见于一些使用普通砖、土棺床的墓葬中，尤其在大同北魏墓中常见，如大同迎宾大道北魏墓群的 M2、M3、M26、M78 等，都是尸体直接放在砖棺床上。③ 大同南郊墓群也是如此，"但凡遗迹现象清楚的，大多使用的是尸

① 河南省文物局编著《安阳北朝墓葬》，科学出版社，2015，第 8~9 页；林圣智：《图像与装饰——北朝墓葬的生死表象》，第 212 页，图 4~62。
② 山西省考古研究所、太原市考古研究所、太原市晋源区文物旅游局：《太原隋代虞弘墓清理简报》，《文物》2001 年第 1 期。
③ 大同市考古研究所：《山西大同迎宾大道北魏墓群》，《文物》2006 年第 10 期。

体直接陈放在棺床上，而不用木棺的葬俗"①。2002 年在大同南郊二电厂发现的 21 座砖室墓中，8 座有砖床，人骨均直接置于砖床之上，不见棺具。② 这种情况进入隋唐后也还存在，太原隋代高车后裔斛律彻的墓使用了砖棺床，残存凌乱的人骨架，也未见棺木痕迹；③ 固原唐代粟特后裔史氏家族墓地中，使用石棺床的史诃耽墓也未见棺木。④ 以上种种现象极不寻常，如果曾使用棺木，即使棺木已朽，一般在考古发掘中也会发现棺钉、漆皮、木痕等遗存，完全不见棺木痕迹的现象，表明也许原本就没有使用棺木，是一种直接陈尸于棺床的葬法。

在中国传统葬俗中，不用棺木的情况并不多见，前述西汉杨王孙、西晋皇甫谧不用棺椁的例子都是出于薄葬的考虑，属于埋葬中的特例。值得注意的是上述各例北朝墓中直接置尸于床的墓主的身份，安伽、史君、康业都是身份明确的粟特人后裔，曾任粟特萨保。尉迟定州可能是鲜卑人，墓志中有鲜卑语人名、地名和官职，墓主的籍里是步胡豆和，官职是莫堤，复姓尉迟，名定州⑤，无论铭文中的"尉迟定州"是否为墓主⑥，此墓体现的胡族特征是很明显的，"石棺床上放置人骨一具，未发现棺木痕迹。人骨为成年女性……头骨上佩戴铜下颚托"⑦。下颚托（下颌托）是为了防止下颌脱落的特殊遗体处理方式，最早出现在北魏平城地区，在大同南郊北魏墓群就发现了十余例，一般认为它是一种外来葬俗，很可能与粟特人或祆教信仰有关。⑧ 大同南郊北魏墓群可能是中下层鲜卑人集中埋葬之地，据对人骨稳定同位素的分析，这群人曾大量摄取肉食，似乎仍以畜牧业为主，受中原农耕文明的影响甚小⑨，在这些鲜卑人的墓中直接置尸于床的做法较为普遍。宋绍祖虽是汉人，但籍贯敦煌，有可能是北魏太武帝拓跋焘平定凉州后迁至平城的敦煌大族宋繇之后。⑩ 安阳固岸村 M57 墓主名叫"谢氏冯僧晖"，也不像汉人名字。隋代的虞弘是柔然裔胡族，曾任"莫贺弗"，应与尉迟定州的官职"莫提"一样是鲜卑语，虞弘曾出使波斯、吐谷浑等国。⑪ 因此，这些不用棺木而置尸于床的葬法可能是非汉民族的习俗，反映了一种特殊的处理遗体的方式和对待死亡的态度，张小贵认为这可能与入华粟特人及祆教不让

① 大同市考古研究所刘俊喜主编《大同雁北师院北魏墓群》，文物出版社，2008，第 176~177 页。
② 大同市考古研究所：《山西大同二电厂北魏墓群发掘简报》，《文物》2019 年第 8 期。
③ 山西省考古研究所编著《太原沙沟隋代斛律彻墓》，科学出版社，2017，第 10、100 页。
④ 罗丰编著《固原南郊隋唐墓地》，文物出版社，1996，第 58 页。
⑤ 殷宪、刘俊喜：《北魏尉迟定州墓石椁封门石铭文》，《文物》2011 年第 12 期。
⑥ 郝军军认为"尉迟定州"不是墓主，可能是负责操办丧事的人，墓主应是一位女性。参郝军军《北魏尉迟定州墓墓主身份再考》，《文物》2014 年第 12 期。
⑦ 大同市考古研究所：《山西大同阳高北魏尉迟定州墓发掘简报》，《文物》2011 年第 12 期。
⑧ 关于下颌托的讨论参冯恩学《下颌托——一个被忽视的祆教文化遗物》，《考古》2011 年第 2 期；吴小平《论我国境内出土的下颌托》，《考古》2013 年第 8 期；付承章《对下颌托源头及相关问题的探讨》，《内蒙古民族大学学报》（社会科学版）2016 年第 6 期。
⑨ 张国文、胡耀武、裴德明、宋国定、王昌燧：《大同南郊北魏墓群人骨的稳定同位素分析》，《南方文物》2010 年第 1 期。
⑩ 张庆捷、刘俊喜：《北魏宋绍祖墓两处铭记析》，《文物》2001 年第 7 期。
⑪ 张庆捷：《〈虞弘墓志〉中的几个问题》，《文物》2001 年第 1 期。

尸体污染土地的信仰有关。①

综上，石棺床不只是陈列棺柩的葬具，更具有礼仪方面的特殊内涵，起到营造礼仪空间的作用，棺床以模拟室内生活场景的方式被营造为埋葬空间，棺床以外的空间是祭祀空间，两个空间的划分是墓内葬仪活动的结果。北朝流行的不用棺木而直接置尸于床的做法可能是胡族的葬仪，反映了当时的民族文化融合现象。

二 画像石棺床的形制与年代

棺床中最精致的是画像石棺床，以浮雕或线刻为装饰，有的还有贴金和彩绘。北朝时期的画像石棺床大致可以分为床榻式、围屏式、双阙围屏式三种形制，后二者实际上是石床榻与石屏风的组合形式。目前所知的北朝画像石棺床以国内外博物馆的藏品为主，年代并不明确，只有少数是经正式考古发掘出土的。根据考古出土品提供的年代信息，可知床榻式的石棺床年代较早，主要流行于北魏平城时期；围屏式的石棺床年代较晚，基本在北魏迁洛以后，其中带双阙的围屏式石棺床年代更晚，主要流行于北齐、北周至隋代。根据棺床形制和画像内容，可将北朝画像石棺床分类如下，每一类可再按年代早晚排序（见附表）。

（一）床榻式石棺床（附表序号1~7）

床榻式石棺床是由石板搭成的平台，形制与画像中的床榻和丧礼中的灵床相似，主要流行于北魏平城时期。除了附表中所列之外，大同市北朝石刻艺术博物馆还藏有十余件石棺床②，这些藏品因无明确出土地点，暂不纳入讨论。

王雁卿将平城时期的石棺床分为凹字形和长方形两种形制，前者以宋绍祖墓的石棺床为代表，后者的形制是床前部立板呈倒山字形或四足状，后者数量居多。③床榻式石棺床的装饰空间有限，只有床的正立面和左右侧面、床腿，因此主要是一些简单的装饰性图案，不见复杂的叙事性画像。装饰性图案以连续的忍冬纹、水波纹、铺首衔环等为主，也有传统的瑞兽图案（如龙虎、凤凰等）和带有佛教性质的图案（如持莲蕾人物、金刚力士、净瓶、伎乐等）。以司马金龙墓石棺床图案最为精致，床侧面雕刻有13个伎乐及舞者、龙虎、凤凰、金翅鸟、人头鸟等，足部浮雕兽面及金刚力士（图二）。这些装饰性图案也常见于云冈石窟中④，表明平城时期的石作工艺在宗教空间和丧葬空间中存在粉本互

① 张小贵：《中古华化祆教考述》，文物出版社，2010，第185~189页。
② 大同北朝艺术研究院编《北朝艺术研究院藏品图录·石雕卷》，文物出版社，2016，第76~93页，图14~30。
③ 王雁卿：《山西大同出土的北魏石棺床》，《文物世界》2008年第2期。
④ 王雁卿：《北魏平城时期的装饰纹样》，载王银田等《北魏平城考古研究——公元五世纪中国都城的演变》，科学出版社，2017，第67~142页。

通的现象，可能是由当时的匠作运行体制造成的。[1]

图二　床榻式石棺床——北魏司马金龙墓石棺床

资料来源：王利民主编《平城文物精粹》，江苏凤凰美术出版社，2016，第 62 ~ 63 页。

床榻式石棺床是一种形制简单的葬具，在墓室内是搭配着其他设施使用的，如司马金龙墓的棺床前散落着石柱础、木栏杆、伞盖、石灯座、漆画木屏风、漆食具等，其中漆屏风高 80 厘米，从其高度看，很可能曾是安装在棺床上的。这种石棺床一般紧靠墓壁陈放，因此往往在墓壁上绘制壁画，起到装饰棺床的作用，将棺床所在的空间营造出一个模拟室内生活场景的埋葬空间，如宋绍祖墓将画像石棺床置于房屋形石椁内，在棺床紧邻的北壁上彩绘墓主夫妇宴饮图。类似的情况也见于北周凉州萨保史君墓内，也是将床榻式的石棺床置于一座房形石椁内，石椁内壁的画像与棺床一起营造了埋葬空间。

（二）围屏式石棺床（附表序号 8 ~ 18）

围屏式石棺床主要流行于北魏定都洛阳时期至北朝后期，在床榻式石棺床的三面加上了屏风式的围挡，以石板拼合成背屏和左右侧屏，这应是文献所记的"石床 + 石屏风"组合，模拟了现实生活中的室内陈设——床榻、屏风组合。屏风是室内生活的重要陈设，有遮挡坐榻左右和后部的作用，也有划分空间主次的作用。屏风围绕的空间是主位，屏风以外的空间是宾客所在的空间，共同构成一个宾主交流的公共活动空间。正因其公共性，屏风上一般都有精美的画像装饰。《西京杂记》引羊胜《屏风赋》："屏风鞈匝，蔽我君王。重茵累绣，沓璧连璋。饰以文锦，映以流黄。画以古烈，颙颙昂昂。藩后宜之，寿考无疆。"[2]《邺中记》记载后赵石虎的宫中有金银纽屈膝屏风，上以白缣覆盖，绘义士、仙人、禽兽之像，并有赞词。[3]《历代名画记》记载魏晋南北朝很多画家都画过屏风，如东吴曹不兴，西晋张墨，东晋荀勖、顾恺之等所绘的屏风名噪一时，宗炳之孙宗测曾在行障（可移动的画屏）上画阮籍遇孙登故事，北齐杨子华也曾绘宫苑人物屏风，萧放本也曾在

---

[1] 林圣智根据平城墓葬中大量使用佛教图像的情况，提出"区域作坊"概念，认为同一区域内的作坊团体不但制作佛教造像，也制作墓室图像，因为作坊的运作机制，佛教图像与墓葬图像之间产生了关联。林圣智：《图像与装饰——北朝墓葬的生死表象》，第 114 ~ 140 页。

[2] （晋）葛洪撰，周天游校注《西京杂记》卷四，第 190 页。

[3] （晋）陆翙撰《邺中记》："三台相面各有正殿，上安御床，施蜀锦、流苏、斗帐，四角置金龙头，衔五色流苏，又安金钮屈戌屏风床。"王云五主编《丛书集成初编》，上海商务印书馆影印，1937，第 3 页。

屏风上绘名贤烈士。文献记载的屏风上所绘内容多是古圣先贤故事，有伦理教化的功用，司马金龙墓发现的实物屏风上也绘有这类忠孝类画像，很明显模拟了宅第内的陈设方式。附表所列 11 例围屏式石棺床皆由多块石板拼合而成，每块石板上各有 2 幅以上的画面，画面之间以界框分隔，宛如一具"饰以文锦"的室内屏风，为墓主营造了一个模拟现实生活的来世世界（图三）。

图三　围屏式石棺床——北周安伽墓石棺床
资料来源：陕西省考古研究所：《西安发现的北周安伽墓》，《文物》2001 年第 1 期。

围屏式石棺床的画像除了床的正立面和床腿的装饰性图案外，三面围屏都成为绘画的空间，出现了较复杂的叙事性图像，大致是以背屏上的墓主像为中心，左右配置鞍马、牛车、奉食、乐舞等内容。这种图像配置方式实际上是对北魏平城时期墓室壁画图式的继承，平城时期的石棺床没有围屏，因此画像绘在墓壁或石椁的后壁上，迁洛后石棺床出现了围屏，因此将同样的题材配置在围屏上，而由于围屏遮挡了墓壁，墓壁上也就不见这种墓主宴饮图了。北魏后期的围屏画像除了墓主宴饮图外，还多见孝子故事、升仙场景等内容，这是定都洛阳时期的常见画像题材，也是这个时期画像石棺的主要题材。北朝后期的北齐、北周时期也有围屏式石棺床（附表序号 14～18），画像内容发生了转变，多见胡人活动的场景，它们的主人可能是来华域外人士的后裔，因此出现了很多异域的生活场景或宗教信仰的内容。

（三）双阙围屏式石棺床（附表序号 19～26）

在围屏式石棺床的正面附加双阙，主要是北朝后期的做法，个别双阙围屏式石棺床的年代可能早到北魏洛阳时期。双阙是模拟墓园建置的做法，阙上刻有仪仗出行画像，围屏上的画像既有中原传统的孝子故事、鞍马出行等内容，也有反映胡人生活场景或宗教信仰的外来画像，也有佛教内容。

以上三种形制的石棺床结构，有的简单，有的复杂，但都与墓壁画像、陈设、器物是一个有机的整体，彼此互为补充，共同营造了墓室礼仪空间，这是我们考察石棺床画像的基础。

三 围屏的画像配置

上述两类带有围屏的石棺床上，围屏的画像是按照一定的叙事逻辑进行配置的，大致有四类画像配置方式。

第一类是以正面的墓主夫妇端坐像为中心，配以牛车、鞍马图，将孝子故事穿插其间，床腿和前立面刻各类神禽瑞兽。这类石棺床主要流行于北魏洛阳时期，个别可以晚到东魏时期，如洛阳 A 组围屏、纽约展出画像石棺床、深圳博物馆藏石棺床、首都博物馆藏石棺床、大阪藏北魏石棺床、天理参考馆石棺床、安阳固岸村东魏 M57 石棺床、纳尔逊艺术博物馆藏石围屏、翟门生石棺床等。

据赵超介绍，东魏胡客翟门生石棺床是私人收藏家从国外购入的，除了石棺床外，还有石阙和一套石墓门，推测应出自同一座墓。他根据石门上的墓志铭，推测墓主翟门生是一位外国人士，可能是来自西域的丁零、粟特等民族的商旅首领。[①] 围屏画像除了内壁的墓主夫妇和牛车鞍马、孝子故事等传统题材外，外壁还刻有竹林七贤图。这是一种比较奇怪的构图，未见先例。画中人物皆穿中原式的褒衣，墓主人端坐于屋宇之下，背有屏风，屏风上有花草装饰；两扇石门上的画像以六边形组成龟甲纹，在每个六边形内刻有龙、朱雀、神兽、执盾武士、畏兽等形象。除了竹林七贤图像较为突兀外，两扇石门下部对称位置所刻的持盾武士像为坐姿，面貌特征似是胡人，这与其他的守门武士像不同，也与围屏上的人物造型风格不同。因此，这具石棺床的拼合方式及真伪等可能还需要进一步斟酌（图四）。

安阳固岸村东魏 M57 谢氏冯僧晖墓是一座经过考古发掘的墓葬，出土的双阙围屏式石棺床，在 12 块石板构成的围屏上绘有一幅叙事性画像，以正面的男女墓主像为中心，左右配以郭巨、郭相、丁兰等孝子故事，左右围挡刻的树下人物似乎与北齐青州一带墓室屏风画相似。床的前立面分 12 方格刻各种神禽异兽，床腿上刻畏兽等形象[②]（图五）。

① 赵超：《介绍胡客翟门生墓门志铭及石屏风》，载荣新江、罗丰主编《粟特人在中国：考古发现与出土文献的新印证》，科学出版社，2016，第 673 ~ 684 页。
② 冯雨：《床榻之辨——东魏谢氏冯僧晖墓双阙围屏石床研究》，《装饰》2018 年第 11 期。

图四　私人藏东魏胡客翟门生石棺床画像

资料来源：赵超：《介绍胡客翟门生墓门志铭及石屏风》，《粟特人在中国：考古发现与出土文献的新印证》，
第 681～682 页。

图五　安阳固岸村东魏 M57 石棺床画像配置

资料来源：冯雨：《床榻之辨——东魏谢氏冯僧晖墓双阙围屏石床研究》，《装饰》2018 年第 11 期，第 5 页。

　　这类围屏画像的配置方式是以背屏中央的墓主像宴饮图为中心展开的，采用左右对称的方式配置牛车、鞍马出行，以孝子故事穿插其间。考虑到这个埋葬空间的丧葬特质，这类画像的叙事逻辑可能是：墓主的灵魂接受祭祀后去往来世的情景。

　　第二类画像的配置方式和逻辑大致同于一类，只是没有了孝子故事，如沁阳西向石棺床。沁阳西向出土的围屏式石棺床横置于单室墓的正壁前，床前摆放有一套献祭饮食的青瓷容器。围屏由 4 块石板围成，由阴刻线条分隔成 16 幅画，每石 4 个画面。画面是以中央的男女墓主坐像为中心展开的（报告认为是维摩诘与文殊菩萨），墓主夫妇坐于榻上，各有男女侍者执伞盖（第8、第9幅）。左右两侧是侍者供奉和备车、备马的场景，其中男墓主一侧以男侍为主（第10~16幅），有备好的鞍马（第15幅），女墓主一侧都是女侍（第1~7幅），有牛车及驭者（第5幅）。画幅的安排基本对称，叙事逻辑清晰，表现的应是这对墓主夫妇接受祭祀及来世生活场景。值得注意的是其中2幅人像（第6、第9幅）分别为男女形象，手持莲花或仙草，衣带飘舞，作向侧面前行状，似乎表现的是男女墓主飞升的场景。此外，石棺床的前立面分16个方格刻各种神禽瑞兽，左右半部的内容基本对称雷同。床的前部腿上刻有3幅单独的画面，以中央的熏炉为中心，左右刻抱剑武士像（图六）。

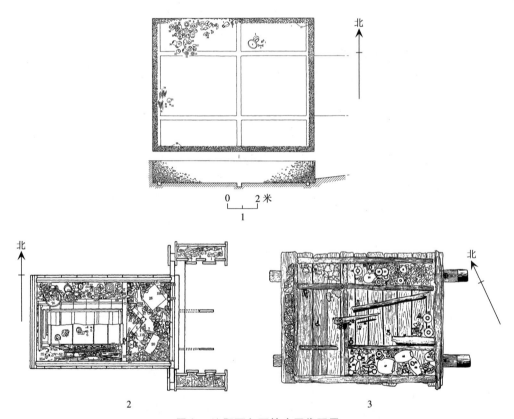

图六　沁阳西向石棺床画像配置

资料来源：据邓宏里、蔡全法《沁阳县西向发现北朝墓及画像石棺床》，《中原文物》1983年第1期，第5~7页制。

　　第三类是粟特式画像，年代晚于前两类，主要属北齐、北周时期，如史君墓石棺床、安伽墓石棺床、日本滋贺县Miho石棺床、青州傅家石棺床、天水石马坪石棺床、波士顿美术馆藏石棺床等，仍以围屏正面的墓主夫妇宴饮图为中心，左右配以反映胡人生活的商旅、狩猎、出行、会客等画像，以及祆教祭祀仪式的内容，内容和风格上都有明显的胡风。这类石棺床的正立面和床腿上也有神禽瑞兽、忍冬、伎乐等传统图像，显示出外来文化与本土文化融合的图像。

出自陕西靖边县的一座土洞墓中的北周大成元年（579）翟曹明石棺床，围屏已佚，罗丰、荣新江复原为一具带有兽形石座的围屏式棺床。该墓墓门上浮雕头戴日月冠的胡人守门武士、兽面、公鸡等图像，或许已佚的围屏画像也应与其他粟特人棺床上的画像差不多。① 并非所有粟特人的石棺床画像都有粟特风格或祆教场景，康业墓就是个例外，墓主虽是粟特后裔，但石棺床画像人物造型和服饰已经明显中国化。

最近在安阳新发现的隋开皇十年（590）魏庆墓中出土了一具围屏式石棺床，上有雕刻、彩绘和贴金，围屏画像共分 12 个单元，刻有墓主日常生活场景和宗教题材，床座刻有瑞兽、神像、圣火坛等。值得注意的是，棺床雕刻内容十分庞杂，既有祆教的圣火坛，又有一些内容可能与景教、摩尼教和佛教有关，还有传统的瑞兽题材。此外在石棺床前还立有一件石屏风，线刻有"节士苏太子"的故事及长篇题记。②

这些居住在中原的西域人士，到了隋代，其葬俗表现出的本民族文化已不如北朝那样纯粹，而呈现出越来越强的文化混同现象，表明这些外来的文化因子逐渐被中华文化所吸纳和消化。

第四类是以佛教为主题的石棺床，如佛利尔美术馆藏的石棺床构件。共 3 件石棺床构件，是美国收藏家佛利尔于 1915 年购得，据传出自北响堂石窟第 4 窟（即中洞），常青对这三件石刻有详细著录③，笔者曾尝试对其进行复原（图七）④。

图七　佛利尔美术馆藏石棺床想象复原图

① 罗丰、荣新江：《北周西国胡人翟曹明墓志及墓葬遗物》，载荣新江、罗丰主编《粟特人在中国：考古发现与出土文献的新印证》，科学出版社，2016，第 269~299 页。

② 安阳考古研究所：《安阳发现隋代汉白玉石棺床墓，墓主魏庆为高昌王室后人》，文博中国，2021 年 1 月 4 日，https://mp.weixin.qq.com/s/ - e0oMjZ1_2DIsgtHf9uPjQ。

③ 常青：《金石之躯寓慈悲——美国佛利尔美术馆藏中国佛教雕塑（著录篇）》，文物出版社，2016，第 82~86 页。

④ 李梅田、黄晓赢：《弗利尔美术馆石棺床与响堂山石窟皇帝陵葬》，《美术研究》2021 年第 1 期。

　　这件石棺床的特殊之处是画像皆为佛教图像，以正立面的香炉为中心配以多身供养菩萨、天王和伎乐。如果这具石棺床确实出自北响堂石窟第 4 窟（即中洞），很容易让我们想到北齐高欢"潜葬鼓山"的传说，但它并不是高欢遗体所藏之处，可能是为高欢所设的安魂之处，属陵藏性质，反映了北齐时期佛教与传统丧葬的融合情况。

　　上述石棺床的画像内容体现了北朝后期丧葬文化的复杂性，既有中原传统，也有外来文化和宗教的融入，但中原传统仍是主流；画像的配置方式也是汉代以来墓葬美术传统的延续，具有明确的叙事主题和逻辑。我们对画像象征意义的解读应立足于中国传统的葬仪，并考虑到墓室空间设计的整体性，石棺床是墓室空间的主体，与其他陈设、器物和画像彼此呼应，共同呈现了墓内的葬仪情况，反映了古人处理死亡的方式和对待死亡的态度。

（编辑：刘可维）

附表　北朝画像石棺床形制与画像

形制	序号	名称	画像布局与内容	资料出处
床榻式	1	尉迟定州墓石棺床（太安三年，457）	连续水波纹	大同市考古研究所：《山西大同阳高北魏尉迟定州墓发掘简报》，《文物》2011 年第 12 期。
	2	司马金龙墓石棺床（延兴四年，474；太和八年，484）	足部浮雕兽面及金刚力士，床侧面雕刻 13 个伎乐及舞者、龙虎、凤凰、金翅鸟、人头鸟等	山西省大同市博物馆、山西省文物工作委员会：《山西大同石家寨北魏司马金龙墓》，《文物》1972 年第 3 期。
	3	宋绍祖墓石棺床（太和元年，477）	雕刻忍冬纹、水波纹、铺首衔环、花卉和动物	山西省考古研究所、大同市考古研究所：《大同市北魏宋绍祖墓发掘简报》，《文物》2001 年第 7 期；大同市考古研究所刘俊喜主编《大同雁北师院北魏墓群》，文物出版社，2008，第 92 ~ 102 页。
	4	大同南郊 M112（北魏前期）	忍冬纹、水波纹、净瓶、铺首衔环	山西省考古研究所、大同市博物馆：《大同南郊北魏墓群发掘简报》，《文物》1992 年第 8 期。
	5	智家堡砂场石棺床（北魏前期）	足部浮雕兽面及二持莲蕾人物、二虎、金刚力士、忍冬纹、水波纹	王银田、曹臣民：《北魏石雕三品》，《文物》2004 年第 6 期。
	6	京大高速公路北魏墓石棺床（北魏前期）	前立面呈倒山形。上层刻二方连续忍冬纹带，下层刻水波纹带；腿部刻铺首、忍冬纹	大同市博物馆编《平城文物精粹》，江苏凤凰美术出版社，2016，第 62 页。
	7	史君墓石棺床（大象二年，580）	前立面浮雕以联珠纹围绕的矩形、椭圆形和菱形	西安市文物保护考古研究院：《北周史君墓》，文物出版社，2014，第 167 ~ 168 页。

形制	序号	名称	画像布局与内容	资料出处
围屏式	8	洛阳 A 组围屏（北魏后期）	正面以墓主像为中心，左右配置奏乐、鞍马、牛车、奉食、人物相对图；右侧由外向内为诣阙、树下濯足、吹笙引凤图；左侧由外向内为登床、执幡、人物行进图	王子云：《中国古代石刻画选集》，中国古典艺术出版社，1957，第 5 ~ 6 页；黄明兰：《洛阳北魏世俗石刻线画集》，人民美术出版社，1987，第 87 ~ 98 页；林圣智将王子云、黄明兰著录的画像复原为一组围屏，称"A 组围屏"，以与日、美藏围屏相区分，参林圣智《图像与装饰——北朝墓葬的生死表象》，第 160 ~ 176 页。
	9	深圳博物馆藏石棺床（北魏后期）	内侧以正面的男女墓主像为中心，两侧刻孝子故事、牛车、鞍马、出行图像	黑田彰：《关于深圳博物馆展陈北魏石床的孝子传图》，载赵超、吴红华主编《永远的北朝·深圳博物馆北朝石刻艺术展》，文物出版社，2016，第 86 ~ 102 页。
	10	天理参考馆石棺床（北魏后期）	以墓主夫妇像为中心，刻孝子故事及牛车、鞍马	邹清泉：《汉魏南北朝孝子画像的发现与研究》，《美术学报》2014 年第 1 期。
	11	纳尔逊艺术博物馆藏石围屏（北魏后期）	残存 4 块石板，内刻孝子图像 12 幅；背面刻 25 尊畏兽	徐津：《美国纳尔逊博物馆藏北魏孝子石棺床围屏图像释读》，《中国国家博物馆馆刊》2019 年第 10 期。
	12	沁阳西向石棺床（北魏后期）	前侧在 16 方格内分二区依次刻神禽瑞兽及墓主飞升场景；前腿以熏炉为中心，左右刻抱剑武士像；左右及后部围屏各刻 4 幅共 16 幅画面，以男女墓主人为中心，左右配以男女侍者及鞍马、牛车	邓宏里、蔡全法：《沁阳县西向发现北朝墓及画像石棺床》，《中原文物》1983 年第 1 期。
	13	芝加哥艺术博物馆藏石棺床（北魏后期）	残存男女主人及侍者	徐津：《石材的意味——芝加哥艺术博物馆藏北魏石棺床围屏研究》，载巫鸿、朱青生、郑岩主编《古代墓葬美术研究》第 4 辑，湖南美术出版社，2017，第 155 ~ 157 页。
	14	青州傅家石棺床（北齐）	商旅驼运图、商谈图、车御图、出行图、饮食图、主仆交谈图、象戏图、送葬图①	夏名采：《益都北齐石室墓线刻画像》，《文物》1985 年第 10 期；夏名采：《青州傅家北齐线刻画像补遗》，《文物》2001 年第 5 期。

---

① 由于原石板散落，图像配置方式不清。郑岩根据画像石板尺寸及内容复原为一座三面围挡的葬具，认为不太像石棺床的围屏，但也不能排除这种可能，参郑岩《青州傅家北齐画像石与入华祆教美术》，载郑岩《魏晋南北朝壁画墓研究》，文物出版社，2002，第 236 ~ 246 页；沈睿文根据北朝丧葬图像配置原则进行了复原，参沈睿文《青州傅家画像石的图像组合问题》，《欧亚学刊》2015 年第 2 期。

续表

形制	序号	名称	画像布局与内容	资料出处
围屏式	15	康业墓石棺床（天和六年，571）	围屏正面刻男女主人会见、出行、宴饮；围屏左侧刻男女主人会见宾客；围屏右侧刻骑马出行、会见；榻板刻联珠纹、四神、畏兽、动物等图案	西安市文物保护考古所：《西安北周康业墓发掘简报》，《文物》2008 年第 6 期。
	16	安伽墓石棺床（大象元年，579）	围屏正面刻墓主夫妇家居宴饮、宾主相会、商旅及乐舞、狩猎；左右两侧刻车马出行、狩猎、野宴等；榻板刻动物头像 33 幅，有贴金长方形和椭圆形边框；床腿正中刻狮子像，其余部分刻兽首人身力士	陕西省考古研究所编《西安北周安伽墓》，文物出版社，2003，第 20～59 页。
	17	天水石马坪石棺床（北朝）	围屏正面以夫妇家居宴饮图为中心，左右配以出行、水榭建筑图；左侧面刻胡人酿酒、狩猎、水榭场景，右侧面刻楼阁和山林人物、明月玉兔；床板刻贴金忍冬纹；床腿刻伎乐、神兽	天水市博物馆：《天水市发现隋唐屏风石棺床墓》，《考古》1992 年第 1 期。此墓被发掘者推断为隋唐时期，此后研究者大多认为是北朝晚期至隋代之物，参荣新江《北朝隋唐粟特人聚落的内部形态》，《中古中国与外来文明》，三联书店，2001，第 114 页；郑岩：《青州北齐画像石与入华粟特人美术——虞弘墓等考古新发现的启示》，载巫鸿主编《汉唐之间文化艺术的互动与交融》，文物出版社，2001，第 73 页。
	18	北周翟曹明石棺床（大成元年，579）	围屏已佚。出自陕西靖边县的一座土洞墓，有石椁葬具，因被盗仅出土了石门、石狮、兽形石座和墓志，罗丰、荣新江推测复原为一具兽形石座的围屏式棺床。墓门上浮雕头戴日月冠的胡人守门武士、兽面、公鸡等图像	罗丰、荣新江：《北周西国胡人翟曹明墓志及墓葬遗物》，载荣新江、罗丰主编《粟特人在中国：考古发现与出土文献的新印证》，科学出版社，2016，第 269～299 页。
双阙围屏式	19	纽约展出画像石棺床（北魏后期）	内侧以正面的男女墓主像为中心，左右刻孝子故事和牛车、鞍马图像	邹清泉：《北魏画像石榻考辨》，《考古与文物》2014 年第 5 期。
	20	首都博物馆藏石棺床（北魏后期）	内侧以正面的男女墓主像为中心，左右刻孝子故事和牛车、鞍马出行图	滕磊：《一件海外回流石棺床之我见》，《故宫博物院院刊》2009 年第 4 期。
	21	大阪藏北魏石棺床（北魏后期）	双阙无图像，围屏以墓主夫妇为中心，配以孝子图	林圣智：《图像与装饰——北朝墓葬的生死表象》，台湾大学出版中心，2019，第 248～249 页。

形制	序号	名称	画像布局与内容	资料出处
双阙围屏式	22	安阳固岸村东魏 M57 石棺床（武定六年，548）	正面线刻墓主夫妇像，两侧为孝子故事（郭巨、丁兰、韩伯瑜），东西两壁为鞍马、牛车出行及男女侍者	河南省文物考古研究所：《河南安阳固岸墓地考古发掘收获》，《华夏考古》2009年第3期，彩版二○；林圣智：《图像与装饰——北朝墓葬的生死表象》，台湾大学出版中心，2019，第211~215页。
	23	翟门生石棺床（武定元年，543）	内侧以墓主夫妇坐像为中心，两侧刻孝子故事（郭巨、董永等）及牛车、鞍马图像；外侧刻竹林七贤图像	赵超：《介绍胡客翟门生墓门志铭及石屏风》，载荣新江、罗丰主编《粟特人在中国：考古发现与出土文献的新印证》，科学出版社，2016，第673~684页。
	24	波士顿美术馆藏石棺床（北朝）	双阙上刻仪仗出行图，床正立面刻畏兽，床腿刻狮子及兽首	林圣智：《图像与装饰——北朝墓葬的生死表象》，台湾大学出版中心，2019，第243页。
	25	日本滋贺县 Miho 石棺床（北齐）	双阙上刻仪仗出行；围屏正面刻驼运、婚宴、墓主宴饮、祆教仪式；左侧刻狩猎、骑士、露营；右侧刻骑像、牛车出行、娜娜女神、乐舞	Annette Juliano, Judith Lerner., "Cultural Crossroad: Central Asian and Chinese Entertainers on the Miho Funerary Couch", Orientations, October, 1997, p.72; 乐仲迪：《日本美穗博物院藏中国十一围屏双塔柱门石榻》，苏银梅译，《宁夏社会科学》2003年第1期。
	26	佛利尔美术馆藏石棺床（北齐）	仅存三面台座。前立面正中刻香炉及4身供养菩萨，两侧上部各分4格刻伎乐人物，下部壶门内各雕两身供养菩萨及一根多棱柱，最外侧各雕一天王像，足踏二狮子，另在上缘刻带状联珠纹及宝装覆莲；两个侧立面相同，均上刻联珠纹及宝装覆莲，下分9格刻伎乐人物	常青：《金石之躯寓慈悲——美国佛利尔美术馆藏中国佛教雕塑（著录篇）》，文物出版社，2019，第82~86页。

江西罗汉山西汉安成侯墓发覆

左　骏

（南京博物院）

[摘要] 江西省西南部萍乡市莲花县罗汉山发掘了一座大型西汉墓，墓室为长方形竖穴土坑型的木椁墓。因早年被盗掘，仅存留部分原始青瓷器、印纹硬陶器及少量铜器等随葬品。据出土的一枚金印印文判断，该墓属西汉某代安成侯。通过对该墓诸枚玺印的辨别、释读，即可窥见西汉列侯随葬用印习俗以及玺印的使用规制；而对原始青瓷礼器组合形制进行细致分析断代，则可进一步推定该安成侯墓的具体年代与确切的墓主归属。

[关键词] 西汉；安成侯墓；玺印；原始青瓷礼器

安成侯墓位于江西省西南部萍乡市莲花县罗汉山，据发掘者调查，该墓是罗汉山墓群中最为高大的一座，墓葬上部原有十余米高的封土，封土面积达 200 平方米。2007 年因施工破坏，进而考古发掘。封土下部发现长方形竖穴土坑墓一座，单墓道向东；墓坑内原置有棺椁，发现时已朽烂，不过可据五条残留的枕木沟槽判断，原椁或为两侧箱外加前、后两室的大型木椁结构。椁四周填有大量积炭，现多倾入墓室内。因早年被盗，主室情况不明，随葬品仅于椁内西北、西部残留陶瓷器及少量残破铜器。不过幸运的是，发掘者于椁室西部随葬品堆积中发现金质"安成侯印"一枚；另在墓葬封土西侧不远，发现柱础石构件，推测原封土外有一定规模的墓园建筑。由上可以基本确定，该大型墓葬本体、墓园规格符合诸侯葬制，墓主应为西汉某代安成侯。①

目前该墓材料已正式刊布，笔者在此不揣浅陋，望通过对该墓诸枚玺印的辨别、释读，考察西汉安成侯随葬用印、印文与封用之关系；而对该墓所见原始青瓷礼器形制、使用组合的复原，则是进一步探讨墓葬时代归属与具体墓主的重要途径。

---

① 江西省文物考古研究院、萍乡市莲花县文物办编著《江西莲花罗汉山西汉安成侯墓》，上海古籍出版社，2017；徐长青：《莲花汉墓——江西发现唯一最早的汉代王侯墓葬》，《江西画报》2019 年第 2 期。

一　"安成侯"玺印辨析

墓中室西侧发现龟钮金印一枚，文曰"安成侯印"，此印是确定该墓葬国别归属的重要凭证。金印附近同出"封泥印"一件、石研一件，三者略靠近中室中部原墓主棺椁处，该处若未被严重扰乱，三者或原同为一套文具组合。

金印上置龟钮，通高 1.1 厘米，印面 1.2 厘米×1.2 厘米；印台上端伏一龟，矮身、短腿，背甲阔而稍隆，上錾刻背纹。龟趺印台间横穿半圆孔，以通绶。按伏龟纹及印体布局，当是先铸造成型，再刻龟甲纹路细部。印体底面篆书印文，"二—二"式朱文、反书顺读"安成侯印"（图一：1）。按《汉书·百官公卿表》云："彻侯金印，紫绶。"《汉旧仪》载："列侯黄金印、龟钮，文曰印。"[1] 即如是。

以质地、钮制看，安成侯金印造型基本依照汉律制度。较之目前所见考古、传世两汉金印来看，其形制颇小。如徐州西汉早期宛朐侯刘埶墓发现的龟钮金印，边长 2.3 厘米，通高 2.1 厘米[2]（图一：2）；扬州邗江甘泉二号东汉墓出有金质龟钮"广陵王玺"，印边长 2.3 厘米，通高 2.1 厘米[3]（图一：3）。传世品中，如国家博物馆藏龟钮金"石洛侯印"，印边长 2.3、通高 2.3 厘米（图一：4）；朵云轩藏玉质"淮阳王玺"虽为盝顶钮，印边长仍为 2.3 厘米（图一：5）；日本鸭雄绿斋藏金龟钮"平阿侯印"、有邻博物馆藏三国曹魏金龟钮"崇德侯印"尺寸亦基本一致（图一：6、7）。由上可见，两汉乃至曹魏，王侯玺印面尺度大体相承。按《汉官仪》曰："孝武皇帝元狩四年（前 119），令通官印方寸大小，小官印五分，王公侯金、两千石银、千石以下铜印。"[4] 据汉尺换算，上述王侯玺印皆近合汉制的方寸大小，而"安成侯印"印面尺寸几为制度二分之一，仅稍大于"小官印"。同样，陕西咸阳汉景帝阳陵南区陪葬坑中所见微型龟钮"车骑将军"金印、银"宗正之印"、铜"大官之印"等明器印，边长仅 0.8～0.9 厘米不等[5]，大小均为原印的三分之一（图二：1、2）。可见此类西汉官印，应是按一定尺度等比缩小制备，具有特定用途。

"安成侯印"印面，四字皆由窄口凿剔出朱文（阳文），四字全阳布局无疑是目前所见西汉列侯印文当中唯一一例。该印边框虽稍有磕损，但字口边沿细节处因凿刻挤压拱起部位仍清晰可辨，可见该印在刻制后并未做进一步修整。同类印面的草率现象最早可见于

---

① （汉）卫宏撰，（清）孙星衍校《汉旧仪遗补》，（清）孙星衍等辑，周天游点校《汉官六种》，中华书局，1990，第 93 页。

② 徐州博物馆：《徐州西汉宛朐侯刘埶墓》，《文物》1997 年第 2 期。

③ 南京博物院：《江苏邗江甘泉二号汉墓》，《文物》1981 年第 1 期。

④ （汉）卫宏撰，（清）孙星衍等辑《汉官仪》，（清）孙星衍等辑，周天游点校《汉官六种》，中华书局，1990，第 188 页。

⑤ 张琳：《汉阳陵博物馆馆藏印章考释》，《文博》2014 年第 6 期。

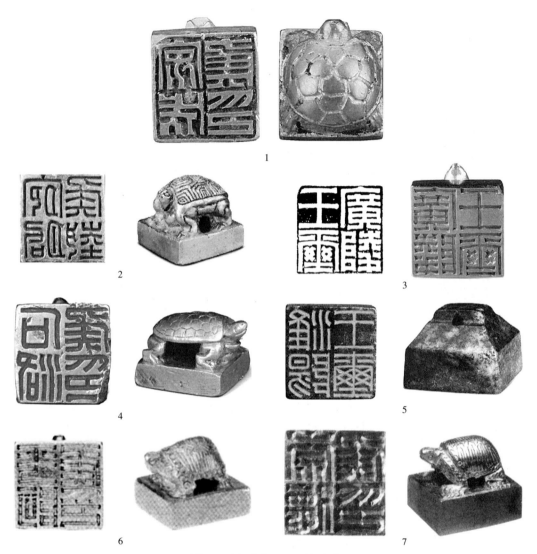

图一　两汉诸侯王、列侯玺印

1. 安成侯金印；2. 宛朐侯金印；3. 广陵王玺；4. 石洛侯金印；5. 淮阳王玉玺；6. 平阿侯金印；7. 崇德侯金印

长沙马王堆二号墓（利苍）的铜鎏金龟钮"长沙丞相"与"轪侯之印"两枚玺印，从铜鎏金质地到印文的草率，均可看作应付随葬而进行的急就变通①（图二：3）。依据前述，"安成侯印"的印文布局、字口细节，可基本判断其为短时间内匆忙凿就，未见明显长期使用的磨损痕迹。

战国晚期至秦时期，国家对于玺印的授予、收回逐渐形成一套严格的规则与管理制度。《韩非子·外储说篇》载西门豹在邺去职时"居期年，上计，君收其玺"。《战国策·秦策》载："应侯（范雎）因谢病，请归相印。"又，《吕氏春秋·执一篇》中有"（吴

① 湖南省博物馆、湖南省文物考古研究所：《长沙马王堆二、三号汉墓》，文物出版社，2004。

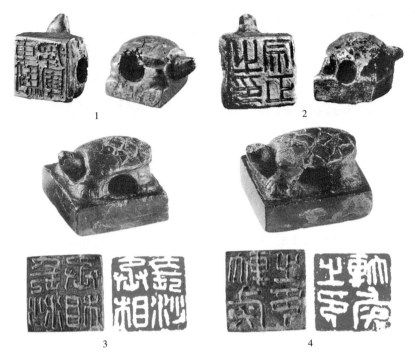

图二　西汉明器龟钮印
1. "车骑将军"金印；2. "宗正之印"银印；3. "长沙丞相"鎏金铜印；4. "轪侯之印"鎏金铜印

起）释玺辞官"①。至两汉时期，官员解职后官印仍自行上交或由中央收缴，如周勃受文帝忌惮而"请归相印"；丞相石庆自觉不得汉武帝信任，上书"愿归丞相、侯印"，所呈则是任职的"丞相"印、被封的"牧丘侯"印。②中央收回异姓侯印，文献还可见于同书《于定国传》："上书自劾，归侯印，乞骸骨。"此处所呈是于定国之"西平侯"印；另有哀帝时孔光"上丞相、博山侯印绶"，张禹上"丞相、高阳侯印绶"，"收（王）嘉丞相、新甫侯印绶"等。③除王侯被废外，王侯玺印需传于嗣位王子，汉末哀帝时因梁王刘立杀人，"丞相、御史请收王玺、绶"（《汉书·梁孝王传》），如此西汉废诸侯王并收玺印则是通行之办法。④

不过两汉特殊勋贵、高级皇室成员逝后，中央常破例赠以印绶。⑤《汉书·张安世传》记其薨后"天子赐印绶，送以轻车介士"，因张安世身份特殊，所赠应是其原佩用的"卫将军""富平侯"两印。《汉书·定陶丁姬传》又载西汉末年："（王莽）请发共王母及丁

① （清）王先慎撰，钟哲点校《韩非子解集》，中华书局，2003，第301页；何建章注释《战国策注释》，中华书局，1990，第206页；许维遹撰，梁运华整理《吕氏春秋集释》，中华书局，2009，第470页。
② （东汉）班固：《汉书》，中华书局，1964，第2055、2198页。
③ （东汉）班固：《汉书》，第3045、3358、3393、3520页。
④ （东汉）班固：《汉书》，第2218页。
⑤ 叶其峰：《汉魏南北朝官印殉葬制度与殉葬印》，载王人聪、叶其峰《秦汉魏晋南北朝官印研究》，香港中文大学文物馆专刊之四，1990，第137页。

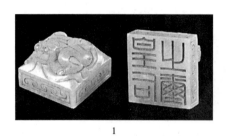

1   2

图三 西汉玉螭虎钮玺印

1. 玉螭虎钮"皇后之玺"；2. 玉螭虎钮印胚

姬冢，取其玺、绶消灭。"① 丁姬被汉哀帝尊号"恭皇后""帝太后"，以皇后礼入葬，可知王莽所销毁的玺印当是随葬的象征其身份的皇后玺印。笔者观察到西汉高等级墓主身侧与其他铜印常见伴出有无字玉印胚，有学者认为类似的印胚上原应有朱或墨书印文。② 如满城中山靖王刘胜腰间无显示身份的王玺，另有无印文螭虎玉印两枚，边长各为 2.7 厘米、2.8 厘米，基本形制与陕西咸阳发现的"皇后之玺"相当，均合汉尺一寸二分，较诸侯王玺为大（图三：1、2）。这类与帝王螭虎玺印同等大小的印胚，应是来自汉廷的特殊赠赠，印面或曾有朱（墨）所书的印文。

要之，西汉时期官员及诸侯王墓随葬实用官印较为罕见。笔者据上文讨论推断：罗汉山汉墓发现的金质"安成侯印"无疑应是以实用安成侯金印为蓝本、按比例缩减一半急就的随葬明器玺印。此情况延至东汉后则已成制度："诸侯王、列侯、始封贵人、公主薨，皆令赠印玺、玉柙银缕。"③ 文中所言"玺印"很可能是为葬仪所特制的原实用印的替代品，用以彰显等级尊贵。

"安成侯印"偏东位置、石研偏东南处，另见有破损的方形器物一件，报告认为是"封泥"之属。细查该器物呈粉白状，断裂后修复，质地似"白色胶泥"，其五面皆素，仅一面有白文"□□信印"；边长 1.9、厚 0.4 厘米（图四：1 左）。从报告公布的图像来看，原辨认出所谓"信印"二字实则为白文反书。笔者认为该器功用并非发掘者所认为的"封泥"，而极可能为该墓中随葬的另一枚玺印。现不揣浅陋，讨论释读如下。

该器现存文字面偏上部，字口深邃，笔画开口平直，此特征与玉印的碾琢细节颇为相似。左侧首字，为印文首字。其字形短宽，上"冂"为"宀"，中有"𡗜"应为"女"，旁有"丨"，其如"王安"作"㝡"、"安陵令印"作"㝡"，故首字应释为"安"。其下一字残甚，字上端左侧上角凸出两处笔画，该字中至右贯穿一横，至右与上下一竖相接，该字一部分当从"戊"；其右所囊括的左右间施有"－"，其与左一横向笔画相顾。该字或应为"成"。汉印中"成"字字形颇为丰富，多表现为"戈"部的繁简变化；右侧"勹"常简写为"T"形，如"成临私印"之"𢧄"。若上下结体紧密"勹"，则可进一步简化为"－"，

① （东汉）班固：《汉书》，第 2653、4003 页。

② 周黎、周波：《汉墓出土的无字玉石印》，《大众考古》2019 年第 4 期。

③ （南朝宋）范晔：《后汉书》，中华书局，1964，第 3152 页。

如"阳成胜"之"**伏**"。"成"下尚存一字。该字口风化后较为模糊，其笔画中横画颇多、且字形结体为明确的上下结构，该字上从"**夫**"当为"人"、下似从"**⺕**"为"矢"，中隐约另有一条横向笔画。索《汉印文字汇编》常见汉印中的"侯"可作"**㑪**"（夏侯登）、"**㑪**"（安武侯内）之类，结体紧密如"**㑪**"（关外侯印），故而左侧下部第三字可释为"矦"（侯）。① 印面右侧"信印"二字，先前已被释读出。因此，经对文字面摹写镜像，白文印文便可明确释读为"安成 侯 信印"（图四：1右）。

1

2

3

赤泉侯印

曲逆侯印

城阳侯印

4

图四　西汉列侯印及封泥

1. "安成侯信印"印面及钤印复原；2. "信平侯印"铜印；3. "君侯之印"银印；4. 列侯印封泥

由上所论，该"封泥"应是安成侯墓中另一枚随葬玺印，该印另外五面无文字迹象，推测目前所见印文对应的另一面印台上，原当置有印钮。依据西汉时期"信印"常见钮制推测，"安成侯信印"可能为龟型或瓦型钮。另外，该印被发现时质地呈"白色胶泥"状，可排除金属质地的可能，印体外观目测性状与江西、湖南出土战国秦汉玉器、琉璃器颇为相似。江西大部地区以酸性红色土壤为主，本体由碳酸盐类或含其他富铁铝氧化物的岩石在湿热气候条件下风化形成，偏酸性。② 长时间埋藏其中的玉或琉璃，会逐渐遭酸性

① 以上诸字比对，参考佐野荣辉、蒉毛正雄编《汉印文字汇编》，王忻译，西泠印社，2004，第182、291、35、40页。

② 罗梦雨、杨家伟、包莹莹、吴仪邦、王天巍：《江西红壤在系统分类中的参比特征研究》，《土壤通报》2019年第5期。

侵蚀而白化，乃至粉化。以"安成侯信印"的现存质地状态比对，加之前文所论字口细节特征看，不排除其原为玉或琉璃所琢。

从列侯印玺制度，如文字排布、钮式风格来看，目前发现的西汉列侯印当以湖南省博物馆藏高帝时的"信平侯印"时代最早。汉初封信平侯者有杜恬、张敖两人，均在西汉初期。该印为铜质、鼻钮，印文田字界格，印文书法秀丽，结体偏长，具有秦篆书风，故该印总体上还是因循了秦印旧制，反映出汉初列侯印制尚未确立的情形①（图四：2）。上文提及马王堆二号墓中文帝时期"轪侯之印"，虽印文凿刻草率，与同出"长沙丞相"铜印皆为明器，但印台的龟钮赫然醒目；另有一例则是徐州簸箕山出土的"宛朐侯埶"龟钮金印，印主刘埶为楚元王子，景帝时封"宛朐侯"，后因曾参与"七国之乱"被除国。虽《史记》《汉书》记刘埶的死因不同，但标识列侯身份的金印在景帝元年（前156）至景帝三年（前154）的三年之间铸造应无异议。②由此可见西汉列侯印台上置以龟钮，至晚在文、景帝时已为汉官印型式之制度。

另一例为武帝中期徐州陶楼一号汉墓出土的一枚"君侯之印"，墓主刘欣可能为汉宗室③（图四：3）。传世西汉列侯印中，金质龟钮"石洛侯印"传清代出土于山东日照，为李书山（李仁煜）旧藏④。按《史记·建元以来王子侯年表》载："石洛侯，城阳顷王子，元狩元年四月戊寅封，侯刘敬元年。"不过在《汉书·王子侯表》则记为"原洛侯敢"⑤，现以金印来看，"原"当是"石"之误。该石洛侯刘敬（敢）武帝元鼎元年（前116）封，至征和三年（前90）"坐杀人弃市"国除，知该印铸造时代下限为武帝中期偏晚。同时期的列侯印在传世印蜕泥封中亦有不少著录，如"赤泉侯印""曲逆侯印""城阳侯印"等品（图四：4）。⑥

相较之下，"安成侯"玉（？）印印文结构颇为罕见，其按钤泥后当为右至左顺读"三一二"式；"安成"二字结体宽扁，布局空间等同左侧之"信"字，"侯"字稍大；余"信印"二字布满印文左侧。汉时"某某+信印"多见于私印，其印文结构"某某侯+信印"之排布仅此一例。前揭"宛朐侯埶"为"某某侯+名"也颇罕见，不过联系到刘埶最终国除乃至除籍，按汉制度，中央应收缴此前所颁赐的"宛朐侯印"。其墓出土的金印，印文上直书列侯名讳，笔者认为其性质或更偏向于非官方文书封缄时列侯用印。安徽巢湖北山头一号墓为秦末汉初的某位封君（彻侯）墓葬，内棺发现玉印一枚。⑦其印盝顶，白文篆书"曲阳君胤"四字，印文行笔线条圆转，文以田字界格，具有秦末汉初的风格特征

① 王仁聪：《汉信平侯印考》，载氏著《古玺印与古文字论集》，香港大学文物馆，2000，第88页。
② 宗时珍：《徐州地区西汉谋反王侯墓初探》，《文博》2016年第5期；刘照建：《"有""无"之间的密码——谋反之侯刘埶墓的重新解读》，《大众考古》2019年第2期。
③ 徐州博物馆：《徐州市东郊陶楼汉墓清理简报》，《考古》1993年第1期。
④ 中国美术全集编辑委员会：《中国美术全集·书法篆刻编7·玺印篆刻》，上海美术出版社，1993，图二六九。
⑤ （西汉）司马迁：《史记》，中华书局，1959，第1109页；（东汉）班固：《汉书》，第471页。
⑥ 吴幼潜编《封泥汇编》，上海古籍出版社，1984，第38页。
⑦ 安徽省文物考古研究所、巢湖市文物管理所编著《巢湖汉墓》，文物出版社，2007。

（图五：1右）。按印文为"某某君（封号）＋名"结构，与宛朐侯金印布局完全相同。清末陈介琪"十钟山房"曾收藏一枚四字战国玉印，文曰"君之信玺"①，印文以砣碾琢，婉转舒朗，印面并施边栏线，为典型战国晚期楚地风格，当为战国晚期楚国某封君私印（图五：1左）。对比"安成侯信印"印文排布，可知其格套很可能即源自战国末年的楚式印玺。

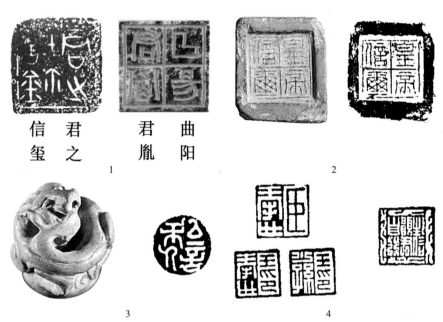

图五　战国秦汉封信玺印
1. 战国－秦封君玉印；2."皇帝信玺"封泥；3. 玉螭钮"私信"；4."王奉世"私印

秦一统后始皇帝定制，帝后之印方可曰"玺"，又以玉制乘舆六玺："皇帝行玺""皇帝之玺""皇帝信玺""天子行玺""天子之玺""天子信玺"。汉承秦制，汉初皇帝制三玺："天子之玺"皇帝自佩，"行玺""信玺"藏符节台。② 三玺又各有封用，其中"信玺"功用依《汉旧仪》为："赐诸侯王书""事天地鬼神"，封缄用泥则以甘肃武都所产紫泥为上。前述皇帝信玺样貌，仅能从陈介琪旧藏、现藏于日本东京国立博物馆的"皇帝信玺"泥封一例中窥见，为秦或汉初皇帝"信玺"之征③（图五：2）。笔者以为，相对应列侯印文按制称"印"，所谓"信印"则是对应帝王"信玺"之列侯用印。

陕西咸阳汉陵出土玉质螭钮的"皇后之玺"，印面已无田字界格，其时代虽略有争议，但大体可由其窥见景帝至武帝时期西汉帝后玺印的形制。江苏盱眙大云山江都王刘非墓出土"诚信""信印"双面穿带铜印，满城中山王刘胜墓螭钮素面印附近还出土玉质螭钮"私信"一枚（图五：3）。考古发现保存完好的西汉诸侯王墓数量有限，西汉中低士人阶

①　陈介琪编《十钟山房印举》，中国书店据涵芬楼 1922 年版影印，1985。
②　（元）马端临：《文献通考》，中华书局，1986，第 1034 ~ 1035 页。
③　周晓陆、路东之编著《秦封泥集》，三秦出版社，2011，第 105 页。

层用印情况亦可作参考。如扬州胡场五号墓，时代为西汉中晚期，墓主王奉世腰间发现桥钮铜印一枚，印面做白文，四灵纹环绕，印文曰"封信愿君自发"。字面意义当是书信人寄望收信人亲启，如同后世"谨封""再拜顿首"之类带有深情款款且谦和的愿景。究其用途，或可与同出龟钮、穿带姓名私印配套封检信件时使用（图五：4）。[①]

故汉印中"信"之意，又可与前文《汉旧仪》所载各类"信玺"封用功能对读。按《说文》"信，诚也"。笔者推测此类小型的通用吉语私印可能与诸侯王玺配套，在以封泥缄发信件时使用。以此推知，"安成侯信印"是墓主生前对下属或同级列侯、官僚"行书"封缄所用之印。

二　时代与墓主

西汉安成侯国文献中载有两支。其一为汉景帝窦皇后父，景帝即皇帝位不久后，"薄太后乃诏有司，追赠窦后父为安成侯，母曰安成夫人"[②]。其二出自长沙国，为汉景帝儿子长沙国定王刘发次子刘苍，元光六年（前 129）始封为安成侯，元鼎元年（前 116）薨，谥思；子刘自当承爵，死后谥曰节侯；后刘自当儿子刘寿光承爵。不过因在五凤二年（前 56）与其姐乱伦，刘寿光死于狱中而国除。[③]

长沙王刘发受封于景帝前元二年（前 155）。按《汉书·地理志》载，时长沙国属县近三十七，安城（成）为其一。[④] 武帝元朔二年（前 127），为削弱各诸侯国力量，并解决枝繁宗室子嗣分封问题而实行"推恩令"。就本文所论，此安成侯，当为长沙国施行"推恩令"的结果，是元光六年所封的刘姓安成侯国。笔者认为，罗汉山汉墓的墓主是三代安成侯中的哪一位这个问题，不仅可从墓葬形制结构着手，其随葬原始青瓷型式与组合，亦可为墓葬时代的精确判定提供重要线索。

罗汉山墓葬木椁主体结构虽已无存，但据残存痕迹仍可辨析出左、右箱及前、后室的墓室格局，该类形制符合湘赣地区西汉中期常见的大型墓葬规制（图六：1）。基本相同的墓葬以西汉早期文帝后元二、三年之际（前 162～161）的湖南怀化虎溪山沅陵侯吴阳墓为最早[⑤]，同为列侯墓的吴阳墓除墓道末端两侧置外藏椁外，主椁室由头箱（前室）、南边箱和北边箱（左右箱）、棺室（后室）组成（图六：2）。在时代稍晚的江西南昌老福山西汉木椁墓中[⑥]，按其存留墓底枕木对椁室的横纵划分看，同样也是前后两室并左右室的

---

① 扬州博物馆、邗江县图书馆：《江苏邗江胡场五号汉墓》，《文物》1981 年第 11 期。

② （西汉）司马迁：《史记》，中华书局，1959，第 1073 页。

③ （东汉）班固：《汉书》，第 435 页。

④ （东汉）班固：《汉书》，第 1639 页。

⑤ 湖南省文物考古研究所编著《沅陵虎溪山一号汉墓》，文物出版社，2020。

⑥ 江西省文物管理委员会：《江西南昌老福山西汉木椁墓》，《考古》1965 年第 6 期。

结构。老福山汉墓的发掘者依据伴出的"连弧纹昭明镜"判断，该墓墓主应属西汉中期豫章郡的显贵（图六：3）。另有湖南永州鹞子山三座泉陵侯家族墓，其中"刘彊"墓虽木椁朽毁，但据痕迹与随葬品摆放位置分析，同样使用了相同结构的葬具，时代为西汉中期；① 鹞子山二号墓（95YM2）很可能为西汉晚期某位泉陵侯夫人墓，依然使用了基本相同的葬具结构，可见这类木椁形制本身具有建造和功能上的优势。②

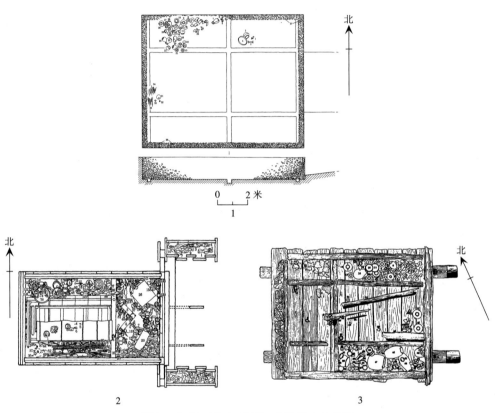

图六　江西、湖南"凸"字形竖穴木椁墓
1. 罗汉山安成侯墓；2. 沅陵侯吴阳墓；3. 老福山汉墓

研究者对江西汉墓曾进行过细致的类型学分析，将其划分为三类墓葬形制，安成侯墓葬结构为其中的"凸"字形竖穴木椁墓。③ 这类大型木椁墓墓室内部结构布局上以前后、左右空间关系设置，故墓主的棺均置于后部、墓主头向可能均朝向墓门（吴阳墓为代表）等特点最突出。同是"凸"字形，另有一种置棺偏于椁室一隅的木椁结构，与安成侯等大型墓室的结构迥异。笔者认为造成这一情况的原因，除可能的文化因素差异以外，最主要

① 零陵地区文物工作队：《湖南永州市鹞子山"刘彊"墓》，《考古》1990 年第 11 期。
② 从细部结构看，鹞子山二号墓后室的棺室与两侧箱未用枋木分隔，湖南省文物考古研究所、永州市芝山区文物管理所：《湖南永州市鹞子岭二号西汉墓》，《考古》2001 年第 4 期。
③ 刘慧中：《生死视野下的江西汉代墓葬分析》，《南方文物》2015 年第 3 期。

的是两类墓室代表了地域文化趋同下长沙国贵族墓葬所实施的不同等级规制。[①] 前述虎溪山沅陵侯"吴阳"墓、南昌老福山木椁墓、永州鹞子山"刘彊"墓则一定程度上代表了西汉早期至中期早期阶段长沙国及周边地区列侯级别墓葬的标准规制。

值得注意的是包括安成侯墓在内，其椁外均铺垫着大量防潮的膏泥和木炭，其中安成侯墓室底部木炭厚 0.1~0.2 米，墓坑四周与二层台所填木炭宽 0.3~0.4 米，深达 1.5 米。实际上这类保护措施在西汉时期较罕见于长沙国以东的豫章郡，而常见于长沙国周边，这也是战国以来楚地葬俗在两湖地域的存留。[②] 由此来看，西汉中期在江西北部、西南部零星出现的与长沙周边规制相同的大型木椁墓，源自长沙国在"推恩令"的实施中疆域不断被分封解构的过程，与长沙国贵族迁徙就国地方的历史大背景相吻合。

在步入西汉中晚期后，长沙国辖域内高等级墓葬中出现了一类"中"字形，且墓室分为前、后两部分，前室分为两个耳室，后室为主室的大型墓葬，如 20 世纪发掘的"贾"氏夫妇墓（M203）、"刘骄"墓（M401）、风篷岭长沙王后墓等。根据器物组合特征判断此类形制墓葬年代基本为西汉中晚期[③]，其中风篷岭汉墓墓主，研究者进一步确定其为元、成帝之际的长沙孝王王后"张姬"[④]，时间与安成侯国国除的时间相当。因此长沙国高级墓葬形制早晚期的演变较为明显，从墓葬形制可判断本文所论安成侯墓不会晚于西汉元、成帝时期。不过，罗汉山西汉墓葬的精确时代还需通过随葬品的组合变化规律加以分析。安成侯墓中随葬了大量陶器及釉陶器，可为墓葬精确断代建立时间标尺。

罗汉山安成侯墓中陶制器皿又可按质地分为青釉陶器与陶器两类。其中青釉陶器（原始青瓷器）胎体灰白、细腻，因烧成火候高，质地坚硬，共计 85 件，组合有鼎、壶、钫、瓿、盒等，以被发掘者认为"仿青铜礼制"用瓷器的类型为主，器表多有模印与刻画并行的装饰纹样；另有"生活实用"的三足罐、五联罐与双耳平底罐等，除形体较前者小外，装饰也较简单。陶器修复 39 件，分为印纹硬陶及泥质陶。"仿青铜礼制"用瓷器与同区域中晚期彩绘陶礼器鼎、钫、壶、盒、盆、镳壶的组合有着明显差异[⑤]，前者具有长江下游华东区域原始青瓷器组合的共同特征。在此就该墓中"仿青铜礼制"用瓷器加以分析。

这类青釉"仿青铜礼制"用瓷器通常亦可称为原始青瓷礼器，从其器形、釉色等来看，与当时扬州刺史部辖会稽郡出产的青釉器特征最为接近。众所周知，中国的南方是瓷器孕育、产生及发展的重要区域，战国晚期楚文化的东移，推动了秦汉之际青瓷礼器的生产与扩大，并在西汉时期达到高峰。[⑥] 杨哲峰先生则直接称这类原始青瓷为"江东类型"

① 有关长沙国王、列侯墓葬的研究，可参考何旭红《汉代长沙国考古发现与研究》，岳麓书社，2013。

② 顾铁符：《论长沙汉墓的保存条件》，《考古》1972 年第 6 期。

③ 中国科学院考古研究所：《长沙发掘报告》，科学出版社，1957，第 88、95 页；长沙市文物考古研究所、望城县文物管理局：《湖南望城风篷岭汉墓发掘简报》，《文物》2007 年第 12 期。

④ 黎石生：《湖南望城风篷岭一号汉墓的年代与墓主》，《故宫博物院院刊》2009 年第 1 期。

⑤ 罗炯炯：《湖南西汉墓葬研究》，湖南大学硕士学位论文，2009。

⑥ 王汇文：《南方原始瓷研究》，苏州大学博士学位论文，2009。

钙釉陶器。[1] 秦汉之际原始青瓷礼器器型基本脱胎于楚国的陶质鼎、钫、壶、盒等礼器，到西汉初期不仅新出现了双耳的瓿类器型，且瓷器的胎质、釉色均有较高的提升，以鼎、钫、壶（钟）、瓿、盒为主的新型器物组合也一直盛行至西汉中期，具有典型区域特征与时代特色。[2]

其中西汉早期至中期的原始青瓷礼器以汉代吴国—广陵国、会稽郡地域，即今江苏、浙江及安徽三省的考古发现最为丰富。李则斌与陈刚曾对江苏、安徽（广陵国地区）两地西汉早期至中期纪年墓中的原始青瓷礼器壶（钟）、盒、鼎、瓿进行了器物类型学排序，由早至晚将原始青瓷礼器出土墓葬单位分为三期。

第一，西汉早期墓葬（吴国时期），江苏仪征团山汉墓（早于前154年）、江苏扬州刘毋智墓（早于前154年）；

第二，西汉早中期墓葬（江都国时期），江苏仪征大云山6号墓（前144年左右）、大云山9号墓（早于前127年）、大云山2号墓（前129年）、大云山1号墓（前127年）；

第三，西汉中晚期墓葬（广陵国时期），江苏扬州胡场5号墓（前70年）、江苏高邮天山广陵王墓（前54年）、江苏扬州胥浦101号墓（5年）。

他们进一步认为著名的安徽天长纪庄汉墓正处于第二和第三期之间，即西汉中期。[3] 由此揭示出了华东原始青瓷礼器演化与嬗变的主要规律特征，为讨论安成侯墓所属年代提供了重要的参考标尺。

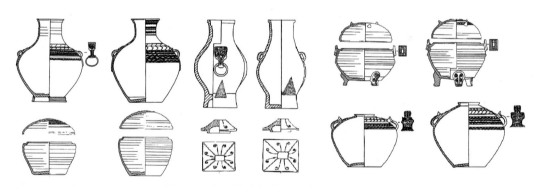

图七　罗汉山安成侯墓原始青瓷礼器组合

回观安成侯墓出土的原始青瓷礼器，瓷鼎九件，周身轮制痕迹明显，盖上钮已由早期环钮简化为三个凸起，最大腹径在耳下部，且腹下直斜收，模印的短促三足外撇显著。瓷壶九件，多体型高大，高颈、广肩，颈与肩区分明显，肩上并对称贴有模印的铺首衔环；最大径接近肩部，肩下腹部斜收至圈足或内圜底；水波纹多饰在颈部、上肩部。瓷瓿9

---

① 有关"江东地区"原始青瓷礼器早期演化，见杨哲峰《文化变迁中的器形与质地——关于江东地区战国秦汉之际墓葬所见陶瓷器组合的初步考察》，《文物》2012年第4期。

② 战国秦汉时期原始瓷器的分期研究，参考刘昕《战国秦汉墓葬出土原始瓷器分期研究》，《南方文物》2019年第1期。

③ 李则斌、陈刚：《出土陶器揭示天长纪庄汉墓年代》，《中国社会科学报》2019年1月9日。

件，均短颈、小口，广平肩、深腹，模印人面纹饰的双耳高度均不超瓶口，最大腹部与肩位置相当，下腹部斜收至内圈底；水波纹均装饰于上肩部。瓷盒十件，除双耳、四足外，盒体与鼎身相同。另见七件瘦高的瓷钫，盖面均饰简化云纹，真、假方足并见，其中方足钫鼓腹偏上对饰铺首衔环，假方足则为半环耳（图七）。

据上述瓷器特征来看，安成侯原始青瓷礼器中的壶、盒、鼎、瓶四类器物在演化序列中的位置，应当位于大云山 1 号墓及 2 号墓与纪庄汉墓之间。[①] 笔者以为，安成侯原始青瓷礼器型式更近于纪庄汉墓。按大云山主墓（1 号墓）下葬年代应不晚于武帝元朔二年（前127），而纪庄汉墓不晚于宣帝本始四年（前70），故安成侯原始青瓷礼器的制作年代也应在武帝晚期至宣帝初年，即公元前 127 年至公元前 70 年间。

基本同类的原始青瓷礼器组合又见于盱眙东阳小云山 1 号西汉墓，天长三角圩第 19、27 号墓中，三处地点还伴出星云镜、昭明镜和日光镜[②]（图八：1、2）；浙江安吉上马山司马息墓中并见有日光镜[③]（图八：3）；同样的组合还见于长江流域的江苏常州恽家墩汉墓（M26）、苏州虎丘土墩墓群（SXM1，徐家坟 M10、M13）、仪征烟袋山、安徽芜湖贺家园 1 号汉墓[④]（图八：4、5）。恽家墩、烟袋山、贺家园诸地点因伴出五铢钱，可知下葬时间上限应不会早于元狩五年（前118）。相比而言，安成侯墓与老福山汉墓中未见钱币出土，相类情况亦见于小云山、三角圩、虎丘及上马山汉墓，这恐怕不是巧合。另外，上述诸墓中所见的星云镜、昭明镜和日光镜亦可大体限定相对年代，这三类铜镜均出现于武帝中晚期，后两者主要风行于昭、宣帝以后的时代。[⑤]

除原始青瓷器外，罗汉山汉墓中所见不少其他器具也具有明显的西汉中期或稍早的器型特征。如具有浓郁长沙国特色的印纹硬陶器组合，这类陶器外形显然表现出与长沙象鼻嘴、风盘岭等西汉中期大型王室墓葬的趋同性[⑥]；又如五联罐这样具有典型地域、时代特征的器型，则表现出长沙国昭、宣时期硬陶器的造型特征[⑦]。另外该墓被盗掘所剩余下"王家"款铜鉴[⑧]、直短把的铜镳壶、博山炉等器具，均可广泛地见于长沙国域内、长江

---

① 大云山 1 号墓、纪庄汉墓陶器组合，可参见南京博物院、盱眙县文广新局《江苏盱眙县大云山西汉江都王陵一号墓》，《考古》2013 年第 10 期；天长市文物管理所、天长市博物馆《安徽天长西汉墓发掘简报》，《文物》2006 年第 11 期。

② 盱眙县博物馆：《江苏东阳小云山一号汉墓》，《文物》2004 年第 5 期；安徽省文物考古研究所编著《天长三角圩墓地》，文物出版社，2013，第 255、304 页。

③ 安吉县博物馆：《浙江安吉县上马山西汉墓的发掘》，《考古》1996 年第 7 期。

④ 江苏常州博物馆：《江苏常州兰陵恽家墩汉墓发掘简报》，《南方文物》2011 年第 3 期；苏州博物馆：《苏州虎丘乡汉墓发掘简报》，《东南文化》2003 年第 5 期；南京博物院：《江苏仪征烟袋山汉墓》，《考古学报》1987 年第 4 期；安徽省文物工作队、芜湖市文化局：《芜湖市贺家园西汉墓》，《考古学报》1983 年第 3 期。

⑤ 孔祥星、刘一曼：《中国古代铜镜》，文物出版社，1984。

⑥ 湖南省博物馆：《长沙象鼻嘴一号西汉墓》，《考古学报》1981 年第 1 期；长沙市文物考古研究所、长沙市望城区文物管理局：《湖南长沙风盘岭汉墓发掘简报》，《文物》2013 年第 6 期。

⑦ 五联罐曾见与五铢钱伴出情况，参见湖南省博物馆、湖南省文物考古研究所《湖南资兴西汉墓》，《考古学报》1995 年第 4 期。

⑧ 该青铜兜鍪断代铭文的研究，可参考张艳秋《"安成家鼎"所有者问题初探》，《南方文物》2020 年第 1 期。

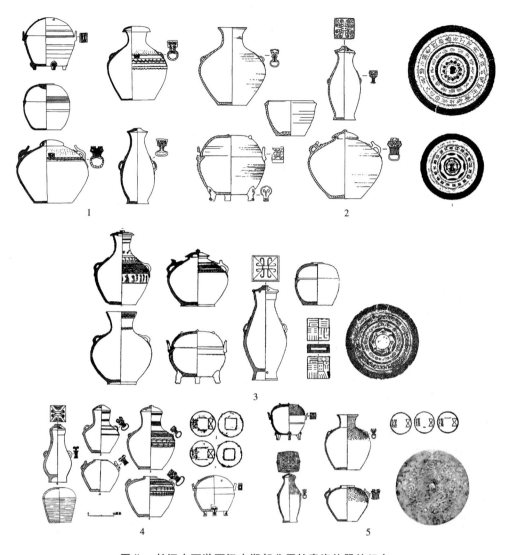

图八　长江中下游西汉中期部分原始青瓷礼器的组合

1. 小云山 1 号墓；2. 天长三角圩 27 号墓；3. 上马山司马息墓；4. 烟袋山西汉墓；5. 贺家园 1 号墓

下游、广州等地区，为上述地区西汉中期之后墓葬中的常见器具。①

三　结语

综上所论，通过对与罗汉山安成侯墓中相类原始青瓷礼器组合、钱币随葬情况、伴出

---

① 长沙汉墓 M201，出土有铜博山炉、铜鍪等组合，并伴有泥五铢钱，见中国科学院考古研究所《长沙发掘报告》，科学出版社，1957；广州西汉中期墓葬，多属汉武帝元鼎六年（前 111）冬灭南越国后，见广州市文物管理委员会、广州市博物馆：《广州汉墓（上）》，文物出版社，1981，第 185 页。

铜镜特征以及其他相关器具时代特征的比对，可得到其共同出现的交集区间，只能在西汉中期武帝末年的元狩五年（前 118）至宣帝本始三年（前 71）前后。此与笔者前文所论安成侯墓中原始青瓷礼器组合的时代特征基本相当。按长沙王系所封安成思侯刘苍卒于元鼎元年（前 116），刘苍继承者刘自当的卒年虽未详载，但《史记》中所录他在太初四年（前 101）尚在位①；又据第三代安成侯刘寿光被废于五凤二年（前 56）反向推测，刘自当的薨逝时间理应晚至昭帝或宣帝初期（西汉中后期）。综合罗汉山出土器物判断，我们认为该墓墓主应为第二代安成侯刘自当。

正如上文对原始青瓷礼器的详细比对，目前罗汉山安成侯墓中所见原始青瓷器组合当属西汉长沙国域内最早一例。近年来在南昌海昏侯墓中也发现为数不少的原始青瓷礼器组合，恰可佐证地处江、湖、河交汇的豫章郡南昌城，在西汉一直都是水路贩运的重要节点。② 以运输路径最方便的水路看，运输货物极有可能是由长江先入鄱阳湖，转至莲江，再入赣江，直至贩运至安成侯国所在的赣西南地区。值得注意的是，四川绵阳双包山主室曾出土一件带盖原始瓷壶，器型与江苏仪征团山 4 号墓中所见的完全一致③，由此足可见产自长江下游的部分原始瓷器，早在西汉初期已通过水路运至四川盆地。

近年发现的常德西汉长沙国郎中令廖福家族墓群、南坪赵玄友家族土墩墓群的时代跨度均在西汉中至晚期④，不少墓中依然随葬有原始青瓷礼器组合。其中"廖福"家族墓群时代自西汉中晚期一直延续至新莽时期，所出土原始青瓷壶、盒、鼎、瓿演化序列与同时期长江下游青瓷礼器基本同步（图九：1、2）。这或许正反映了长江下游原始青瓷生产集团针对沿江内陆区域的高级客户，持续不间断地进行着远程贩售的贸易活动。

相类情况近年来同样见于洛阳及西汉政治中心长安及周边地区的考古发掘中。⑤ 据统计，内陆关中地区原始青瓷器组合在西汉早期墓葬中已有端倪，至西汉中晚期大型墓葬中则更为盛行，其中具有明确纪年的墓葬如张安世家族墓群、曲江汉成帝建始三年（前 30）墓等。另外，西安出土的部分原始青瓷上常被施以朱色彩绘，这也是模仿本地彩绘陶器传统而进行的二次装饰。⑥ 原始青瓷礼器组合，除以徐州为中心的黄河下游地区有集中发现

① （西汉）司马迁：《史记》，第 1072 页。
② 江西省文物考古研究所、南昌市博物馆、南昌市新建区博物馆：《南昌市西汉海昏侯墓》，《考古》2016 年第 7 期；王春斌、罗小华：《江西南昌西汉海昏侯刘贺墓出土青瓷壶研究》，《陶瓷研究》2021 年第 2 期。
③ 四川省文物考古研究院：《绵阳双包山汉墓》，文物出版社，2006，图八三：1；南京博物院、仪征博物馆筹备办公室：《仪征张集团山西汉墓》，《考古学报》1992 年第 4 期。
④ 常德博物馆：《湖南常德南坪西汉长沙国郎中令廖福家族土墩墓群发掘简报》，《湖南省博物馆馆刊》第 8 辑，岳麓书社，2012，第 121 页；常德市博物馆：《湖南常德南坪汉代赵玄友等家族墓土墩墓群发掘简报》，《湖南省博物馆馆刊》第 9 辑，岳麓书社，2013，第 96 页。
⑤ 洛阳地区出土西汉—新莽原始青瓷的材料，参见中国科学院考古研究所洛阳发掘队《洛阳西郊汉墓发掘报告》，《考古学报》1963 年第 2 期；巩县文化馆：《河南巩县叶岭村发现一座西汉墓》，《考古》1974 年第 4 期；洛阳市第二文物工作队：《洛阳金谷园东汉墓（IM337）发掘简报》，《文物》1992 年第 12 期。
⑥ 杜文：《陕西出土西汉原始青瓷的印证与谜题》，《收藏》2020 年第 4 期。

图九　湖南、关中地区发现的原始青瓷器
1. 廖福家族墓群原始瓷器组合；2. 关中地区原始瓷器

以外①，今山东东部沿海一带也是南方原始青瓷的主要发现地。② 这些墓葬时代主要集中于西汉中晚期，器物的形制、组合基本也可与同时期南方原始青瓷的演化相契合。

原产自吴越故地的原始青瓷，在沿江内陆、政治中心以及海路沿线的发现，亦可折射出南方原始青瓷繁盛的贸易交往。而目前学界对于西汉时期原始青瓷贸易模式、贩运路线的相关研究还尚未展开。③ 因此笔者寄望于今后相关考古发现，能为进一步细化南方地区原始青瓷演化序列、深入探讨西汉时期陶瓷器贸易诸问题，提供必要的线索。

附记：本文写作过程中曾得到李银德先生的指点，江苏师范大学历史文化与旅游学院吕健副教授、南京大学历史学院朱棒博士亦提供了重要帮助，在此深表谢忱！

（编辑：刘可维）

---

① 江苏黄淮之间青瓷器的发现也较多，目前徐州地区所见原始青瓷礼器组合，从西汉早期持续至西汉末年，可见彭城作为黄河下游中心城市与江淮城市群间频繁的商贸活动。西汉早期的形态见徐州博物馆《江苏徐州奎山西汉墓》，《考古》1974 年第 4 期；徐州博物馆《江苏徐州子房山西汉墓清理简报》，《文物资料丛刊4》，第 59 页。西汉中晚期的形态如徐州博物馆《江苏省徐州市奎山四座西汉墓葬》，《考古》1992 年第 2 期；徐州博物馆《徐州碧螺山五号西汉墓》，《文物》2005 年第 2 期；徐州博物馆《江苏徐州金山村汉墓》，《中原文物》2006 年第 6 期。西汉晚期的如徐州博物馆《江苏徐州后山西汉墓发掘简报》，《文物》2014 年第 9 期。

② 如五莲县、沂南县、胶州市汉墓，参见山东省文物考古研究院编著《山东沿海汉代墩式封土墓考古报告集》，文物出版社，2020；青岛市材料除见前书外，另有青岛市文物保护考古研究所、青岛市黄岛区博物馆编著《琅琊墩式封土墓》，科学出版社，2018。

③ 杨哲峰先生对南方原始瓷器的内陆传播有较深入的研究，如《蕲春汉墓所见江东与岭南陶瓷产品及相关问题——读〈罗州城与汉墓〉札记之一》，《江汉考古》2011 年第 4 期；《输入与模仿——关于〈萧县汉墓〉报告的江东类型陶瓷器及相关问题》，《江汉考古》2013 年第 1 期；《关于洛阳金谷园汉墓 IM337 的年代——兼论洛阳地区出土的南方釉陶》，《华夏考古》2003 年第 2 期。又，刘昕：《战国秦汉墓葬出土原始瓷器分期研究》，《南方文物》2019 年第 1 期。

关于扶余、高句丽和百济早期研究的几个问题

王飞峰

（中国社会科学院考古研究所）

[**摘要**] 扶余、高句丽和百济在起源上有着诸多联系，关于扶余始祖和高句丽始祖有几乎相同的传说，其中扶余王城位于今吉林省吉林市附近，扶余早期王陵级墓葬还没有确认。高句丽始祖朱蒙以扶余王子的身份联合卒本地区上层共同建立高句丽，目前桓仁地区的考古发现为寻找始祖庙和朱蒙墓提供了一些线索。在探讨百济始祖时，其与高句丽始祖朱蒙的关系是一个重要内容。

[**关键词**] 扶余；高句丽；始祖庙；百济；召西奴

扶余、高句丽和百济不但在起源上存在着诸多联系，而且在很长一段时间，三者都是东北亚地区不可忽视的政治力量。关于扶余和高句丽始祖有着几乎相同的传说，其中扶余王城位于今吉林省吉林市地区，早期王陵级墓葬目前还没有确认。高句丽和百济始祖之间也存在着密切的关系，桓仁地区的考古发现能够为寻找高句丽始祖庙和朱蒙墓提供一些线索。在探讨百济始祖时，召西奴成为一个需要关注的人物。本文在中国和朝鲜半岛现有文献材料的基础上，结合目前的考古发现，对扶余、高句丽和百济早期相关的几个问题进行探索。

一 扶余、高句丽和百济的始祖传说

扶余（或称夫余）是以呼嫩平原为中心，由出自橐离的东明在秽地建立的地方政权。[①] 关于扶余始祖东明的传说，东汉学者王充的《论衡·吉验篇》中已有记载，《后汉书》《魏略》等文献也有类似的记载。其中《论衡》卷二《吉验篇》中有：

> 北夷橐离国王侍婢有娠，王欲杀之。婢对曰："有气大如鸡子，从天而下，我故有

---

① 张博泉：《夫余与高句丽论集》，吉林文史出版社，2011，第8页。

娠。"后产子，捐于猪溷中，猪以口气嘘之，不死；复从置马栏中，欲使马藉杀之，马复以口气嘘之，不死。王以疑以为天子，令其母收取，奴蓄之，名东明，令牧牛马。东明善射，王恐夺其国也，欲杀之。东明走，南至掩淲水，以弓击水，鱼鳖浮为桥，东明得渡，鱼鳖解散，追兵不得渡，因都王夫余，故北夷有夫余国焉。东明之母初妊时，见气从天下，及生，弃之，猪、马以气吁之而生之；长大，王欲杀之，以弓击水，鱼鳖为桥。天命不当死，故有猪、马之救；命当都王夫余，故有鱼鳖为桥之助也。①

关于高句丽始祖朱蒙也有类似记载，主要见于《魏书·高句丽传》、好太王碑文、《三国史记》、《三国遗事》等文献中。《魏书》卷一百《高句丽传》中有：

> 高句丽者，出于夫余，自言先祖朱蒙。朱蒙母河伯女，为夫余王闭于室中，为日所照，引身避之，日影又逐。既而有孕，生一卵，大如五升。夫余王弃之与犬，犬不食；弃之与豕，豕又不食；弃之于路，牛马避之；后弃之野，众鸟以毛茹之。夫余王割剖之，不能破，遂还其母。其母以物裹之，置于暖处，有一男破壳而出。及其长也，字之曰朱蒙，其俗言"朱蒙"者，善射也。夫余人以朱蒙非人所生，将有异志，请除之，王不听，命之养马。朱蒙每私试，知有善恶，骏者减食令瘦，驽者善养令肥。夫余王以肥者自乘，以瘦者给朱蒙。后狩于田，以朱蒙善射，限之一矢。朱蒙虽矢少，殪兽甚多。夫余之臣又谋杀之。朱蒙之母阴知，告朱蒙曰："国将害汝，以汝才略，宜远适四方。"朱蒙乃与乌引、乌违等二人，弃夫余，东南走。中道遇一大水，欲济无梁，夫余人追之甚急。朱蒙告水曰："我是日子，河伯外孙，今日逃走。追兵垂及，如何得济？"于是鱼鳖并浮，为之成桥，朱蒙得渡，鱼鳖乃解，追骑不得渡。朱蒙遂至普述水，遇见三人，其一人著麻衣，一人著纳衣，一人著水藻衣，与朱蒙至纥升骨城，遂居焉，号曰高句丽，因以为氏焉。②

通过上述史料的对比，我们认为二者在史料来源上应该有一定的渊源。二者叙述的人物虽然不同，但从所涉人物的登场、发展和结果来看存在着高度的一致性。在人物登场之前强调天人感应、自然受孕，出生后经历了种种异事，特别是牛、马等动物的呵护。此外，主要人物均有牧马的经历，且在这一过程中展现出善于相马和善射的特殊技能。之后因遭到国王残害而逃亡他处，逃亡过程都经历了鱼鳖成桥的奇缘，最后逃亡成功并建立政权。审视这样的过程，我们发现，自远古以来，许多部族都存在着类似的祖先传说，商人的先祖有"天命玄鸟，降而生商"的传说，周人的先祖后稷也是其母姜嫄履巨人迹而孕的。这些传说主要包括三个场景，首先强调先祖应天命而生，其次经历曲折且拥有特殊才能，最后终成大器。这样的美好传说中，某些场景和环节明显不符合基本的生理知识和自

① （东汉）王充著，黄晖撰《论衡校释》卷二《吉验篇》，中华书局，1990，第88~90页。
② （北齐）魏收：《魏书》卷一百《高句丽传》，中华书局，1974，第2213~2214页。

然规律，但是仍然被作为经典传颂，这一方面可能是为了营造氛围、强调祖先崇拜和自然崇拜，另一方面也许是在向世人展示这一族群的优越性，突出和强调自我的光辉形象。究其原因，这样的传说或故事反映了古人在探索自然、追求自我过程中表现出的一种美好愿望，而从史料学的角度出发，不排除后期故事照搬或借鉴早期传说的可能性。

关于橐离国（或索离国）的具体位置，就目前的考古资料而言还没有较为准确的说法，关于橐离国及其对应的考古学文化也还处在探索阶段。扶余最早见于《史记·货殖列传》和《汉书·地理志》等史书，《史记》卷一百二十九《货殖列传》中有：

> 夫燕亦勃、碣之间一都会也。南通齐、赵，东北边胡……北临乌桓、夫余，东绾秽貉、朝鲜、真番之利。[1]

虽然扶余建国的时间目前学界还存在一定的争议，代表性观点有战国时代说[2]、西汉初年说[3]、汉武帝时期说[4]、两汉之际说[5]，但是就《史记》的材料来看，当时扶余作为一个政权或地域名称已为世人熟知。在历代史料中，扶余又有东扶余、北扶余的区分。有学者认为，根据《汉书》记载，在汉武帝及以前为夫租（后作沃沮），由夫租联合体分出东扶余，其原地称为夫租，朱蒙于其地南部立国称为卒本扶余，高句丽以东、扶余以北的地方则称为北扶余。[6] 我们认为文献中出现的扶余、东扶余、北扶余实际上是对扶余内部不同地区的称谓，并不代表当时在这一区域存在以扶余命名的多个政权。根据目前的考古学材料，可以认为西团山文化和帽儿山墓地是与扶余相关的考古学文化和考古学遗存。其中帽儿山墓地位于吉林省吉林市境内，目前已知墓葬 4000 余座，从西汉晚期一直延续到西晋中期，墓葬形制以土坑竖穴墓为主，出土器物包括陶器、漆器、铜器、铁器和丝织品等[7]，帽儿山墓地的出土器物为我们提供了研究扶余历史文化和社会面貌的重要资料。

目前在早期百济的研究中，单纯依靠文献材料已经无法满足研究的需要，考古发现与文献材料相结合成为解决问题的重要途径。关于百济始祖及其与高句丽始祖的关系是相关研究中的热点之一。《三国史记》卷二十三《温祚王本纪》中有：

> 百济始祖温祚王。其父邹牟，或云朱蒙。自北夫余逃难，至卒本扶余。扶余王无子，只有三女子，见朱蒙，知非常人，以第二女妻之。未几，扶余王薨，朱蒙嗣位。生二子，长曰沸流，次曰温祚（或云，朱蒙到卒本，娶越郡女，生二子）。及朱蒙在

① （西汉）司马迁：《史记》卷一百二十九《货殖列传》，中华书局，1982，第 3265 页。
② 吴文衔：《黑龙江古代简史》，北方文物杂志社，1984，第 36 页。
③ 李健才：《夫余的疆域和王域》，《东北史地考略》，1986，第 17 页。
④ 王绵厚：《东北古代夫余部的兴衰及王城变迁》，《辽海文物学刊》1990 年第 2 期；孙进己：《东北民族史研究（一）》，中州古籍出版社，1996，第 105 页。
⑤ 张博泉：《夫余与高句丽论集》，第 50 页。
⑥ 张博泉、魏存成：《东北古代民族考古与疆域》，吉林大学出版社，1998，第 117 页。
⑦ 吉林省文物考古研究所：《田野考古集萃——吉林省文物考古研究所成立二十五周年纪念》，文物出版社，2008，第 45 ~ 48 页。

北扶余所生子来为太子，沸流、温祚恐为太子所不容，遂与乌干、马黎等十臣南行，百姓从之者多。遂至汉山，登负岳，望可居之地……温祚都河南慰礼城，以十臣为辅翼，国号十济。是前汉成帝鸿嘉三年也……后以来时百姓乐从，改号百济。其世系与高句丽同出扶余，故以扶余为氏。（一云：始祖沸流王，其父优台，北扶余王解扶娄庶孙。母召西奴，卒本人延陁勃之女，始归于优台，生子二人，长曰沸流，次曰温祚。优台死，寡居于卒本。后朱蒙不容于扶余，以前汉建昭二年春二月，南奔至卒本，立都，号高句丽。娶召西奴为妃，其于开基创业，颇有内助，故朱蒙宠接之特厚，待沸流等如己子。及朱蒙在扶余所生礼氏子孺留来，立之为太子，以至嗣位焉。于是沸流谓弟温祚曰：始，大王避扶余之难，逃归致此，我母氏倾家财助成邦业，其勤劳多矣。及大王厌世，国家属于孺留，吾等徒至此，郁郁如疣赘，不如奉母氏南游卜地，别立国都。）①

通过上述资料，我们可以知道，百济始祖温祚王于公元前18年在河南慰礼城建立百济，温祚是朱蒙逃到卒本地区以后与卒本扶余王的第二女结合后所生（或说是朱蒙到卒本后娶越郡女所生），当时朱蒙在卒本地区所生的二子，包括长子沸流和次子温祚。后来由于朱蒙在北扶余所生的元子类利（或云孺留②）来到卒本，沸流和温祚唯恐不能为朱蒙和类利所容，二人遂出走。由于百济与高句丽同出扶余，所以百济王室以扶余为姓氏，这一点从《新唐书》和《旧唐书》关于百济王室成员扶余义慈和扶余隆的记载，以及中国发现的扶余隆等百济王室成员墓志中也可以得到证实。以此为据，则朱蒙是温祚的父亲。

《三国史记》卷二十三《温祚王本纪》关于温祚和朱蒙的关系也给出了另外一种说法。温祚的母亲是召西奴，召西奴是卒本人延陁勃的女儿，召西奴最初嫁给优台，而优台是北扶余王解扶娄庶孙，优台与召西奴生育两个儿子，长子沸流，次子温祚。优台死后，召西奴带着两个儿子又改嫁给朱蒙，而在朱蒙建立高句丽发展壮大的过程中，召西奴倾其所有帮助朱蒙。朱蒙感念于此，非常宠爱召西奴，并且对他与优台所生的两个儿子视如己出。朱蒙在北扶余的元子类利来到卒本地区后，沸流和优台唯恐不能见容，于是便有了带上母亲召西奴出走的打算。根据《三国史记》卷十三《始祖东明圣王本纪》中关于朱蒙的记载，朱蒙的父亲为金蛙，金蛙是扶余王解夫娄祭祀山川后于大石附近得到的，而且在长大后被立为太子，解夫娄死后金蛙即位成为扶余王。金蛙在优渤水边得到朱蒙的母亲柳花，柳花被幽闭于室中，因日所照而有娠，产下大如五升的卵，朱蒙是自卵中破壳而出的。后来由于扶余王和诸臣的谋害，朱蒙南逃至卒本并且建立高句丽。③ 除了朱蒙，金蛙还有七个儿子，其中元子为带素，优台应是金蛙另七子中的一个。以此为据，则朱蒙是温祚的叔父。

《三国史记》卷二十三《温祚王本纪》云："元年（前18）夏五月，立东明王庙……

① （高丽）金富轼：《三国史记》卷二十三《温祚王本纪》，吉林文史出版社，2003，第274~275页。
② （高丽）金富轼：《三国史记》卷十三《琉璃明王本纪》："琉璃明王立，讳类利，或云孺留，朱蒙元子，母礼氏。初，朱蒙在扶余，娶礼氏有娠。朱蒙归后乃生，是为类利。"第176页。
③ （高丽）金富轼：《三国史记》卷十三《始祖东明圣王本纪》，第173~176页。

（十三年春二月）王母薨，年六十一岁……（十七年夏四月）立庙以祀国母。"① 由此，我们可以知道沸流和温祚从卒本地区出走时带上了母亲召西奴，召西奴在公元前 6 年去世，时年六十一岁。公元前 2 年，温祚王立庙来祭祀国母。根据《三国史记》卷十三《始祖东明圣王本纪》，朱蒙在公元前 19 年去世，时年四十岁。② 那么朱蒙应生于公元前 58 年，召西奴应生于公元前 65 年，召西奴比朱蒙大 7 岁。

关于朱蒙和温祚的关系，我们倾向于认为朱蒙和温祚是叔侄关系。一个很重要的理由是朱蒙的姓氏为高氏，百济王族的姓氏为扶余，温祚王采用扶余姓氏的重要原因是表明自己的扶余王族身份，而并不是高句丽始祖朱蒙的儿子。朱蒙死后的次年，温祚王所立东明王庙的祭祀对象可能是扶余的始祖——东明。

二　　高句丽始祖庙和朱蒙墓

高句丽始祖朱蒙作为来自扶余的王子，由于当时的形势所迫，从扶余地区南下逃亡到卒本地区，沿途又接收了一些部落，到达卒本地区后联合当地上层建立了高句丽政权。卒本地区即目前的辽宁省桓仁地区，通过对位于桓仁地区的五女山城多年的考古发掘和对文献材料的分析，目前我们认为，五女山城是高句丽早期王都。③ 高句丽始祖朱蒙于公元前 37 年建立政权，公元前 19 年九月去世，葬于龙山。公元 3 年，高句丽第二代王琉璃明王迁都国内。虽然关于朱蒙墓的具体位置目前学界尚无确切说法，但是我们认为朱蒙墓应该在桓仁境内。位于朝鲜平壤的传东明王陵④，根据墓葬形制和出土器物可以排除是朱蒙墓的可能性。凤鸣遗址⑤位于桓仁县凤鸣村西侧，面积约 1500 平方米，文化层厚约 0.5 米，发现青铜时代和高句丽时代遗物，其时代从青铜时代一直延续到高句丽时期。近年来，桓仁县文物工作者在凤鸣遗址先后发现一批高句丽和渤海时期遗物，主要包括高句丽陶器、卷云纹瓦当、渤海莲花纹瓦当、板瓦等器物，其中高句丽卷云纹瓦当和渤海莲花纹瓦当在桓仁地区是首次发现。卷云纹瓦当共两件，均残损，纹饰比较接近。标本 1，残存约二分之一，边轮低平且有三角形的装饰，当心凸起为半球形，当面被分成八个区间，辐射线有四条，外侧两条辐射线中部有向外卷云纹，卷云纹与当心之间有凸起的三角形。卷云纹外侧有三条辐射线，辐射线一端连接当心，另一端为圆弧形，圆弧形空间内有树枝状的纹样。瓦当背面有凸起的斜线纹装饰（图一：1、2）。

① （高丽）金富轼：《三国史记》卷二十三《温祚王本纪》，第 275～277 页。
② （高丽）金富轼：《三国史记》卷十三《始祖东明圣王本纪》，第 176 页。
③ 辽宁省文物考古研究所：《五女山城》，文物出版社，2004，第 294 页。
④ 김일성종합대학：《동명왕릉과 그 부근의 고구려유적》，김일성종합대학출판사，1976년，제20쪽。
⑤ 国家文物局主编《中国文物地图集·辽宁分册》编辑委员会：《中国文物地图集·辽宁分册》（下），西安地图出版社，2009，第 157 页。

1   2   3   4

图一　无铭文卷云纹瓦当

1、2. 桓仁凤鸣遗址 3. 千秋墓 4. 麻线 2100 号墓

　　瓦在高句丽中后期是一种身份和等级的象征，根据《旧唐书》卷一百九十九上《高丽传》的记载："（高句丽人）其所居必依山谷，皆以茅草葺舍，唯佛寺、神庙及王宫、官府乃用瓦。"① 目前中国和朝鲜半岛的高句丽遗迹中均发现过高句丽瓦当，其中卷云纹瓦当目前还只见于中国的集安和桓仁两地。莲花纹瓦当在中国、朝鲜和韩国均有发现，集安和平壤地区发现的莲花纹瓦当不但数量很多，而且形制复杂。国内城时期集安地区出土莲花纹瓦当的墓葬主要有千秋墓、太王陵、将军坟②、禹山 M2112③ 和长川二号墓④、上活龙 5 号墓⑤等，出土莲花纹瓦当的遗址有国内城⑥、丸都山城⑦、东台子遗址和梨树园子南遗址⑧等。其他遗址和墓葬包括吉林省辽源市龙首山山城⑨、延边温特赫部城⑩、辽宁省抚顺市高尔山城及附近的施家墓地⑪、新宾县五龙山城⑫、西丰县城子山山城⑬、辽阳市燕州城⑭、丹

① （后晋）刘昫:《旧唐书》卷一百九十九《高丽传》，中华书局，1975，第 5320 页。

② 吉林省文物考古研究所、集安市博物馆:《集安高句丽王陵》，文物出版社，2004，第 353～355 页；池内宏:《通沟》（上），日满文化协会，1938，图版第五二（1）等。

③ 集安市博物馆:《集安洞沟古墓群禹山墓区 2112 号墓》，《北方文物》2004 年第 2 期；吉林省文物考古研究所、集安市博物馆:《集安禹山 M2112 墓室清理简报》，载吉林省文物考古研究所编著《吉林集安高句丽墓葬报告集》，科学出版社，2009，第 254 页。

④ 耿铁华、尹国有:《高句丽瓦当》，吉林人民出版社，2001，第 158 页。

⑤ 集安县文物保管所:《集安县上、下和龙高句丽古墓清理简报》，《文物》1984 年第 1 期。

⑥ 吉林省文物考古研究所、集安市博物馆:《国内城》，文物出版社，2004，第 124～125 页。

⑦ 吉林省文物考古研究所、集安市博物馆:《丸都山城》，文物出版社，2004，第 121 页等。

⑧ 《集安县文物志》编写组:《集安县文物志》，吉林省文物志编委会，1984；《高句丽瓦当》，第 45～46 页。

⑨ 王洪峰等:《辽源市文物志》，吉林省文物志编辑委员会，1988，第 26 页。

⑩ 延边博物馆《延边文物简编》编写组编《延边文物简编》，延边人民出版社，1988，第 89 页。

⑪ 渡邊三三、斋藤武一:《満洲國撫順の古瓦に就て》，《考古學雑誌》第二十九卷第一一號，1939；徐家国、孙力:《辽宁省抚顺高尔山城发掘简报》，《辽海文物学刊》1987 年第 2 期；三上次男、田村晃一:《北关山城 - 高爾山城：高句麗新城の調查》，中央公論美術出版社，1993，第 53 页；辽宁省文物考古研究所、抚顺市博物馆:《辽宁省抚顺市施家墓地发掘简报》，《考古》2007 年第 10 期；《中国文物地图集·辽宁分册》（上），第 258～259 页。

⑫ 佟达:《新宾五龙高句丽山城》，《辽海文物学刊》1994 年第 2 期。

⑬ 周向永:《西丰城子山山城始建年代再考》，《东北史地》2009 年第 2 期。

⑭ 崔玉宽:《凤凰山山城调查简报》，《辽海文物学刊》1992 年第 2 期；李龙彬、华玉冰、崔丽萍:《辽宁丹东凤凰山山城首次发掘取得重大收获》，《中国文物报》2007 年 3 月 23 日；李龙彬、司伟伟、崔丽萍:《辽宁丹东凤凰山山城考古新收获》，《中国文物报》2008 年 2 月 15 日。

东市瑷河尖古城①、凤城市凤凰山山城②、岫岩县娘娘山山城③、大连市大黑山山城④、盖州市青石岭山城⑤等。朝鲜境内发现高句丽莲花纹瓦当的遗址多分布在平壤地区，主要有平壤城、大城山城⑥、长寿山城⑦、定陵寺⑧等，韩国境内发现高句丽莲花纹瓦当的遗址有首尔市的红莲峰 1 号堡垒⑨、峨嵯山城⑩和京畿道涟川市的瓠芦古垒⑪。

表一　始祖庙创建及《三国史记》所记高句丽王祭祀始祖庙情况

序号	王号	王系	祭祀时间	《三国史记》相关记载
1	大武神王	第 3 代	三年（20）	三年，春三月，立东明王庙。
2	新大王	第 8 代	三年（167）	三年，秋九月，王如卒本，祀始祖庙。
3	故国川王	第 9 代	二年（180）	二年……秋九月，王如卒本，祀始祖庙。
4	东川王	第 11 代	二年（228）	二年，春二月，王如卒本，祀始祖庙。
5	中川王	第 12 代	十三年（260）	十三年，秋七月，王如卒本，祀始祖庙。
6	故国原王	第 16 代	二年（332）	二年，春二月，王如卒本，祀始祖庙。
7	安藏王	第 22 代	三年（521）	三年，夏四月，王幸卒本，祀始祖庙。
8	平原王	第 25 代	二年（560）	二年，春二月……王幸卒本，祀始祖庙。
9	荣留王	第 27 代	二年（619）	二年……夏四月，王幸卒本，祀始祖庙。

　　通过与集安地区出土卷云纹瓦当的比较研究，我们认为桓仁凤鸣遗址发现的卷云纹瓦当与千秋墓出土的部分卷云纹瓦当（图一：3）较为相似，均属于无铭文卷云纹瓦当，其年代应该与千秋墓发现瓦当的年代大体一致。无铭文卷云纹瓦当，因瓦当表面没有铭文、纹饰为卷云纹得名，主要见于麻线 2100 号墓（图一：4）和千秋墓（麻线 1000 号墓），此类瓦当主要流行于在小兽林王（371～384）和故国壤王时期（384～391）⑫，千秋墓是高句丽第 18 代王故国壤王之墓，故国壤王 384～391 年在位，同时考虑到高句丽人死后"经三年，择吉日而葬"的葬俗⑬，千秋墓及桓仁凤鸣遗址出土此类卷云纹瓦当的年代应在

① 《中国文物地图集·辽宁分册（上）》，第 249～250 页。
② 《中国文物地图集·辽宁分册（上）》，第 255 页。
③ 杨永芳、杨光：《岫岩境内五座高句丽山城调查简报》，《辽海文物学刊》1994 年第 2 期。
④ 郭富纯、赵锡金主编《大连古代文明图说》，吉林文史出版社，2010，第 248 页。
⑤ 中国社会科学院考古研究所、辽宁省文物考古研究所、盖州市文物局：《辽宁盖州市青石岭山城的调查与发掘》，《考古》2017 年第 12 期。
⑥ 김일성종합대학고고학및 민속학강좌《대성산성의고구려유적》김일성종합대학출판사，1973년，제227-231쪽。
⑦ 石光濬：《高句麗考古学の新しい成果》，《古代朝鮮の考古と歴史》，雄山閣，2002，図版三。
⑧ 김일성종합대학：《동명왕릉과 그 부근의 고구려유적》，김일성종합대학출판사，1976년，제163-167页。
⑨ 崔鐘澤·李秀珍외：《紅蓮峰第 1 堡壘 – 發掘調查綜合報告書》，高麗大學考古環境研究所，2007 년，제 352 쪽。
⑩ 김선일 기자：《아차산성서 연화문와당 출토》，《내일신문》2016 년 9 월 7 일。
⑪ 심광주 정나리 이형호：《漣川瓠蘆古壘 III》（第 2 次調查發掘報告書），한국토지주택공사 토지박물관，2007 년，제 302 쪽。
⑫ 王飛峰：《高句麗瓦當研究》，高麗大學校大學院博士學位論文，2013。
⑬ 《北史》卷九十四《高丽传》："死者，殡在屋内，经三年，择吉日而葬。居父母及夫丧，服皆三年，兄弟三月。"（唐）李延寿：《北史》卷九十四《高丽传》，中华书局，1974，第 3116 页。

384～391 年，下限可到好太王三年（393）。五女山城在高句丽迁都国内以后，随着政治中心的转移失去了原来的地位，因此没有发现高句丽时期的瓦件，而凤鸣遗址却发现了高句丽卷云纹瓦当。考虑到上述因素，我们认为凤鸣遗址出土的卷云纹瓦当应与高句丽始祖庙有关，可能是故国壤王时期至好太王三年（393）修葺时使用的建筑材料。始祖庙是祭祀高句丽始祖朱蒙的重要建筑，根据《三国史记》的记载，始祖庙由高句丽第三代王大武神王于公元 20 年（大武神王三年）创建，高句丽历史上先后有新大王、故国川王、东川王、中川王、故国原王、安藏王、平原王和荣留王八位国王在卒本祭祀过始祖庙。我们推测到卒本祭祀始祖庙的高句丽国王，实际上可能更多或者祭祀次数更多，只是缺乏文献记载而已。我们认为，始祖庙距离朱蒙墓应该不会太远，当然也不排除始祖庙属于朱蒙墓陵园内建筑的可能性。因此，桓仁凤鸣遗址发现的卷云纹瓦当为我们寻找始祖庙和朱蒙墓提供了重要线索，在高句丽考古学中具有非凡的价值。

三　结语

扶余、高句丽、百济及其相关研究，是目前东北亚地区的学术热点，通过对相关文献和考古资料的梳理，我们认为扶余和高句丽始祖的传说可能存在后者借鉴或照搬前者的可能性。高句丽始祖朱蒙和百济始祖温祚王同出扶余，均有扶余王族血统，朱蒙与温祚王的父亲应是兄弟关系，与温祚王是叔侄关系。桓仁地区的考古发现中，特别值得注意的是桓仁凤鸣遗址发现的无铭文卷云纹瓦当，其年代大体在故国壤王时期（384～391 年），下限可能到好太王三年（393），可能是故国壤王和好太王初期修葺卒本始祖庙时所用的建筑材料。这为寻找高句丽始祖庙和朱蒙墓提供了重要线索，在高句丽考古学中具有非凡的价值。

（编辑：刘可维）

区域历史文化

牛渚城、采石城初考

王志高

（南京师范大学文博系）

[**摘要**] 作为古都金陵锁钥与屏障的牛渚城、采石城是两座城。牛渚城，或称谢公城，其记载主要见于东晋之前，一度作为南豫州治所，东汉末年、孙吴时期又称牛渚营（屯、垒）。采石城的记载目前所知最早见于南朝刘宋元嘉二十七年（450），一度作为南丹阳郡城，至少延续使用至南宋绍兴年间。孙吴至东晋时期的牛渚营（垒）、牛渚城可能在今日采石矶东南的古津渡处，南朝以降的采石城在牛渚山（今翠螺山）上，其位置的移动颇疑与姑孰溪入江口及长江古渡口的变迁有关。牛渚、采石两城的规模都不大，曹重斗《采石志》的推测有误。《建炎以来系年要录》记载的周长"三百五十步有奇"的采石渡旧城基疑即南朝采石城旧址。

[**关键词**] 牛渚城；采石城；谢公城；位置；规模

今日之安徽省马鞍山市的建城历史虽然短暂，但辖域范围的历史却非常久远，特别是其西南滨江的采石地区，因此段江面极狭，是自古以来的一处重要长江津渡。陆游称："古来江南有事，从采石渡者十之九，从京口渡者十之一。"[①] 明太祖朱元璋亦称："取金陵，必自采石始。采石南北喉襟，得采石，金陵可图也。"[②] 可见其险要。六朝隋唐时期，采石地区至少先后有过两座重要的军事性质城垒，此即牛渚城、采石城，它们直接关系到近在咫尺的下游都城建康（建业）的安危，堪称古都金陵的锁钥与屏障。关于此二城，学术界关注不多，所知主要为马鞍山市当地研究者涉足[③]，专题的论文则尚未见到。本文就与此二城相关诸问题特别是其中的疑点略作分析，以推动六朝建康及其周边主要城址的考古研究。

---

① （清）顾祖禹：《读史方舆纪要》卷十九，中华书局，2005，第 883 页。
② 《明太祖实录》卷三，（台北）"中央研究院"历史语言研究所校印本，1962，第 31 页。
③ 其重要者有李子龙《牛渚与太白楼述考》（《李白与马鞍山》，安徽文艺出版社，1999）、《李白诗中的姑孰、牛渚考》（中国李白研究会等编《中国李白研究（2005 年集）》，黄山书社，2005）二文。

一 从牛渚营（垒）、牛渚城到采石城

牛渚营、牛渚屯早见于东汉末年。《三国志·吴书一·孙破虏讨逆传》引《江表传》：

> （孙）策渡江攻（刘）繇牛渚营，尽得邸阁粮谷、战具，是岁兴平二年（195）也。时彭城相薛礼、下邳相笮融依繇为盟主，礼据秣陵城，融屯县南。策先攻融，融出兵交战，斩首五百余级，融即闭门不敢动。因渡江攻礼，礼突走，而樊能、于麋等复合众袭夺牛渚屯。策闻之，还攻破能等，获男女万余人。复下攻融，为流矢所中，伤股，不能乘马，因自舆还牛渚营。①

从孙策获取刘繇牛渚营"邸阁粮谷、战具"的记载看，牛渚营的性质当是一种仓储之城。值得注意的是，文中同时出现"牛渚屯"，然不知与"牛渚营"究竟是同城之异名，还是两处相近的营垒。

孙吴仍称牛渚屯、牛渚垒。《三国志》卷九：

> 黄初三年（224）还京都，以（曹）真为上军大将军，都督中外诸军事，假节钺。与夏侯尚等征孙权，击牛渚屯，破之。②

其镇守长官称牛渚都督、牛渚督，所知有孙吴宗室孙瑜、孙桓，权臣周瑜、全琮及其长子全绪、何植、刘恪等。大约因牛渚营（垒）曾为全琮镇守并加修理，故后世亦称其为全琮故垒。《陈书·宣帝纪》所载太建四年（572）一则诏书有称：

> 姑熟饶旷，荆河斯拟，博望关畿，天限严峻。龙山南指，牛渚北临，对熊绎之余城，迩全琮之故垒。良畴美柘，畦畎相望，连宇高甍，阡陌如绣。③

可证南朝陈宣帝时期牛渚垒故址仍存。

牛渚营（垒），东晋时期多有修筑，或称为城。晋穆帝永和、升平年间，牛渚城一度为南豫州治所，刺史赵胤、谢尚先后镇于此。《宋书·州郡志二》云："穆帝永和元年（345），（南豫州）刺史赵胤镇牛渚。"④ 可以为证。《太平寰宇记·江南西道三·太平州》云：

> 牛渚山北谓之采石。按今对采石渡口，上有谢将军祠。又按《江源记》云："商

① 《三国志》卷四十六《吴书一·孙破虏讨逆传》注引《江表传》，中华书局，1982，第1103页。
② 《三国志》卷九《魏书九·曹真传》，第281页。
③ 《陈书》卷五《宣帝纪》，中华书局，1972，第82页。
④ 《宋书》卷三十六《州郡志二》，中华书局，1974，第1071页。

旅于此取石至都，输造石渚，因名采石。"《淮南记》："吴初以周瑜屯牛渚。晋镇西将军谢尚亦镇此城。"①

故称牛渚城为谢公城。当涂方志则进一步指称升平三年（359），以安西将军谢尚为南豫州刺史戍牛渚，筑南豫州城。② 不知何据。

南朝则称采石城，其镇守将领称采石戍主，牛渚之名则极少见于文献记载。采石之名，旧说始见于《南史》《宋书》记载的孝建元年（454）③，其实据《宋书·索虏传》，元嘉二十七年（450），北魏拓跋焘大举南侵，直达瓜步，宋文帝派遣"徐州从事武仲河守博落，尚书左丞刘伯龙守采石"④，其中已见采石之名。梁、陈之际，采石城还一度作为新置的南丹阳郡城，所知镇采石的南丹阳太守有戴僧锡、戴僧朔、程灵洗⑤等。

隋平陈，置采石镇。唐贞观初年，改为采石戍。乾元二年（759），又置采石军。⑥ 如后文所析，此城至少延续使用至南宋绍兴年间。

二 牛渚城、采石城是两座城

主流观点认为牛渚城、采石城是一座城。⑦ 我们认为，牛渚、采石是两个地点，这在六朝之前的文献记载中并不混淆。东汉末年至东晋，文献记载所见是牛渚。南朝刘宋以后多是采石，偶见牛渚。《太平御览》卷四十六引《舆地志》："牛渚山北，谓之采石。按今对采石渡口，上有谢将军祠。"又引《江源记》云："商侣于此取石至都，输造石渚，因名采石。"⑧ 顾祖禹《读史方舆纪要》卷十九亦谓："大江东北流，牛渚、采石俱列江东岸，采石去牛渚不过里许。"⑨ 可知牛渚、采石确是两个地点，采石在牛渚山北，是后世长江渡口所在。

直到元末明初，牛渚、采石是两个地点，时人仍分辨清晰。《明太祖实录》卷三载，乙未（元至正十五年，1355）夏四月，朱元璋率师渡江取太平，廖永安请示登岸方向，朱元璋说：

① （宋）乐史：《太平寰宇记》卷一百五《江南西道三》，中华书局，2007，第 2080 页。
② 奚侗、鲁式谷总纂《民国当涂县志》卷四十三《志余·大事记》，当涂县史志办公室整理点校本，黄山书社，2011，第 1705 页。
③ 李子龙：《李白诗中的姑孰、牛渚考》，载中国李白研究会等编《中国李白研究（2005 年集）》，黄山书社，2005，第 391 页。
④ 《宋书》卷九十五《索虏传》，第 2351 页。
⑤ 《陈书》卷十《程灵洗传》，第 172 页；卷二十《华皎传》，第 273 页。
⑥ （唐）李吉甫：《元和郡县图志》卷二十八《江南道四》，中华书局，1983，第 684 页；《新唐书》卷四十一《地理志五》，中华书局，1975，第 1066 页。
⑦ 前引李子龙《李白诗中的姑孰、牛渚考》文。
⑧ （宋）李昉等：《太平御览》卷四十六《地部十一·江东诸山·牛渚山》，中华书局，1960，第 220 页。
⑨ （清）顾祖禹：《读史方舆纪要》卷十九，第 880 页。

采石大镇，其备必固。牛渚矶前临大江，彼难为备御。今往攻之，其势必克。乃引帆向牛渚，风力稍劲，顷刻及岸，守者惊骇，出兵来拒。上麾甲士以进，敌不交即走。常遇春奋戈先登，诸军鼓勇继之。采石镇兵惊溃，遂拔之，缘江诸垒望风迎附。①

显然，这里的采石在今天的采石镇，有重兵把守，是南朝以来的渡口所在，而牛渚（牛渚矶）在今天翠螺山的采石矶，因不是传统的渡口所在，驻军不多，朱元璋才成功顺利登岸。明代以降，文献记载中的牛渚、采石则大多混淆使用，所指相同了。

综合文献记载的种种线索，我们推测今马鞍山市采石及周边地区最早的长江古津渡，不在今日采石矶北之采石镇，而在其东南，与姑熟城相距较近，称牛渚圻。"圻"者，曲岸也。孙吴的牛渚营（垒）及东晋的牛渚城当在此津渡旁的高地及山岗上。南朝以后，牛渚营（垒）虽逐渐毁废，但仍有迹可寻。前引《陈书》卷五称姑熟"对熊绎之余城，迩全琮之故垒"可以为证。其中的"迩"字说明牛渚营（垒）与姑熟城相距不远，其中的"故"字说明此垒已废弃，与仍在使用的采石城不是一回事。

总之，早期文献记载中的牛渚、采石是相距较近的两个地点，牛渚在南，采石在北。它们有时候各指一座山，有时候各指一座城垒，有时候各指一大片区域，需要结合相关信息具体分析。

三 牛渚城、采石城的位置与规模

关于牛渚、采石两城的位置及规模，《民国当涂县志·舆地志》卷九《胜迹·谢公城》，据采石镇城隍庙墙壁上发现的"东晋遗城"4 字，认为牛渚城在采石，因东晋安西将军、南豫州刺史谢尚镇牛渚，筑城于牛渚上，故称谢公城。其地曾经掘出城垣砖石，见有东晋"永和三年"者。又引曹重斗《采石志》云其城"南北袤长十里，东西径上三里，下七里"，形如半月，俗名月牙城。其范围起自采石河上四喜桥，东越转水塘，经四明桥，北至沙城村，折西直达横城埠，斜上抵障江门。其西半沿山为城，以江为池，由薛家山、西山、望夫山、宝积山以至翠螺山，连亘十里。至南宋建炎元年（1127），李纲请修牛渚矶，其城尚存，后毁废。②

我们认为，孙吴至东晋时期的牛渚营（垒）、牛渚城可能在今日采石矶东南的古津渡处，附近应该是当时的姑孰溪入江口。其具体位置，可能在磨盘山周围一带。当涂旧县志载，东晋镇西将军谢尚曾驻兵于此，其地有将台遗址。磨盘山之位置，或说在翠螺山北③，

---

① 《明太祖实录》卷三，第 31 ~ 32 页。

② 奚侗、鲁式谷总纂《民国当涂县志》卷九，第 190 ~ 191 页。

③ 奚侗、鲁式谷总纂《民国当涂县志》卷四，第 62 页。

或说在翠螺山东南的今太白酒厂所在之山丘①。考虑到当时的自然地理形势，后说的可能性为大。

南朝以降的采石戍城，据《元和郡县图志》卷二十八在牛渚山上②，即今日之翠螺山，其北侧就是后世的采石渡口。不过，《民国当涂县志》及当地学者普遍认为，采石城得名自采石山，城在今日采石矶东北的采石镇及其以北的宝积山、望夫山（小九华山）一带，此二山历史上确曾开采过石料，故有采石山之称。③ 这个问题比较复杂，需要进一步研究。

牛渚营（垒）、牛渚城、采石城位置的移动颇疑与姑孰溪入江口及长江古渡口的变迁有关，因采石矶东南不断滋生新的洲渚，姑孰溪入江口可能在东晋至南朝刘宋时期发生改变。因洲渚纡回导致的采石地区地理形势的变化一直延续到明末清初。时人顾祖禹《读史方舆纪要》卷一百二十八即载：

> 自古有事于东南者，多自横江济采石，形胜莫重焉。今沙洲横亘，或非利涉之道矣。采石江滨旧有洲，曰成洲，横列矶下。又西南有陈家洲及新洲诸沙渚。今延袤相接，益复回远，滩浅错杂，舟行甚艰，故道出采石者益少。天地之气，日就迁移，山川形势，岂有常哉？④

换言之，南朝刘宋之前姑孰溪的入江口可能在采石矶东南，刘宋之后可能移至采石矶东北的宝积山麓。牛渚、采石两城原为控扼姑孰溪入江口而设置，入江口位移则其城必迁。顾祖禹《读史方舆纪要》卷二十七即载：

> 姑孰溪在府南二里，自丹阳湖引流而北，合支流诸水汇为姑孰溪，亦谓之姑浦。又西过鼍浦，经城南谓之南州津，又西北至府西五里之江口渡，复北经黄山渡，又北历牛渚、采石矶至宝积山入于大江。⑤

其中的"江口渡"就值得分析，从字面看或与古长江渡口有关。要言之，采石地区自古以来长江渡口的位置，似有逐渐北移的趋势，这是其地沙洲不断扩大北移的结果。北宋庆历年间（1041~1048），为避免牛渚矶段湍激江流为害舟楫，政府主导在采石镇西、牛渚矶东开掘河道以利舟行，此称新河，或称采石河、采石新河。顾祖禹《读史方舆纪要》卷二十七引旧志云：

> （新河）在采石镇西、牛渚矶东。宋庆历中，以牛渚矶控江流之冲，水势湍激，

---

① 前引李子龙《李白诗中的姑孰、牛渚考》文。
② （唐）李吉甫：《元和郡县图志》卷二十八《江南道四》，第684页。
③ 前引李子龙《李白诗中的姑孰、牛渚考》文。
④ （清）顾祖禹：《读史方舆纪要》卷一百二十八，第5456页。
⑤ （清）顾祖禹：《读史方舆纪要》卷二十七，第1324页。

为舟楫害，乃开新河于矶后，南接夹河，北达大江，舟行遂得安济。①

采石新河的开通，虽使舟行得获安济，但改变了其地千百年来江、矶、岸的空间位置关系，此或即后世牛渚、采石二地名混淆的原因。

牛渚城、采石城的规模，早期文献中没有明确记载。《元和郡县图志》仅称采石戍"城在牛渚山上"②，《太平寰宇记》卷一百五亦称采石戍"在（当涂）县西北牛渚山之上，最狭"③。尽管牛渚城、采石城一度为州郡治所，但时间短暂，历史上两城的主要功能是军事守御，其性质与京口铁瓮城相同。而铁瓮城的考古发掘结果证实，其规模不是太大，则同一类型的牛渚城、采石城也不会太大，断不可能如曹重斗《采石志》所推测的那样其城南北长达 10 里，东西最宽达 7 里。

采石城的规模究竟有多大，所幸南宋李心传《建炎以来系年要录》卷一百八保存一条重要的线索：南宋绍兴七年（1137 年）正月，"（宋高宗）初命吏部侍郎兼都督府参议军事吕祉相度筑采石、宣化渡二城。祉言宣化渡之静安镇渡城围千三百步，其半依山修筑。采石渡有旧城基，因而为之，度三百五十步有奇，工料可省。从之"④。此事亦见《宋史·高宗纪五》："（绍兴七年春正月）庚辰，筑采石、宣化渡二城。"⑤ 可为确证。按：其时高宗下诏移跸建康，吕祉受命修筑采石、宣化渡二城，当与防备金人渡江南侵有关。为节省工料费用，吕祉利用了采石渡周长"三百五十步有奇"的"旧城基"。此所谓"旧城基"不能不让人怀疑就是始于南朝的采石城旧址。一步五尺，据《中国历代度量衡考》，宋代一尺约为 31.6 厘米⑥，则采石旧城基 350 步 = 350 步 × 5 尺/步 = 1750 尺 × 31.6 厘米 = 553 米，这个规模比"周回六百三十步"的京口铁瓮城还小 180 步。

四　结语

牛渚城、采石城，六朝都城建康外围的这两座重要城垒，文献记载简略，今人研究亦非常薄弱，关键性的考古工作一直没有开展，许多核心问题现在还不能得到统一认识。早在 10 多年前，我就呼吁尽快全面启动以牛渚城、姑孰城为代表的马鞍山市辖域内主要六

---

① （清）顾祖禹：《读史方舆纪要》卷二十七，第 1325 页。（宋）杨杰：《无为集》卷四《古诗·牛渚矶修水府祠并序》则有"庆历初，朝命开新河于矶后而获安济"。又或记采石新河开凿于宋熙宁三年（1070 年），见（清）何绍基等总纂《重修安徽通志》卷二十八《舆地志·山川五·太平府》及《古今图书集成·方舆汇编·山川典》卷二百六十八等。

② （唐）李吉甫：《元和郡县图志》卷二十八《江南道四》，第 684 页。

③ （宋）乐史：《太平寰宇记》卷一百五《江南西道三》，第 2080 页。

④ （宋）李心传：《建炎以来系年要录》卷一百八，上海古籍出版社，1992，第 482 页。

⑤ 《宋史》卷二十八《高宗纪五》，中华书局，1985，第 528 页。

⑥ 丘光明：《中国历代度量衡考》，科学出版社，1992，第 98 页。

朝城址的考古调查勘探工作，以就相关城址的位置、规模、布局等关键问题取得突破。①
遗憾的是，这一工作迄今仍未开展。希望本文的讨论，对今后这两座城址的田野考古工作
能够起到积极的推动作用。

　　附记：本文的提要，曾作为主题发言于 2020 年 11 月 6～8 日在安徽省马鞍山市召开
的"'江南文化视域下的六朝文化'论坛暨随园六朝考古学术工作坊（第三期）"上交流
讨论，今次做了重要修改与补充。

（编辑：刘可维）

---

① 王志高：《马鞍山地区六朝墓葬考古发现及研究成果的集中展示——〈马鞍山六朝墓葬发掘与研究〉序》，
《中国文物报》2009 年 10 月 2 日。原为王俊主编《马鞍山六朝墓葬发掘与研究》一书的序言，科学出版社，
2008。

南京栖霞寺创建史实考

——以新发现江总碑残石为中心

邵　磊

（南京市博物总馆）

[摘要]　关于南京栖霞寺的创建，历来认为是南朝宋齐间高士明僧绍"舍宅为寺"而成，几已成确凿不易之论。2002 年在栖霞寺千佛岩三圣殿广场之下发掘出土南朝陈祯明二年江总撰《摄山栖霞寺碑铭》（简称"江总碑"）残石，通过对残存碑文的释读与缀合，却令人吃惊地发现，源头可追溯至北宋的传世江总碑文本中关于明僧绍舍宅为寺的事迹，并未见诸考古出土的陈朝原碑碑文。综合对唐宋时期涉及南京栖霞山的诗文与摩崖题记的分析，可推断明僧绍的故宅——栖霞精舍应即位于栖霞山的天开岩，学士张璪曾居的白云庵也位于天开岩，而并非乾隆行宫暨试茶亭一带。考古发现的建筑遗迹尤其是陈朝江总碑残石的出土位置，则揭示出由法度禅师创建的栖霞寺的位置最初位于千佛岩三圣殿前的广场。在栖霞寺渐已成为宇内名刹的时候，明僧绍的栖霞精舍仍然长时间地得以保留，甚至一度成为在野官绅、失意文人的精神家园。明僧绍的故宅——栖霞精舍与南朝初创的栖霞寺虽然同位于栖霞山范围内，但彼此间距匪近，可以说完全不是一回事，新出土的陈朝江总碑原石较客观地反映了栖霞寺创建的史实。

[关键词]　栖霞寺；明僧绍；江总碑；白云庵；天开岩

引　言

南京栖霞山位于南京城东北 22 公里，以山麓辟建栖霞寺与千佛岩石窟造像而成为我国历史上的佛教圣地之一。在南京的寺庙中，相对于孙吴、东晋时期就已经声誉鹊起的长干寺、高座寺、安乐寺等名刹，南齐时期才出现的栖霞寺可谓是晚出的"后生"，不过倒是应了后来居上之说，晚出的栖霞寺影响越来越大，至今依然香火旺盛。每年秋天，霜露既降，枝叶染丹，纵目尽是嬉戏喧哗的游人，简直无法想象当年这隐逸之地曾经的幽静与岑寂。

出身于晚渡士族——平原明氏的子弟明僧绍，可谓栖霞寺乃至栖霞山的灵魂人物。史载明僧绍从小就对佛教表现出浓厚的兴趣，对功名利禄却无心追逐。宋、齐两朝曾六次征召明僧绍委以散骑侍郎、国子博士等职，都被他以各种借口回绝了，但他的名声却反而越来越大，成了当时著名的高士，被称誉为“明征君”。南齐建元二年（480），明僧绍来到京师建康东北四十多里的栖霞山，并“刊木驾峰，薙草开径，披拂榛梗，结构茅茨”①，修建了一处精舍安顿下来。这一片区域由于林密山深，原先很不太平，但自从明僧绍驻足以后，猛虎远遁，盗贼归心，附近人烟也渐渐稠密起来。

在栖霞寺与千佛岩的创建过程中，还有一个与明僧绍同样重要的角色，这便是来自黄龙（指冯跋建于今辽宁省境内的北燕）的高僧法度禅师。法度禅师曾为明僧绍宣讲《无量寿经》，至“中夜忽见金光照室，光中如有台馆形象……居士遂舍本宅，欲成此寺，即永明七年三月三日，（法）度上人之所构也”②。永明七年（489）明僧绍撒手尘寰，临终之际他将栖霞精舍赠送法度禅师栖居，通常认为，这栖霞精舍便是栖霞寺的前身。

关于南京栖霞寺的肇建，传世史料大多强调了明僧绍“舍宅为寺”的事迹，除了《金陵梵刹志》所录宋代栖霞寺翻刻的陈朝江总《摄山栖霞寺碑铭》文本之外，比较早的记载还见诸隋僧释保恭的《蒋州栖霞寺请疏》：“恭虽疏薄，窃钦往彦，但所居栖霞寺，宋代明征君之所建立也。”③ 然而，覆核新出土陈祯明二年（588）江总撰《摄山栖霞寺碑铭》原碑残石，却发现了不少值得深思之处，尤其对于栖霞寺在创建方面所形成的已逾千年之久的历史认同，造成了几乎颠覆性的冲击。笔者不揣简陋，试从对江总撰《摄山栖霞寺碑铭》文本的整理入手，探讨栖霞寺在创建方面的史实。

一 江总碑沿革

有陈一朝官至尚书令的江总，字总持，文才出众，夙有声誉，存世有文集三十卷。但正史对江总的评价不高，如《陈书》本传谓“后主之世，（江）总当权宰，不持政务，但日与后主游宴后庭……由是国政日颓，纲纪不立”，几可归诸佞臣之列。江总崇佛，“弱岁归心释教”，对京师建康摄山（栖霞山）的栖霞寺情有独钟，晚年常入栖霞寺问道礼忏，留下了诸多与时贤唱和的诗篇。陈祯明二年（588）戊申十一月十七日，江总再度游览摄山并夜宿山寺，而其撰于陈祯明二年的《摄山栖霞寺碑铭》，或亦值此际立于栖霞寺。

① （陈）江总：《摄山栖霞寺碑铭》，载（明）葛寅亮《金陵梵刹志》卷四《摄山栖霞寺》，南京出版社，2011，第190页。
② （陈）江总：《摄山栖霞寺碑铭》，载（明）葛寅亮《金陵梵刹志》卷四《摄山栖霞寺》，第190页。
③ （隋）释保恭：《蒋州栖霞寺请（智颙讲〈法华〉）疏》，载（明）葛寅亮《金陵梵刹志》卷四《摄山栖霞寺》，第196、197页。

　　位于今南京市区东北约 22 公里的栖霞寺，是一座集栖霞寺院、千佛岩石窟造像及敕造舍利塔于一身的千古名蓝，江总撰文并由韦霈楷书的《摄山栖霞寺碑铭》，后世多称之为"江总碑"，这应是栖霞寺创建后所立的仅晚于梁元帝《摄山栖霞寺碑铭》的第二块碑版，也是世所仅见的陈朝碑版，是探究栖霞寺建置最为重要的历史文献。江总碑的正文依次分别涉及摄山称谓之由来、明征君（僧绍）父子与法度禅师次第建造栖霞寺千佛岩石窟造像、历代高僧高士的行履、三论宗的弘传、摄山神隐靳尚归顺佛教的灵异事迹以及江总对慧布法师的景仰之情，文末以铭辞二十韵作结。碑铭出典有据，义理明晰，辞藻华丽，韵律铿锵。

　　《江苏通志稿》记述江总碑颇详："此碑，陈侍中、尚书、宣惠将军、参掌选事、菩萨戒弟子、济阳江总特（持）撰，韦霈正书。唐会昌时毁废，后经重立，至宋复断。康定元年，僧契先复依旧本镌立，沙门怀则重书。咸丰间复毁于火，只存两石，亦为人携去，不在寺中。"① 庶几可知，陈祯明二年所置江总碑原石于唐武宗会昌五年（845）灭佛之际毁废，虽在不久后得以修补重立，但入宋后又残断缺损，加之碑文也已漫漶不清，遂于北宋康定元年（1040）翻刻一石。而此北宋康定元年翻刻之江总碑，由宋僧怀则重书，僧契先"依旧本镌立"。

　　北宋康定元年翻刻的江总碑，存世有初为陆和九收藏、现归故宫博物院的明拓割裱本，全本共 15 页，每页 10 行，每行十一二字不等，碑文通篇为效法王（羲之）书《圣教序》一脉的行书，正文部分字句偶见前后颠倒错置的情形，可能是整纸本经剪贴并拼接为割裱本之际所误。碑版正文后复有跋记曰："此碑经唐会昌毁废，后已曾重立。至今其石断缺，文字讹隐，前充寺主僧契先自舍衬赀购石，依本写之，康定元年三月十七日镌立。本寺维那僧肃澄、上座僧智达、寺主僧元耸谨记，袁文雅刻字。"据此可知，北宋康定元年三月十七日重立之江总碑，实为江宁府匠人袁文雅承揽镌刻之劳，栖霞寺前充寺主契先只是经办者，诸志咸谓此碑"僧契先复依旧本镌立"云云，极易造成误解。此外，跋记谓北宋康定元年翻刻之江总碑的碑文系"依本写之"，由于江总碑的传世文本未见有早于明代的，故这里的"本"应是谓原碑的拓本。由于原碑历经损毁，加之风化剥蚀，碑文笔画漫漶不清，因此北宋翻刻之江总碑多有鱼鲁亥豕之类的误植亦属题中应有之义。

　　此北宋康定元年翻刻的江总碑，亦毁于晚清咸丰三年（1853），然残石犹有孑遗。据《续纂江宁府志》等记载：同治七年（1868）句容人尚北渔在栖霞寺附近石埠桥道上拾得北宋江总碑残石，仅存六行，凡二十七字，复见存百字之残石，因难于携带而作罢。光绪二年（1876）尚北渔又至石埠桥访石，被告知百字残石已作为石材运往江北修堤。此外，光绪十七年（1891）九月，亦有陈鹤浦、范松涛于栖霞寺千佛岩访得此宋刻残石二，并镌记于石，此即清代方若《校碑随笔》所云："江总残碑在江苏上元，光绪辛卯九月，江宁

① （清）缪荃孙等纂修《江苏通志稿》之《艺文志·金石八》，江苏省地方志编纂委员会办公室编《江苏历代方志全书》第 40 册，凤凰出版社，2016，第 279 页。

陈氏获残石二方于千佛崖，镌题记三行于石之空方，行书，引唐韦应物句'若到栖霞寺，先看江总碑'。"此固前引《江苏通志稿》所谓"只存两石亦为人携去"云云。

清光绪十七年陈鹤浦、范松涛镌题北宋翻刻江总碑残石拓本，数年前曾见于国内西泠印社举办的古籍碑帖拍卖会，值得一提的是，陈鹤浦氏于石上所镌"若到栖霞寺，先看江总碑"诗句，却非如清代金石学者方若《校碑随笔》所谓出自唐代诗人韦应物，而是出自另一位唐代诗人苗发《送司空曙之苏州》的尾联两句，此诗存录《全唐诗》卷二九五："盘门吴旧地，蝉尽草秋时。归国人皆久，移家君独迟。广陵经水宿，建邺有僧期。若到西霞寺，应看江总碑。"苗发与司空曙同为"大历十才子"，依依惜别之际，犹不忘提醒友人勿要错失前往南京栖霞寺摩挲江总碑的机缘，此可见江总碑作为一代名迹在唐代文士心目中非比寻常的地位。

此外，《云南通志》卷二十九之十四明代邓原岳《过华亭寺读方子及碑》诗："载酒寻僧席屡移，春山何处不相宜。琉璃影散天花落，金碧光摇法镜垂。地近西方开竺国，烟消下界瞰昆池。栖霞片石应堪语，苦忆南朝江总持。"其中所述之"栖霞片石"，说的也是江总碑。

南朝陈祯明二年所立江总碑的原石虽早已湮没无迹，然江总碑碑文的文本仍然存录于包括明代葛寅亮《金陵梵刹志》、梅鼎祚《释文纪》与清代陈毅《摄山志》、严观《江宁金石记》及《全隋文》等在内的文献，其共同的源头，大致可追溯至北宋康定元年栖霞寺僧契先"自舍衬赀购石"所立的江总碑翻刻本。

二 江总碑校勘

2002年，在南京栖霞寺千佛岩三圣殿前的广场之下，发掘出陈祯明二年所立江总碑原石，但仅存碑额和上半约三分之一的碑身残石。残碑的碑阳、碑阴皆存碑文，而位于碑阳的正文即世传江总碑内容，其字体为工整清秀的楷体，但结字宽绰，尚略存隶书"燕尾"的波挑姿态。由于碑石残损不全，故碑阳镌刻的江总碑碑文篇幅仅约为原碑的三分之一，所幸行格尚可经辨析而复原。其中，碑文首题与作者题名合为1行，这种做法与后世碑版首题与作者题名分别独占一行的通例不尽相同，值得留意；在首题与题名之后为正文25行，正文之后为铭辞3行，铭辞之后有纪年文字1行。通篇共计30行（另有1行为唐代会昌毁佛之后修补重立此碑的题记，未计在内），满行54字。

新出土陈祯明二年江总碑残石的碑文内容虽缺损不全，但经与包括上述明代葛寅亮《金陵梵刹志》存录的江总碑传世文本覆核，仍发现有不少异同之处，兹条列如下。

原碑题首作"摄山栖霞寺碑文并铭"。葛寅亮《金陵梵刹志》与陈毅《摄山志》均作"摄山栖霞寺碑铭"，梅鼎祚《释文纪》与严观《江宁金石记》均作"金陵摄山栖霞寺碑文并铭"。

关于题首之后的作者题名，原碑仅存起首的"侍中"两字。《金陵梵刹志》《释文纪》《摄山志》在"侍中"前尚有"陈"字，且书者皆作"李霈"；《江宁金石记》未署记题名，但在碑文末的按语内记书者为"韦霈"。

原碑第 3 行"其状似伞，一名伞山"。"一名伞山"，《金陵梵刹志》、《释文纪》、《摄山志》与《江宁金石记》皆作"亦名伞山"。

原碑第 4 行"（此山）西南麓外道馆地，俄而疫疠"。《金陵梵刹志》、《释文纪》与《摄山志》均作"（此山）西南隅有外道馆地，俄而疫疠"，《江宁金石记》作"（此山）西南偶有外道馆地，俄而疫疠"。

原碑第 5 行"村民野老竟来（谏曰）"。"竟"，《金陵梵刹志》、《释文纪》与《摄山志》作"竞"。

原碑第 6 行"乃栞木驾峰，薙草开迳，披拂蓁梗，结构茅茨"。"栞"，诸书皆作"刊"；"迳""茅"，《江宁金石记》分别作"径""茆"。

原碑第 8 行"（朗其夜）室，此寺，永明七年三月三日度上人（之所构也）"。《金陵梵刹志》、《释文纪》、《摄山志》与《江宁金石记》皆作"朗其夜室。居士遂舍本宅，欲成此寺，即齐永明七年三月三日，度上人之所构也"。

原碑第 9 行"居士尝梦此岩有如来光采"。"光采"，《金陵梵刹志》、《释文纪》、《摄山志》与《江宁金石记》皆作"光彩"。

原碑第 12 行"……年正月，龛顶放光"。《金陵梵刹志》、《释文纪》、《摄山志》与《江宁金石记》"年"后俱无"正月"二字。

原碑第 12、13 行"（方）升金地者也"。"升"，《金陵梵刹志》、《释文纪》、《摄山志》与《江宁金石记》皆作"登"。

原碑第 13、14 行"（齐雍）州刺史王奂"。"王奂"，《金陵梵刹志》、《释文纪》、《摄山志》与《江宁金石记》皆作"田奂"。

原碑第 14、15 行"（梁临川靖惠王……见此山制）置疎阔，工用稀少"。"工用"，《金陵梵刹志》、《释文纪》、《摄山志》与《江宁金石记》皆作"功用"；"阔"，《摄山志》作"潤"。

原碑第 17、18 行"（深）相付属，法师聿修厥绪，劝助众工"。"属""工"，《金陵梵刹志》、《释文纪》、《摄山志》与《江宁金石记》皆作"嘱""功"。

原碑第 19 行"弘中道之宗致"。"弘"，《金陵梵刹志》《释文纪》仍作"弘"，《摄山志》与《江宁金石记》皆作"宏"，或避清高宗讳之故。

原碑第 20 行"帝乃遣中寺释僧怀、霊根寺释慧令等十僧……"。"霊根寺释慧令"，《金陵梵刹志》《释文纪》作"灵根寺释慧令"，《摄山志》作"灵根寺释慧"，《江宁金石记》作"灵根寺释慧令"。

原碑第 21 行"南兰陵萧视素幽栖抗志，独往绝群"。"独往绝群"，《金陵梵刹志》、《释文纪》与《江宁金石记》作"独法绝群"。

原碑第 22 行 "神诣法度道人"。"道人",《金陵梵刹志》《释文纪》犹作 "道人",《摄山志》与《江宁金石记》皆作 "上人",亦当是避讳之故。

原碑第 25 行 "顷扵摄皋,受持珠戒。谨行尊师之及方深,汲引……"。《金陵梵刹志》、《释文纪》、《摄山志》与《江宁金石记》皆作 "顷扵摄皋,受持珠戒。佩服之敬,虽敢怠于斯须;汲引……"。

原碑第 27 行 "论生若寄,喻死如休"。《金陵梵刹志》《释文纪》《摄山志》与之同,《江宁金石记》作 "论生若寄,喻死若休"。

原碑第 29 行 "宝驾駈辂"。"駈",《金陵梵刹志》、《释文纪》、《摄山志》与《江宁金石记》皆作 "驱"。

上述异同,有一些属于鱼鲁亥豕之类的误植,如 "独往绝群" 之 "往" 字误为 "法",可归诸无心之失。此外,大多数明显都是刻意所为,具体情形又可分为三种。

其一,是将原碑使用的通假字或异体字,改为通行的正字,如将原碑 "俄而疫痾" 之 "痾" 字改为 "疴";将 "居士尝梦此岩有如来光采" 之 "光采",改为 "光彩";将 "工用稀少" 之 "工用",改为 "功用";将 "(深)相付属" 之 "属",改为 "嘱";将 "劝助众工" 之 "工",改为 "功";将 "宝驾駈辂" 之 "駈",改作 "驱";等等。

其二,属避讳,如清代的《摄山志》与《江宁金石记》将原碑 "弘中道之宗致" 之 "弘",改为 "宏";将 "神诣法度道人" 之 "道人",改为 "上人"。

其三,是在传世文本中出现内容长短不一的衍文,如原碑第 4 行,所存残文为 "西南麓外道馆地俄而疫痾磨灭三清" 15 字,但如果参考传世文本,再将缺失的内容 "遗法未明五怖之灾万善开宗遂变四禅之境候见齐居士平原明僧绍空解渊深至理高妙遗荣轩冕遁迹岩穴宋泰始中尝" 共计 49 字嵌入,则第 4 行碑文将达到 64 字,再加上传世文本 "外道馆地" 前的衍文 "有" 字,则较原碑行格的满行字数多出 11 字。江总碑的传世文本在这一段里究竟衍生出了哪些内容,不得而知,不过推测为颂扬明僧绍学养的字句的可能性为大。

原碑第 8 行,所存残文为 "室此寺永明七年三月三日度上人",于此可见,传世文本介于 "室" 与 "此寺" 之间的 "居士遂舍本宅欲成" 8 字,介于 "此寺" 与 "永明七年正月三日度上人" 之间的 "即齐" 2 字,均为衍文,并且这些衍文也都毫无例外地指向明僧绍。

原碑第 12 行,所存残文为 "年正月龛顶放光光色身相晃若炎山林间树",如果据传世文本将缺失的内容 "下栖如火殿禅师自识终期欣赡瑞应以建武四年于此寺顺寂岂非六和精进十念允谐向沐宝池方" 计 40 字嵌入,再加上传世文本脱 "正月" 2 字,则第 12 行碑文将达到 60 字,较原碑行格的满行字数多出 4 字。值得注意的是,据传世文本,原碑第 12 行 "年正月" 之前为 "大同二",即 "大同二年正月"。但问题是,齐明帝建武四年(497)即已圆寂的法度禅师,绝无可能再穿越到四十年之后看到梁武帝大同二年(536)

龛顶放光的一幕，宿白先生对此扞格难安之处也"疑有讹误"①。显而易见，传世文本或者说北宋翻刻的江总碑此处的"大同"年号必然有误，不过这与本文的主题不是太密切，兹按下不表，容后再谈。

原碑第 13 行，所存残文为"升金地者也齐文惠太子豫章文献王竟陵文宣王"，传世文本不仅误"升"为"登"，而且在"竟陵文宣"与"始安王"之间脱"王"字。按，齐竟陵文宣王为萧子良，齐始安王为萧遥光，萧遥光以反叛被杀，故无谥号，直称始安王。今人所整理《金陵梵刹志》的几种排印本，于此"竟陵文宣始安王"，皆未予点断，可能未识此讹脱，将"竟陵文宣始安王"视为一人了。

原碑第 13、14 行"（齐雍）州刺史王奂，方牧贵臣"，其中的"王奂"，传世文本皆误作"田奂"。细察新出土原碑，"王"字左右皆有纵向泐痕，左侧尚较细微，右侧尤为粗拙，近似竖笔，使得北宋康定元年栖霞寺僧契先重立江总碑之际，径误"王"为"田"字，并一再误导传世文本。

此外，江总碑传世文本涉及栖霞寺千佛岩三圣殿内镌造的观世音、大势至二菩萨造像的内容，可能也有一处讹误："……镌造无量寿佛，坐身三丈一尺五寸，通座四丈，并二菩萨倚高三丈三寸"，所谓"倚高"云云，令人费解，揣度文意，"倚"字或为"像"字之误，据此当断为"……镌造无量寿佛，坐身三丈一尺五寸，通座四丈，并二菩萨像，高三丈三寸"，揆以原碑行格，其中的"像"字即位于第 10 行行末。

新出土陈祯明二年（588）江总碑原石，内容纵然残缺不全，但经与江总碑传世文本覆核，仍然极其有效地校订了传世文本存在的诸多错讹，从学术史的层面着眼，也颇有助于厘清之前的学者在使用传世文本时产生的种种误会。② 而所有这些，对于厘清南京栖霞寺创建的历史沿革，都是极有意义的工作。

三 明僧绍故宅与白云庵——基于文献的分析

明僧绍舍宅为寺是栖霞寺历史上流传最久也最为人们耳熟能详的故事，然而这一事迹，在梁僧慧皎撰著的《高僧传》里是这样被叙述的："高士齐郡明僧绍，抗迹人外，隐居琅琊之摄山，挹度清徽，待以师友之敬。及亡，舍所居为栖霞精舍，请度居之。"③ 要之，其所述分明只是明僧绍撒手尘寰之际，将在摄山的居所捐为"栖霞精舍"以供法度禅

① 宿白：《南朝龛像遗迹初探》，《考古学报》1989 年第 4 期。
② 如前引宿白先生在《南朝龛像遗迹初探》一文将清代严观《江宁金石记》存录的江总碑读为："大同二年，龛顶放光，色身相晃，若炎山林间，树下焫若火殿。"其实，《江宁金石记》所录江总碑文本在紧接"龛顶放光"后仍有一"光"字，宿白先生可能断定彼此衔接的两个"光"字中必有一为衍文，故径弃之而断句若此。但据江总碑原碑残石第 12 行"龛顶放光"后确有一"光"字不误，庶几碑文当断为"大同二年，龛顶放光，光色身相，晃若炎山，林间树下，焫若火殿"。
③ （梁）慧皎撰，汤用彤校注《高僧传》卷八《齐琅琊摄山释法度传》，中华书局，1992，第 330~332 页。

师憩居而已，丝毫未提及明僧绍本人和后来起建的栖霞寺两者之间的关联。慧皎《高僧传》是同时载述明僧绍与法度禅师的最早的历史文献，其史料的可信程度相对而言是最高的。《高僧传》里的相关内容很简洁，体现出与明僧绍舍宅为寺几乎成为"共识"的背景下推出的《明征君碑》这样层累的文献的很大不同。

陈祯明二年所立江总碑虽然晚于慧皎《高僧传》，但却是全面叙述南京栖霞寺创建的最为重要的历史文献，今据考古出土的江总碑残石可知，传世江总碑文本中涉及明僧绍舍宅为寺最紧要之处的"居士遂舍本宅欲成"云云，竟然是北宋康定元年前栖霞寺主契先重立江总碑之际的衍文，虽让人感到诧异，但与慧皎《高僧传》也并无扞格难安之处。那么，北宋重刻的江总碑为何要凭空插入这样一段可与原碑碑文衔接、看起来几乎"天衣无缝"的内容呢？从常理来看，这样做的目的，无非两点，或者是叙事者意欲隐瞒或淡化相关的史实，或者想要无中生有哪怕是善意地"捏造"一些可能并不存在或并不确凿的事迹。这也就从一个侧面表明，累世相传的明僧绍"舍宅为寺"的事迹，其实是要打上一个大大的问号，甚至可能是站不住脚的。

那么，明僧绍捐赠法度禅师供其憩居的栖霞精舍与后来的栖霞寺是不是一回事？即是不是如民国时期陈邦贤《栖霞新志》所推测的那样："齐武帝永明七年明僧绍舍宅为寺，延请法度禅师在寺讲经，这是栖霞有庙的起点。"① 窃以为，这里最关键要弄清楚的一点，是明僧绍的故宅亦即捐予法度禅师憩居的栖霞精舍，与南朝时期创建的栖霞寺是不是大体位于同一处地点，在这个基础上才能谈到两者是不是存在承继关系。兹参考相关材料逐一辨析之。

陈邦贤《栖霞新志》提及明僧绍临终捐予法度禅师的故宅——栖霞精舍，就是栖霞山的白云庵，这主要是通过明遗民张怡串联起来的。张怡，明南直隶上元（南京）人，山东登莱总兵官张可大之子，荫官锦衣卫千户。值李自成大顺军进据京师之际被俘，乘间逃离。明亡后遁入南京栖霞山，在白云庵出家做了道士，所与交游皆明遗老。张怡卒于康熙三十四年（1695），享年八十八岁，即葬于所居白云庵附近。② 南京图书馆藏张怡撰《白云道者自述》传钞本一卷，述其生平颇详："道者名鹿徵，字瑶星，万历戊申先大夫守备瓜仪，生道者于署中，有庭鹿同时生，因以名之。甲申后更名遗，字薇庵。后更名说。戊申，葺摄山之白云庵而归老焉，更名怡，字自怡。庵为南齐明征君僧绍舍宅故址，居一山之胜，人因呼为白云道者云。"可知张怡初名"鹿徵"乃以祥瑞，明亡后更名"遗"是终老遗民之志，再更名"说"以至终更名"怡"，应是在清廷统治稳固之后出于自保之需，人呼其"白云道者"或"白云先生"则是缘于栖身白云庵之故。

张怡即孔尚任在《桃花扇》里塑造的栖霞山白云庵张道士的原型。康熙二十八年（1689）秋，孔尚任赴南京栖霞山白云庵造访张怡，并有《白云庵访张瑶星道士》诗云：

① 陈邦贤：《栖霞新志》第一章《沿革》，商务印书馆，1934，第2页。
② 据魏连科《稿本〈玉光剑气集〉整理琐记》一文综引，《书品》2006年第5辑。

"淙淙历冷泉，乱石路频转。久之见白云，云中吠黄犬。篱门呼始开，此时主人膳。我入拜其床，倒屣意颇善。著书充屋梁，欲读从何展。数语发精微，所得已不浅。先生忧世肠，意不在经典。埋名深山巅，穷饿极淹蹇。每夜哭风雷，鬼出神为显。说向有心人，涕泪胡能免。"① 诗中述及张怡（瑶星）身处红尘之外，不仅著述不止②，且存忧世之心，回首前尘，不免涕泪相交。以至于后来创作《桃花扇》时，孔尚任设计了让白云庵张道士点醒犹沉浸于儿女情长的侯方域和李香君，并撕掉侯、李二人定情的桃花扇，让李香君遁入空门等情节，来作为故事的收结。这不能说与孔尚任昔年往造访张怡的经历及其影响没有关系。

　　张怡著述甚丰，除了结集为《古镜庵诗集》的吟咏风月或感怀世事的文学作品之外，他也撰写了浩帙鸿篇的史料笔记《玉光剑气集》，与探究栖霞山史地沿革迁废的《摄山志略》。可惜《摄山志略》已佚，张怡对于栖霞山（摄山）史地的探究，唯有"（白云）庵为南齐明征君僧绍舍宅故址"的断言仍见诸《白云道者自述》。不过，张怡的这一认识亦非自己的发明。迄今所见，将明僧绍故宅与白云庵"合为一体"者，似无逾于明末成书的《金陵梵刹志》。在该志卷四《摄山栖霞寺》之"古迹"条下有云："白云庵，即明僧绍宅遗址，宋侍郎张瓌读书处，有王安国记。今僧庐其上。"③ 张怡曾官南京锦衣卫千户，获见祠部葛寅亮编纂的具有官方背景的《金陵梵刹志》，自非难事。

　　白云庵的位置，据明代盛时泰撰《栖霞小志》记载："白云庵，自中峰涧而上行林樾中有庵焉，曰白云庵，其地益敞，其峰益耸，而其去颠益迩。旧有老屋三楹，一老僧独居，题名遍满壁上，日与蜗涎蛛网为伍。近岁，僧自然名正道者乃始经营之，山水之趣若有增而高深者，户外直与东峰相对，松风洒然，来于四壁，傍有密室，周围覆以香杉，前辟员窦，日光内射，则来者身心澄澈，若在世外矣。"④ 参酌同书条列的《印空安禅师塔》《白鹿泉庵》等内容，可以得出盛时泰《栖霞小志》提到的白云庵即位于栖霞山中峰涧清代乾隆行宫遗址与试茶亭附近的结论，并且这也是文史工作者较为统一的认识。

　　然而，更多早于盛时泰《栖霞小志》的有迹可循的线索，却都无例外地将明僧绍故宅——栖霞精舍乃至白云庵的具体位置，指向了栖霞山的天开岩。

　　中唐诗人刘长卿"尝在摄山学出世法，寻明征君故宅"（语出陈邦怀《栖霞新志》），并有《栖霞寺东峰寻南齐明征君故居》诗云："山人今不见，山鸟自相从。长啸辞明主，终身卧此峰。泉源通石径，洞户掩尘容。古墓依寒草，前朝寄老松。片云生断壁，万壑遍

---

① （清）孔尚任：《湖海集》卷七《白云庵访张瑶星道士》，介安堂刊本。
② 清初桐城派文学领袖亦曾忆及乃父方舟与张怡交际频仍，"岁时问起居，入其室，架上书数十百卷，皆所著经说及论述史事"。可见张怡隐居时著述之勤勉。详见方苞《白云先生传》，载（清）张怡撰，魏连科点校《玉光剑气集》卷首，中华书局《元明史料笔记丛刊》本，2006。
③ （明）葛寅亮：《金陵梵刹志》卷四《摄山栖霞寺·古迹》，第 187 页。
④ （明）盛时泰：《栖霞小志·白云庵》，清嘉庆己卯（1819）江宁友恭堂刊本，即津逮楼甘氏重刻本，第 13、14 页。

疏钟。惆怅空归去，犹疑林下逢。"① 据以可知，明僧绍故宅周围有溪水、石径乃至唐以前的古墓②与老松，可谓幽寂清静之极。不过，诗句中的"片云生断壁，万壑遍疏钟"，倒是揭示出刘长卿眼中明僧绍故宅的地貌与今栖霞山天开岩景观若合符契的一面。不晚于盛时泰《栖霞小志》的明代姜宝所撰《游摄山栖霞寺记》一文亦云："……其上为天开岩，仄径巉岩，仅通杖履，即刘长卿诗，尝寻访明征君，所谓'泉源通石径，风云生断壁'处也。"③ 可为旁证。相反，乾隆行宫与试茶亭一带（盛时泰《栖霞小志》记载白云庵所在地），则没有诗中描绘的这种景致。

活动年代大致与刘长卿相若的唐代诗人顾况，亦有《摄山》诗云："明征君旧宅，陈后主题诗。迹在人亡处，山空月满时。宝瓶无破响，道树有低枝。已是伤离客，仍逢靳尚祠。"④ 其中的"陈后主题诗"，或即陈叔宝《同江仆射游摄山栖霞寺》诗。据顾况《摄山》诗，则不排除陈后主此诗原本题壁于栖霞山明僧绍故宅的可能。值得注意的是，《摄山》诗的尾联称顾况黯然神伤从明僧绍故宅退出将踏上归途之际，又有山神靳尚的祠庙映入眼帘。靳尚祠，又名菩提王庙，大致位于天开岩东北半山位置的太虚亭，在天开岩一带目力犹可及，但如果在更偏西南的乾隆行宫或试茶亭一带的白云庵，即便撇开这一路的峰回路转，迂回屈曲，也是不大可能望见的。退一步说，即便明僧绍故宅位于乾隆行宫至试茶亭一带的白云庵，也难以想象"已是伤离客"的顾况反而会沿着背离山门的方向越走越远，一路跋涉到靳尚祠附近，这不符合顾况诗中的意境。所以顾况此诗也是从一个侧面印证了明僧绍故宅更可能位于山林深处的天开岩，而非乾隆行宫至试茶亭一带的白云庵。

在关于明僧绍故宅究竟位于乾隆行宫至试茶亭一带的白云庵还是天开岩的认识上，其实还有一个问题需要解决，即明代盛时泰关于白云庵位置的记载是否有误会之处。前文述及，对白云庵位于乾隆行宫至试茶亭一带的推断，主要参酌了明代盛时泰《栖霞小志》里的"白云庵""印空安禅师塔""白鹿泉庵"诸条记载，但笔者早年在栖霞山进行考古调查时，曾在栖霞山的天开岩集中发现多处直接或间接与白云庵有关的宋代题记，至今尚有遗存。

其一，为宋英宗"治平二年（1065）四月，黄召祥、刘昱同游白云庵，谨题"。

其二，为"胡亚専别白云老壬辰正（月）廿一日"，其中的"壬辰"为北宋皇祐元年（1049），此题记原石20世纪30年代被截取移往南京古物保存所收藏，该所复于原处依样画瓢翻刻一石。

---

① （明）葛寅亮：《金陵梵刹志》卷四《摄山栖霞寺·诗》，第250页。

② 以往有观点认为，刘长卿《栖霞寺东峰寻南齐明征君故居》诗中的"古墓依寒草"，"古墓"即是明僧绍墓，但栖霞山六朝时期的古墓为数不少，如江总碑记曰：南兰陵萧视素"遁世兹山（栖霞山），多历年所，临终遗言，葬（僧朗）法师墓侧"，可证萧视素与僧朗也都葬于栖霞山，而这样的例子，恐怕还不少。故刘长卿所谓"古墓依寒草"，未必便是明僧绍墓，也可能是别人的墓。

③ （清）陈毅：《摄山志》卷五《记·姜宝〈游摄山栖霞寺记〉》，苏州府署乾隆庚戌刊本。

④ （明）葛寅亮：《金陵梵刹志》卷四《摄山栖霞寺·诗》，第250页。此诗原先录于顾况《华阳集》卷中、《文苑英华》卷三百二十九，均题为"题摄山栖霞寺"；在《全唐诗》中为"题歙山栖霞寺"。

其三，为盛时泰《栖霞小志》之"天开岩"条所载："傍又云：魏中庸道常男思文崔程君某同至皇祐己丑九月十八日。又云……魏中庸谒白云老……"题记今亦有部分留存。

上述三条题记，第一条治平二年题记直接提及在天开岩游白云庵之事，后两条题记中涉及的"白云老"，顾名思义应即栖居白云庵者，据北宋王安国撰《摄山白云庵记》，白云庵系"浮屠奉然"来南京栖霞山"结庵（白云庵）以栖"，落成后有"南淮张公"来此，而"张之来也，自以杖屦行，而坐乎草莽崖石之间。公歌而吾和，麋鹿驯其后前，忘其堂隍之上也，冠带严而徒隶役也。食蔬而饮泉，野老之睥睨，而山鸟之啁啾，忘其燕享之际，宾客到而管弦侑也"。[①] 这位"南淮张公"，即张洎孙、翰林侍读学士张瑰。据《宋史》本传，张瑰为官"遇事辄言，触忤势要，至屡黜"，则其盘桓栖霞山白云庵，应是"历应天府"期间之行止。由此可见，天开岩宋代题记中的"白云老"应是张瑰无疑。张瑰字唐公，而栖霞山天开岩适亦有"唐公岩"题刻，且以"唐公岩"题刻为中心，"其四傍最盛镌刻"，今仍历历可见，而"胡亚专别白云老壬辰正（月）廿一日"原石与前来"谒白云老"的魏中庸等人皇祐己丑九月十八日题刻，皆与之毗邻。

综合唐代刘长卿《栖霞寺东峰寻南齐明征君故居》诗、顾况《摄山》诗（一说为《题摄山栖霞寺》）与北宋王安国《摄山白云庵记》、明代姜宝《游摄山栖霞寺记》乃至诸多宋代题刻来看，南朝宋齐间的高士明僧绍"刊木驾峰，薙草开径，披拂榛梗，结构茅茨"的故宅——栖霞精舍，宋代浮屠奉然构建、学士张瑰曾居的白云庵，皆位于栖霞山天开岩，但唐宋诗文与现存摩崖题记都未言及明僧绍故宅与白云庵之间的历史联系，所以两者是不是"融为一体"，仍需更多的材料来证明。至于盛时泰《栖霞小志》所谓白云庵位于试茶亭附近的记述，只能视为孤证，在由唐宋诗文与摩崖题记构成的指向性明确的证据链面前，几乎没有办法成立。由此来看，《白云道者自述》所云张怡康熙七年（1668）所葺摄山白云庵，也以位于天开岩的可能性更大。

四　栖霞寺与栖霞精舍辨析

南朝宋齐间高士明僧绍的故宅——栖霞精舍位于栖霞山天开岩，那么南朝时期初创的栖霞寺又当位于何处呢？

前文述及，2002 年经考古发现的南朝陈祯明二年江总撰《摄山栖霞寺碑铭》残石，出土于栖霞寺千佛岩三圣殿窟前广场正前方（南）偏西处，距离三圣殿现存明代晚期补砌的砖石门壁约 13 米。

而局部的考古发掘揭示出，在三圣殿窟前广场，原先筑有一座范围较大的平台。平台

---

① 曾枣庄、刘琳主编《全宋文》卷一千五百七十八《王安国二》，上海辞书出版社、安徽教育出版社，2006，第 58、59 页。

周边的石础基墙尚有留存。其中，南侧边界的石础位于三圣殿明代补砌石门壁以南约 16 米处，东西向石础彼此间距约 21 米，大致延伸至三圣殿左右毗邻的两所中型石窟的外侧边缘，平台面积约 300 平方米。

在这一平台范围内，大部为碎砖石泥土垫层，仅保留了一处南北向的条石遗存。遗存中间平铺条石，其东西两侧亦以条石叠砌，惟东侧保存较好，推断是一处垂带遗迹。综合起来看，这处条石遗存应为建筑的门道遗迹。据遗迹复原，门道宽约 3 米，其方向与明代"三圣殿"石门相对而略偏东，但正与三圣殿内的主尊无量寿坐佛遥相对应。

根据出土的以砖、瓦等建筑构件为主体的遗物判断，千佛岩三圣殿窟前平台的时代约为唐代晚期至五代时期。不过，陈祯明二年江总撰《摄山栖霞寺碑铭》原石在平台前方南缘正中略偏西位置的发现，不啻为三圣殿窟前平台的使用沿革提供了重要的线索。据文献记载，陈祯明二年所立江总撰《摄山栖霞寺碑铭》虽于唐会昌五年废佛时被推倒废弃，但不久后的唐大中年间即为寺僧修补复原而予以重立。揆诸常理，陈祯明二年江总撰《摄山栖霞寺碑铭》重立的地点，无论从工程的便利角度抑或"复法"的意义着眼，都应一仍其旧，而不至"另立山头"。因此，也就不能排除位于千佛岩三圣殿前这处平台的四至范围与经营布局，具有从南朝一直沿袭使用至唐五代时期的极大可能性。

考古调查还发现，以千佛岩三圣殿及其左右毗邻的两座中型石窟为主体的千佛岩南部山体壁面上，凿有密集的人工遗迹，遗迹的种类主要为大小不一的方形榫孔、形式多样且纵横分布的凹槽与排水沟槽等。对此，宿白先生早亦有所留意，谓"（三圣殿）龛壁上端有梁孔遗迹，知道在砌建石顶、门壁之前，接连岩面曾建有木构"[1]。而壁面人工遗迹分布的范围，则显示三圣殿窟前搭建的木构建筑面阔至少达到十余米，至于这一规模宏大的窟前建筑的形制，尚不得而知。

从分布范围来看，千佛岩南侧岩壁密集分布的榫孔、凹槽等建筑遗迹，一方面，有可能是为了开凿或修补巍峨高大的三圣殿及其内部供奉"西方三圣"而搭建的鹰架或栈道的遗存，另一方面，则更可能是依托三圣殿及其左右毗邻的石窟，在三圣殿殿前大平台上起建的南朝时期栖霞寺院木结构建筑的遗存。关于后者的可能性尤其值得留意，因为结合三圣殿前平台周边的石础基墙与平台之上条石墁砌的门道乃至陈祯明二年江总撰《摄山栖霞寺碑铭》原石位置等遗迹考古发现的情形，不难推断出这片区域应即南朝栖霞寺院的中心建制，而江总撰《摄山栖霞寺碑铭》原石的出土地点，距三圣殿现存砖石门壁约 13 米的窟前广场正前方，极有可能便是与南朝时期栖霞寺院山门邻近的位置。

面南背北规划建成的南朝栖霞寺院，既是一组依托于千佛岩三圣殿及其毗邻洞窟的建筑，则其与千佛岩南朝石窟造像之间的关系也更为密切。栖霞寺院与千佛岩石窟造像两者你中有我、我中有你地融为一体，这也使得栖霞寺成为彼时中国南方罕见的既究义理、尚讲谈，但同时又兼重禅观的佛教寺院。

---

[1] 宿白：《南朝龛像遗迹初探》，《考古学报》1989 年第 4 期。

　　一言以蔽之，以千佛岩三圣殿窟前广场为中心的南朝栖霞寺院，其空间位置与现今位于千佛岩西北的栖霞寺院并不重合。至于现今栖霞寺院的空间位置，据栖霞寺山门外右侧所立唐高宗李治御制《摄山栖霞寺明征君碑》的位置，或是隋文帝敕建舍利塔之际肇基，经隋唐时期逐步扩建而成的。不过，无论是南朝时期抑或隋唐之际兴建起来的栖霞寺院，距离南朝宋齐间高士明僧绍泰始年间"刊木驾峰，薙草开径，披拂榛梗，结构茅茨"的栖霞山天开岩，都还有相当远的距离。另外，值唐宋以降，栖霞寺声誉鹊起，俨然已是宇内名刹之时，明僧绍刘宋泰始年间起建的故宅、临终之际捐给法度禅师憩居的栖霞精舍，仍然得以保留①，并供人憩息凭吊，甚至可能一度成为在野官绅与失意文人的精神家园。由此可见，明僧绍的故宅——栖霞精舍与栖霞寺虽然同位于栖霞山范围内，但彼此间距匪近，也不存在承继关系，两者从来都不是一回事。

　　据前引隋僧释保恭撰《蒋州栖霞寺请（智𫖮讲〈法华〉）疏》可知，认为明僧绍"舍宅为寺"并将明僧绍视为栖霞寺创始人的误会，虽然也由来已久，但直至北宋康定元年栖霞寺僧契先等翻刻并重立江总碑之际，才借机阑入"居士遂舍本宅欲成（此寺）"等衍文，固是契先等栖霞寺僧意欲从源头上将栖霞精舍与栖霞寺混为一谈，从而将栖霞寺创始人的帽子戴在明僧绍的头上。契先等栖霞寺僧之所以这样煞费苦心地篡改历史，在笔者看来，倒不一定是因为景仰明征君在南朝宋齐间的"高尚不仕"而钦慕其为人，相反，寺僧契先等人看重的可能恰恰是明僧绍裔孙明崇俨深为唐高宗、武则天"二圣"宠幸，乃至以明崇俨为代表的明氏家族与李唐帝室通过《明征君碑》而构建起来的因缘，说到底，栖霞寺僧无非意欲借此攀龙附凤，夤缘帝室，从而提升栖霞寺的"血统"。

　　2002 年新出土的陈祯明二年江总撰《摄山栖霞寺碑铭》原碑残石较客观地反映了栖霞寺创建的史实，通过对原碑残文的辨析，在剔除了北宋康定元年栖霞寺僧契先等翻刻并重立江总碑之际阑入"居士遂舍本宅欲成（此寺）"等衍文之后，可以发现，南朝宋齐间高士明僧绍在泰始年间"刊木驾峰，薙草开径，披拂榛梗，结构茅茨"的故宅，亦即明僧绍临终捐供法度禅师憩居的栖霞精舍，与后来的栖霞寺之间并无关系，栖霞寺真正的创建者实为"度上人"，亦即法度禅师，创建的时间为齐永明七年三月三日，这个时间节点甚至比栖霞山千佛岩石窟造像的开工还要晚得多，其时明僧绍撒手尘寰已逾六年之久了。

（编辑：刘可维）

---

　　① （南唐）徐铉《摄山栖霞寺新路记》："栖霞寺，山水胜绝，景象瑰奇，明征君故宅在焉，江令公旧碑详矣。"徐铉此文作于南唐保大九年（951）八月一日，这表明，明僧绍故宅、捐给法度禅师憩居的栖霞精舍，直至南唐时仍在。详见葛寅亮《金陵梵刹志》卷四《摄山栖霞寺·文》，第 197 页。

南朝梁皇基寺小考

韩 茗

（南京师范大学文博系）

[**摘要**] 通过对历代方志中皇基寺记载的梳理，本文认为皇基寺应位于梁武帝修陵即今丹阳三城巷（3）的近旁，与文帝建陵陵寺并非同一寺。宋元时期的戒珠院，虽托以皇基寺之名，但可能并非原先寺址，而向北迁移至今址。中国古代陵寺制度发轫于南北朝时期，皇基寺是文献可考的地处南朝萧梁帝陵域内的佛寺，对于研究早期陵寺制度及其传播和影响有着重要意义。

[**关键词**] 南朝梁代；皇基寺（皇业寺）；陵寺

皇基寺，又称皇业寺，位于今江苏省丹阳市云阳街道张巷村，北距今张巷村村委会约500米。南朝萧梁帝陵在其南偏东位置，直线距离约2千米。以梁文帝建陵为起点，沿今皇业路北行约1.5千米后左折，皇业寺址在今京沪高铁丹阳段正下方。皇基寺在正史中仅出现过一次，即梁武帝于大同十年（544）回乡谒陵"于皇基寺设法会"。该寺在唐代称"皇业寺"，元代改为"戒珠院"，明宣德年间重建，即今"敕建皇业寺"。皇基寺与丹阳三城巷梁代帝陵有着密切关系，历代地理志书中均有提及，而仍有疑难未解。在对历代皇基寺相关记载进行梳理后，笔者认为，皇基寺并非梁武帝于文帝陵上所建寺，元代戒珠院及后来的皇业寺址也并非原址，但仍与萧梁帝陵有着密切关联。本文将围绕这一观点进行论述，并对南北朝陵寺和百济陵寺相关问题进行探讨。

一 皇基寺与建陵寺

《南史》卷七《梁本纪》：

（大同十年）三月甲午，幸兰陵。庚子，谒建陵……辛丑，哭于修陵。壬寅，于皇基寺设法会，诏赐兰陵老少位一阶，并加颁赉。①

《梁书》卷三载梁武帝谒陵归乡所颁壬寅诏书：

> 朕自违桑梓，五十余载，乃眷东顾，靡日不思。今四方款关，海外有截，狱讼稍
> 简，国务小闲，始获展敬园陵，但增感恸。故乡老少，接踵远至，情貌孜孜，若归于
> 父，宜有以慰其此心。②

《建康实录》基本援引《南史》。③ 以上是关于皇基寺的最早记载。梁武帝此次的活动
可归纳为：谒建陵，哭拜其父文帝；次日，谒修陵，哭拜其妻郗氏；再次日，于皇基寺设
法会。其活动轨迹反映出三个地点相距不远。据"故乡老少，接踵远至"之语，可知皇基
寺与建、修二陵均在武帝故里。《梁书》载武帝为"南兰陵中都里人"，《舆地纪胜》载
"梁武帝宅，基在塘头村，即位幸旧宅"。按今《丹阳市志》，其地位于今云阳镇颜巷行政
村塘头村④，大致在今丹阳北站一带。

《法苑珠林》卷七十八《感应缘》"梁曲阿人姓弘忘名"条引南朝王琰《冥祥记》：

> 梁武帝欲为文皇帝陵上起寺，未有佳材。宣意有司，使加求访。先有曲阿人姓
> 弘，忘名。家甚富厚。乃共亲族多赍财货，往湘州治生。遂经数年，营得一筏，可长
> 千步，材木壮丽，世所罕有。还至南津，南津校尉孟少卿希朝廷旨，乃周加绳墨。弘
> 氏所赍衣裳缯彩，犹有残余，诬以涉道劫掠所得。并劾造作过制，非商贾所宜，结正
> 处死。没入其官，筏以充寺用。奏遂施行。弘氏临刑之日，敕其妻子，可以黄纸百
> 张，并具笔墨置棺中也。死而有知，必当陈诉。又书少卿姓名数十吞之。可经一月，
> 少卿端坐，便见弘来。初犹避捍，后稍款服，但言乞恩，呕血而死。凡诸狱官及主书
> 舍人，预此狱事及署奏者，以次殂殁。未出一年，零落皆尽。皇基寺营构始讫，天火
> 烧之，略无纤芥。所埋柱木，亦入地成灰。⑤

就其字面，很容易将文帝建陵陵寺与皇基寺等同起来。《太平广记》收录有同样的故事，
出自颜之推的《还冤记》。⑥ 所不同的是，《太平广记》称"梁武帝欲为文帝陵上起寺……
寺始建讫便遭天火焚尽"，未称文帝陵寺为皇基寺；相同的是，该寺亦焚毁殆尽。

《资治通鉴》中明确将武帝设法会的皇基寺与报应故事中的文帝陵寺关联起来：

① （唐）李延寿：《南史》卷七《梁本纪中》，中华书局，1975，第 216～217 页。
② （唐）姚思廉：《梁书》卷三《武帝下》，中华书局，1973，第 88 页。
③ （唐）许嵩：《建康实录》卷十七《高祖武皇帝》，中华书局，1986，第 688 页。
④ 丹阳市地方志编纂委员会：《丹阳市志（1986～2005）下册》卷三十六《文物古迹》，方志出版社，2012，第 1245～1256 页。
⑤ （唐）释道世：《法苑珠林校注》卷七十八《引证部第二·感应缘》，中华书局，2003，第 2293～2294 页。
⑥ （北宋）李昉等编《太平广记》卷二《报应十九 冤报》，中华书局，1961，第 845 页。

大同二年（536）正月，上为文帝作皇基寺以追福，命有司求良材。曲阿弘氏自湘州买巨材东下，南津校尉孟少卿欲求媚于上，诬弘氏为劫而杀之，没其材以为寺。[①]

又南宋陆游《入蜀记》：

> （乾道六年，1170）六月十五日，过陵口，见大石兽偃仆道旁，已残缺，盖南朝陵墓。齐明帝时，王敬则反，至陵口，恸哭而过，是也。余顷尝至宋文帝陵（实为梁文帝建陵），道路犹极广，石柱承露盘及麒麟、辟邪之类皆在。柱上刻"太祖文皇帝之神道"八字，又至梁文帝陵（实为武帝修陵）……然陵已不可识矣。其旁有皇业寺，盖史所谓皇基寺也。疑避唐讳所改。[②]

这是早期对于皇基寺实地考察的重要记录。陆游自陵口（今丹阳陵口镇）向北，来到梁文帝建陵、梁武帝修陵和皇业寺（皇基寺），并由皇业寺判定此处为文帝建陵。这恰恰说明皇基寺更靠近修陵而非建陵。陆游误以为梁文帝陵是宋文帝陵，可能受欧阳修《集古录》的影响，王象之在《舆地碑记目》中作了纠正[③]。皇基寺是文帝陵寺的误解自此不再，此后皇基寺便与武帝修陵联系在一起。

文帝陵寺是否存在？《梁书》《南史》均记载南朝梁文学家任孝恭撰《建陵寺刹下铭》[④]，所指应是文帝建陵陵寺，与皇基寺不是一回事。该铭内容失考，建陵寺的位置和布局遗留成谜。史书中没有留下任何在建陵寺的活动痕迹，武帝回乡谒陵也设斋于皇基寺。若建陵寺果真焚毁，是否又重建，或建皇基寺代替建陵寺。建、修二陵几乎同时营建，而大同十年皇基寺业已存在，皇基寺营建初衷不可能是作为武帝陵寺，但可能是为文帝祈福而建，详情已不可考。

二　皇基寺与戒珠院

从建陵、修陵的营建和梁武帝的活动来看，二陵相距不远。综合帝陵排布、残存石刻等情况，可以确定修陵位于建陵、庄陵之间，即三城巷（3）。相较于建、修二陵仅距约300米，今皇业寺址在建陵北约 1.5 千米，相距过远。疑问有二：一是修陵的位置推定是

---

① （北宋）司马光：《资治通鉴》卷一百五十七《梁纪十三》"武帝大同二年（536）"条，中华书局，2011，第4962页。

② （南宋）陆游：《入蜀记》卷一，乾道六年（1170）"六月十五日"条，《丛书集成新编》第96册，新文丰出版社，2008，第60页。

③ 《舆地碑记目》卷一《镇江府碑记》："《梁太祖文皇帝神道碑》。在丹徒县之三城港文帝陵下。"（南宋）王象之编著《舆地纪胜》第十二册《舆地碑记目》，浙江古籍出版社，2012，第10页。

④ （唐）姚思廉：《梁书》卷五十《任孝恭传》，中华书局，1973，第726页；（唐）李延寿：《南史》卷七十二《任孝恭传》，中华书局，1975，第1784页。

否有误；二是皇基寺是否还在原来的位置。探讨这两个问题的关键在于地方志的记载。

关于梁代诸陵的位置，最早见于唐代《元和郡县图志》：

> 梁文帝顺之建陵，在县□（东）二十五里。
> 武帝衍修陵，在县东三十一里。贞观十一年，诏令百步禁樵采。
> 简文帝纲庄陵，在县东二十七里。①

梁文帝建陵"太祖文皇帝之神道"碑可作为标识，位置不难确定。历代地志中的建陵，方位上有"东"或"东北"两种说法，但"县东二十五里"基本一致。从方志编纂的实际出发，测距不可避免存在误差。按今日的丹阳市志，丹阳县治所从宋代至清咸丰九年（1859），均位于"今城区西门大街东首北侧"②，推定在今丹阳高级中学一带。建陵的位置位于县东，若走水路，沿今九曲河向东，至三城乡附近向北，路线距离约为二十五里。三城巷萧梁帝陵区，由南向北四陵并排，建陵位于第二座，即三城巷（2）。三城巷乃三城港之讹误。王象之《舆地纪胜》："梁简文帝庄陵，《元和郡县志》云'在丹阳县东二十七里'，地名三城港，有石麟高丈余。"③梁简文帝庄陵位于建陵北边不远，推定为今三城巷（4）。庄陵近萧港，又称"萧塘港"。《太平寰宇记》载："梁简文帝陵，有麒麟、碑尚存。陵有港，名曰萧港，直止（上）陵口大河，去县二十五里。"④清代乾隆年间《江南通志》："萧塘桥，县东二十里萧塘港，一名颜桥，元泰定间建。"今丹阳颜巷行政村就位于三城巷（4）东边，中隔萧梁河。由此可以确定萧港和梁简文帝庄陵位置。

问题在于修陵的位置。唐代《元和郡县图志》、南宋《舆地纪胜》和《嘉定镇江志》，元代《至顺镇江志》均以修陵在"县东三十一里"，而在《万历重修镇江府志》中改为"县东二十五里"。对于修陵位置的认识在元明之际曾发生较大变化。三城巷诸陵南北排列，神道东向，谒陵时是沿河道（大体沿着今皇业路）由南向北，测距时想必也是如此。若以位于"县东二十五里"的建陵为起点，向东推进六里是齐武帝景安陵，与"县东三十二里"的记载相符；向北推进六里，则大致在今皇业寺址附近。今皇业寺址与三城巷诸陵西端大体在一条直线上，结合方志记载，这里很可能在唐宋时期被认为是梁武帝修陵。

这里将《至顺镇江志》（简称《至顺志》）、《隆庆丹阳县志》（简称《隆庆志》）、《万历重修镇江府志》（简称《万历志》）相关记载列表比较（表一），可以发现相较于唐宋地志的语焉不详，元代地志关于修陵和皇基寺的记载发生了重要变化。一是修陵位置从"县东三十一里"变为"县东二十五里"。二是皇基寺改为戒珠院。三是出现了三种新的说法：寺下为梁武帝陵、戒珠院梁碑被寺僧沉于萧塘、皇基寺由王僧辩所建。究其原因，一

① （唐）李吉甫：《元和郡县图志》卷二十五《江南道一》，中华书局，1983，第593页。
② 丹阳市地方志编纂委员会：《丹阳市志（1986~2005）下册》卷三十六《文物古迹》，方志出版社，2012，第1232页。
③ 《舆地纪胜》卷七《两浙西路》，第288页。
④ （北宋）乐史：《太平寰宇记》卷八十九《江南东道一·润州》，中华书局，2007，第1763页。

方面因后世对其进行改建和敕修，另一方面重修方志时增加了实地考察的内容。《万历志》中不仅将修陵位置改为"县东二十五里皇业寺前"，记载建陵神道碑也更为详细："一堕田野中，为雷火焚击，石多剥落。旧志以为不存，唯两石龟存焉，殆误也。"可知其内容并非简单传抄。总之，这三部方志的记载值得重视。

表一　元明时期地方志对梁武帝修陵和皇基寺的记载

	修陵位置		皇基寺		建造者	沉碑萧塘	其他
《至顺志》①	县东三十一里	武帝墓在其下	宋改名戒珠院，旧名皇基，唐改名皇业	县东北三十五里，萧塘港之北	梁刺史王僧辩	√	
《隆庆志》②			皇业寺，又名戒珠院	县东二十五里萧塘港北	梁天监中，僧法照募，刺史王僧辩建		前有石麟、人、马、石柱
《万历志》③	县东二十五里皇业寺前		皇业寺，古戒珠院	县东北萧塘港北		√	

《至顺志》载戒珠院在"县东北三十五里"，此处并非"二十五里"之误，因为这显然与"县东三十一里"的修陵距离太远，且在修陵之前，位置关系也不对。因此，这个"三十五里"应是以修陵（当时认为在"县东三十一里"）为基准，向北延至戒珠院得出的，那么元代戒珠院就在今址。但是，县东北三十五里的位置并不准确，已经进入南齐陵区。

《隆庆志》未载修陵位置，而记皇业寺在"县东二十五里萧塘港北"。这里的"县东二十五里"所指并非皇业寺，而是萧港的位置。萧港自北宋以来一直认为在县东二十五里简文帝庄陵附近。而在此前的明宣德年间已对戒珠院进行重建并恢复皇业寺名，"敕建皇业寺"在今寺址，位于萧港北，而距离不明。

《万历志》载皇基寺位于"县东北萧塘港北"，修陵在"县东二十五里皇业寺前"，按此志中对陵墓位置的描述，断句应在"二十五里"之后。自此，修陵位置从"县东三十一里"变为"县东二十五里"，后来清康熙、乾隆《镇江府志》，乾隆、光绪《丹阳县志》以及乾隆《江南通志》均采用此说，经民国时期朱希祖等学者实地踏查后，始自《元和郡县志》的修陵"在县东三十一里"之说被彻底否定。

---

① （元）脱因修，俞希鲁纂《至顺镇江志》卷十二《古迹》，中华书局，1990，第2784页；卷九《僧寺》第2749页；卷二十一《杂录·考古》，第2891页。
② （明）马㟽修，丁一道纂《隆庆丹阳县志》卷八《陵墓》，国家图书馆出版社，2012，第234~235页；卷九《寺观》，第281~282页。
③ （明）王应麟修，王樵等纂《万历重修镇江府志》卷三十二《陵墓》，国家图书馆出版社，2012，第43~44页；卷三十三《寺观》，第128页。

　　我们再回顾一下《入蜀记》，可知陆游所见的皇基寺，当在梁武帝修陵附近，而非今址。陆游当日自吕城闸过陵口、北至三城巷、夜抵丹阳，大部分应依靠水路，从三城巷向北至今皇业寺址步行需要一段时间，而未见乘船记录。陆游似乎也没有拜谒齐陵的打算，如此一来向西赶赴丹阳县城显然要绕路。因此陆游是将皇基寺视作文帝建陵陵寺，以武帝修陵为建陵。假使皇业寺一直位于今址，陆游从三城巷（2）行至皇业寺时，途中当经过三城巷（4）石刻，即梁简文帝庄陵，《元和郡县志》《太平寰宇记》也都明确记载简文帝庄陵就在建陵附近。若陆游从梁文帝建陵走到今皇业寺，既路过了庄陵石刻，而在皇业寺即陆游所认为的"建陵"附近理应见到，但他却对此毫无记录，也未见存疑。陆游以皇基寺为建陵的标识，恰恰说明当时的皇基寺位于三城巷（3）武帝修陵旁近。而元代戒珠院已位于今址，也就是说在《入蜀记》和《至顺镇江志》的成书之间，皇基寺的位置发生了变化。

　　《至顺志》成书时，时人认为：皇基寺在修陵旁边；修陵在县东三十一里；皇基寺至迟在大同十年就已存在。《至顺志》及此前均记载修陵在"县东三十一里"，唐贞观十一年还曾诏令此地百步禁樵采。我们知道，修陵即今三城巷（3），显然不在县东三十一里。那么，在县东三十一里处能否寻到武帝修陵，变得十分有吸引力。《入蜀记》就记载有发梁陵之事，《隆庆志》载："父老云：武帝墓在其（皇业寺）下，前有石麟、人、马、石柱"，可以想见当地有诸多猜想。朱希祖认为既然大同十年皇基寺已存在，时武帝尚在，武帝墓就不可能在寺下，疑冢之说更是齐东野语。[1] 今皇业寺址，向南延伸可与三城巷萧梁帝陵神道相交，延长线大致位于神道西端。从陵口和庄陵位置来看，萧梁陵区的规划应是以建陵和修陵为中心向南北延伸。若依《隆庆志》所言，寺前有石麟等物，那么今寺址地处萧梁诸陵中之一，"沉碑萧塘"亦说明此处曾有梁碑。如前所述，元代戒珠院已位于今址，《至顺志》载皇业寺在宋代改为"戒珠院"，当在陆游来此之后。南宋《咸淳毗陵志》载"智宝禅院，在县北七十里万岁镇，梁武帝旧第，天监七年舍为院，名慧炬，伪吴天祚间重建"，又云有"天祚间石刻，云寺西去萧梁帝祖宅三十里东城村，初名皇基，更曰皇业"。[2] 这种移寺托名的现象并非孤例，南宋乾道间，善鉴和尚因蒋山上定林寺废，请额建寺于方山。[3] 笔者推测，在陆游到访和《至顺志》成书之间，原修陵旁皇业寺很可能不存，向北迁移至附近另一处萧梁帝陵，改名戒珠院，托名承自梁代皇基寺。最初是将皇基寺视作文帝陵寺和建陵标识，后根据神道碑确定了建陵所在，又将皇基寺址与武帝修陵关联起来，而建陵寺址再未提及，皇基寺址便随着武帝修陵的推定位置向北迁移。

　　至于皇基寺的营建，朱希祖曾辨析道："《梁书》王僧辩传，天监中，未尝为南徐州刺史，则皇基寺为王僧辩建亦不足信。"[4]《法苑珠林》《太平广记》均载弘氏还至南津，

①　朱希祖：《六朝陵墓调查报告书》，上海书店，1989，第 34 页。
②　（宋）史能之纂修《咸淳毗陵志》，中华书局，1990，第 3184、3193 页。
③　（元）张铉：《至正金陵新志》卷十一下《祠寺志·寺院》，中华书局，1990，第 5706 页。
④　（民国）朱希祖：《六朝陵墓调查报告》，上海书店，1989，第 34 页。

见诬于校尉。南津即南州津，普通六年（525）改置校尉，此地时属南豫州，与曲阿和南徐州并无关系，且与天监中建寺的说法矛盾。《资治通鉴》将皇基寺的营建记在"大同二年"条下，亦是史籍无考，但史载大同二年的确集中建造了一批佛寺。① 这些都是各种机缘巧合下的附会之语，不足为信。

三 皇基寺与南北朝陵寺

通过文献梳理，本文认为皇基寺是梁武帝于兰陵故里萧梁陵区修陵附近营建的佛寺，与武帝为其父所建陵寺并非同一寺。而宋元时期的戒珠院，推测是托皇基寺之名，从武帝修陵——即三城巷（3）近旁迁至今址，此地原可能是另一处南朝梁陵。

皇基寺的特殊之处在于，其位于皇陵墓域内，可视作陵寝的标志。随着时间推移，与为逝者祈祷冥福所营建的寺院自然重合，正史中的一笔带过与笔记、地志中的交错涂抹形成了独特的演变脉络。在科学的考古发掘以前，仍充满猜想和未知。

与皇基寺相关的一个重要问题是南北朝时期的陵寺。中国古代的帝陵建寺制度，滥觞于南北朝，发展于隋唐，成熟于北宋。② 南北朝时期，佛教普遍为统治者所尊奉，作为思想武器和治国手段，自上而下推行，统治区域内遍布佛寺，都城内更是塔刹林立。其中一类，由逝者亲属发愿，为乞求冥福、寄托哀思所建寺院，墓上建寺即为墓寺，帝陵建寺则称陵寺，由皇室信徒发愿为已故皇帝或先祖祈福。北朝帝陵多伴随禅窟的修建，而南朝供奉皇族的寺院多分布于都城内外，如梁武帝在建康为奉其父母所建的大爱敬寺和智度寺。

墓上建寺的记载，可溯至南北朝时期的文献。《洛阳伽蓝记》载："白马寺，汉明帝所立也……明帝崩，起祇洹于陵上，自此以后，百姓冢上或作浮屠焉。"③《南史》记载南朝宋萧思话长子惠开"家素佛事，凡为父起四寺……京口墓亭名曰禅亭寺。"④《高僧传》载梁代高僧释宝志于天监十三年（514）"葬于钟山独龙之阜。仍于墓所立开善精舍。敕陆倕制铭于冢内，王筠勒碑文于寺门"。⑤《景定建康志》载："以定林寺前冈独龙阜，葬志公，永定公主以汤沐之资，造五级浮图于其上……十四年，即塔前建开善寺，今寺乃其地也。"⑥《魏书·王慧龙传》载北魏太武帝时南人名将王慧龙卒后，"吏人及将士共于墓所起佛寺，图慧龙及僧彬像而赞之"。⑦《魏书·释老志》载太平真君六年（445），沙门

① （唐）许嵩：《建康实录》卷十七《高祖武皇帝》，中华书局，1986，第685页。
② 冉万里：《帝陵建寺之制考略》，《西部考古》第1辑，2006。
③ （北魏）杨衒之：《洛阳伽蓝记校释》卷四《城西》，中华书局，1963，第134~135页。
④ 《南史》卷十八《萧思话传》，第497页。
⑤ （梁）释慧皎：《高僧传》卷十《梁京师释宝志》，中华书局，1992，第397页。
⑥ （宋）周应合：《景定建康志》卷四十六《祠祀志三·寺院》，中华书局，1990，第2074~2075页。
⑦ （北齐）魏收：《魏书》卷三十八《王慧龙传》，中华书局，1974，第877页。

"惠始冢上，立石精舍，图其形像"①。墓域内所建佛寺的布局并不明确，但均为墓上起塔或寺，当在墓上或其周围。

经考古发掘可以确定的陵寺，仅山西大同东北西寺梁山（古称方山）北魏冯太后永固陵南的思远浮图。②思远浮图为一塔一佛殿布局，由南向北依次为踏道、中门、塔址、佛殿，佛殿后侧置僧房。方山永固陵是冯太后生前选址并营建的，思远佛寺建造于太和初年③，建于墓域之内，设置于院外西侧④，但孝文帝"于方山太祖营垒之处，建思远寺"，初衷是追崇太祖，而非祭陵，性质上更接近于冯太后在龙城故地所建"思燕佛图"。⑤

1985 年确认的百济陵山里寺址，据其木塔址中心础石下出土"昌王十三年（567）"铭石造舍利龛可知该寺院创建于 6 世纪中叶。有研究认为百济陵寺无论从位置、性质、发愿者还是求福对象都与梁武帝为文帝所建陵寺相似。⑥百济自 538 年迁都扶余以来创建佛寺，营建伊始便形制完备且布局一致，为一塔一佛殿布局，中门、塔址、佛殿、讲堂呈南北中轴线排列，周围环绕回廊。此时正值梁武帝时期，百济倾慕南朝文化，频繁出使梁朝，求取佛经、画师、工匠等，濡染南朝文化和崇佛之风并在百济营建陵寺亦在情理之中。梁太清三年（549）十二月，侯景之乱致台城既陷，"百济使至，见城邑丘墟，于端门外号泣……景闻之大怒，送小庄严寺禁止，不听出入"⑦。是年五月，梁武帝崩于建康净居殿，十一月葬于修陵，百济使者可能是前来奔丧，亦可能已赴东城里谒陵。建陵寺是否立于文帝陵旁，百济使者是否有可能以为修陵旁的皇基寺是武帝预造陵寺而着意模仿，或仿照都城建康佛寺规划营建百济陵寺，便不得而知了。为此，我们期待南北朝佛寺遗迹考古发现与研究的新进展。

附记：本文缘起于 2019 年 4 月笔者随同韩国忠南大学百济研究所朴淳发教授和南京师范大学文博系周裕兴教授赴丹阳三城巷萧梁帝陵石刻实地考察，其间讨论颇具启发，著此小文以纪之，谨致谢忱。

（编辑：刘可维）

---

① 《魏书》卷一百一十四《释老志》，第 3033 页。
② 大同市博物馆：《大同北魏方山寺院佛寺遗址发掘报告》，《文物》2007 年第 4 期。
③ 《魏书》卷十三《文成明皇后冯氏传》，第 328～329 页。
④ （北魏）郦道元著，陈桥驿校证《水经注校证》卷十三，中华书局，2007，第 312 页。
⑤ 《魏书》卷十三《文成明皇后冯氏传》载冯太后于孝文帝太和年间"立思燕佛图于龙城，刊石立碑"。第 329 页。
⑥ 梁银景：《百济佛教寺院遗址的相关问题研究》，《考古学报》2014 年第 2 期。
⑦ 小庄严寺，原为东晋末帝恭帝司马德文（后废为零陵王）庙地，梁天监六年舍与度禅师为寺。《梁书》卷五十六《侯景传》，第 853 页。

长干寺舍利缘何播迁润州甘露寺

祁海宁

（南京师范大学文博系）

[摘要] 长干寺是与六朝建康城相关的重要寺院，瘗藏有真身舍利、佛爪、佛发等圣物，在中国佛教史上发挥过重要作用。隋灭陈之后，伴随着南京城市地位的降低，长干寺沦为遗址，该寺两座阿育王塔地宫也先后于隋、唐时期被打开，舍利被迫外迁。本文利用考古出土材料，结合相关文献，对中唐时期长干寺第二份舍利外迁润州甘露寺的时代背景、过程，以及唐代名臣李德裕在其中发挥的作用进行探讨。

[关键词] 长干寺；甘露寺；建康；润州；北固山

位于江苏省南京市的长干寺是中国佛教史上的著名寺院，它创建于三国东吴时期，是佛教传播至中国南方后诞生的首批寺院之一；东晋时期，高僧刘萨诃在长干寺掘出舍利、佛爪、佛发等圣物，轰动南北，从此该寺被推崇为东土十九处瘗藏有真身舍利的佛教圣地之一。①当时人们根据佛经的记载，相信舍利是由阿育王役使鬼神送至，因此将瘗藏有真身舍利的佛塔称为阿育王塔。东晋时期，长干寺先后建成两座阿育王塔，呈现双塔并峙的繁荣局面。南朝梁代，以崇佛著称的梁武帝对长干寺大加扩建，并对双塔进行改造。《梁书》记载，大同四年（538）九月十五日，梁武帝亲临长干寺举办无碍大会，"各以金罂，次玉罂，重盛舍利及爪发，内七宝塔中，又以石函盛宝塔，分入两刹下"②。经过此次改造，长干寺双塔之下皆建有地宫，分别瘗藏有舍利。

六朝时期的长干寺，依托于都城建康政治、经济、文化诸方面的优势地位，不断发展壮大。然而，这一进程在公元589年隋灭陈之后戛然而止，长干寺进入了长达400余年的沉寂期。隋灭陈之后，为了防止南朝东山再起，打压金陵王气，下令对"建康城邑宫室，

---

① （唐）释道宣：《集神州三宝感通录》卷上，（东京）大正一切经刊行会，《大正新修大藏经》（以下简称《大正藏》）第52册No.2106，1924~1934，第404页。

② （唐）姚思廉：《梁书》卷五十四《诸夷传》，中华书局，1973，第792页。

并平荡垦耕"。① 长干寺即在此过程中遭受灭顶之灾,"寺内殿宇悉皆焚烬",② 整个寺院沦为一处遗址。不仅如此,长干寺引以为傲的两座阿育王塔皆未能幸免,两塔地宫先后被打开,瘗藏的舍利圣物被迫外迁。长干寺第一座阿育王塔舍利的外迁,文献材料中留有明确的记载。道宣《集神州三宝感通录》记曰:"(隋炀帝)昔在晋蕃,作镇淮海,京寺有塔未安舍利,乃发长干寺塔下取之入京,埋于日严塔下,施铭于上。"③ 另外,《续高僧传·释彦琮传》记载:"(开皇)十二年,……炀帝时为晋王,于京师曲池营第林,造日严寺。"④ 综上可知,隋文帝开皇十二年(592)左右,杨广在坐镇扬州期间,打开了一座长干寺阿育王塔地宫,取出舍利和供养物品送往长安曲池,瘗藏于他为自己营建的家庙——日严寺的塔下。

长干寺第二座阿育王塔舍利的外迁发生于唐代中期,舍利外迁至京口(即今镇江市)北固山甘露寺,然而文献中并没有留下直接的记载。该事件得以揭示,完全依赖于镇江甘露寺铁塔地宫出土的文物证据。本文拟利用考古出土材料,并结合相关文献,对唐代长干寺舍利外迁京口的背景、过程,以及唐代名臣李德裕在其中发挥的作用进行一次较为深入的探讨。

一 隋唐时期对建康的压制与润州的崛起

东晋、南朝时期,建康城不仅是国都,还是扬州州治、丹阳郡治、建康与秣陵两县县治的所在地。扬州是六朝政权的帝畿,拥有"全吴之沃",⑤ 以东晋时期为例,其下辖丹阳、宣城、吴、吴兴、会稽、东阳、新安、临海、永嘉、义兴、晋陵等 11 郡。丹阳郡是扬州下辖的首郡,东晋时期下辖建康、秣陵、丹阳、永世、溧阳、湖熟、江宁、句容等 8 县。⑥ 隋灭陈后,南朝原有行政体系遭废除。隋文帝下令废丹阳郡以及建康、秣陵等县,以石头城为治所设置蒋州,下辖仅江宁、当涂、溧水三县。与之同时,隋文帝下令在江北的广陵设立扬州总管府,先后命宗室秦王杨俊和晋王杨广坐镇,就近监视陈朝旧境,管理江南军政事务,剥夺了建康作为扬州治所的传统地位。⑦

大业三年(607),隋炀帝恢复郡县制,改蒋州为丹阳郡,仍以石头城为治所。⑧ 大业

---

① (宋)司马光编著《资治通鉴》卷一百七十七"隋文帝开皇九年"条,中华书局,1956,第 5516 页。
② (唐)许嵩:《建康实录》卷十七《高祖武皇帝》"天监元年是岁"条下注释,中华书局,1986,第 672 页。
③ (唐)释道宣:《集神州三宝感通录》卷上"东晋金陵长干塔"条,第 405 页。
④ (唐)释道宣:《续高僧传》卷二《译经篇二·隋东都上林园翻经馆沙门释彦琮传》,(东京)大正一切经刊行会,《大正藏》第 50 册 No. 2060,1924~1934,第 436 页。
⑤ (梁)沈约:《宋书》卷五十四《沈昙庆传》,中华书局,1974,第 1540 页。
⑥ 胡阿祥、李天石等编著《南京通史·六朝卷》,南京出版社,2009,第 138~183 页。
⑦ (唐)魏征、令狐德棻:《隋书》卷三十一《地理志下》,中华书局,1973,第 873 页;卷四十五《秦孝王俊传》,第 1239 页;卷三《炀帝纪上》,第 60 页。
⑧ (唐)魏征、令狐德棻:《隋书》卷三《炀帝纪上》"大业三年夏四月"条记曰:"壬辰,改州为郡。"第 67 页;卷三十一《地理志下》"丹阳郡"条曰:"大业初置丹阳郡。"第 876 页。

十四年（即唐武德元年，618），时在江都的隋炀帝见中原已乱，无心北归，谋划以丹阳立都，下令"治丹阳宫，将徙都之"①。后因将士叛逃而未成功。同年杜伏威、辅公祏率领起义军占领江淮地区，"移居丹阳，进用人士，大修器械，薄赋敛"②，成为一支重要的割据力量。武德二年（619），杜伏威向唐朝称臣，受封为吴王。武德三年（620），唐朝再改丹阳郡为扬州，下辖江宁、溧水、丹阳、溧阳、安业5县。其后省安业县，增补句容、延陵两县。③武德六年（623），杜伏威入朝，辅公祏留守丹阳。同年七月，辅公祏叛唐，称帝，"自称宋国，于陈故都筑宫以居焉，署置百官"④。第二年被唐军平定。

隋末唐初，建康故地再次被反叛势力占据、成为割据中心的情况，促使李唐王朝重拾前隋旧策，继续对建康故地进行压制。武德九年（626），唐政府待江南全部平定之后，对南京及其周边地区的行政区划进行了重大调整：在江北另设扬州，治所移至江都（今扬州市），将原扬州下辖的江宁、延陵、句容三县划归润州，将丹阳、溧水、溧阳三县划归宣州（治所在今安徽省宣城市）。⑤至此，建康故地不设州一级行政建置，仅设江宁一县，南京的城市地位降至六朝以来的最低点。六朝古都的急剧衰落和沧海桑田的变化，在唐代引发众多文人的感怀，初唐四杰之一的王勃就曾精准地写道："昔时地险，实为建业之雄都；今日太平，即是江宁之小邑。"⑥

安史之乱期间，江宁的地位一度有所提升。唐肃宗乾元元年（758），以江宁为治所设置昇州，割润州之句容、江宁，宣州之当涂、溧水四县，同时又在昇州设置浙江西道节度使。⑦然而这只是危急关头唐王朝拉拢江南故地、防止其倒向叛军的权宜之计。《太平寰宇记》指出："肃宗以金陵自古雄据之地，时遭艰难，不可以县统之。因置昇州，仍加节制，实资镇抚。时人艰弊，力难兴造，因旧县宇以为州城。禄山平后，复废州，依旧为县。"⑧昇州设立后仅存在了4年，上元二年（761）废，同年改江宁县为上元县，仍隶润州。⑨昇州被废后，创设不久的浙江西道将治所随迁至润州。

润州在秦汉时称为丹徒县，孙吴时于丹徒西乡建京口镇（今镇江市区），刘宋时又在京口设南徐州，因此丹徒、京口、南徐皆为润州和现代镇江市的代称。京口与建康相距仅60公里，是距离南京最近的一座重要城市。六朝时期，京口乃是拱卫建康的重镇。刘裕曾言："京口要地，去都密迩，自非宗室近戚不得居之。"⑩顾祖禹总结六朝建康与京口关

①（宋）司马光等编著《资治通鉴》卷一百八十五"唐高祖武德元年"条，第5776页。

②（后晋）刘昫等：《旧唐书》卷五十六《杜伏威传》，中华书局，1975，第2267页。

③（宋）欧阳修、宋祁：《新唐书》卷四十一《地理志五》，中华书局，1975，第1057页。

④（后晋）刘昫等：《旧唐书》卷五十六《辅公祏传》，第2269页。

⑤（宋）欧阳修、宋祁：《新唐书》卷四十一《地理志五》，第1057页。

⑥（唐）王勃：《江宁吴少府宅饯宴序》，载《文苑英华》卷七百一十八，中华书局，1982，第3713页。

⑦（后晋）刘昫等：《旧唐书》卷四十《地理志三》，第1584页。

⑧（宋）乐史撰，王文楚等点校《太平寰宇记》卷九十《江南东道二》，中华书局，2007，第1782页。

⑨（宋）欧阳修、宋祁：《新唐书》卷四十一《地理志五》，第1057页。

⑩（唐）李延寿：《南史》卷十七《刘康祖传》，中华书局，1975，第490页。

系时称："建业之有京口，犹洛阳之有孟津。自孙吴以来，东南有事，必以京口为襟要。"① 隋开皇十五年（595）以京口为治所，初置润州，后废。大运河开通以后，京口位于大运河江南段与长江的交汇点，扼守南北漕运的咽喉，地理位置的重要性更加突出。武德三年（620），唐政府以丹徒县设润州，仍以京口为治所。武德八年增补丹阳县，九年将江宁、句容、延陵三县划入，润州辖境至此确定。② 乾元元年（758）设立的浙江西道，在昇州被废后，迁治于京口，长官或称节度使，或称观察使，管辖润、常、苏、湖、杭等五州之地。② 唐代中晚期，全国经济重心南移，"天下以江淮为国命"③。浙西节度使和以扬州为治所的淮南节度使所管辖的地区，成为唐王朝财赋最主要的来源，倍受重视。

二　镇江甘露寺铁塔地宫的考古收获

北固山位于京口东北部，缘江而立，古丹徒水道的入江口即在此山下。该山由北、中、南三座山峰组成。后汉建安十四年（209），孙权于北固山南峰建城，号曰"京城"，又称"铁瓮城"，"京口"之名由此而来。④ 此城一直沿用至唐代，成为润州州治之所在。

甘露寺则建于北固山之北峰。该寺的创建年代有两说：元《（至顺）镇江志》引《图志》称："寺建于三国甘露年间"，即吴末主孙皓主政时期。⑤ 这种说法的可信度不高，一是因为该条史料出现的年代太晚，又缺乏佐证；二是因为孙皓本身是一位反佛的皇帝，《高僧传·康僧会传》记载："孙皓即政，法令苛虐，废弃淫祠，乃及佛寺，并欲毁坏。"⑥ 另一种说法指认该寺是唐代名臣李德裕所创建，如张彦远《历代名画记》称："宰相德裕镇浙西，创立甘露寺。"⑦《（嘉定）镇江志》也记载："（甘露寺）唐宝历中李德裕建，以资穆宗冥福，时甘露降此山，因名。"⑧ 这种观点得到多条史料的支持，较为可信。

甘露寺原址有一座建于北宋熙宁年间的铁质仿木楼阁式塔，一直保留至今，原高九级，现存塔座和四级塔身，2013 年被列为全国重点文物保护单位。1960 年，镇江市对这座铁塔进行维修的过程中，于塔下发现地宫。地宫中出土了多份舍利，以及大量唐、宋时

---

① （清）顾祖禹：《读史方舆纪要》卷二十五《江南七·镇江府》，商务印书馆，1936，第 1175 页。

② （后晋）刘昫等：《旧唐书》卷三十八《地理志一》，第 1391 页。

③ （唐）杜牧：《樊川文集》卷十六《上宰相求杭州启》，上海古籍出版社，1978 年，248 页。

④ （唐）李吉甫：《元和郡县图志》卷二十六《江南道一》"润州"条。孙权所建之城又称"铁瓮城"，其遗址经镇江市考古工作者多年的考古发掘，始建年代证实为三国时期。参见刘建国《古城三部曲——镇江城市考古》，江苏古籍出版社，1995，第 21 ~ 27 页。

⑤ （元）俞希鲁：《（至顺）镇江志》卷九《僧寺》"甘露寺"条，《中国方志丛书·华中地方》，成文出版社，1975，第 520 ~ 521 页。

⑥ （梁）释慧皎撰，汤用彤校注《高僧传》卷一《译经上·魏吴建业建初寺康僧会传》，中华书局，1992，第 16 页。

⑦ 张彦远：《历代名画记》卷三，浙江人民美术出版社，2011，第 62 页。

⑧ （清）卢宪：《（嘉定）镇江志》卷八《僧寺》"丹徒县甘露寺"条，《中国方志丛书·华中地方》，成文出版社，1975，第 2878 页。

期的供养器物。地宫出土的多方带有铭文的石刻材料，清晰地揭示了该寺唐代创建、宋代复建的经历，以及地宫中瘗藏舍利的来源。[①]

考古发现的铁塔地宫是典型的竖穴砖石室地宫，构筑于塔座之下 3.42～4.22 米深处。它平面呈长方形，东西长 0.97 米，南北宽 0.86 米，深 0.8 米，由 19 层青砖平铺砌成，底部铺设石板，顶部以三层石板封护（图一）。地宫中除了多块唐、宋石刻，其余的器物皆放置于一个长 0.89、宽 0.62、高 0.6 米的大石函中。大石函内又分别放置了两套舍利瘗藏容器，分别由小石函、银椁和金棺套置组成。根据相关铭文，两套石函内分别放置了来自上元县禅众寺和长干寺的舍利。地宫中出土唐、宋两个时期供养的石、玉、骨、金、银、铜、铁、陶瓷、琉璃等各类供养器物 2500 余件。

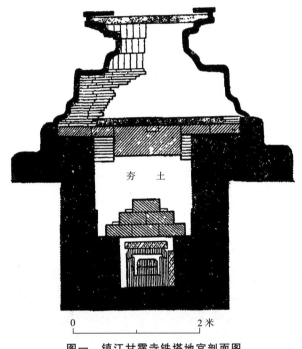

夯　土

0　　　　　　　2 米

图一　镇江甘露寺铁塔地宫剖面图

地宫中出土了多份石刻铭文，为我们了解甘露寺地宫、塔和寺院的营建过程提供了珍贵的第一手资料。其中，最主要的石刻材料有三份，现择要录于下。

1.《李德裕重瘗长干寺阿育王塔舍利记》。方形，函状，由两块边长 19、厚 4 厘米的青石制成。函盖与函身的正面分别刻有铭文（图二）：

> 浙西道都团练观察处置等使、润州刺史、兼御史大夫李德裕，以长庆乙巳岁正月戊申日建塔。（函盖）
>
> 上元县长干寺阿育王塔舍利二十一粒，缘寺久荒废，以长庆甲辰岁十一月甲子移

① 江苏省文物工作队镇江分队、镇江市博物馆：《江苏镇江甘露寺铁塔塔基发掘记》，《考古》1961 年第 6 期。

置建初寺，分十一粒于北固，依长干旧制造石塔，永护城镇，与此山俱。（函身）

图二　《李德裕重瘗长干寺阿育王塔舍利记》函盖与函身拓片

2.《李德裕重瘗禅众寺舍利记》。由一块边长 56、厚 10 厘米的方形青石制成，正面刻铭文（图三）：

有唐大和三年己酉岁正月廿四日乙巳，于上元县禅众寺旧塔基下获舍利石函。以其年二月十五日乙丑，重瘗藏于丹徒县甘露寺东塔下。金棺一、银椁一、锦绣褥九重，皆余之施也。余长庆壬寅岁，穆宗皇帝擢自宪台，廉于泽国，星霜八稔，祗事三朝，永怀旧恩，殁齿难报。创甘露宝刹，重瘗舍利，所以资穆皇之冥福也。浙江西道观察等使、银青光禄大夫、检校礼部尚书兼润州刺史、御史大夫李德裕记。长干寺舍利在东函，禅众寺舍利在西函。

图三　《李德裕重瘗禅众寺舍利记》拓片

3.《润州甘露寺重瘗舍利塔记》，由一块宽 88、高 66、厚 10 厘米的青石制成，正面刻铭文：

> 润州甘露寺重瘗舍利塔记　住浮玉沙门务周撰
>
> 唐大和己酉岁，丞相卫国李公持节是邦，得长干、禅众二寺旧塔基下所藏舍利，各以金棺、银椁，重瘗藏于北固山甘露寺之东偏而塔焉。厥后星霜屡变，世代陵迟，塔既隳摧，事亦暧昧。寺僧屋于是地，以为至卑至陋污衰之所。方今天子即位之二年，在熙宁之己酉岁，大新法度，兴崇寺宇，天下之人莫不乡风而钦奉。寺之主者，欲去故弊，张大其居，眷其地势之高隆，不能宏壮厥事，遂用工去其土而平之。基将成，迅风骤雨，一夕暴作，其基复从而颓圮。载募夫力，相与经营。一日，忽有数金出于地，夫力利其金，不计其工多少而取之。其地愈下，而其金愈多，几至丈寻，果见石函一所。既惊且疑！遂具佛事，集徒众，焚香而启之。乃见卫公所藏之舍利与其亲笔志文，粲然如新。其舍利色莹质明，香气芬馥，祥光发现，晃于朝日，乃知是浮图之故址也。南徐古为形胜之地，风俗醇厚，率多善人，闻是胜缘，悉来擎跪。焦君巽者，赀力既厚，善心尤笃，悟身不实，犹若浮沤，庆此难遭，如龟值木。遂乃择良匠，冶黑金，为浮图九级，即其故址而藏焉。起于丙辰之仲夏，成于戊午之孟夏，其所费之资二百余万。浮图成，远近之人咨嗟赞叹，稽首而围绕。……谨记其塔成所藏之岁月云耳，时元丰元年四月八日记。……

根据以上石刻铭文材料，我们可以清晰地还原出长干寺和禅众寺两份舍利从上元县迁至丹徒县，以及甘露寺唐代初建、宋代复建的基本过程。

首先，唐穆宗长庆三年（823），时任浙江西道观察使、润州刺史等职的李德裕，以长干寺久已荒废为由，将该寺仅存的另一座阿育王塔地宫打开，共发现舍利二十一粒。他下令将其中的十粒于当年十一月移置于上元县本地的建初寺，将另外的十一粒迁至北固山，于第二年（824）正月依照该塔原有的质地与式样，在北固山上建造了一座石塔。他建造此塔的目的，是要"永护城镇，与此山俱"，即让长干寺舍利成为润州和北固山的守护者。

其次，到了唐文宗大和三年（829）正月，李德裕又打开了上元县禅众寺旧塔基下的地宫，从中掘出舍利石函。据《建康实录》卷三记载，禅众寺位于上元县城南二里的七战巷附近[1]；而同书卷五又称，禅众寺在县东南三里圣火巷以北[2]。因此，禅众寺应在唐代上元县城的东南方向二里至三里之间。唐代上元县治位于城西的冶城，约在今江苏省委党校附近。[3] 由此推算，禅众寺大约在今南京城南三山街至船板巷一带。禅众寺在南朝陈时

---

① （唐）许嵩：《建康实录》卷三《景皇帝》"是年遣察战往交趾"条按语，第 83 页。
② （唐）许嵩：《建康实录》卷五《中宗元皇帝》"太兴三年秋七月"条按语，第 134 页。
③ 贺云翱：《六朝"西州城"史迹考》，《南京史志》1999 年第 3 期。

相当兴盛，被称为"大禅众寺"，涌现出慧勇、慧象等多位高僧。① 许嵩在《建康实录》中多次提及禅众寺，说明在他生活的唐代玄宗、肃宗时期，禅众寺仍存。

李德裕下令掘出禅众寺旧塔基下舍利石函后，于当年二月十五日，将禅众寺舍利重新瘗藏于丹徒县甘露寺东塔之下。这座"甘露寺东塔"就是长庆四年（824）他下令"依长干旧制"在北固山上所建的石塔。值得注意的是，李德裕初建石塔时并未提及甘露寺之名，他最初建塔之目的是要"永护城镇，与此山俱"。但是大和三年他重瘗禅众寺舍利时，不仅明确提及甘露寺，称石塔为"甘露寺东塔"，而且表明"创甘露宝刹，重瘗舍利，所以资穆皇之冥福也"。结合前引《（嘉定）镇江志》的记载可知，唐穆宗于长庆四年崩逝后，李德裕为了报答他的擢拔之恩，于宝历年间（825~826）以北固山天降甘露为名，创建了甘露寺，其主要目的在于为穆宗资冥福。原已建成的石塔因此被称为"甘露寺东塔"。大和三年，李德裕再获禅众寺舍利后，将石塔地宫重新打开，以瘗藏新来的舍利，并且手书志文，再次表达了他为穆宗皇帝祈福的心愿。

最后，二百余年后的北宋时期，甘露寺仍存，但是李德裕所建之石塔早已被毁，原址被寺僧占用为厕所。神宗熙宁二年（1069），该寺住持想要扩建居所，雇工对塔基所在的高地进行降高、整平工程。进行过程中，工人从土中不断掘出金银器物，愈向下，金愈多。发掘至一丈有余时发现了石函，以及瘗藏的舍利和李德裕亲笔撰写的志文，寺僧至此才知道这是唐代塔基和地宫所在。在焦巽等施主的帮助下，甘露寺耗资二百余万，从熙宁九年（1076）开始，用时三年，于元丰元年（1081）于原址建成了九级铁塔，并在塔下修建了砖石室地宫。原唐塔地宫瘗藏的舍利、供养器物、志文等遗物全部被重新瘗藏于宋代新地宫中。宋代僧人在地宫新增了部分供养器物，并撰刻《润州甘露寺重瘗舍利塔记》，详细了记述此事经过。

甘露寺铁塔地宫是新中国佛教考古史上的一次重要发现，不仅地宫形制完整，出土遗物丰富，而且保存在地宫中的唐、宋石刻即是最可靠的原始档案。凭借它们的记载，甘露寺从唐至宋建塔、建寺的历程清晰可信，一目了然。甘露寺铁塔地宫的考古发现，对于长干寺的研究更有突出的价值。该地宫瘗藏的《李德裕重瘗长干寺阿育王塔舍利记》，明确记载了长庆三年至四年，长干寺第二座阿育王塔地宫被李德裕打开，部分舍利外迁润州北固山的史实，而这段历史并不见于其他文献记载，完全依赖于考古出土的实物证据才得以揭示。

三　李德裕外迁长干寺舍利的原因

甘露寺铁塔地宫出土的唐、宋石刻铭文，揭示了长干寺与禅众寺舍利从上元县迁往丹

---

① （唐）释道宣：《续高僧传》卷七《陈杨都大禅众寺释慧勇传》，《大正藏》第 50 册 No.2060，第 478 页；（唐）法藏集《华严经传记》卷三《讲解下》，《大正藏》第 51 册 No.2073，（东京）大正一切经刊行会，1924~1934，第 163 页。

徒县的事实，但并没有交代清楚它们外迁的原因。《李德裕重瘗长干寺阿育王塔舍利记》称，长干寺舍利迁往北固山是"缘寺久荒废"；《李德裕重瘗禅众寺舍利记》回避了缘由，直接称"于上元县禅众寺旧塔基下获舍利石函"。但是"寺久荒废"和拥有"旧塔基"，两塔原有的舍利就应该被掘出并外迁吗？在上述事件中，李德裕对政绩的追求、为政的理念发挥了重要作用。

李德裕出身名门，勇于任事，一生历仕六朝，官至宰相、太尉，在唐代中晚期政治中颇有作为。处理与佛教的关系，是李德裕一生为政的重要方面，也是其遭后人毁誉的焦点之一。如果单看李德裕在创建甘露寺、塔中的表现，不少人会以为他是一个崇佛的官员，然而通盘了解其一生的作为，他其实是一位主张严格控制佛教发展的官员。李德裕一生三镇浙西，担任浙西观察史（或节度使）、润州刺史前后十余年。长庆二年至大和三年（822～829），李德裕首次主政浙西和润州。据《旧唐书·李德裕传》记载，此任期间他的一个重要举措和成就是"四郡之内，除淫祠一千一十所。又罢私邑山房一千四百六十，以清寇盗"①。

所谓"淫祠"是指不入国家祀典、民间私设的祠庙；② 而"私邑山房"，唐代又称"招提""兰若"，是指没有获得国家颁赐的寺额、民间私设的寺院。《资治通鉴》考异指出："《会要》：元和二年，薛平奏请赐中条山兰若额为'大和寺'。盖官赐额者为寺，私造者为招提、兰若，杜牧所谓'山台野邑'是也。"③ 据张弓的研究，官给寺额的制度在唐代正式成熟，寺额除了原有的文化含义之外，还具有了"颁额以控制寺数"的含意。④ 唐代从玄宗时代起就对无额寺院进行清理。太极元年（712），玄宗尚未登基即发布敕令："应凡寺院无名额者并令毁撤，所有铜铁佛像收入近寺。"⑤ 但是全国对于这条敕令的执行并不统一和严格，各地皆保留了不少的无额寺院。据《建康实录》，禅众寺在玄宗、肃宗时期仍然存在，很可能就属于上元县未被清理的无额寺院之一。另外，一些官员还会为与己有关的无额寺请额，薛平奏请为中条山兰若赐额为"大和寺"，即是其中一例。

然而李德裕到任浙西后，却严格执行上述敕令，严厉打击无额寺院，辖境内的"私邑山房"被他清除了一千四百六十所。此项行动成为他主政一方的重要政绩，朝廷"优诏嘉之"。⑥ 长干寺在隋初已成废墟，仅剩一塔；而禅众寺虽然历经劫难，坚持到了唐代中期，但未能获得唐政府颁赐的寺额。因此，它们在李德裕治下皆被看作无额的"私邑山房"，先后遭到清理。两处寺院旧塔基之下的舍利被李德裕名正言顺地掘出，迁至他直接坐镇的京口北固山。

---

① （后晋）刘昫等：《旧唐书》卷一七四《李德裕传》，第4511页。
② 厉复超：《隋唐时期淫祠研究》前言，山东师范大学硕士学位论文，2011。
③ （宋）司马光等编撰《资治通鉴》卷二百四十八"唐武宗会昌五年"条，第8017页。
④ 张弓：《汉唐佛寺文化史（上）》，《造设篇》之三《寺等·给额·寺名》，中国社会科学出版社，1997，第232页。
⑤ （宋）赞宁：《宋高僧传》卷二十六《唐东京相国寺慧云传》，《大正藏》第50册 No.2061，第874页。
⑥ （后晋）刘昫等：《旧唐书》卷一七四《李德裕传》，第4511页。

对无额寺院进行严厉的打击和取缔,贯穿了李德裕一生的行政轨迹。大和四年(830),李德裕调任剑南西川,任内同样"毁属下浮屠私庐数千,以地予农"①。到了唐武宗会昌年间(841~846),李德裕为相,他配合武宗在全国开展声势浩大的毁佛运动,据李德裕上奏的《贺废毁诸寺德音表》记载,全国"拆寺、蕳若共四万六千六百余所,还俗僧尼并奴婢为两税户共约四十一万余人,得良田约数千顷"②。李德裕由此与唐武宗一起,成为唐代灭佛的关键人物,有"灭佛首辅"之称。③ 实事求是地说,李德裕并不主张禁绝佛寺,而是主张对佛教进行严格限制,裁汰无额寺院、控制僧尼数量,同时又希望利用佛教为封建统治秩序,甚至其个人的需要服务。在创建甘露寺的过程中,他对佛教的真实态度表现得十分明显,他一方面将治下一百四十余所无额寺院全部清除,将长干寺和禅众寺旧塔下瘗藏的舍利掘出,同时又在自己直接坐镇之地创建新塔、新寺,最早是为了"永护城镇,与此山俱",希望自己治下的京口安稳、永固;唐穆宗去世后,又改为"所以资穆皇之冥福也",以此报答穆宗对他的知遇、提拔之恩。在毁佛运动最高潮的会昌五年(845),李德裕向武宗建议全国保留一定数量的寺院:"诸上州国忌日官吏行香于寺,其上州望各留寺一所,有列圣尊容,便令移于寺内;其下州寺并废。其上都、东都两街请留十寺,寺僧十人。"④ 润州甘露寺便是在李德裕的保护下,安然渡过了会昌之难。

综上所述,长干寺和禅众寺舍利在中唐时期外迁京口,与润州主政者李德裕个人对佛教的态度、为政理念、创造政绩的需求密切相关。同时也应看到,该事件与唐代南京城市地位的持续衰落同样密不可分。如果南京当时没有降低为一个县划归润州管辖,李德裕无权将舍利迁往京口;如果昇州未被撤除,南京作为州治所在,长干寺也很可能得到保留,甚至得到复兴。

长干寺第二座阿育王塔地宫打开后,出土了 21 枚舍利。李德裕将其中的 11 枚迁至京口,建塔供奉。1960 年,甘露寺铁塔地宫考古发掘完成后,这 11 枚舍利入藏镇江博物馆,成为该馆的"镇馆之宝"之一,迄今依然发挥"永护城镇"的作用。而李德裕留在上元县的另外十枚舍利,也为长干寺在北宋时期的复兴埋下了种子。

附记: 本文为国家社科基金重大项目"南京大报恩寺遗址考古发现与研究"的阶段性成果,项目编号:18ZDA221。

(编辑:刘可维)

① (宋)欧阳修、宋祁:《新唐书》卷一百八十《李德裕传》,第 5332 页。
② 李德裕:《李文饶文集》卷二十《祈告》,《四部丛刊》第 716 册,上海书店出版社,1934,第 3 页。
③ 远山:《灭佛首辅李德裕》,《文史天地》2006 年第 10 期。
④ (后晋)刘昫等:《旧唐书》卷十八《武宗本纪》,第 604~605 页。

域外遗珍

武宁王陵出土铜镜与七子镜[*]

〔日本〕樋口隆康

（京都大学文学部）

左凯文 译 刘可维 校

（南京师范大学文博系）

[**摘要**] 百济武宁王陵中出土的三面铜镜，一般被认为是南朝时期的"仿古镜"。其中一面铜镜，与日本古坟出土的三面铜镜是"同型镜"。再结合其他例证，可以推测在百济和日本之间，有以同型镜作为媒介的文化交流。《日本书纪》卷九《神功皇后纪》载，百济王向倭国"献七枝刀一口、七子镜一面"。武宁王陵出土的"七乳兽带镜"，与据传由仁德陵出土的"青盖兽带镜"一样，镜背内区铸有七枚乳钉，推测它们就是文献所载的"七子镜"。

[**关键词**] 武宁王陵；铜镜；七子镜；百济

一

1971 年 7 月，在韩国公州^①发现的武宁王陵^②，被誉为"本世纪的大发现"。该墓发掘的消息很快为日本学者所知，不久，日本期刊亦对发掘情况进行了介绍。^③ 同年 10 月，韩国首尔举办了"武宁王陵遗物特别展"。通过特别展的图录^④，我们对武宁王陵出土文物有

---

* 本文的日文稿《武寧王陵出土鏡と七子鏡》原刊于《史林》（京都大学）第 55 卷（1972 年）4 号。内容、图片略有调整。注释中未标明"译者注"者，皆为原文注释，译者仅翻译为汉语，格式同原文。
① 公州位于韩国忠清南道，是朝鲜半岛三国时代百济的都城，旧称熊津、熊川。——译者注
② 武宁王陵是朝鲜半岛三国时代百济武宁王（501 ~ 523）及王妃的陵墓，位于韩国忠清南道公州郡宋山里，1971 年发掘。——译者注
③ 金元龙：《百济武宁王陵的发掘调查》，《考古学期刊》第 61 期，1971；朴春锡：《百济武宁王陵的发掘及出土文物》，《考古学期刊》第 61 期，1971；金元龙：《百济武宁王陵及出土遗物》，《佛教艺术》第 83 期，1972。
④ 韩国国立博物馆：《百济武宁王陵遗物特别展图录》，1971 年 10 月。

了初步的了解。到目前为止，笔者仍震惊于武宁王陵出土文物之丰富与重要。不言而喻，该墓完全颠覆了学界对百济相关文物的认识。我们期盼正式的考古发掘报告能够尽快公布。

笔者对武宁王陵出土的铜镜有着浓厚的兴趣。由于没有见到实物，笔者只能根据图录进行初步研究，待正式的考古报告发表后再作更加深入的讨论。在此之前，拟对相关文物与文献资料稍加整理。

二

武宁王陵共出土四面铜镜，据朴春锡的文章可知其中一面已经破损。特别展图录展示了其余三面铜镜。

1. 方格规矩神兽纹镜（图一）①，直径 17.7 厘米。

该镜地纹为四神纹，其纹样介于最完备与最简化之间。② 五个浮雕③图像重叠、环绕于地纹之上。镜钮外为一方格，铸有十二地支铭文和小乳钉。内区的规矩纹与乳钉之间，是包括四神在内的八像纹饰。它们皆由细线勾勒，大部分被浮雕图像所遮盖，仅能辨出白虎、朱雀等形象。内区外缘是铭文带，文曰："尚方佳竟真大好，上有仙人不知老，渴饮玉泉饥食枣，寿如金石兮。"外区则依次是一圈锯齿纹和一圈复波纹。

与这面方格规矩神兽纹镜相似的镜子还有几例。如河南省巩县石家庄 M12 东汉中期墓出土镜④、佐贺县神埼郡东脊振村横田出土镜⑤、大仓集古馆藏镜（图二）等。武宁王陵出土镜与上举诸镜有所不同：镜钮稍大，无四叶纹钮座，外区的纹饰带也仅有两圈，缺少最外侧的锯齿纹圈。纹饰带的缺失或许与本镜边缘略向上隆起，呈现出近似斜缘之态有关。三国、魏晋南北朝时期的浮雕多乳禽兽镜或神兽镜与武宁王陵出土镜有着相同的镜缘，因而也没有最外侧的锯齿纹圈。

五个浮雕图像中有两个人物像，其中一人骑在奔马的颈部，另一人则双手前后张开，作飞翔状。余下的三个神兽像，分别作出奔跑、步行和伏卧之姿，其中步行的神兽有双尾。这五个浮雕图像围绕着镜钮分布，形象比较粗糙，与四神纹完全不协调。需要特别注意的是，它们的表现方式与汉镜上的神兽像差别较大，但接近于隋唐镜上的相关图像（图三）。

---

① 原文为"浮雕人物兽纹四神镜"，本文改为中国学界常用的"方格规矩神兽纹镜"。——译者注
② 译者注：规矩镜，亦称博局镜，因镜上有"T""L""V"三种纹饰，又被称为"TLV 纹"镜。依据纹饰内容，规矩纹镜可分为四神规矩镜、鸟兽纹规矩镜、几何纹规矩镜及简化规矩镜。所谓简化规矩镜是指"T、L、V"三种符号一般不同时出现，整个纹饰布局和内容也随之简化，这一镜式盛行东汉中晚期。参见孔祥星、刘一曼《中国古代铜镜》，文物出版社，1984。——译者注
③ 原文为"半肉刻"。按：半肉雕（半肉刻）、高肉雕、薄肉雕皆是雕塑的形式，其中半肉雕介于高肉雕和薄肉雕之间，有学者称薄肉雕是浅浮雕的别称（李思德：《中外艺术辞典》，山东文艺出版社，1991，第 744 页）。本文将"半肉刻"以及后文出现的"薄肉刻"统一译为浮雕。——译者注
④ 洛阳市文物管理委员会编《洛阳出土古镜》，图 83，文物出版社，1959。
⑤ 桥口达也：《弥生社会在佐贺县背振南麓的发展》，《九州考古学》，1971，第 41～42 页。

图一　武宁王陵出土方格规矩神兽纹镜

图二　大仓集古馆藏镜

依据图片，可知该镜的制作过程为：首先用东汉四神规矩镜制作镜范，之后在范上雕出人像与神兽，并刻以图文，最后浇铸而成。一般而言，仿古镜多见于宋代之后，它们大多是在汉式镜的图文上，铸有一个写着造镜者名字的矩形框。而如本镜这般，地纹的人物、神兽像被浮雕纹饰所重叠的例子则前所未见。因此，武宁王陵出土的这面铜镜，为南北朝时期存在仿古镜提供了新的证据。

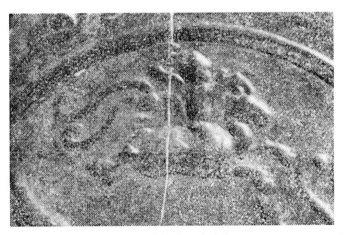

图三　唐镜走马骑乘纹

2. 七乳四神禽兽纹镜①（图四）

镜钮外环绕有九个小乳钉。钮座外侧是两圈栉齿纹带，其间夹有较宽的素纹带。主区由七个乳钉均分，乳钉间是七个用细线勾勒的神兽纹。由于图像的线条较为粗钝，且覆盖薄锈，纹样并不清晰。不过，仍可识别出青龙、朱雀、独角兽、白虎、蟾蜍等形象。乳钉

---

① 原文为"兽文缘细线式兽带镜"。日韩学界多称此类铜镜为"禽兽带镜"或"兽带镜"，本文统一改为中国学界常用的"多乳禽兽纹镜"。——译者注

外侧为两重圆圈,其间是八个连弧纹。外区为平缘,高于内区,其上铸有一条拉伸的龙形兽纹带,兽尾似缠绕的络绳。由于未见实物,笔者推测该镜亦为仿古镜。东京国立博物馆藏有一面与此镜相似的铜镜(编号 24994)(图五)。

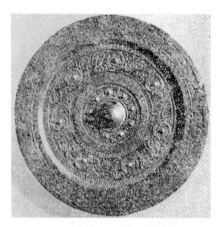

图四　武宁王陵出土七乳四神禽兽纹镜　　　　图五　东京国立博物馆藏镜

3. 宜子孙七乳禽兽纹镜①(图六)

该镜尺寸不明,纹饰亦遭锈蚀,但样式尚可推断。在镜背圆形镜钮的周围环绕着九个小乳钉,其间有图像和文字,内容不详。钮座外侧依次排列着两重素圈带,其外是较宽的主区。主区为七个置于四叶座上的乳钉所等分,乳钉之间是七个浮雕图像,具体纹样亦不详。内区的外侧为铭文带,铭文无法释读。外区为平缘,高于内区,似乎饰有花草鸟兽纹带。

日本曾出土过三面此镜的同型镜,其中两面发现于滋贺县野洲郡三上山下古坟。② 滋贺县古坟出土镜(图七),直径 23 厘米,虽然图纹也比较模糊,但武宁王陵出土镜上无法

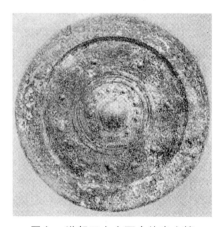

图六　武宁王陵出土宜子孙七乳禽兽纹镜　　　图七　滋贺三上山下古坟出土镜

① 原文为"唐草文缘薄肉刻七兽带镜"。——译者注
② 梅原末治:《梅仙居藏日本出土汉式镜图集》,图版 10、12,1923。

识别之处，可利用此镜进行推断。例如，镜钮旁
九个小乳钉间，交错着"宜""子""孙"铭文与
禽形纹；再如，钮座外两条素圈带间是较细的重
弧纹带，而素圈带内外两侧则为栉齿纹带。据梅
原博士的调查，滋贺县出土的两面铜镜大小相等、
形制相同，皆使用铅铜材质，属较为粗糙厚重的
仿制镜。[1] 它们与文献所载宋代的仿古镜相似。
另外引人注目的是，其中一面铜镜的镜面粘有两
个并置的鱼形佩金器。

图八　观音山古坟出土镜

　　另外，在群马县高崎市绵贯町观音山古坟中，
也出土有一面相同形制的镜子（图八）。[2] 该镜直
径 23.3 厘米，镜面光滑，稍稍泛白。推测出于磨制镜面的需要，在其上涂抹了锡一类的
物质。镜背的底色为带一点灰的肉色。该镜铸造不精，镜缘有一处挤压形成的凹陷，似乎
是铸造时的失误，图纹线条较为粗钝。铜镜整体覆盖绿锈，镜钮上印有布纹，大部分图文
可以识别。镜钮外九个小乳钉间有清晰的禽兽纹。内区外侧为一条较窄的铭文带，可释读
出 "……饮玉泉饥食枣……兮" 等文字，这是常见的 "尚方作竟" 铭文。内区的七个乳
钉之间是清晰的玄武、青龙、独角兽等纹饰。其他镜子图纹较为模糊之处，可据该镜识别
判断。由此推测，观音山古坟出土镜是另外三面古镜的同型镜。

　　以上，是四面同型镜的基本状况。

三

　　可以确知，日本还发现了不少武宁王陵宜子孙七乳禽兽纹镜的同型镜。如：小仓武之
助所藏一面七乳禽兽纹镜（图九：1），宫崎县儿汤郡新田村山之坊古坟中出土的两面兽纹
缘浅浮雕七乳禽兽纹镜[3]（图九：2），宫崎县儿汤郡高锅町持田第一号坟计冢出土镜[4]
（图九：3），以及熊本县宇土郡不知火町国越古坟出土镜[5]（图九：4）等五面铜镜。

　　持田·计冢古坟出土镜锈蚀相对较少，图纹较为清晰。据笔者所见，该镜呈现锡白
色，镜面粗糙。直径 18 厘米，镜缘弯曲。镜钮周围有九个小乳钉，间以涡状纹及 "宜"
"子""孙"铭文。镜钮外侧，依次是两条素纹带和一条较窄的栉齿纹带。内区由七个安

---

① 原文为"二番型"，结合上下文意，将其译为"仿制镜"。——译者注
② 《群马县高崎市观音山古坟调查概报》（1968 年）。感谢大冢初重氏允许本文发表相关图片。
③ 《宫崎县史迹名胜天然纪念物调查报告》，第十一图版三三之 1、2，1941。
④ 梅原末治：《持田古坟群》，图版二一，1969。
⑤ 熊本县教育委员会：《昭和 41 年度埋藏文化财紧急调查概报》，第 6 图下，1967。

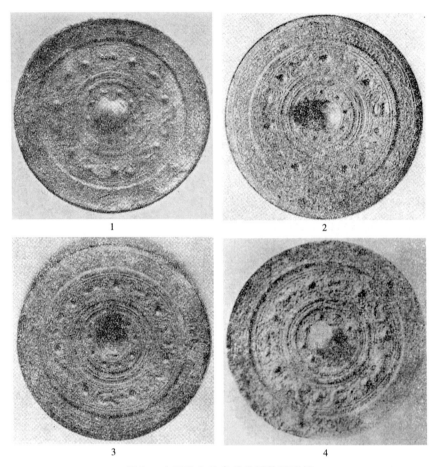

图九　宜子孙七乳禽兽纹镜的同型镜
1. 小仓武之助藏镜；2. 山之坊古坟出土镜；3. 计冢出土镜；4. 国越古坟出土镜

置于四叶座的乳钉所等分，其间有六个兽形纹和一个仙人像，均为浅浮雕图纹。仙人像面向右坐，弓腰，双手合十，向前推出。兽像皆左向，前顾后盼，交替排列。外区凸出，其上饰有花草纹，构成龙形兽纹带及锯齿纹带。根据梅原博士的考古报告，出土该镜的持田·计冢古坟是一座前方后圆竖穴石室墓，该墓还出土了蟠龙镜、勾玉。日本畿内前期古坟中，这一类墓葬的年代大致推定在 5 世纪。

宫崎县儿汤郡新田村山之坊古坟出土的两面铜镜，大小、纹饰相同，质地亦相似，较薄，直径 17.9 厘米。铜镜呈灰白色，或为含锡较多之故。其中一面，镜上附着有红色物质，镜缘一部分覆盖铜锈，镜面粗糙。另一面已破损的镜子，纹饰更加模糊。山之坊古坟已遭破坏，虽详情不明，但仍可判断是小型圆形坟。墓中同时出土了刀剑、勾玉、管玉、金环等文物。

熊本县国越古坟出土镜已被铜锈覆盖，其形制与上述三镜相同。国越古坟为前方后圆长方形石室墓，内有直弧纹家形石棺，及东西中三块石板。墓中还出土有画文带环状乳神兽镜和涡纹缘四兽镜（均为舶载镜）、金环、银环、玉石、铁器模型、铜碗、铁矛、须惠器[①]、埴轮[②]等。根据发掘报告，该墓建造于6世纪前半叶。

图十　江田船山古坟出土镜

小仓武之助藏镜，据传出土于朝鲜半岛南部。镜体全部覆盖铜锈，图纹细处不详，不过其右向的神仙像和回首的兽纹，仍与上述铜镜相同。直径亦为18厘米。该镜与武宁王陵出土铜镜相似，或为百济其他王陵之物。

与以上五面同型镜形制相似的，还有广州东郊沙河汉墓出土镜[③]、乐浪出土镜[④]、江田船山古坟出土镜（图十）、五岛美术馆第291号藏镜等。其中广州汉墓出土镜或为一面东汉镜。

综上，可知在百济和日本两地，存在有两组同型镜。[⑤] 这些铜镜皆采用东汉多乳禽兽纹镜的样式，且铜质较差、纹饰粗陋。以往，仿制镜被视为仿古镜，两者在一些方面有相同之处。有此类特征的铜镜在日本古坟中亦有出土，以下举出几例。

铜梁七乳禽兽纹镜。奈良县添上郡大安寺古坟出土镜（现藏五岛美术馆）（图十一：1）、大阪府茨本市阿部野土室石冢出土镜（图十一：2）及丰中市樱冢古坟群出土镜（图十一：3）等三面同型镜，即属这一镜型。

大安寺古坟出土镜[⑥]，全部为铜锈所覆盖，中部较厚，整体稍重，直径23.1厘米。九个小乳钉与花蕾纹环绕镜钮交错排列。钮座外是两重素圈纹带，其间夹有铭文带，文曰："铜梁作竟四夷服，多贺国家人民息，胡虏殄灭天下复，风雨时节五谷孰，长保二亲得天力，乐兮。"内区有七枚置于四叶座上的乳钉，其间是用细线勾勒的青龙、骑兽的神仙、独角长尾兽、白虎、朱雀及回首的独角兽等七个神兽纹。在神兽纹之间，则有日、月、小禽纹、涡纹等图纹。该镜纹饰较粗糙，线条浅且粗，有仿古镜的风格。

阿部野土室石冢出土镜和樱冢古坟群出土镜的制法，与大安寺古坟出土镜相同。据前述梅原博士的报告，土室石冢出土镜[⑦]直径七寸五分（22.7厘米），镜缘厚三分。该镜出土于继体陵[⑧]北部，一处名为"石冢"的圆形墓葬。该墓封土中没有棺椁等葬具。除铜镜

---

① 须惠器是日本古坟时代（4～7世纪）的陶制品。——译者注
② 埴轮是日本古代专门烧造的一种用于墓葬的陶质明器。——译者注
③ 广州市文物管理委员会：《广州东郊沙河汉墓发掘简报》，《文物》1961年第2期。
④ 梅原末治：《一些出土及推测出土于梧野里的遗物》，《史林》第24卷（1939年）2号（梅原氏论文中称该镜为"张是作兽带镜"——译者注）。
⑤ 结合上下文意，这两组同型镜的区别在于：一组用浅浮雕，而另一组用线条来表现内区纹饰。——译者注
⑥ 奈良市史编集审议会编《奈良市史》（考古编），图版59，1968。
⑦ 富冈谦藏：《古镜的研究》，图版一之2，1920；梅原末治：《摄津的古坟墓》，《考古学杂志》第4卷（1914年）8期；梅原末治：《摄津的古坟墓（补遗）》，《考古学杂志》第7卷（1917年）7期。
⑧ 继体陵位于日本大阪府茨木市太田三丁目，为日本第二十六代天皇——继体天皇［生于450年（一说为485年），卒于531年（另有527年和534年之说）］的陵墓。——译者注

外，墓中还出土了玉器、刀剑等随葬品。丰中市樱冢古坟群出土镜①的情况不明。

青盖作七乳四神禽兽纹镜（图十一：4）。据传出土于仁德陵②，现藏波士顿美术馆③。该镜与上文提到的铜梁七乳禽兽纹镜类似，除直径稍大、图纹配置与铭文略有不同外，外区的纹饰、钮座、圈带等完全相同。该镜呈灰铜色，表面布有斑点，质地硬且脆。镜体覆有绿锈，内区有红色沉淀物。外缘和镜面上印有布纹。镜缘处稍弯曲，为较厚的斜缘。直径 24 厘米，重 2.04 千克。镜上的图纹用浅且粗的线条表现。主纹为七兽图，按照太阳和青龙、玄武、独角长尾兽和小鸟、月亮和白虎、骑兽的神仙和仙人、回头顾望的独角兽、朱雀等顺序排列。七个较小的乳钉将图纹分割，乳钉座是异形四叶座。铭文为五句七言韵文："青盖作竟大毋伤，巧工刻之成文章，左龙右虎辟不羊，朱鸟玄武顺阴阳，长保二亲乐富昌。"

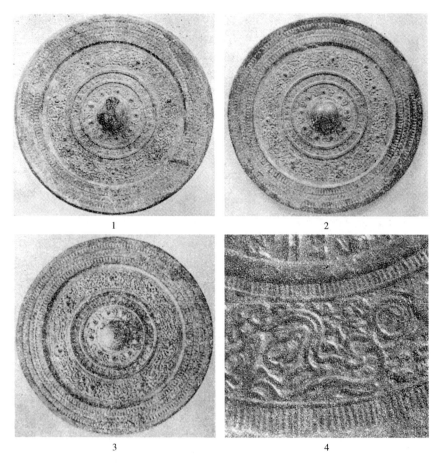

图十一　用线条勾勒纹饰的七乳禽兽纹镜
1. 大安寺古坟出土镜；2. 土室石冢出土镜；3. 樱冢古坟群出土镜；4. 传仁德天皇陵出土镜

---

① 丰中市史编纂委员会编《丰中市史》（史料编一），图版二四，1960。
② 仁德陵位于日本大阪府堺市堺区大仙町，为日本第十六代天皇——仁德天皇（313～399）的陵墓。——译者注
③ 梅原末治：《在欧美的中国古镜》，图版七九，1931。

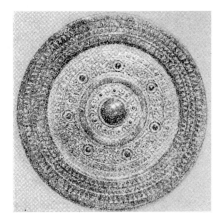

图十二　城冢出土镜

鎏金七乳四神禽兽纹镜（现藏五岛美术馆）（图十二）。出土于岐阜县揖斐郡丰木村城冢。此镜与上述两种铜镜形制相似，由于镀金的缘故，并无锈蚀，图纹的细部比较清晰，内区亦由七个乳钉等分。不过，该镜的乳钉座是环形座，而非四叶座。内区外侧是铭文带，为八句七言韵文："尚方作竟大毋伤，巧工刻之成文章。左龙右虎辟不羊，朱鸟玄武顺阴阳。子孙备具居中央，长保二亲乐富昌。寿敝金石如侯王，青盖为志回巨央。"内区内侧则是一条较宽的素纹带，这亦与上举两例不同。内区有七个图像，以青龙、神仙、玄武、独角长尾兽、白虎、朱雀、回首独角长尾兽的顺序排列，间以一些小禽纹。镜体呈铅铜色，较重（1277.9 克），直径 20.3 厘米。

此外，该镜的特别之处还在于：镜钮周围较厚、图纹线条圆润、部分铭文有双重笔画，明显具有仿古镜的特征。外区饰有复波纹和锯齿纹，纹饰较浅，线条较为粗犷。

以上列举的几面镜子，有着共同的特征：镜式上皆属东汉鼎盛时期的七乳禽兽纹镜；铜质锡铅含量较高；图纹线条浅且粗犷，有时会出现双重线条。笔者推测这些古镜是东汉之后的仿古镜。除鎏金七乳四神禽兽纹镜之外，所有的镜子都覆盖着厚厚的铜锈，它们或由同一个作坊生产。如笔者推测无误，那么这些镜子制于何地，又铸于何时呢？

基于以上所举铜镜皆出土于日本和朝鲜半岛南部，故首先分析铸造于这两地的可能性。

众所周知，朝鲜地区在乐浪郡设置之前的"初期金属时代"，即铸造有多钮细纹镜。另外，庆尚北道永川郡琴湖面渔阴洞遗址曾出土十二面铜镜，其中既有西汉镜，亦有仿汉式镜。然而，乐浪郡时代到朝鲜半岛三国时代的铜镜，大多出土于朝鲜半岛北部乐浪、带方故地的汉人墓中，且铸镜年代均为东汉以降。朝鲜半岛南部地区则鲜有镜鉴出土。换言之，除了本次武宁王陵出土镜外，朝鲜半岛南部地区出土的铜镜仅有忠清南道扶余郡场岩面下皇里出土的"圆圈 T 字涡纹镜"[①]、全罗北道益山郡三箕面胎峰寺址出土的"盘龙镜"[②]、庆尚南道金海郡酒村面良洞里出土的"四神镜"[③] 等几例。庆州金铃冢、皇南里积石冢、梁山古坟、晋州古坟等墓葬中出土的古镜[④]，被认为是日本的仿制镜。可见，与日本古坟时代相比，朝鲜半岛三国时代的铜镜普及度极低。因此，仿古镜制造于朝鲜半岛的可能性不大。

① 冈崎敬：《百济古都巡礼》，《佛教艺术》83，1972。
② 洪思俊：《全北益山出土的六朝镜》，《考古美术》一之一—196。
③ 朴敬源：《金海出土的青铜遗物》，《考古美术》106·107 合辑号，197。
④ 《庆州金铃冢饰履冢发掘调查报告》，《大正十三年度古迹调查报告》第 1 册，第 40 图，1932；《朝鲜古迹图谱》，图 848，1916。

那么，这些铜镜制作于日本的可能性又有多大呢？日本出土的中国仿古镜，除上文所举之外，还有不少其他镜例。前述宫崎县新田村山之坊古坟曾出土两面七乳禽兽纹镜，与之同出的还有一面画文带环状乳神兽镜，后者的铜质及制作工艺与前两面铜镜相同。千叶县君津郡青川村祇园冲出土的盘龙乳四佛像镜，与柏林民俗博物馆收藏的四佛像镜，均是长野县下伊那郡御猿堂古坟出土的舶来四佛像镜的仿制品，只是在镜缘处加铸了素纹带圈。不过，日本古坟时代大量生产的是仿制镜，而非仿古镜。日本工匠通过模仿中国镜的图纹，设计出了有本土特色的镜式。上述仿古镜与日本的仿制镜在铜质上有明显差别，因此尚不能确定仿古镜造于日本。

再看仿古镜生产于中国的可能性。如所周知，仿汉式镜流行于中国宋代以降，但学界前贤对南北朝时期是否存在仿古镜这一问题鲜有关注。《岩窟藏镜》中收录一面七乳禽兽纹镜[①]（图十三），据传出土于陕西。该镜直径 19 厘米，外区为素纹平缘，镜钮外为龟形纹钮座。内区由内而外依次列有素圈带、主纹带和铭文带。主纹带由八个凹乳钉等分，每个乳钉外围有菱形纹。乳钉间是用细线勾勒的八个神兽纹，依照青龙、花枝鹿（梁上椿称之为树下的怪神）、玄武、白虎、狮子（？）、朱雀、独角长尾兽、花枝鹿等顺序排列。内区外侧为铭文带，铭文有汉隶风格，文曰："山涷神石取其清，金银铜铅以相成，圣人博观世有主，方时起容貌治镜，为右见朱颜夫王母，永益寿，宜子孙，常保皇。"

据梁上椿的描述，该镜呈银白色，水银青地上缀有少量朱砂，铜质与唐镜接近。内区禽兽纹带的制作风格柔软细腻，与东汉刚劲奔放的风格迥乎不同。另外，铭文的字体虽为汉隶，但却表现出部分南北朝时的特点；钮座内饰有龟纹，这在唐镜中亦不乏其例。钮座两侧所刻"神龟"铭文，为北魏孝明帝的年号（518～519），故梁氏推测该镜为北魏所制。此镜镜式明显为东汉多乳禽兽纹镜，可能是南北朝时仿制了此镜，并加刻了"神龟"

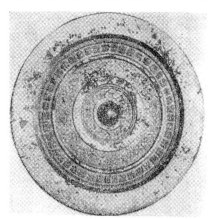

图十三　《岩窟藏镜》收录七乳禽兽
纹镜——"神龟镜"

铭文。笔者认为，"神龟"二字也可看作对龟纹钮座的注释。如梁上椿所言不虚，那么这面铜镜将是中国南北朝时存在仿古镜的有力证据。不过，现在还无法确定神龟镜的铜质与日本出土的仿古镜是否一致。

笔者认为，对武宁王陵出土铜镜及相关文物制作地的研究，也应考虑当时的历史背景。如后文所言，当时文化传播的主流趋势是百济接受南朝文化，又将其传播到日本。据此推测，铜镜等物品产于中国，首先输入百济，其中一部分又被送往日本。

① 梁上椿：《岩窟藏镜》（第二集中），图版 97，1941。

四

基于武宁王陵出土镜，可知在 5 ~ 6 世纪前后，百济和日本皆发现了铸造于同一地点和时期的铜镜。因此，笔者认为有必要了解产生这一现象的历史背景。

根据今西龙、津田左右吉等学者的研究①，汉代的物质文化资料通过乐浪、带方二郡传入朝鲜半岛和日本。但是，公元 313 年乐浪郡被高句丽吞并，朝鲜半岛进入高句丽、新罗、百济三国鼎立时代后，情况发生了变化。高句丽通过与北魏结盟来压制百济。百济则占有带方郡大半故土，早前流亡到百济的乐浪遗民也带来了汉文化。百济一方面同东晋以降的南朝国家结盟，积极吸收南朝文化；另一方面又同倭国结盟，以防备高句丽南下，并阻止新罗的扩张。笔者认为，倭国在 4 世纪时通过百济接受的中国文化，无疑是南朝的文化。到 5 世纪时，倭国直接同南朝官方进行了接触。

众所周知，百济曾向倭国输送了包括铜镜在内诸多由中国大陆制造的物质文化资料。《古事记》应神天皇条载，百济昭古王向倭国"贡横刀及大镜"。《日本书纪》卷九《神功皇后纪》载，神功皇后五十二年（壬申年），百济肖古王派遣久氏等前往倭国，"献七枝刀一口、七子镜一面及种种重宝"。《日本书纪》与《古事纪》的相关记载，依据的应是《百济记》等百济方面的史料。这两条记载的具体年代，应该在干支二句（120 年）以内，即历史学者一般认为的 252 ~ 372 年之间。毫无疑问，《神功皇后纪》提到的"七枝刀"，即现今保存于奈良石上神宫中的七支刀。那么，百济同时赠予倭国的"七子镜"又是怎样的呢？

关于七子镜的形制，笔者查阅了《日本书纪》的相关注解②：谷川士清的《日本书纪通证》及河村季根的《书纪集解》，皆引用了萧梁简文帝《望月》诗中"形同七子镜"之句。饭田武乡的《日本书纪通释》称："周围有七面小镜，俗谓之七曜纹镜。"岩波文学大系的《日本书纪补注》一书，全面地介绍了相关注解，其中有喜田贞吉提出的"七子镜为七铃镜"之说。但该书认为：一方面，朝鲜半岛未有铃镜③出土；另一方面，《小校经阁金文》卷十五之六九载有一面铸有"九子竟云々"铭文的圆镜，且《望月》一诗将满月形容为七子镜，故推断七子镜应为圆镜。不过，仅凭上述文字，仍无法判断现实中哪种镜子就是七子镜。

---

① 今西龙：《百济史研究》，1934；津田左右吉：《日本古典之研究》（下），1950。
② 承蒙岸俊男氏的指点。
③ 铃镜，是一种古镜的形制，镜缘处附有铃铛。七铃镜即镜缘处附有七个铃铛。一般认为铃镜为日本所独有。日本学者原田淑人称："七铃镜，此则日本创意；周附以铃，非中国所有也。"原田淑人：《从考古学上观察中日古文化之关系》，钱稻孙译，1933 年铅印本，第 29 页。——译者注

再来看中国文献中的"七子镜"。《辞源》引《类函》① 载魏武帝《上杂物疏》中"宫中有纯银参带镜台一，纯银七子贵人公主镜台四"等语，认为"'参带''七子'皆镜台式样，'七子'谓七重，可函七镜者也"②。可见，这里的"七子"并非指镜子的样式。

根据武宁王陵出土镜及其同型镜，笔者认为"七乳禽兽纹镜"或许就是《日本书纪》所载的"七子镜"。也就是说，"七子"指的是铜镜上的七个乳钉。"四灵三瑞鉴"③ 又被称为"兽带镜"，这种镜子的内区为七个置于连弧纹座（又称"内行花纹座"）上的乳钉所等分，乳钉间有禽兽纹。连弧纹座与乳钉组合成的图形，宛如一面以乳钉作为镜钮的镜子。尤可举出热海美术馆所藏的一面铜镜（图十四），其乳钉座就像配有四只鸟形纹的镜子。富冈谦藏在提及七子镜时说："七子应为七个构成镜子形状的乳钉。"④ 虽然他没有举出具体的镜例，但该想法与笔者所见略同。

如果笔者所料不差，此次武宁王陵出土的七乳禽兽纹镜，以及日本国内出土的同型镜，可为《日本书纪》中关于"七子镜"传入倭国的记载提供具体的证明。不过，《日本书纪·神功皇后纪》五十二年条所载之百济肖古王，统治时代是在四世纪后半叶。而据墓志和《日本书纪》的记载，百济武宁王统治的时代为六世纪初（501～523）。因此，将武宁王陵出土镜及其同型的滋贺县三上山下古坟出土镜与文献所载的"七子镜"进行对应，实在有些牵强。

波士顿美术馆所藏的青盖作七乳四神禽兽纹镜，据传出土于仁德陵，如果传闻可信，应属百济肖古王时代之物。若否，该镜为细线式铜镜，较三上山下古坟出土镜这类浅浮雕式铜镜而言，时代更早。故该镜应出土于仁德陵，或年代与之相近的古坟。据此推断，无论是青盖作七乳四神禽兽纹镜，还是式样和其相近的铜梁七乳禽兽纹镜、鎏金七乳四神禽兽纹镜，皆制作于 4 世纪末至 5 世纪前半叶，它们应是《日本书纪》所载的"七子镜"。

武宁王陵出土的宜子孙七乳禽兽纹镜，及与之同型的滋贺县野洲郡出土镜、群马县观音山古坟出土镜、小仓氏藏镜、宫崎县山之坊古坟出土镜、同持田古坟出土镜、熊本县国越古坟出土镜，均属浅浮雕式多乳禽兽纹镜，推测它们皆生产于 5 世纪末至 6 世纪前叶。

总而言之，南北朝时期的仿古镜，为描绘 4～6 世纪南朝同百济与日本之间的关系，提供了重要资料。

图十四　热海美术馆藏镜

---

① "类函"是唐代《渊鉴类函》一书的简称。
② 《辞源续编》，商务印书馆，1932。
③ 《博古图录》将七乳四神禽兽镜称为"四灵三瑞兽镜"。四灵为：青龙、白虎、朱雀、玄武，三瑞则不具体。孔祥星、刘一曼：《中国古代铜镜》，文物出版社，1984，第84页。——译者注
④ 富冈谦藏：《日本出土的中国古镜》，《古镜的研究》，1920，第11页。

冈内三真君翻译了韩国的相关论文，中村彻也君帮忙处理了本文的插图，最后在此谨表谢意！

附：《武宁王陵出土铜镜与七子镜》的补正①

在前一期的论文发表之后不久，笔者受韩国政府的邀请，得以亲见武宁王陵出土镜，故而获得了更为详细的数据。现将本次所见的具体情况追记下来，以改正前文因仅观察图片而造成的错误。

首先，前文引述朴春锡先生的观点，称武宁王陵出土有四面铜镜。此说有误。经金元龙先生指教，其中一个碎片并非铜镜。故特别展图录所收三面铜镜，即武宁王陵出土的全部铜镜。这三面铜镜出土的位置分别为：1. 方格规矩神兽纹镜，出土于武宁王的脚下；2. 七乳四神禽兽纹镜，出土于王妃的胸部；3. 宜子孙七乳禽兽纹镜，出土于武宁王头部。

其次，由于照片不清晰，导致前文的一些认识有误。方格规矩神兽纹镜的浮雕纹，实为一个人物像和四个神兽像。人物像为一结发、穿着兜裆布的半裸者，他双手持枪，作出前进之姿。笔者曾认为的骑马人物像，实际上是一只回首的兽纹浮雕，其头部上方突出的一只耳朵，被笔者误认为是人物的躯体。

七乳四神禽兽纹镜直径18.1厘米，宜子孙七乳禽兽纹镜直径23.2厘米。可以确认后者与它的同型镜几乎等大，且该镜镜钮周围九个小乳钉②之间，确有"宜""子""孙"三字及禽形纹饰，这与滋贺县三上山下古坟出土镜相同。另外，三面铜镜质地均为铅铜合金，上面覆盖着黄绿色的锈迹。

以上，即笔者见到实物后的相关认识。在此向正式的考古报告出版前，为笔者提供特别调查之便利的韩国国立博物馆尹武炳和韩炳三两位先生，表示衷心的感谢！

译者附记： 本文原为南京师范大学李济沧教授在博士生课程"文化遗产与博物馆研究"上给译者布置的课程作业。论文翻译过程中得到了李教授的悉心指点，在此由衷感谢！业师王志高教授及李济沧教授的弟子胡伟、孙兵、鲍家明对译文初稿提出了不少有益的修改建议，在此一并表示感谢！

（编辑：祁海宁）

---

① 补正的日文稿《〈武宁王陵出土铜镜与七子镜〉の補正》原刊于《史林》（京都大学）第55卷（1972年）5号。
② 原文为"小孔"，对照相关图版，当为"小乳"之误。——译者注

日本古坟时代的南朝舶来系文物

〔日本〕桃崎祐辅

（福冈大学人文学部）

孙婉　译　刘可维　校

（南京师范大学文博系）

[摘要] 日本的古坟时代相当于公元 4 世纪至 7 世纪，在这一时期中日官方交流达到高峰，且伴随渡来民的不断进入，日本得以大量流入南朝系文物。本文梳理了这一时期日本出土南朝文物的研究史，进而首次全面探讨了日本古坟时代的南朝系文物。通过对比中国的出土文物，从而确定日本的南朝系文物，推测其制作年代、流入途径及历史背景。具体介绍出土有南朝系文物的古坟与相关出土品，并探讨墓主人的身份，及古坟的历史地位，肯定了外交长官和"渡来系集团"在输入南朝系文物方面所发挥的作用。同时，本文还关注了传世品中的南朝系文物，结合文献记载与器物情况探讨了其年代、产地。此外，由于日本的横穴石室墓受到南朝砖室墓的影响，本文也对其展开了研究。以文物为线，可以串联出汉魏时期中日物质往来和文明交流的密网。

[关键词] 古坟时代；南朝系文物；渡来人；古代中日交流

一　绪论

2019 年 7 月 6 日，第 43 届世界遗产大会决定将百舌鸟和古市古坟群列入世界文化遗产名录。包括日本列岛最大古坟在内的该古坟群建于 4 世纪末至 6 世纪前半，其中被认为含有遣使至刘宋的"倭五王"（讚、珍、济、兴、武）的墓葬。日本判断天皇陵墓是基于明治时代的研究水准，比定平安时代成书的《延喜式》中所载的陵墓位置，故有必要参照现代的研究进行补正。日本的古坟与中国的情况不同，几乎未出土墓志、砖等纪年遗物。因此，在断代时，多需要参照中国、朝鲜半岛、日本间共通的马具编年。在辽宁省北票县西官营子 1 号墓（冯素弗墓，415 年）出土的铜鎏金木芯马镫，与履中陵古坟的陪葬墓七观古坟中出土的马镫相似，但相比之下冯素弗墓的铜鎏金木芯马镫显示出更早的特征。基于此，如果将七观古坟的时代定为 5 世纪前半期，那么履中陵很可能为 5 世纪前半期遣使于南朝的倭王讃的墓葬。参考天野末喜氏[①]和岸本直文氏[②]的论述，并结合本人的观点，提取、整理百舌鸟、古市古坟群中 5 世纪前后的王陵，以及与此相当的古坟，推定出以下的建造顺序：津堂城山（疑为应神陵）→仲津山（疑为仁德陵）→上石津（疑为履中陵、倭王讃墓）→誉田御庙山（疑为反正陵或倭王珍墓）→大仙（疑为允恭陵、木梨轻太子墓或倭王济墓）→土师（疑为安康陵或倭王兴墓）→市野山（未即位王族）→冈ミサンザイ（雄略陵或倭王武陵）。

此外，倭国在建造王陵与地方首长墓之际，采用了相同的规划。如果倭国第二大的应神陵古坟为倭王珍的陵墓，又由于《宋书·倭国传》中记载"珍又求除正倭隋等十三人平西、征虏、冠军、辅国将军号，诏并听"，那么在与应神陵古坟具有相同建造规划的古坟中，应包含 438 年 13 位授予将军号、爵位者的墓葬。另外，如果倭国最大的仁德天皇陵为倭王济的陵墓，又由于《宋书·倭国传》中还记载"并除所上二十三人军郡"，那么在与仁德陵具有相同建造规划的古坟中，应包含有 451 年 23 位被授予将军号、爵位者的墓葬，并可以推测其中随葬有刘宋的文物。

在日本有关南朝系文物的研究中，对于同型镜传入、分配的研究占据了绝大多数，而有关其他文物的研究极为有限。因此本文旨在探讨"日本古坟时代的南朝舶来系文物"，同时思考其流入途径和历史背景。

二　日本出土南朝文物的研究史

（一）同型镜

南朝时期，制造了很多东汉、魏晋时代的同型镜，即在原型镜上制作泥范，再翻范制成的青铜镜。由于陶范烧制后会收缩，同型镜与原镜相比略有缩小。另外，其还有一个特点是在取模时会产生变形，导致花纹不甚清晰。由于同范镜、翻范镜、原镜难以严格区分，所以又可将它们统称为同型镜。不过近年来随着三维测量技术的普及，已经能够更好地识别三者间的差异。

川西宏幸氏花费 15 年的时间对从中国传来的 15 种 104 面同型镜（神兽镜、画像镜、兽纹镜等）中的八成进行了调查分析，完成了《同型镜与获加多支卤》一书。这些同型

---

① 天野末喜：《1 近畿》，石野博信编《古坟时代研究 10 地域古坟 西日本》，雄山阁，1990；《倭王武时代——以雄略朝为中心》，载 50 周年纪念编辑委员会编《同志社大学考古学 50 周年纪念论文集》，同志社考古刊行会事务局，2010。

② 岸本直文：《第 1 章 倭王权实态》，载上野祥史编《东亚与倭视角下的古坟时代》，朝仓书店，2020，第 16 ~ 34 页。

镜中年代最早的出土于冲之岛 21 号遗址和祇园大冢山，与元嘉十五年（438）倭王珍或元嘉二十八年（451）倭王济遣使的时间相近。以此为依据，这些铜镜应是 5 世纪中叶从南朝刘宋输入，并被分赐到列岛各地的。在埼玉稻荷山古坟中，与同型镜一同出土的铁剑上有 115 字的嵌银铭文。其中写有倭王武的名字即获加多支卤，由此川西氏指出倭王武在位的 5 世纪后半段是日本古代国家历史上的转折点。[1]

千叶县木更津市的祇园大冢山古坟为古坟中期的前方后圆坟，其中陪葬有日本、朝鲜半岛和中国等不同系统的权力象征物，出土了金铜制甲胄、附有银制垂饰的耳饰，以及最高等级的神兽镜。这面神兽镜在仿制中国镜的基础上，还增加了素文的外区。上野祥史氏指出其展示出倭国最高等级首长的陪葬品组成。[2]

辻田淳一郎氏对国内外约 140 面同型镜进行了全方面的调查，着眼于钮孔制作技术和断面形态，对原镜、南朝同型镜、倭制同型翻范镜的关系进行了全面的探讨，展现了现阶段最新的研究成果。其推定同型镜群的传播可分为三个阶段：第一阶段为 5 世纪中叶，第二阶段为 5 世纪后半期，第三阶段为 6 世纪前半期，并探讨了第一阶段与倭王遣使南朝相关的府官制秩序、第二阶段与雄略（倭王武）朝的人制[3]、第三阶段与继体朝之间存在的关联。另外，5 世纪上半叶的兵库县宫山古坟出土的环带乳钉纹神兽镜、福冈县月冈古坟出土的同向式画像镜与南朝制同型镜在钮孔形态和制造技术上均存在差异，并且它们制作于同型镜群输入以前。另外，辻田氏阐明了福冈县胜浦峰之畑古坟中两枚铜镜的残片属于福冈县冲之岛 21 号遗迹出土的重列神兽镜的同型镜。[4] 在考察以同型镜为中心的南朝文物的流入时期与内容上，其研究提供了重要的观点。

以上川西氏、上野氏和辻田氏的研究，都将倭王珍遣使的元嘉十五年（438）或倭王济遣使的元嘉二十八年（451）作为舶来同型镜出现的时间上限。在誉田御庙山（疑为倭王珍陵）陪葬墓的珠金冢中出土的环带乳钉纹神兽镜是东汉至魏晋时期的铜镜，其他相似类型的墓中没有发现同型镜群。与此相对，在大仙古坟（疑为倭王济陵）类型的古坟中，祇园大冢山古坟出土了可与大仙古坟前方部[5]出土遗物进行比对的金铜眉庇付胄[6]，并且其中与须惠器[7]同时出土的还有同型翻范镜。因此，大仙古坟时期正是同型镜输入的时间

---

① 川西宏幸：《同型镜与获加多支卤——古坟时代国家论的再构筑》，同成社，2004。
② 上野祥史：《祇园大冢山古坟的神兽镜同型镜群与古坟时代中期》，载国立历史民俗博物馆编《祇园大冢山古坟与 5 世纪》，六一书房，2013。
③ "人制"是 6 世纪大和政权中官人制度的原型组织。这种制度用"×人"形式表示职务，例如"杖刀人""典曹人"等。"×人"一般由中小豪族担任，主要负责指挥和监督部民。通过人制，中央政权和地方集团结成侍奉关系，从而实现政治统治。——译者注
④ 辻田淳一郎：《同型镜与倭五王时代》，同成社，2018。
⑤ 指前方后圆形古坟的前方部。——译者注
⑥ "眉庇付胄"即前额带有如帽檐一样"眉庇"的兜鍪。——译者注
⑦ "须惠器"是日本古坟时代中期至奈良、平安时代生产的一种灰黑色硬质陶器，也称"祝部土器"，是中国的灰陶技术经朝鲜半岛传入日本后而形成的产物。——译者注

上限，很可能对应于倭王济遣使的元嘉二十八年（451）。那么，在倭王济、兴、武统治时期，至少有 300 面左右的同型镜从南朝输入，并被倭国仿制。

（二）铜容器（铜碗、熨斗、灯盏）

通过发掘调查，在韩国（百济）的武宁王陵内出土了南朝陶瓷器和各式各样的铜碗。[①]

小田富士雄氏在发掘武宁王陵时，得到了 6 世纪 20 年代的调查资料，对朝鲜半岛和日本的铜碗进行全面的整理、分类，并指出武宁王陵出土的小型铜碗和佐贺县岛田冢、熊本县国越古坟出土的小型铜碗相似，其将此类铜碗统称为百济型铜碗。[②]

毛利光俊彦氏继承了小田氏的研究，进一步对出土的铜碗进行全面的整理、分类。[③]

李汉祥氏再度对武宁王陵出土的铜碗群进行了实测、报告。[④]

笔者曾指出武宁王陵出土的小型铜碗和广东省广州市第十六中学遗址出土的小型铜碗在重量和外观上一致，后者表面刻有"壬寅"铭文，并且该壬寅年并非隋 582 年，而是梁 522 年。[⑤]

（三）装身具[⑥]

森本六尔氏指出，在冈山县宿寺山古坟中与黄羊作兽带盘龙镜[⑦]一同出土的金簪应当是中国六朝的制品。[⑧] 此外，此前认为京都府松尾谷冢古坟、爱知县青冢古坟、埼玉县埼玉稻荷山古坟、大阪府樱冢荒神冢古坟、福井县胁袋西冢古坟、熊本县江田船山古坟、和歌山县大谷古坟等古坟中出土的 5 世纪具有浮雕禽兽纹带的金属器制造于三国时期的朝鲜半岛。对于这一定论，藤井康隆氏根据这些金属器所见在铸造后进行切削雕刻的制作技法见于南朝铺首，并且与临沂金雀山画像砖墓出土的兽纹画像砖[⑨]所表现的风格相似，因此提出了其与南朝谱系间存在联系的见解。[⑩]

---

① 大韩民国文化财管理局：《武宁王陵发掘调查报告书》，三和出版社，1973。

② 小田富士雄：《古坟出土铜碗》，《百济研究》第 6 辑，1975。

③ 毛利光俊彦：《古坟出土铜碗的系谱》，《考古学杂志》第 64 卷第 1 号，1978。

④ 李汉祥：《武宁王陵出品品追报（2）：铜制容器类》，《考古学志》第 6 辑，1994。

⑤ 桃崎祐辅：《日本铜盖碗及底托的系谱和年代》，氏著《武宁王时代与东亚世纪》，韩国国立公州博物馆，2014。

⑥ "装身具"一般指装饰身体的各类装饰品。——译者注

⑦ 下文称其为"黄羊氏作盘龙镜"。这面铜镜的铭文中有"黄羊作"三字，而"黄羊"或为人名，故又称"黄羊氏作"，"兽带"指其上饰有兽纹带，"盘龙"则指其上刻有盘龙图案。——译者注

⑧ 森本六尔：《备中出土金钗的古坟·上》，《中央史谈》第 12 卷第 6 号，1926；《备中出土金钗的古坟·下》，《中央史谈》第 12 卷第 7 号，1926。

⑨ 临沂市博物馆：《山东临沂金雀山画像砖墓》，《文物》1995 年第 6 期。

⑩ 藤井康隆：《5 世纪日本出土带金具与中国》，氏著《中国江南六朝的考古学研究》，六一书房，2014，第 159 ~ 177 页。

（四）陶瓷器

矢部良明氏关注到南朝贵族墓随葬明器中的古越瓷并未流行于日本。《晋书》《宋书》《齐书》《梁书》中记载了 5 世纪倭五王与南朝官方交往的记录，其中以义熙九年（413）倭向晋安帝献上方物为始。当时倭国建造了大规模的古坟，为政者理应关注中国南朝的明器，但实际上古越瓷却几乎没有输入日本。由此可以看出百济、新罗和倭的统治者们对于中国文物的兴趣不同，以及中国和日本在随葬品、陵墓建造上存在不同观念。①

三　研究现状和课题

综上所述，关于日本古坟时代南朝文物的研究，几乎都与南朝的仿制镜及衍生仿制品——同型镜的舶来和分赐有关，虽然作为概述性研究中的一部分会论及铜碗、铜熨斗、古越瓷等，然而管见所及尚未见到有关南朝文物的全面研究。与重视倭王权力象征物分配研究的一般观点相对，也有学者推定日本列岛及朝鲜半岛各地区间存在着错综复杂的交往。

笔者虽然不赞成日本的南朝文物都是倭王分赐的权力象征物的观点，但也不赞同过度夸大民间交流的主张。笔者认为负责外交的地方首长和"渡来系集团"等利用职务之便获取了南朝的文物。

本文首先提取古坟时代日本列岛的南朝舶来系文物，尤其将重点放在铜镜以外的文物上，从倭王权、地域构造、对外交涉等方面探讨出土了南朝系文物古坟的历史地位，考察相关文物流入路径和历史背景。

四　研究方法

本研究按照以下的顺序进行讨论：

①概述关于同型镜的研究成果。

②与中国的出土文物进行对比，确定日本的南朝制文物。

③基于研究史所涉及的范畴，对铜容器、装身具、陶瓷器等展开研究。

④受砖室墓影响的横穴石室墓虽然不是直接与南朝相关的遗迹，本文也将对其进行研究。

---

① 矢部良明：《日本出土的唐宋陶瓷》，载东京国立博物馆编《日本出土的中国陶瓷》，东京美术，1978。

⑤明确输送的过程与历史意义。

表一　古坟、遗址出土南朝文物一览表（不包含只出土同型镜的古坟）

编号	古坟名	所在地	南朝文物	共伴遗物
1	翁山13号坟	静冈县藤枝市原翁山	铜熨斗	须惠器
2	保子里车冢（双圆坟、40米）	三重县铃鹿市国府町	铜灯盏承盘	金制垂饰付耳饰、错银倭装大刀装具、单凤环头大刀、铜灯盏、须惠器
3	星冢2号坟（前方后圆坟、40米）	奈良县天理市二阶堂上之庄町	铜灯盏杯部	倭制铃镜①、滑石制臼玉、玛瑙制管玉、琉璃制管玉、贴金琉璃珠、玻璃饰品类（错金银圆珠、圆珠、小玉、管玉）、水晶制三轮玉②、纯金制环、金铜制环、嵌银龟甲纹环大刀、铁镞、石突、石镞、小刀、金铜制节约、铁制铆接金具、贴金铁地金具、贴银铁地金具、铜制铰具、带垫圈铰具、铜制铆钉、铁钉。壕沟内有木槽、剑形木制品、埴轮
4	新泽126号坟（长方形坟、16米×22米）	奈良县橿原市新泽	四神纹漆盘 青铜熨斗 玻璃碗、玻璃盘	铁刀、铜镜、金制方形板、金制垂饰付耳饰、金制螺旋状垂饰、金铜制垂饰付金属带具
5	法隆寺传世品	奈良县斑鸠町	古越瓷壶1	疑为光明皇后献纳丁子壶
6	高井田山古坟（圆坟？20米）	大阪府柏原市	青铜熨斗1 神人龙虎画像镜1面（直径20.6厘米）	横矧板铆接短甲、马具（包铁木芯马镫）、纯金制耳环、铁刀、小刀、玻璃饰品、须惠器等
7	奉献塔山1号坟（圆坟？10~20米）凝灰岩制石棺	大阪府羽曳野市	铜碗1	马具、刀装具、饰履、铜钏、金铜履、装饰大刀片、云母片数十片、须惠器、土师器③、炊具明器

---

① "铃镜"是日本古坟时代的仿制镜之一，其在镜缘附有多个铃铛，振而鸣之。至今已发现附有3铃到10铃（除9铃外）的七种铃镜，出土地仅限于日本境内，以关东北部为中心。一般作为祭器使用。——译者注
② "水晶制三轮玉"即水晶质地的三轮玉，三轮玉流行于古坟时代，是大刀上的装饰品，上部呈"山"字形，由三个鼓起物组成，下部扁平。——译者注
③ "土师器"是日本古坟时代到平安时代制作的素烧陶器的总称，属于弥生土器的谱系，因由"土师"部民烧制而得名。土师器为手制，在800℃左右低温下烧制而成，一般呈红褐色或黄褐色，无纹饰。——译者注

续表

编号	古坟名		所在地	南朝文物	共伴遗物
8	百舌鸟大冢山古坟（前方后圆坟、168 米）	1 号设施	大阪府堺市	铁镜 3 错金银铁矛 1	仿制神兽镜 1、襟付短甲①1、冲角付胄②1、铁刀 8、铁剑 8、铁镞 3 堆、铁枪（剑身形）3、铁制柄付手斧 13、铁刀子 3、梳子 1、勾玉 3、枣珠 2、算珠 2、管玉 57、玻璃圆珠 236、玻璃圆珠 11、玻璃饰品 530、臼玉 1700
		2 号设施			三尾金具付冲角付胄③、短甲 4、臑当④4、草摺⑤1、铁枠盾、铁制柄付手斧 1、梳子约 200、筒形石制品 1、玻璃饰品 536（短甲内）
		3 号设施			铁剑 1、短甲 1、胄 1、梳子 1
		4 号设施			铁制刀剑 2 堆约 100 柄、铁矛 1、铁镞 6 堆、铁制柄付手斧 16、斧 1、镰 2、钳 1、矛 1、钩状铁器 1、其他铁器 3
		5 号设施			铁刀 5、铁剑 86、铁矛 17
		6 号设施			小札 114 枚、铁矛 3、铁刀 1、铁剑 1、铁镞 117（折镞 41）
		7 号设施			铜镜 3、胄受钵⑥1、铁柄手斧 1、木棺材 1、模型土制品、家形埴轮
		8 号设施			手斧 1、錾子 1、铁棒 1
9	宿寺山古坟（前方后圆坟、118 米）		冈山县总社市	金钗 1	黄羊作兽带盘龙镜 1（东汉镜）、变形四兽镜 1、刀剑 3、玻璃饰品、刀剑、铁镞
10	松山市古三津山林		爱媛县松山市古三津	古越瓷壶 1	虽然矢部良明氏有调查，但情况不明

---

① "襟付短甲"指装有保护后颈的铁板的短甲。——译者注
② "冲角付胄"即前额带有"冲角"的兜鍪，因其胄的前段呈尖状，像军舰的船首（冲角），故名之。——译者注
③ "三尾金具付冲角付胄"则为头顶部附有"三尾铁"的冲角付胄，"三尾铁"上端分为三根金属条，下端连在一起。——译者注
④ "臑当"在古代称之为"足缠"，它为甲胄的一部分，是一种防护用具，用来保护身体膝盖到脚踝的部分，古坟时代开始使用。——译者注
⑤ "草摺"为连缀在短甲下缘的膝裙，大多是用小型的甲片作编缀，下排压上排，故可以向上推移。——译者注
⑥ "胄受钵"即眉庇付胄的受钵。眉庇付胄的头顶上有一块圆盘状的铁板，称之为"伏板"，在"伏板"上有两个半球形金具，自下而上分别为"伏钵"和"受钵"，受钵上常附有用兽毛或者纤维毛制成的拂子状装饰物。——译者注

续表

编号	古坟名		所在地	南朝文物	共伴遗物
11	冢堂古坟 （前方后圆坟、 91 米）	后圆部 石室	福冈县浮羽市吉 井町宫田	金铜制熨斗 金铜制圆盘 金铜制碗形品	珠纹镜、硬玉制勾玉、玻璃饰品（勾玉、管玉、小玉、臼玉、粟玉）、滑石制扁平勾玉、滑石制臼玉、铁刀、铁剑、铁镞、挂甲小札、胡簶金具、金铜制鞍金具、剑菱形杏叶、f 形镳、包铁木芯马镫、三轮铃、铰具、铆接金具、铃、滑石制有孔圆盘等
		前方部 石室			倭制神兽镜、贝钏、玻璃制勾玉、滑石制扁平勾玉、滑石制臼玉、刀子、砥石、直刀、铁矛、铁镞、横矧板铆接冲角付胄①、形式不明胄、横矧板革缀短甲②、三角板铆接短甲③、挂甲、胡簶勾玉形饰金具、肩甲小札、颈甲、铰具、滑石制有孔圆盘、螺旋状铁针金、镰、锄刃、錾子、钓针、盾上 L 形的金属边缘、鞍金具、鞍、木芯马镫、辔、素环镜板、铁环、云珠、兵库锁、铆接金具等
12	岛田冢 （前方后圆坟、33.4 米）		佐贺县唐津市镜	带有承盘的铜碗 方格规矩四神镜	舶载镜、仿制镜、广带二山式冠④、眉庇付胄、金铜制三轮玉、铜钏、武具、马具、玉类等
13	国越古坟 （前方后圆坟、62.5 米）		熊本县不知火町	铜碗 环状乳神兽镜 浮雕式兽带镜 对置式四兽镜 金制空玉	金属带具、铁矛、雏形铁制品、马具等、埴轮 环状乳神兽镜和江田船山所出镜为同型镜 浮雕式兽带镜和冲之岛 21 号遗迹、韩国传庆尚南道出土品为同型镜

（一）除铜镜外出土南朝系文物的古坟

1. 翁山 13 号坟（静冈县藤枝市原翁山）

位于志太平原背后丘陵的原古坟群由 300 多座古坟、15 个子墓葬群构成。其中之一的翁山古坟群位于濑户川左岸海拔 50 米左右的丘陵东侧斜坡地上，建造于 6 世纪后半期至 8

---

① "横矧板铆接冲角付胄"指胄上有金属的横板，通过铆接的方式固定，并且前额部带有"冲角"。——译者注
② "横矧板革缀短甲"是用革索将横长甲片编缀成整体的短甲。——译者注
③ "三角板铆接短甲"是用铆钉将三角形甲片铆合成整体的短甲。——译者注
④ "广带二山式冠"是日本独特的一种头冠，冠上两侧微微高起，其形如两山相连，附有宽冠缨。——译者注

世纪前半期。1970～1971 年，藤枝市教育委员会调查了其中的 38 座圆坟、1 座方坟。翁山 6 号墓的坟丘围有圆筒埴轮。从其小型竖穴石室中出土了金铜 f 形镳的辔和变形剑菱形杏叶等马具，以及装饰有铜制三轮玉饰的大刀等遗物。翁山 13 号坟为无甬道的横穴石室墓，全长 4.7 米，最宽 1.1 米，高 1.5 米，内壁由一块整石建成，合葬时随葬有熨斗（图一：23）①。

2. 岐阜县一之宫神社所藏铁镜（岐阜县吉城郡国府町）

国府町位于飞騨高山市北部临接的盆地中。1871 年前后，在名张一之宫神社扩建时，境内西北的古坟被破坏，与铜铃、直刀、铁镞、勾玉、须惠器等随葬品一同出土的铁镜被神社收藏，由仓库保管。1985 年 7 月，三重大学的八贺晋教授注意到这面铁镜，8 月其用工业用 X 线摄影检测出这是一面嵌金夔凤纹的铁镜，直径 21.2 厘米，厚 4 厘米，镜钮周围书有铭文"长""宜""孙"。根据同时出土的错银锷直刀、铜铃、须惠器的年代，可以判定这是一批 7 世纪前半期的遗物，其中的铁镜为传世品。②

3. 保子里车冢（三重县铃鹿市国府町）

二战前保子里古坟群有 28 座古坟，因战后的开垦等原因，现仅剩 10 座。1 号坟被称为车冢或大冢，为直径约 20 米的两座圆坟相连而成的双圆坟，发掘出土了金制垂饰付耳饰、错银倭装大刀装具、单凤环头大刀等具有强烈半岛特色的文物，与此同时还出土有一件铜灯盏（图一：12），它的承盘下面还附有竹状节的托柱，但上面的灯盏已不复存在。该墓中还出土了 6 世纪中叶的须惠器。③

4. 星冢 2 号坟（奈良县天理市二阶堂上之庄町）

星冢 2 号坟为帆立贝形前方后圆坟④，全长 39～41 米，高 2 米，前方部前端宽 20 米，后圆部直径为 32 米，其中前方部已荡然无存。2 号坟是在破坏了 1 号墓的前方部后建成的。1952 年，经发掘调查，在 2 号墓后圆部中央发现了长 7 米的横穴式石室，甬道偏向一侧。墓室为单室，长 4.7、宽 2.25 米，墓道长 2.3、宽 1.27 米。墓室内出土有由凝灰岩制成的组合式家形石棺。⑤

虽然该墓曾遭盗掘，但在棺内仍发现了倭制铃镜、滑石制臼玉、玛瑙制管玉、琉璃制管玉、贴金琉璃珠、玻璃饰品类（错金银圆珠、圆珠、小玉、管玉）、水晶制三轮玉、纯金制环、金铜制环、嵌银龟甲纹环大刀、铁镞、石突、石镞、小刀、金铜制节约、铁制铆接金具、贴金铁地金具、贴银铁地金具、铜制铰具、带垫圈铰具、铜制铆钉、铁钉等物，在

① 八木胜行：《正胜古坟群・翁山古坟群》，载藤枝市史编纂委员会编《藤枝市史 资料编 1 考古》，2007。
② 《朝日图表》1985 年 12 月 27 日。
③ 铃鹿市教育委员会：《铃鹿市史》第一卷，1980 年。
④ 帆立贝形前方后圆坟比起一般的前方后圆坟来说，其前方部较短，整体像是在圆丘前加上一个小的方形凸起物，貌似帆立贝而得名。帆立贝的中文学名为虾夷盘扇贝，英文名为 Yezo scallop，是作为食用的重要贝类之一。——译者注
⑤ 组合式家形石棺是古坟时代石棺的一种，其棺盖的形状和屋顶一样，其棺身是用扁平的自然石组装而成或是用凝灰岩等加工组装而成。通常这种石棺的棺盖外侧的四个倾斜长方形面上附有突起的绳钩。——译者注

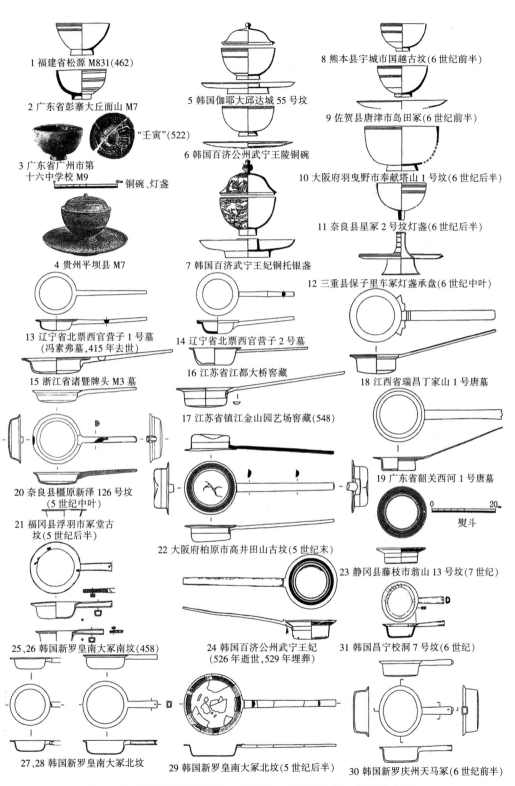

图一 日本出土南朝制铜碗、铜灯盏、熨斗与中国、韩国的类例

环绕的周壕内还发现了木槽、剑形木制品等物。1985 年，经天理市教育委员会调查发掘，在坟丘周围发现了两重马蹄形壕沟，出土了一批埴轮。该墓建于 6 世纪前半期。在石室中出土了半球形上有棒状突起部的轮制铸造铜器（图一：11），普遍认为其为铜碗盖，不过毛利光俊彦氏指出它是灯盏的杯状部。[①] 另外，在 2 号坟周围的壕沟内出土了朝鲜半岛荣山江流域的陶器，在 1 号墓周围的壕沟内出土了木笛等物，由此推测墓主可能为渡来系集团的首长。

5. 新泽 126 号坟 （奈良县橿原市）

新泽千冢位于奈良盆地南部的越智冈丘陵上，约由 590 座古坟组成。126 号坟为长方形墓，南北宽 16、东西长 22 米，内部主体安置有空心木棺。棺的内外出土了大量随葬品，在靠近头部位置的棺外放置着漆盘、青铜熨斗（图一：20）、铁刀等物，在靠近头部位置的棺内发现有铜镜、金制方形板、金制垂饰付耳饰、金制螺旋状垂饰。金制方形板上有龙纹透雕装饰，应是帽子上的装饰物。耳饰为带有 3 条长垂饰的豪华饰品，被认为属于新罗制品。金制螺旋状垂饰是将带有刻纹的金线以螺旋状卷起的饰品，因此可能为发饰。

死者头部右侧出土有玻璃碗和玻璃盘，玻璃碗叠放于玻璃盘之上。玻璃碗为淡黄绿色，器壁薄约 1.5 厘米，非常轻，碗底饰有两道圆形纹饰，碗身饰有五道圆形纹饰。玻璃盘为绀色，内壁留有鸟、树木、人物、马、花瓣等彩画痕迹。玻璃碗和玻璃盘的材质都为含有草木灰的玻璃，可能为萨珊王朝的制品。在靠近死者腰部的位置发现有金铜制腰带金属配件，双手附近则发现有金、银材质的钏、戒指和玉，其中一对金戒指为奢华的高等级工艺品。

在遗体附近，大范围散布着数量众多的金步摇和玻璃饰品，它们可能为死者的衣物或覆盖在死者身上的布上的装饰物。通过这些大陆色彩浓厚的随葬品，可以推测死者为渡来人。

6. 法隆寺传世青瓷丁子壶 （奈良县斑鸠町法隆寺旧藏）

目前保管于东京国立博物馆的法隆寺献纳宝物中，有一件来自中国的古越瓷壶（图三：5），高 26.4 厘米，是世界最古老的传世瓷器。装有此壶的箱子为近世制作，箱面上写有"……都将来青瓷丁子壶"。天平十九年（747）的《法隆寺伽蓝缘起并流记资财帐》中记载此壶是天平六年（734）被光明皇后献与法隆寺的用于盛放一种叫作丁子香的香料容器，实际上里面还残留着丁子的残渣。此壶口部分呈盘口形，壶的肩部装有一对相连的双耳，釉色灰绿，胎体紧致坚硬，是优质的古越瓷。在中国的南朝遗迹中出土过类似的瓷器，为器身呈圆形，颈部较粗的盘口壶。依据中国此类出土物的制造年代来看，此壶的制造年代未及隋唐，约为六朝后期，是 6 世纪的产品，为日本最古老的传世瓷器。一般认为

---

① 毛利光俊彦：《古代东亚的金属制容器 （1） 中国编 （2） 朝鲜·日本编/奈良文化财研究所史料 68、71》，奈良文化财研究所，2005。

它是中国南部浙江或福建瓷窑生产的青瓷。[1]

7. 高井田山古坟（大阪府柏原市安堂町）

高井田山古坟位于高井田横穴墓群所在丘陵顶部，虽然普遍认为它是直径为 22 米的圆坟，但也有可能为前方后圆坟。

古坟主体部分是横穴式石室，甬道偏向一侧，用扁平的板石构筑而成，上部因盗掘而崩塌，墓室内同建筑板石一起掉落的还有埴轮。墓室长 3.73 米，靠近里壁处宽 2.34 米，靠近墓室门处宽 2.26 米，残存里壁高约 1.3 米。墓道长 2.0 米，靠近墓室门处宽 1.18 米。有观点认为该古坟属于最古老的畿内型横穴石室墓的类型，是后来近畿地区大型横穴石室墓的谱系源头。

通过石室内铁锭的分布情况和随葬品的配置，可以推断里面有两个并排放置的木棺。在墓室中央置棺处，发现了 1 只纯金制耳环和 1 把铁刀。靠近墓室东壁摆放的木棺材质为金松木，从中发现了 1 面神人龙虎画像镜（同型镜，直径 20.6 厘米）、1 把熨斗、2 只纯金制耳环、1 把铁刀、2 把小刀和 5 组玻璃饰品。在石室内，两棺周围区域发现 7 把铁枪、9 支铁矛、18 个以上的附属石突、多个铁镞、横矧板铆接冲角付胄、颈甲、肩甲、小札、马镫片、铰具、镰刀、鉇、小刀、金铜片、须惠器（壶、器台、带足壶、有盖高杯、无盖高杯等）、土师器等。[2] 2008 年，这些文物被一并指定为柏原市有形文化遗产。

墓中出土的熨斗（图一：22）与百济武宁王陵出土的熨斗相似，应为南朝制品。此外，从木棺出土的玻璃饰品中有一件包金玻璃饰品（直径 12 厘米），它的中心和外壁的玻璃管间夹有金箔，像这样的玻璃饰品在日本仅见于新泽 126 号坟出土的 5 例，而在武宁王陵却出土了大量同类的玻璃饰品。

墓中出土的须惠器应为 5 世纪末所造。横穴式石室的构造和规模与韩国宋山里古坟群等百济王族古坟的石室相似，出土文物均有熨斗等遗物，所以有观点认为墓主是在日本做人质的百济王族，可能为昆支王（477 年逝世）或意多郎（501 年逝世）。

8. 奉献塔山 1 号坟（大阪府羽曳野市）

1950 年经发掘调查，发现该处有两座相邻的古坟，均为直径 10~20 米的小型古坟。1号坟墓室内有凝灰岩制的组合式家型石棺，在西壁附近发现了三片铜碗残片（复原后铜碗的口径约 12 厘米，高约 8 厘米，高足直径为 5.1 厘米）。有轻微损坏的碗体附有呈八字状的较薄的高足，口缘部的外周饰有两道弦纹（图一：10）。一同出土的铜钏、金铜履、装饰大刀片与武宁王陵的出土物类似，同时出土了小型炊具模型陶器和数十片云母片，可以从中看出渡来系的风俗。须惠器、土师器的造型是 6 世纪后半期的式样。[3] 铜碗与韩国丽水和百济鼓乐山城出土的南朝青瓷高足碗类似，可能为南朝制品。

① 矢部良明：《日本出土的唐宋陶瓷》，载东京国立博物馆编《日本出土的中国陶瓷》，东京美术，1978。
② 安村俊史、桑野一幸：《高井田山古坟》，《柏原市文化财概报》1995 年第 2 期。
③ 北野耕平：《奉献塔山古坟群（遗迹号 73）》，羽曳野市史编纂委员会编《羽曳野市史 第三卷 资料编 1》，1994，第 400~413 页。

9. 百舌鸟大冢山古坟（大阪府堺市西区上野芝町四丁）

位于上石津履中陵以南，是全长 168 米的前方后圆坟，为百舌鸟古坟群中的第 5 大古坟。坟丘分为三段，中间窄腰处附有造出①，有壕沟围绕。因为该古坟并非指定的陵墓史迹，所以在 1949 年因住宅用地建设，坟丘被削除，壕沟也被填埋，从而消失。残存的坟丘底部也在 1986 年的住宅用地建设中被完全铲平，现在只在道路上留下了古坟的轮廓痕迹。在施工前的紧急发掘调查中，发现了葺石、排成列的埴轮，以及前方部和后圆部各 4 座的黏土椁。前方部和后圆部都只有 1 座以高野槙制成的木棺内葬有尸体，其余棺椁均为埋藏陪葬品的设施。

该墓出土了铜镜、铁镜、革缀甲胄、革缀短甲、刀剑、带柄手斧、镰刀、锯子、钳子、钩状铁器、勾玉、管玉、梳子等多件文物②。其中刀剑超过了 300 柄。1986 年堺市教育委员会发掘调查了墓丘底部。出土的埴轮属川西Ⅲ期，同其他遗物一样都属 5 世纪前半期。

据日本《读卖新闻》2009 年 7 月 11 日的报道，1 号椁中出土有错银铁矛。它一侧镶嵌〇〇样式的花纹，另一侧镶嵌◎〇样式的花纹，西山要一氏认为是从南朝进口的产品。另外，铁镜上也发现有错金纹饰，同样可能为东晋南朝的遗物。

10. 宿寺山古坟（冈山县总社市）

宿寺山古坟位于旧山阳道边的平地上，属大型前方后圆坟。坟丘由 2 段筑成，全长 118 米（或 116 米）。后圆部分两段筑成，直径为 75 米，高 10 米以上。前方部宽 62 米，高 8.5 米。坟的形状为前方后圆形，前方部面西。除发现了坟丘表面下段的斜面部分有分割的葺石外，还出土了圆筒埴轮、形象埴轮。坟丘中部窄腰处面北附有造出，周围环绕着盾形壕沟。1887 年、1920 年后圆部的竖穴式石室遭到破坏，出土了陪葬品。据探访调查显示，一号石室长约 3.6、宽约 1.45、深约 0.6 米，地面铺有砾石和黏土。石室西半部（一说是 1 号石室往北 7 米处的 2 号竖穴式石室）出土了一面变形四兽镜、一支金簪、三柄刀剑，石室东半部出土了一面黄羊作兽带盘龙镜以及玻璃饰品、刀剑、铁镞等。

黄羊作兽带盘龙镜的直径为 15.15 厘米，镜钮宽 2.84、高 1.84 厘米，材质为精良的白铜，镜背边缘有红色痕迹。镜体较厚，背面图案鲜明，雕镂精巧。镜背内区采用半圆雕技法雕刻龙虎，其余空间分别刻有鸟与麒麟及其豢者。铭文带大致呈弧形，铭文判读为"黄羊作竟，四夷服，多贺国家，人民息，胡虏殄灭，天下复，风雨时节，五谷孰，长保二亲得天力，传告后世，乐无极"。铭文带边饰有栉齿纹带，相对更厚的外区中用浅浮雕精巧地表现了线条化的兽纹带，兽纹带内侧环绕有锯齿纹带。而后黄羊氏作盘龙镜传入京都的守屋孝藏氏手中。

---

① 造出是附在古坟上的设施，一般为半圆形或方形的坛状物。——译者注

② 宫川陟：《〈研究笔记〉倭在朝鲜半岛如何作战——百舌鸟大冢山古坟 4 号设施出土"钩状武器"的复原与再探讨》，《古代学研究》第 206 号，2015。

金钗（图三：7）出土后陈列于东京帝室博物馆，后因被盗而丢失。据黑川真道氏描述，实物为金制，长 11.36 厘米，重 8.625 克。钗杆由三股簪子交叉组合而成，长 8.181 厘米余，与钗头的长度比例约为 3∶1。

前方部 3 号石室的出土物位置和内容俱不明。也有传闻说前方部中存在其他竖穴式石室。虽然一直以来普遍认为该墓建造于 5 世纪后半期，墓主是作山古坟墓主之后的首长，但森本六尔氏据遗留的铁镞图推断此墓建造于 5 世纪前半期至中叶。[①]

11. 爱媛县松山市古三津山林出土古越磁四耳小壶

因泥石流的发生，在山林中偶然发现了 4 世纪前后的古越瓷青瓷四耳小壶（图三：4）[②]。矢部氏虽循迹调查了发现小壶的地方，但并未判明出土地所在位置。

12. 冢堂古坟（福冈县浮羽市吉井町宫田）

冢堂古坟是由三段构成的前方后圆坟，全长 91 米，后圆部分直径 64、高 9 米，前方部分的最宽处宽 68、高 9 米。有两重盾形壕沟环绕，兆域全长达 140 米。坟丘上覆盖的葺石上配有埴轮。1953 年在古坟所在地取土时发现两间石室，虽然后圆部的石室被严重损毁，但前方部的石室得到完整保存。

后圆部的横穴式石室内发现有组合式石棺，出土了珠纹镜、硬玉制勾玉、玻璃制勾玉、玻璃制管玉、玻璃制小玉、玻璃制臼玉、玻璃制粟玉、滑石制扁平勾玉、滑石制臼玉、铁刀、铁剑、铁镞、挂甲小札、胡籙金具、马具（f 形镳、剑菱形杏叶、龙文杏叶、组合式十字形节约、鞍覆轮[③]、带有多个铆钉的铁面木芯马镫、带鳍的小型铃）、金铜制圆盘、金铜制熨斗（图一：21）、金铜制碗形品、滑石制有孔圆盘等，其中金铜制熨斗为南朝制品。

前方部的横穴式石室中出土了两副甲胄、盾上 L 形的金属边缘、胡籙勾玉形饰金具、直刀、铁矛、铁镞、螺旋状铁针金、镰、锄刃、錾子、钓针、小刀、砥石、马具（鞍金具、鞒、木芯马镫、辔、素环镜板、铁环、云珠、兵库锁、铆接金具、铰具）、倭制神兽镜、贝钏、玻璃制勾玉、滑石制扁平勾玉、滑石制臼玉、滑石制有孔圆板等。甲胄和胡籙的时代可以追溯到 5 世纪后半期，与一些 5、6 世纪的马具混在一起。

13. 岛田冢（佐贺县唐津市）

岛田冢古坟是位于唐津湾岸沙丘上的小型前方后圆坟，全长 33.4 米，后圆部分直径 18、高 4.5 米，前方部分宽 19 米，后圆部南侧为带有墓门的横穴式石室，室内摆放着舟形石棺。石室中出土了舶来镜、仿制镜、广带二山式冠、眉庇付胄、金铜制三轮玉、铜钏、武具、马具、玉类以及小型铜碗（直径 7.6 厘米）和碗托（直径 13.7 厘米）的口沿部分（图一：9），同时出土了加入红色颜料的须惠器盖杯。古坟建造于 6 世纪前半期，于

① 森本六尔：《备中出土金钗的古坟·上》，《中央史谈》第 12 卷第 6 号，1926 年；《备中出土金钗的古坟·下》，《中央史谈》第 12 卷第 7 号，1926 年；载氏著《日本古坟墓》，木耳社，1987，第 340~369 页。

② 矢部良明：《日本出土的唐宋陶瓷》，东京国立博物馆编《日本出土的中国陶瓷》，东京美术，1978。

③ 鞍覆轮为覆盖马鞍边缘的金属类细长物，不仅能起到保护作用，还兼作装饰。——译者注

1972 年被定为县指定史迹。

14. 国越古坟（熊本县不知火町）

国越古坟位于宇土半岛的高地上，可眺望八带海，是全长 62.5 米的前方后圆坟，其中发现有横穴式石室，由阿苏溶岩建造，内置有石屋形状的石棺。室内出土了 3 面铜镜、金属带具、铁矛、雏形铁制品、马具等。铜碗（直径 6.8、高 4.2、高足直径 2.2 厘米）为半球状，附有小高足，碗身饰有三段弦纹（图一：8）[1]。同铜碗一起出土的还有南朝的环状乳神兽镜（与江田船山镜同型）、浮雕式兽带镜、对置式四兽镜，应是来自中国南朝的舶来品。该墓建造于 6 世纪前半期。

五　事例分析

（一）铁镜、错金银铁矛

中国出土了 200 面以上的铁镜，其中施有错金银纹饰的铁镜多出土于诸侯王大墓，其价值远高于铜镜。洛阳烧沟 1037 号汉墓出土的铁镜上饰有变形四叶纹。1991 年河南省南阳市东汉墓出土的铁镜直径为 16.4 厘米，镜背装饰有华丽的错金纹饰。[2] 在曹操高陵后室中的涂漆木器上发现了由织绢包裹的数枚错金铁镜（直径 20.5 厘米），对照石牌上的铭文"镜台一"来看，铁镜是以放入绢袋后置于涂漆镜台上的状态陪葬的。[3]

《太平御览》卷七一七《服用部一九·镜》引《魏武帝杂物疏》："魏武帝杂物疏曰：御物有二寸金错镜一枚，皇太子杂纯银疏、七寸铁镜四枚，贵人至公主九寸铁镜四十枚。"由此可知，曹操曾将错金银铁镜赠予汉献帝及其近臣。

甘肃省武威县雷台汉墓出土的错金银八凤纹铁镜（直径 21 厘米）的镜背饰有复杂的夔凤纹，其中四叶纹内填有错金涡云纹，同时还饰有"长宜子孙"四字错金银铭文。根据随葬品铜马上的铭文"张□□"，有人认为墓主是汉末军阀张济一族的张绣，但近年来墓中出土的铜钱为西晋遗物，因此也有学者指出其可能是前凉张氏第四代张骏的墓。

江苏省江宁县下坊村 1 号墓（东晋中晚期）出土的铁镜，直径 14.4 厘米，镜背饰有连弧纹并附有金粉。[4]

吉林省集安麻线沟 2100 号墓被认为是高句丽第 17 代小兽林王（371～384 年在位）的陵墓。[5] 从中出土了直径 38 厘米的连弧纹铁镜。铁镜内区饰有四叶纹，周围疑有铭文"子

① 小田富士雄：《古坟出土铜碗》，《百济研究》第 6 辑，1975。
② 张方、卓远：《河南南阳出土一件汉代铁镜》，《文物》1997 年第 7 期。
③ 河南省文物考古研究院编著《曹操高陵》，中国社会科学出版社，2016，第 220～221 页。
④ 南京市博物馆、江宁县文物管理委员会：《江苏江宁县下坊村东晋墓的清理》，《考古》1998 年第 8 期。
⑤ 吉林省文物考古研究所、吉安市博物馆编著《集安高句丽王陵——1990～2003 年集安高句丽王陵调查报告》，文物出版社，2004，第 167 页。

孙富贵"，还配有夔凤纹。镜背凹部涂有黑漆，虽然无法确认上面的错金银纹饰，但可见到彩色痕迹。麻线沟 1487 号墓也出土了三面铁镜，其中一面铁镜直径 13.5 厘米。[1]

辽宁省北票县的北燕冯素弗墓出土了两面铁镜，大的一面直径 27 厘米，通钮高 3 厘米，钮径 5.6~6 厘米，表面附有多层绢布，同时出土的还有低矮的铁制圆筒形镜台基座。此镜经 X 光照相，判定上面饰有错金四叶纹且写有"子"字，推测镜铭为"长宜子孙"四字。[2] 后燕建兴七年（395）崔遹墓也出土了错金银铁镜，直径约 10 厘米。[3]

据传闻大分县日田市古坟中出土了铁镜、铁刀、錾，附近出土了碧玉制管玉、水晶制饰品、玻璃制饰品等。因为发现有芊贝制马具，故推测这座古坟为后期古坟。与错金铁带钩一同出土的错金银铭文铁镜直径 21.3、厚 2.5 厘米，钮径超过 3 厘米，钮的四周装饰有四叶纹和错金银龙纹，龙眼镶嵌着含铅玻璃珠。在每片叶纹间都用悬针篆书有一字，分别为"长""宜""子""孙"[4]。虽然潮见浩氏认为此古坟建于东汉后半期[5]，但近年来越来越多的观点认为其建于曹魏年间。

岐阜县国府町名张一之宫神社古坟出土的铁镜也是夔凤纹镜，虽然可能为东晋南朝的遗物，但出土它的古坟建造于 7 世纪，所以可能为传世品。

日本的大阪府百舌鸟大冢山古坟出土了带有嵌银圆纹的铁矛，一侧镶嵌○○纹，另一侧镶嵌◎○纹，西山要一氏认为其是来自南朝的舶来品。另外，出土了 3 面铁镜[6]，其中似乎也包含错金银铁镜，但相关报道不详。这座古坟与上石津古坟（履中陵、倭王讚）建造于同一时期，应为王墓的陪葬墓。七观古坟中出土的马镫和冯素弗墓中出土的马镫形制相似。上述两座古坟均有可能为司马曹达墓。司马曹达是刘宋永初二年（421）倭王讚麾下出使南朝的使者。

（二）铜碗、铜灯盏

日本列岛最早出现的铜碗属南朝、百济系。佐贺县岛田冢出土了小型铜碗（直径 7.6、高 4.6 厘米）与可能为碗托的皿状物的口沿部分（图一：9）以及须惠器。与此相比，熊本县国越古坟出土的铜碗（图一：8，直径 6.8、高 4.2、高足直径 2.2 厘米）年代稍晚。小田富士雄氏通过与铜碗一起出土的须惠器等物的年代，判定岛田冢建造于 6 世纪前半期，国越古坟建造于六世纪前半至中叶，并且这两座古坟中出土的铜碗都是半球体且

① 门田诚一：《新罗·皇南大冢北坟出土铁镜录》，《朝鲜古代研究》第 2 号，2000。
② 刘宁、刘博：《北燕冯素弗墓出土的铁镜》，《辽宁省博物馆馆刊》2011 年第 1 期。
③ 陈大为、李宇峰：《辽宁朝阳后燕崔遹墓的发现》，《考古》1982 年第 3 期。
④ 河野一隆：《关于ダンワラ古坟出土错金银嵌珠龙纹铁镜的基础研究——以制作技法和纹样构成为中心》，高仓洋彰编《东亚古文化论考》2，中国书店，2014。
⑤ 潮见浩：《汉代铁镜录》，载儿岛隆人氏喜寿纪念事业会编《古文化论丛》，儿岛隆人氏喜寿纪念事业会，1991，第 721~731 页。
⑥ 森浩一：《和泉国百舌鸟大冢山古坟调查概要》，《日本考古学协会汇报别篇》，日本考古学协会，1954。

附有小高足，碗身环绕三道弦纹。[1]

福冈县箕田丸山古坟也出土有须惠器以及铜碗的碎片，通过碎片推定铜碗为口径 10 厘米的小型器。不过从这个碎片呈喇叭形的断面来看，它也有可能是灯盏的碎片。[2]

传入日本列岛的铜碗在 5 世纪末到 6 世纪中叶由百济制造（或者南朝制），6 世纪后半至末叶由新罗制造（北朝制），7 世纪初开始为隋朝制造，到 7 世纪中后期变为唐朝制造。

三重县保子里车冢出土了铜灯盏的承盘（图一：12），奈良县星冢 2 号坟出土了铜灯盏的灯杯部分（图一：11），与它们一同出土的还有具有强烈朝鲜半岛色彩的倭装大刀。出土这件倭装大刀的墓葬可能为侍奉倭王的渡来人首长的墓葬。

（三）铜熨斗

熨斗出现于西汉时期，南北朝以后增多。北燕冯素弗墓出土的熨斗中有灯芯残留，因此其被认为用作行灯。[3] 但是它与具有筒状、针状突起并有足部的安装蜡烛的行灯结构不同。在神仙图中有手持熨斗的场景，还有观点认为熨斗使用于遗体复活仪式之中。在朝鲜半岛，5 世纪后半期的新罗皇南大冢北坟所出土的文物和 6 世纪前半期的武宁王妃陪葬品中都出现了相近的熨斗，梁山金鸟冢则出土了插柄型熨斗。旧式熨斗的火皿和柄保持水平，新式熨斗的火皿和柄则呈倾斜状。[4]

在日本古坟时代 5 世纪中叶的奈良县新泽千冢 126 号坟、5 世纪后半期的福冈县冢堂古坟、5 世纪末的大阪府高井田山古坟、7 世纪的静冈县翁山 13 号坟出土的熨斗中，除翁山出土的熨斗以外，其他都是一体型的。

从出土的玻璃器、漆制品、金银制装身具、装饰具、铜熨斗等陪葬品来看，奈良县橿原市新泽 126 号坟为渡来人的坟墓。熨斗的火皿部为浅腹，圜底，口径 15、深 3.7 厘米。其口沿为窄折沿，和高井田山古坟出土的熨斗相比有所不同。柄较短，横截面为呈弧状的 U 字形（图一：20）。与北燕冯素弗墓出土的行灯（图一：13）还有山东省牟平出土的熨斗相似，类似于东晋至宋初的制品。

福冈县浮羽市冢堂古坟是建造于 5 世纪后半期的前方后圆坟。其后圆部的石室出土了已经碎片化的金铜制熨斗，火皿的形态和柄的构造都不明确，不过这件熨斗应为南朝制品（图一：21）。其被认为是倭王济、兴、武等遣使刘宋时获得的物品，对应于《雄略纪》所记载的生叶臣墓葬的陪葬品。

---

① 小田富士雄：《古坟出土铜碗》，《百济研究》第 6 辑，1975。
② 福冈大学人文学部考古学研究室：《箕田丸山古坟调查 3》，载福冈大学人文学部考古学研究室编《长崎县·景华园遗迹研究·福冈县京都郡二古坟调查·佐贺县·东十郎古坟群研究》，福冈大学人文学部考古学研究室，2004，第 91～115 页。
③ 刘宁：《记北燕冯素弗墓出土的几件青铜器》，《辽宁省博物馆馆刊》2008 年第 1 期。
④ 李汉祥：《新罗熨斗的陪葬方式与用途》，《东亚考古学论坛》创刊号，2005。

大阪府柏原市高井田山古坟是 5 世纪末建造的早期甬道偏向一侧的横穴石室墓，石室内的木棺底和墓主人头部之间随葬有铜熨斗。这把熨斗是完整的实心熨斗，火皿口沿宽平，内侧饰有 6 道弦纹。口沿本来应为斜沿，但受泥土挤压变形，现口沿部接近水平。此熨斗的火皿口径 16、深 4.9 厘米，略微小于百济和武宁王陵出土的熨斗。柄的上部截面呈平的半圆形，从柄头向柄尾逐渐变细。熨斗总重 892.2 克（图一：22）。熨斗上附有三种织物与细绳，分别为麻、绢、绫。同样的织物也附着在一同出土的画像镜上。所以笔者认为熨斗和镜子在陪葬时都被三层织物包裹。虽然细绳附属于布袋，但对比北燕冯素弗墓的例子来看，它也有可能是灯具的灯芯。不过，这件器物应是被作为熨斗随葬到木棺之中。[①]它的口沿边缘呈檐状，内侧饰有多道深线，器体较薄且较深，底部为分段的圈底，火皿的直径和柄的长度的比例为 1：2。上述两点与皇南大冢北坟、武宁王陵出土的熨斗相同，因此这件熨斗也可能为妇人的陪葬品。[②]

在江苏省金山园艺场窖藏一同出土的铜器中有 4 件熨斗，其中一件上朱书题写有"梁太清二年"（图一：17）[③]。高井田山古纹出土的熨斗与它几乎相同，因此也可被认作是刘宋末至梁间的制品。

静冈县藤枝市翁山 13 号坟出土的铜熨斗的火皿口沿外折，内侧饰有弦纹。柄部已经缺失。但通过口沿部分残留的一个铆钉头可以推断原为铆接样式（图一：23）。[④] 虽然古坟建造于 7 世纪前半期，但熨斗却是与 8 世纪初的陶器在合葬之际随葬的，因此熨斗的年代可能降至隋唐时期。

从日本平安时代的遗址中出土的熨斗都是铆接式的，是简化了本体＋柄部一体结构这种高难度铸造工艺的产物。根据金相分析，其中不仅有从唐朝来的舶来品，还有日本制品。

（四）甬道位于中部的横穴式石室墓

6 世纪以后，九州北部的筑后川流域开始出现横穴式石室墓。这一类型的古坟中有很多为装饰古坟，其代表如福冈县浮羽市日冈古坟（图二：5）、珍敷冢古坟（图二：10）、鸟船冢古坟、古畑古坟（图二：8）、三山市濑高町名木野 6、7 号坟（图二：6、9）、广川町弘化谷古坟等。并且，多墓室化的趋势开始出现，浮羽市冢花冢中就出现了甬道位于中部的多室墓。横穴式石室墓是由于在变质岩地带上，只能采用片岩加工扁平石材的方法建造的墓葬，是基于施工方法形成的。[⑤]

① 桑野一幸：《熨斗与火熨斗》，载柏原市古文化研究会编《河内古文化研究论集》，和泉书院，1997。
② 李汉祥：《新罗熨斗的陪葬方式与用途》，《东亚考古学论坛》创刊号，2005；玉城一枝：《试论古代东亚熨斗的接受与传播》，载茂木雅博编《日中交流之考古学》，同成社，2007。
③ 刘兴：《江苏梁太清二年窖藏铜器》，《考古》1985 年第 6 期。
④ 桑野一幸：《熨斗与火熨斗》，载柏原市古文化研究会编《河内古文化研究论集》。
⑤ 田村悟：《片岩地带的横穴式石室墓》，载松藤和人编《考古学的意义》，同志社大学考古学丛书刊行会，2010；宇野慎敏：《筑后·甬道位于中部的石室墓考》，载菟原刊行会编《菟原Ⅱ森冈秀人さん还历纪念论文集》，菟原刊行会，2012。

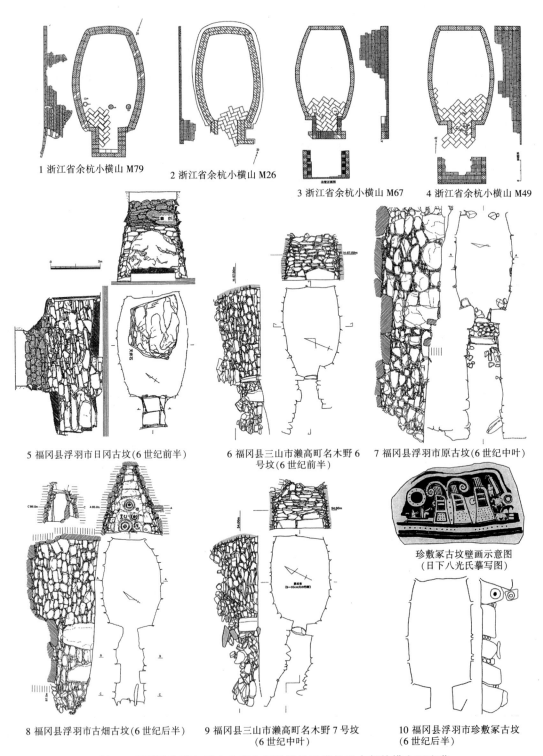

1 浙江省余杭小横山 M79　　2 浙江省余杭小横山 M26

3 浙江省余杭小横山 M67　　4 浙江省余杭小横山 M49

5 福冈县浮羽市日冈古坟(6 世纪前半)　　6 福冈县三山市濑高町名木野 6 号坟(6 世纪前半)　　7 福冈县浮羽市原古坟(6 世纪中叶)

8 福冈县浮羽市古畑古坟(6 世纪后半)　　9 福冈县三山市濑高町名木野 7 号坟(6 世纪中叶)　　10 福冈县浮羽市珍敷冢古坟(6 世纪后半)

珍敷冢古坟壁画示意图
(日下八光氏摹写图)

图二　南朝砖室墓与日本北部九州地域的甬道位于中部的横穴石室墓

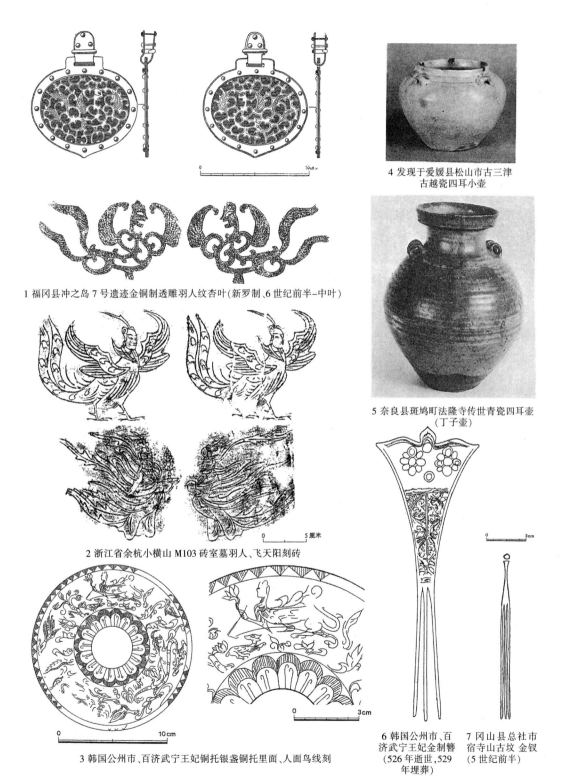

4 发现于爱媛县松山市古三津
古越瓷四耳小壶

1 福冈县冲之岛 7 号遗迹金铜制透雕羽人纹杏叶(新罗制、6 世纪前半–中叶)

5 奈良县斑鸠町法隆寺传世青瓷四耳壶
(丁子壶)

2 浙江省余杭小横山 M103 砖室墓羽人、飞天阳刻砖

3 韩国公州市、百济武宁王妃铜托银盏铜托里面、人面鸟线刻

6 韩国公州市、百
济武宁王妃金制簪
(526 年逝世,529
年埋葬)

7 冈山县总社市
宿寺山古坟 金钗
(5 世纪前半)

图三　相关纹样与遗物

但在同一地区内也同时存在着大量大型石室墓，因此仅凭石材决定论的学说是难以成立的。

在这里笔者希望关注的是横穴式石室墓与中国南朝时期的砖室墓之间的关系。浙江省杭州市余杭小横山东晋南朝墓（图二：1、2、3、4）中多采用装饰有莲花纹、羽人等表现强烈神佛思想纹饰的画像砖（图三：2）①。其平面形状和日本横穴式石室墓的平面形状相似。因此筑后川流域的横穴式石室墓也可能受到过南朝砖室墓的影响。不过其究竟是经熊津期百济武宁王陵和宋山里6号坟等百济砖室墓为中介受到南朝的间接影响，还是直接受到南朝的影响，仍有待进一步研究。

六 结语

综上，在日本舶来的南朝文物中，汉魏晋传世铜镜、错金银铁镜、错金银铁矛、金属带具、金钗等可能是于421年、425年、430年、438年到达中国的日本使节所获得的赏赐品。而占日本出土南朝文物大部分的仿古铜镜（同型镜）多是451年（倭王济）、462年（倭王兴）、477年与478年（倭王武），三王遣使南朝时所获得的赏赐品。出土的铜熨斗、冠帽以及金属带具等装身具中也有属于这一阶段的物品。另外，铜碗、铜灯盏之类的铜容器则大部分是日本在停止向南朝遣使后得到的南朝文物，其并非直接从南朝进口，而很有可能是经向南朝派遣使者的百济为中介获得的。

在朝鲜半岛的百济、伽耶、新罗，也有人模仿南朝的美术工艺制作文物。福冈县冲之岛8号遗迹出土的金铜制羽人纹杏叶虽然是新罗制品，但它上面的羽人纹和南朝画像砖上的一致（图三：1）。

由武宁王陵中的砖可见，朝鲜半岛诸国有机会直接聘请南朝工匠。与此相对，倭国却没有同朝鲜半岛诸国一样积极接受砖室墓、货币、古越瓷等带有南朝特征的文化要素。不过从横穴式石室墓和装饰古坟壁画中可以看出南朝砖墓的因素，笔者认为这是日本对间接获得的南朝文化信息进行自我解读后再建构的产物。

（编辑：王志高）

---

① 杭州市文物考古研究所、余杭博物馆编著《余杭小横山东晋南朝墓》，文物出版社，2013，第347页。

韩国甘一洞百济石室墓的新发现与其属性浅析

〔韩国〕赵胤宰　〔韩国〕金喜泰

（韩国高丽大学）

[**摘要**] 甘一洞古墓群的新发现引起学界高度瞩目，因此有必要对汉城时代个别百济墓葬的属性和特征进行新的讨论。由于此古墓群形成的内涵和群体性质与汉城百济墓葬的传统和形式有所不同，因此必须重新反思过去的看法和解释。甘一洞石室墓的结构特征以及出土的中国随葬品，也会对现有的研究趋向提出一些相关的问题。本文通过对甘一洞百济墓葬与中国六朝墓葬的对比与观察，以及对部分出土器物的随葬组合和器型的分析，试图对甘一洞百济墓葬的属性进行初步的推演。

[**关键词**] 百济；甘一洞；横穴石室墓；南朝；砖室墓

一　序言

2015～2019年韩国河南市甘一洞一带的抢救性调查挖掘，确认了大量汉城时期百济的横穴石室墓。甘一洞墓葬群的地理位置与汉城期百济王城风纳土城相连，墓葬和出土器物很有特点，其历史背景备受关注。墓葬群的大致年代及出土文物的等级，也很有可能与王都风纳土城相关联，因此将会形成对汉城时期百济墓葬的新讨论。墓葬群的产生背景和筑造集团的性质与汉城时期以往百济墓葬不同，需要对现有的认识和理解加以探讨。甘一洞墓葬的结构特征与同一时期百济墓葬有所不同，主要在于排水沟的砌筑和随葬中国六朝的流行器物。韩国考古界普遍认为汉城期百济横穴石室墓，部分受乐浪、带方地区丧葬传统和墓制的影响。但有了这一批甘一洞的考古材料，这一观点逐渐为学界所质疑，需要对以往研究进行反思。汉城期百济横穴石室墓与熊津·泗沘期的石室墓不同，虽然关于墓主的身份和地位、修墓材料、墓制的引进时间等的讨论不断，但由于相关材料的不足，一直拖延至今尚未解决。本文即以甘一洞墓葬群的新材料作为基础，借助于甘一洞墓葬与中国六朝砖室墓的属性及随葬习俗等的比较，对甘一洞墓葬的结构特征、随葬器物及修筑者的背景试做相关的推演。

二 汉城期百济横穴石室墓的形成与谱系

百济汉城期（公元前18～公元475年）横穴石室墓出现后，学界一直在乐浪、带方的砖室墓、高句丽的横穴石室墓、南北朝的砖室墓及乐浪故地横穴石室墓等各个墓葬传统中寻找其渊源。[①] 其中较为有力的说法是，百济横穴石室墓来自乐浪地区平面呈方形及长方形的横穴石室墓谱系，因此乐浪时期平壤被认为是其起源地。在汉江流域可乐洞、芳荑洞、中谷洞及骊州的梅龙里、上里及普通里等地，都曾发现汉城期早期百济横穴石室墓，有学者据此对汉城期中央和地方的主流墓制做了区分，并提出"地方墓制上先出现了横穴石室墓"的观点。[②] 但此后由于新材料的发现，在京畿道及忠清道一带也发现横穴石室墓，因此对此的议论告一段落。[③] 但是关于这些墓葬的修筑者又出现了不同意见，所以百济横穴墓葬的谱系和部分墓葬的归属问题仍然未得到解决。

对中国砖室墓及竖穴木椁墓墓葬结构的研究表明，砖室墓墓室内部的空间比竖穴墓增大，使多次葬成为可能。这种墓葬结构特点在百济的横穴石室墓中也得以体现。特别是在汉城期石室墓中，如在河南广岩洞和忠南燕岐郡松原里等发现的石室墓结构特征，与乐浪等边郡地区中国砖室墓非常相似。但乐浪、带方故地的横穴石室墓也借用与中国砖室墓相同的横穴葬制，其修筑材料和结构属性与百济汉城期横穴石室墓颇为接近，因此有必要进行缜密观察。再加上该地区砖室墓衰退后横穴石室墓的持续流行，与百济横穴石室墓出现的时间相吻合，因此学界还不能完全排除百济横穴墓起源于乐浪横穴石室墓的可能性。[④]

三 六朝砖室墓与甘一洞百济墓葬筑造结构、随葬器物的比较

砖室墓是在中国西汉中期代替竖穴土坑木椁墓的传统墓制。作为新的主流墓制，砖室墓扩散到了西汉边郡的乐浪和带方地区，因此对乐浪、带方砖室墓影响百济横穴墓的推理应以此开始。至少从时间上来看，砖室墓与汉城期百济横穴石室墓的出现时间基本吻合。

① 西谷正：《百济前期古坟的形成过程》，《百济文化》第13辑，百济文化研究所，1980，第17～21页；洪谱植：《关于百济横穴式石室坟的型式分类和对外传播的研究》，《釜山市立博物馆研究论集》第二辑，釜山市立博物馆，1993，第79～81页。

② 朴淳发：《汉城百济成立期诸墓制的编年检讨》，《先史与古代》，韩国古代学会，1994，第3～22页。

③ 成正镛：《中部地域百济和高句丽石室坟的扩散及其意义》，《横穴式石室坟的收容与高句丽社会的变化》，东北亚历史财团丛书第52册，2011，第128～129页。

④ 赵胤宰：《百济汉城期横穴式古坟的发生与乐浪带方的墓制》，《百济的成长与乐浪带方》，百济学研究丛书第9册，2016，第137页。

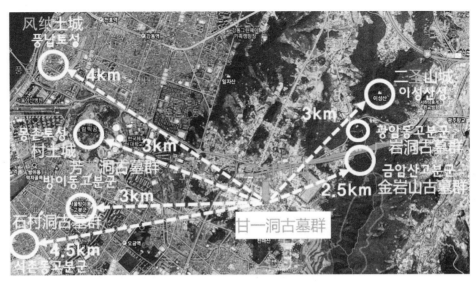

图一　甘一洞古墓群与周边百济早期墓葬群

乐浪地区砖室墓的出现比当时西汉的中心地区稍晚，大致在 2 世纪前半期。最近有关研究表明，从 1 世纪开始，乐浪地区便出现用实心砖筑造墓室，而且砖木混合结构的部分墓葬年代定为 1 世纪后半期至 2 世纪初，因此砖室墓出现的时间有可能进一步提前。[①] 但这种见解在纯砖结构墓葬材料得到充分的考证之前，只能从揣测的角度来进行探讨。

在乐浪地区的墓制演变过程中，划时代的事件是竖穴土坑木椁墓向横穴砖室墓的转移。这一演变与中国中原及关中地区在西汉早、中期出现的墓制变化一脉相承。关于百济汉城时期横穴石室墓的产生，现有的研究及争论主要集中在其与砖室墓是否有关系。此外，关于百济横穴墓制的出现背景和起源的问题，随着墓葬结构的亲缘性、乐浪人的移民、与百济中央墓制的区别、百济诸类石室墓的年代等问题的讨论，乐浪、带方的砖室墓亦备受瞩目。

甘一洞 1 号、5 号、11 号及 15 号石室墓中出土的中国器物，即青瓷盘口壶、铜弩机、陶制灶台等[②]，使人感到欣悦。作为六朝砖室墓标准随葬器物的青瓷、铜弩机及陶制模型器出于甘一洞墓葬，其墓主究竟具有何种背景和来历？与其他地区的汉城时期百济横穴石室墓完全不同的筑造方式，其形成背景又究竟如何？特别是甘一洞墓葬的砌筑手法及附属设施，为同时期百济墓葬所不见，这一特殊现象将引发新的讨论，因此需要缜密观察。

众所周知，砖材和石材在生产和制造上各具不同物理、化学性质。中国各阶段墓葬的演变，往往表现出较高的分辨度，因此可观察到其变化的阶段性、分布空间等的时空性特征。[③] 中国境内的横穴砖室墓逐渐成为主流墓制，随着汉朝势力膨胀延伸至东北地区，中

---

① 高久健二：《乐浪砖室墓之研究》，2005~2006 年度科学研究费补助金（B）研究成果报告书，埼玉大学教养学部，2007，第 43 页。

② 姜兑泓：《河南甘一洞百济古坟群发掘调查成果》，《百济学报》第 27 辑，百济学会，2019，第 118~121 页。

③ 赵胤宰：《汉晋丧葬仪礼的形成与棺椁制度的变容》，《考古学》12 号，2013，第 284~285 页。

国本土的砖室墓扩散到乐浪、带方故地。直到最近，关于百济横穴石室墓起源的讨论，大部分在古代东北亚国际局势的基础上进行解释，因此六朝砖室墓的结构特征及丧葬礼制是否对汉城期百济墓葬制度产生了影响便成为新的热点。

　　在考析本节所涉问题之前，先作以上必要的预备性考察。再以甘一洞墓葬所示的几项值得注意的现象作为前提，本文将观察六朝砖室墓与甘一洞百济墓葬的同与异。

（一）墓葬建筑结构的特征

　　在六朝南方地区，墓室的平面呈刀字形、墓门砌筑与甬道错位的砖室墓在特定地区有集中发现。刀字形砖室墓在长江流域自东汉开始出现，但至六朝，除部分地区以外均消失而不见。这些墓葬是长方形单室结构，一般在墓门前方都设置排水沟，主要分布于江苏扬州、浙江上虞及嵊州、湖北武汉等地，东晋南朝时期刀字形砖室墓最为盛行。但东汉之前墓门与甬道的错位现象不能看作特定地区墓葬结构的特征，在中原地区洛阳烧沟汉墓群中也可以看到。中国学术界尚未对刀字形砖室墓甬道的错位现象作出合理的解释。刀字形墓葬在乐浪、带方的室墓中则无迹可寻。不过，刀字形墓葬在东汉、三国时期长江下游的浙江杭州、上虞等地，即六朝时期会稽郡地区非常流行，并一直存续到南朝时期，此现象值得关注（表一）。①

表一　六朝刀字形砖室墓

时代	墓室		
西晋			
	1	2	
东晋	3	4	
	5	6	

---

　　① 温州市文物处：《浙江温州市郊发现南朝墓》，《考古》1989 年第 3 期。

续表

时代	墓室

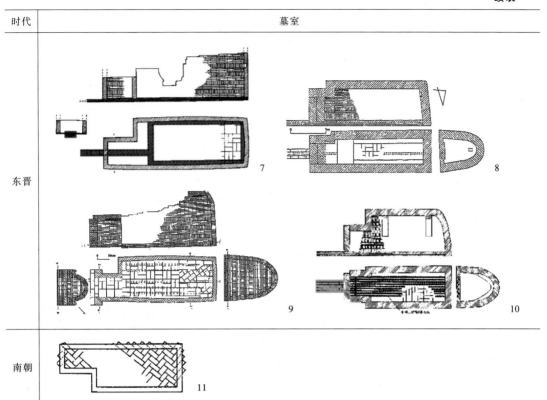

注：1. 湖北鄂西西晋墓 M3；2. 鄂州郭家细湾西晋墓 M10；3. 江苏扬州胥浦东晋墓 M13；4. 江苏镇江东晋墓 M21；5、6. 浙江上虞驿亭谢家岸后头山东晋墓 M26、M30；7、8. 浙江上虞周家山东晋墓 M2；6. 浙江嵊州东晋墓 M14；9. 浙江上虞驮山东晋墓 M26；10. 浙江嵊州东晋墓 M6；11. 浙江苍南县藻溪南朝墓 M1。

甘一洞 1 - ③地点 2 号石室墓，其结构和排水设施与浙江上虞六朝墓相似，这一点确实值得考析。与墓门的中轴线方向一致的砌筑排水设施，只有在中国南方地区砖室墓才有发现，因此百济横穴石室墓的排水设施是本地自生的结构，还是在汉城期横穴石室墓出现时受到外来影响，仍有待充分考证。但在中国内地带排水设施的汉六朝砖室墓在长江以北地区尚未发现或报告。[1] 另外，迄今在乐浪、带方的砖室墓或横穴石室墓中也未发现有关考古材料。

甘一洞墓葬在横穴石室结构上筑造了与六朝砖室墓相似的排水设施有何目的或用途？如果是为了解决实际的排水问题而砌筑相关设施，那么也应该适用于其他地区的汉城时期百济横穴石室墓，但到目前为止，至少还没有发现过类似的事例。笔者注意到这一点，甘一洞墓葬群的筑造者或已认知南方六朝墓葬文化的传统，并沿袭该墓葬传统的保守性。这样看来，甘一洞百济墓葬的中心势力很可能与六朝南方地区有一定关系，且其身世在一定程度上与自六朝南方地区移居于韩半岛的遗民有直接关系。如此假设成立，以往研究者提出的百济横穴墓出自于"乐浪带方"的认识，就难以作恰当的说明，也不符实际状况（表二）。

---

① 赵胤宰：《长江中下游汉六朝砖墓的建筑结构与技术研究》，北京大学博士研究生学位论文，2007。

表二　东晋、南朝砖室墓排水设施

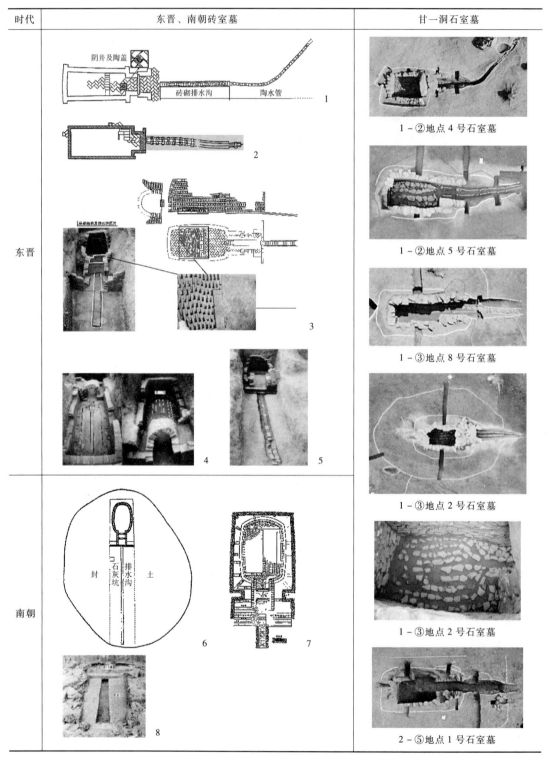

注：1. 南京中山门外苜蓿园东晋墓 M2；2. 南京象坊村东晋墓 M1；3. 浙江上虞牛头山六朝墓 M15；4. 浙江上虞驿亭谢家岸后头山东晋墓 M28；5. 上虞牛头山六朝墓 M9；6. 南京西善桥油坊村南朝大墓；7、8. 南京幕府山六朝墓 M1。

（二）铜弩机的随葬与墓葬等级

甘一洞 2 - ⑤地点 1 号石室墓出土的铜弩机在百济墓葬中尚属首次发现。在古代中国墓葬中弩机的随葬不在少数。弩机的随葬最早出现于战国早期，如曲阜鲁城 M3、M52 曾出土铜弩机①，再如湖北枣阳九连墩楚墓 M1、M2 曾出土漆画木弩②。此后一直延续到两汉、魏晋时期仍然有发现，至南朝时期弩机随葬现象才逐渐绝迹。长江流域的六朝时期墓葬中弩机的随葬成一定的习俗，出土频繁。关于墓葬随葬弩机的用意，有两种意见，一是认为是实用器③；二是认为是非实用器，具有辟邪功能。最近研究指出，随葬弩机应属所谓"葬以殊礼"④ 的情况，是象征墓主身份或等级的随葬器物。⑤ 因此六朝墓葬的弩机随葬也属"殊礼"，作为具有特殊用意的器物来理解更为妥当，犹如东晋时期南京的门阀世族王氏、颜氏、高氏⑥等墓葬中，均有铜制或石制弩机随葬。文献记载也提及弩机常作为"葬以殊礼"的器物陪葬于墓葬。颜之推《颜氏家训》记载了颜氏宗族的教育、处世、礼乐等，其末尾卷七《终制篇》比较详细记载了当时世家大族的丧葬礼仪，尤其有关弩机的重要叙述如下：

> 吾当松棺二寸，衣帽已外，一不得自随，床上唯施七星板；至如蜡弩牙、玉豚、锡人之属，并须停省，粮罂明器，故不得营，碑志旒旐，弥在言外。载以鳖甲车，衬土而下，平地无坟；若惧拜扫不知兆域，当筑一堵低墙于左右前后，随为私记耳。⑦

"弩牙"一词一般是指弩机的组成部件，但在《终制篇》所示的"弩牙"很有可能意味着完整的弩机。如南京老虎山颜氏家族墓 M3 出土的石制弩机与《终制》记录相吻合。在六朝墓葬出土的弩机中，纪年铭文的事例不少，通过这些可以了解到部分弩机作为传世品随葬的事实。⑧ 前面提到的随葬弩机的西晋、东晋、南朝墓葬，其墓主身份至少在王侯一级或为世家大族（表三）。甘一洞墓葬中的弩机随葬

---

① 孙机：《汉代物质文化资料图说》，文物出版社，1991，第 141 页。

② 湖北省考古文物研究所：《湖北枣阳九连墩楚墓出土的漆木弩彩画》，《考古》2003 年第 2 期。

③ 李蔚然：《南京六朝墓葬的发现和研究》，四川大学出版社，1998，第 112 页。

④ 《汉书》卷九十四《匈奴传》："单于正月朝天子于甘泉宫，汉宠以殊礼，位在诸侯王上，赞谒称臣而不名。赐以冠带衣裳、黄金玺盭绶、玉具剑、佩刀、弓一张、矢四发、棨戟十、安车一乘、鞍勒一具、马十五匹、黄金二十斤、钱二十万、衣被七十七袭、锦绣绮縠杂帛八千匹、絮六千斤。"（汉）班固：《汉书》卷九十四《匈奴传》，中华书局，1962，第 3798 页。

⑤ 沈睿文：《葬以殊礼：弩机与世家大族墓葬》，《故宫博物院院刊》2015 年第 5 期。

⑥ 〔高丽〕金福轼：《三国史记》卷二十四《百济本纪》："高兴未尝显于他书，不知其何许人也。"韩国学界普遍认为高兴是乐浪或带方的中国遗民，但最近研究提出高兴出身于东晋。参见李磊《4 世纪中后期百济政权的建构与早期百济史的编纂》，《史林》2017 年第 3 期。

⑦ （北齐）颜之推撰，王利器集解《颜氏家训集解》卷七《终制篇》，中华书局，2013，第 727～728 页。

⑧ 韩茗：《六朝铜弩机小议》，《中国国家博物馆馆刊》2019 年第 5 期。

现象，1925 年大洪水时出土的弩机残件①及南朝宋元嘉二十七年百济毗有王向宋文帝要求而得到的"腰弩"②等情况，如果整合这些背景，进一步证实汉城时期百济很有可能受到六朝影响。在风纳土城与青铜鐎斗一同被发现的 1925 年弩机虽然流失，无法确认其形制，但可以看作汉城时期百济和中国东晋③交流过程中的重要实物资料④。如果以弩机随葬的东晋葬礼与汉城时期百济墓葬的弩机随葬情况有关，则有必要对甘一洞墓葬出土的青瓷和弩机进行新的探析。

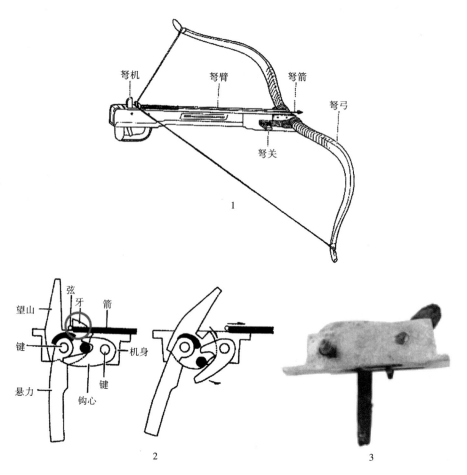

图三　弩机细部及弩牙及甘一洞 2 - ⑤地点石室墓铜弩机

注：1、2. 出自孙机《汉代物质文化资料图说》，文物出版社，1991；3. 甘一洞 2 - ⑤地点石室墓出土铜弩机。

① 权五荣：《对风纳土城出土外来遗物的检讨》，《百济研究》第 36 卷，忠南大学百济研究所，2002，第 29 页。
② 《宋书》卷九十七《百济国传》："二十七年，毗上书献方物，私假台使冯野夫西河太守，表求易林、式占、腰弩，太祖并与之。"中华书局，1974，第 2394 页。
③ 《晋书》卷九《简文帝纪》："（咸安）二年（372 年）春正月辛丑，百济、林邑王各遣使贡方物……六月，遣使拜百济王余句为镇东将军，领乐浪太守。"中华书局，1974，第 221、223 页。
④ 王志高、沈宏敏：《汉城时代百济与中国东晋南朝交流的三个问题》，《南京晓庄学院学报》2019 年第 2 期。

表三　两晋砖室墓出土弩机

时代	出土弩机及其出土墓葬
西晋末 东晋初	
东晋	

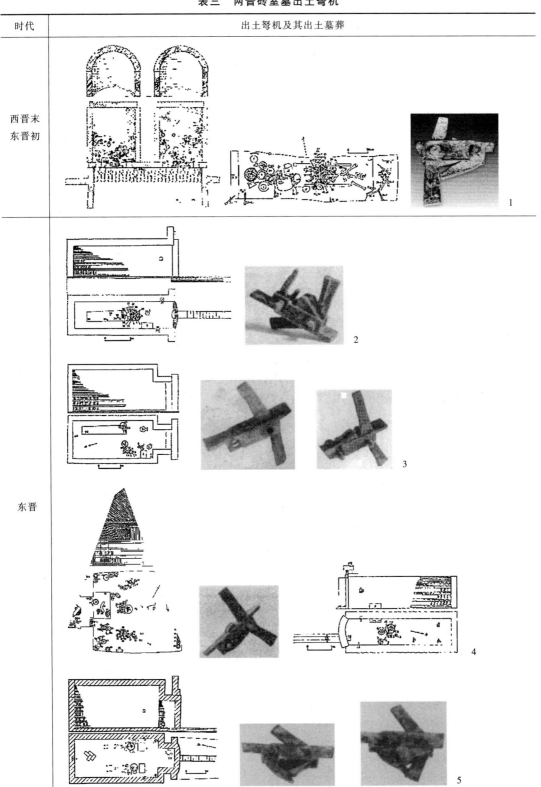

续表

时代	出土弩机及其出土墓葬
东晋	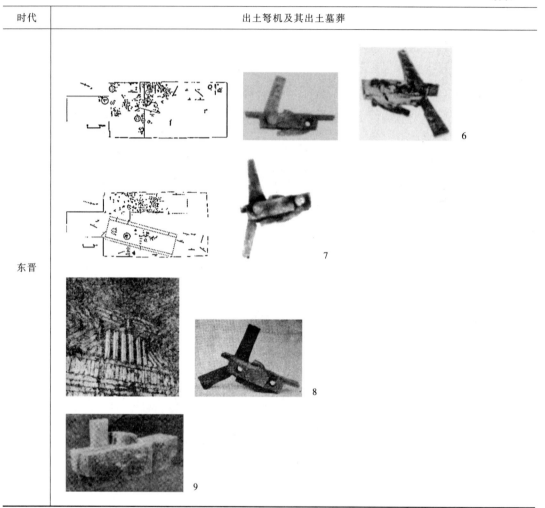

注：1. 山东洗砚池 M1；2. 南京象山王丹虎墓 M3；3. 南京人台山王兴之夫妇墓；4. 南京象山 M7、M5；5. 南京象山 M9；6. 南京仙鹤观东晋墓 M2；7. 南京仙鹤观东晋墓 M6；8. 南京老虎山东晋颜氏家族墓 M1；9. 南京老虎山颜氏家族墓 M3。

（三）中国青瓷器的随葬

甘一洞墓葬出土了 2 件中国六朝青瓷器。2－⑤地点 1 号石室墓中出土了 1 件青瓷鸡首壶，盘口部分虽有残缺，基本可分辨器形。1－③地点 11 号石室墓中出土了 1 件青瓷盘口壶，附着虎首的流（图四）。在中国镇江句容及马鞍山等地的东吴时期砖室墓中曾出土过虎首壶，但极为罕见，相关考古报告也寥寥无几。① 虎首盘口青瓷壶在六朝时期南方地区非常罕见，东吴、西晋时期南方地区砖室墓中曾出土过虎首盘口壶，但到目前为止还没

---

① 东吴西晋南方砖室墓出土了几件虎首罐，但至今尚无相关考古报告。参见刘建国《镇江东吴西晋墓》，《考古》1984 年第 6 期。

有发布正式报告。东吴时期，除鸡首外还有虎首、龙首或羊首等素材被用于青瓷器的装饰，但虎首和羊首青瓷盘口壶集中出现于东晋时期。至于其出现背景，尚无妥当的解释。部分研究指出，六朝青瓷器之所以多采用鸡、虎、羊等动物首形来作器物装饰，是因为魏晋时期盛行借动物形态来辟邪。[①]

  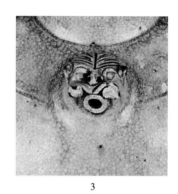

1   2   3

图四　甘一洞石室墓出土青瓷鸡首壶及青瓷虎首壶

1. 甘一洞 2 – ⑤地点 1 号石室墓出土青瓷鸡首壶；2、3. 甘一洞 1 – ③地点 11 号石室墓出土青瓷虎首壶

  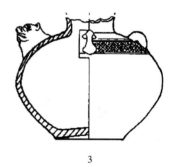

1   2   3

图五　中国六朝青瓷虎首罐及虎首壶

1. 江苏句容宝华陆家院东吴墓 M1；2. 安徽马鞍山太白乡东吴墓；3. 南京滨江开发区东吴墓 M3

（四）陶灶的随葬

在六朝时期砖室墓的主要随葬器物组合中，大量陶模型器沿袭着东汉时期流行的旧制。其中，主要流行于东汉、东吴时期的舟形灶具直到东晋时期仍有出土。特别是甘一洞墓葬出土的灶型陶器，在两晋时期长江中下游地区的湖北鄂州、江苏南京、浙江吉安[②]等地都有发现[③]，其形状与舟形陶灶极为相似，在中型以上墓葬中有一定数量的发现，因此可以推测器物组合的相关性（图六）。通过对甘一洞整个墓葬群的器物随葬组合的分析和梳理，可以了解陶灶的性质及其与共出器物的关系。进入南朝时期，部分地区随葬的陶

①　冯先铭：《略谈魏晋至五代瓷器的装饰特征》，《文物》1959 年第 6 期。

②　六朝时期吉安属丹阳郡故鄣县所管辖。

③　朱津：《论汉墓出土陶灶的类型与区域特征》，《中原文物》2015 年第 2 期。

制灶具基本被青瓷代替，器形也发生变化，因此甘一洞墓葬至少具备东晋以前的随葬灶具的传统（表四）。但出灶具的墓葬与未出灶具墓葬之间，究竟如何区别，这一问题还需要进一步思考。

1   2

图六　甘一洞石室墓出土陶灶

1. 甘一洞 1 - ②地点 5 号石室墓出土陶灶；2. 甘一洞 1 - ③地点 15 号石室墓出土陶灶

表四　长江中下游六朝砖室墓出土的陶灶

时代	出土陶灶、瓷灶及石灶
西晋 - 东晋	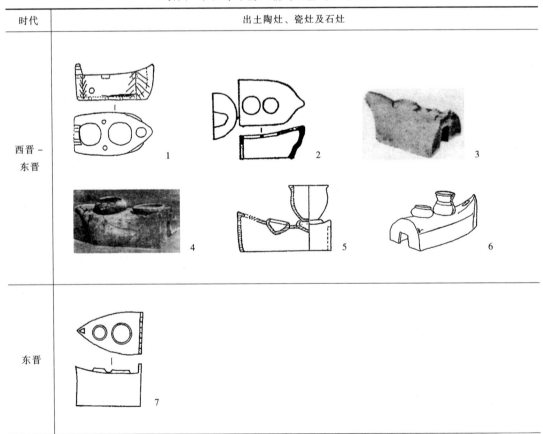
东晋	

续表

时代	出土陶灶、瓷灶及石灶
南朝	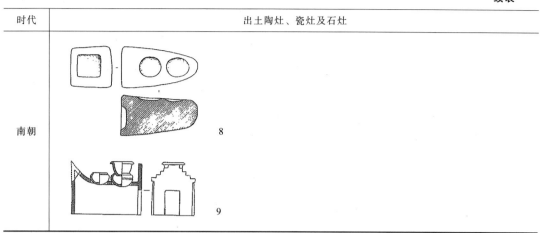

注：1. 南京邓府山东吴墓（陶灶）2. 南京柳塘村西晋墓（陶灶）3. 江苏仪征三茅晋墓（瓷灶）4. 安徽霍邱张家岗东吴墓 M5（陶灶）5. 江苏江宁索墅砖瓦厂西晋墓 M1（陶灶）6. 江苏江宁张家山西晋墓（陶灶）7. 南京农业大学东晋墓（陶灶）8. 南京隐龙山南朝墓 M1（石灶）、M3（陶灶）。

四　结语

河南甘一洞百济墓葬群的刀字形横穴石室墓、排水设施及东晋南朝流行器，是新发现的重要考古资料，为弄清汉城时期百济横穴石室墓的谱系及筑造者的背景提供了至关重要的线索。特别是甘一洞墓葬的产生，与同一地区前一阶段的原三国时期传统墓制之间几乎无法寻找演变脉络，其背景更加引人瞩目。此墓葬群与堪称汉城百济重心地的风纳、梦村土城相邻，从墓葬结构和出土器物来看，有可能是与汉城百济中央统治阶层密切相关的贵族集团的葬地。鸡首和虎首盘口壶、陶灶等与六朝砖室墓出土的标准器物非常相似，这有力印证汉城百济与中国六朝的密切关系；同时由于多种原因，很可能发生中国内地居民的移居，并形成了甘一洞墓葬的这些特点。到目前为止，在汉城百济墓葬群中，甘一洞横穴石室墓群的地理位置最靠近王都风纳土城及梦村土城，因此有必要对其埋葬过程、砌筑手法及外来文物等开展缜密分析，并对汉城百济的对外交流及其途径展开进一步的讨论。

附记： 本文根据 2019 年 9 月 27 日举行的韩国中部考古学会学术研讨会所发表论文《河南甘一洞百济古坟群的地位》进行修改和补充。

（编辑：祁海宁）

百济灯具类型及其使用方法探讨

〔韩国〕李相日

（韩国国立忠南大学百济研究所）

陈瑾瑜　译

（南京师范大学文博系）

[摘要] 百济灯具的类型大部分为盏形灯具，其发现主要集中在百济的中心地域，即今韩国忠清南道的扶余地区和全罗北道的益山地区。具体的出土遗址为扶余陵山里寺址与王兴寺址等佛寺遗址，扶余官北里与益山王宫里等王宫官厅遗址，以及推测是贵族居住地的扶余双北里与佳塔里遗址。一般认为，这样的盏形灯具是通过中国与百济的交流而传入朝鲜半岛的。既往研究对灯具形态进行了非常细致的分类。但是，相比于与燃灯本身关联不大而又五花八门的外部形态而言，需要将目光更多地放在具备多种特征的内部形态上，并在此基础上进行型式的分类。根据盏形灯具的内底构造形态，可以将其分为无其他构造物的一般灯盏、带有尖锐灯钎的灯盏以及带有圆柱形灯柱的灯盏三种类型。关于灯具的使用方法，百济灯具的燃料应该主要为来自鹿、牛、苏子、芝麻等动植物的油类。另外，可以通过观察灯具内部残留的黑灰来推测具体的燃烧方法，最为常见的应该是将灯芯搭于口沿的方法。灯钎的用途应是固定动物燃料，而灯柱则可能是用以放置植物燃料的灯芯或者直接放置动物燃料。生活中的灯具为了提高照明效果，通常会置于灯台上进行使用，也可能存在带侧柄的灯具，方便移动时使用。对于灯具的研究可以揭示当时社会的复杂性面貌。

[关键词] 百济；灯具；灯盏；使用方法；燃料

一　绪论

目前，朝鲜半岛所见时代最早的专门灯具以乐浪汉墓出土的多枝灯为代表。进入三国时代之后，通过博物馆陈列而被广为人知的灯具是新罗、加耶的"多灯式灯盏"。多灯式灯盏出土于墓葬，被认为接受乐浪多枝灯的影响而出现的。①

但是，我们难以判断目前所见的灯具在当时的现实生活中是否实际使用过。虽然部分多灯式灯盏中确认有黑灰，但是大部分应该是为了随葬而使用的明器。那么，在实际生活中正式使用的灯具是怎样的呢？那就是从百济熊津时代开始所见的盏形灯具，其形态一直延续至近现代电气照明普及之前。这样的"盏形灯"，我们称之为"灯盏"。

最近通过大量的考古发掘，在百济与新罗的古都扶余和庆州范围内，出土了相当数量的灯盏材料。不仅居住遗址，墓葬与佛寺遗址中也有所出土。但是，对于灯盏的研究并没有引起足够的重视，目前的研究成果只限于部分发掘报告中的考察与简略的研究。

然而，古代社会中的照明是对难以获取的燃料进行消费的经济性行为，这种行为应该是以能够支付高额费用的阶层为中心展开的。并且，灯具除具备照明的功能外，也被认为是供亡者使用的随葬品或者是表现燃灯供养行为的复合性遗物。可以认为，灯具反映了当时社会的复杂性面貌。

如果考虑到试图复原古代文化是考古学研究的首要目标，并通过文化行为的产物"物质资料"来接近不可见的实体文化这一点，② 那么灯具研究的目标应该是复原古代生活的一环——即"照明文化"。本文以此为目标，希望克服以往研究的局限，以百济灯具的出现过程与使用方法为中心，进行类型学分析。

二 百济灯具的出现

百济时期灯具的代表——盏形灯具，主要从熊津时期（475～538）开始出现。但是，灯具并不是从熊津时期开始使用的，在汉城时期（前18～475）已经有少量材料得以确认。代表性的遗物有汉城时期百济都城首尔风纳土城庆堂地区出土的被推测为灯具的陶器。从其形态来看，盏下可见圆柱柄状构造。这种形态在位于朝鲜平安南道的高句丽墓葬双楹冢壁画中也有所体现。

双楹冢壁画中描绘的器物图像，还见于高句丽国内城与集安禹山下3319号墓出土的实物资料。这些出土器物被推测为中国东晋窑址的产品，可见当时高句丽王室贵族已经开始使用六朝瓷器。因此，双楹冢壁画中出现的灯具也被推定为从东晋传来的青瓷灯与青瓷香炉。③

百济在3世纪后半叶向中国西晋派遣使臣，与中国本土的交流与贸易活动对于百济陶瓷器的诞生与发展影响较大。首尔风纳土城与梦村土城等遗址中出土的直口壶、器盖等新

① 〔韩〕李相日：《三国时代灯器研究》，《韩国上古史学报》总第104期，2019。
② 〔韩〕朴淳发：《湖西考古学20年（历史考古学）》，《湖西考古学》总第42期，2019。
③ 〔韩〕李溶振：《三国时代香炉研究》，《韩国古代史探究》总第5期，2010。

器型，即被认为是中国陶瓷器的模仿品。①

考虑到上述情况，我们可以认为朝鲜半岛灯具的形成与发展过程接受了中国晋代的文化因素。特别是风纳土城庆堂地区出土的陶灯，其形态应该也模仿了中国的陶瓷灯具（图一）。

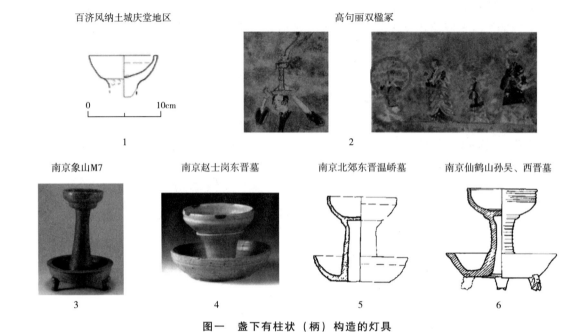

百济风纳土城庆堂地区　　　　　　　　　　　　高句丽双楹冢

1　　　　　　　　　　　　　　　　　　　　　　2

南京象山M7　　　　南京赵士岗东晋墓　　　南京北郊东晋温峤墓　　南京仙鹤山孙吴、西晋墓

3　　　　　　　4　　　　　　　5　　　　　　　6

图一　盏下有柱状（柄）构造的灯具

资料来源：1.〔韩〕韩国韩神大学博物馆：《风纳土城 X 庆堂地区遗物包含层出土遗物的报告》，韩国韩神大学博物馆，2009，第 99 页。2.〔韩〕韩国国立公州博物馆：《高句丽古坟壁画与模写图》，通川文化社，2004，第 33 页。3. 南京市博物馆：《六朝风采》，文物出版社，2004，第 130 页。4. 徐湖平主编《南京博物院珍藏系列：六朝青瓷》，上海古籍出版社，1999，第 46 页。5. 南京市博物馆：《南京北郊东晋温峤墓》，《文物》2002 年第 7 期。6. 南京市博物馆、南京师范大学文物与博物馆学系：《南京仙鹤山孙吴、西晋墓》，《文物》2007 年第 1 期。

在熊津时期与泗沘时期（538～660），百济的盏形灯具大量出现。百济与东晋、南朝展开密切交流，采取以中国南方政权为中心的外交政策，引入佛教等国家发展过程中需要学习的先进文化。② 武宁王陵也是在接纳南朝文化后建造的。包括武宁王陵在内的百济王室陵墓中使用的砖瓦，并不只是百济工匠单纯地借用中国的葬制，而很可能是由南朝梁代的官营工匠直接参与建造的，其砖瓦与瓦窑等应该也源于南朝的砖瓦技术。③

考虑到百济受到中国文化深刻影响的历史背景，特别是公州武宁王陵中所见的灯具是中国制造的青瓷盏，可以推测盏形灯具的出现也应受到中国南朝的影响。同时，武宁王陵出土的灯具是置于龛室中使用的，这样的现象与南朝墓葬相似，也为上述南朝影响说提供了佐证。

公州武宁王陵作为砖室墓，内部存在五个龛室（编者按：中国方面一般称"灯龛"），

① 〔韩〕金钟万：《百济陶器》，读书出版社，2012，第 43～44 页。

② 〔韩〕郑载润：《5～6 世纪百济的南朝中心外交政策及其意义》，《百济文化》总第 41 期，2009。

③ 周裕兴：《百济文化与中国的南朝文化——以武宁王陵为中心》，《百济文化》总第 40 期，2009。

每个龛室内均置有一个青瓷盏用作灯具。① 武宁王陵与南朝王室贵族的墓葬相似，虽然存在一定的不同之处，但是其等级与南朝授予的品秩相符合。另外，墓室内的桃形壁龛与铭文砖表现了南朝宗室王侯陵墓的部分特征。武宁王陵灯具的胎土、釉色以及造型，与中国浙江省生产的六朝青瓷器非常相似，制作年代也应该属于南朝时期。② 中国南朝砖室墓中经常可见龛室与盏形灯具共存的情况。从武宁王陵出土的盏形灯具与熊津时期开始使用的盏形灯具来看，我们可以推测盏形灯具是在百济引进中国砖室墓时，一并开始使用的（图二）。

百济武宁王陵　　　　　　　　　　　丹阳建山南朝墓　　　　　南京象山东晋王丹虎墓

南京雨花台区警犬研究所六朝墓　　　　　　　　南京石子岗东晋墓

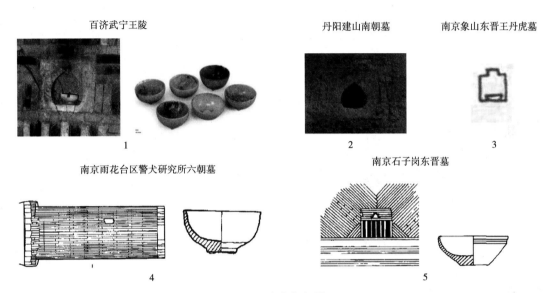

图二　龛室与灯具

资料来源：1.〔韩〕韩国国立公州博物馆：《从照片看武宁王陵发掘》，韩国国立公州博物馆，2012，第87页；《武宁王时代的东亚世界》，韩国国立公州博物馆，2014，第38页。2. 南京博物院：《江苏丹阳县胡桥、建山两座南朝墓葬》，《文物》1980年第2期。3. 南京市文物保管委员会：《南京象山东晋王丹虎墓和二、四号墓发掘简报》，《文物》1965年第10期。4. 南京市博物馆、雨花台区文化广播电视局：《南京市雨花台区警犬研究所六朝墓发掘简报》，《东南文化》2011年第2期。5. 南京市博物馆：《南京市石子岗东晋墓的发掘》，《考古》2005年第2期。

三　百济灯具的类型

考古遗迹中出土的百济灯具大部分是以盏形灯具的形式出现的。在中国灯具中，魏晋

---

① 但是，这样的砖室墓在熊津时期只是部分出现，并没有持续很长的时间。另外，公州宋山里6号墓的龛室与为了放置灯具而单独砖的武宁王陵不同，只是使用了普通的平砖，并且减少了龛室的数量。参见〔韩〕尹汉娜（音译）《百济砖室墓的构造与建造背景再探讨》，《百济研究》总第61期，2015。校村里3号墓的方形龛室也可见假窗。参见〔韩〕郑治泳《公州校村里砖室坟的性质与地位再考》，《历史与讨论》总第74期，2015；〔韩〕李贤淑：《公州校村里百济时代砖室墓与石筑坛设施》，《百济学报》总第27期，2019。

② 周裕兴：《百济文化与中国的南朝文化——以武宁王陵为中心》，《百济文化》总第40期，2009。

南北朝以来，灯盏与支座逐渐分离。① 灯具形态也由圆形容器向简约化方向发展。② 这样的变化也应该通过中国与百济的交流传入了朝鲜半岛。盏形灯具出现于熊津时期并流行于泗沘时期的情况应该也是出于这样的背景。

出土盏形灯具的百济遗址，主要集中于百济的中心地域，即现在韩国忠清南道的扶余地区与全罗北道的益山地区。具体的出土遗址包括扶余陵山里寺址与王兴寺址等佛寺遗址，扶余官北里与益山王宫里等王宫官厅遗址，以及被推测为贵族居住地的扶余双北里与佳塔里遗址。其中，出土灯具最多的是佛寺遗址，代表性的例子为扶余陵山里寺址。位于寺址外郭的建筑物中同时出土了 88 件盏形灯具，③ 此外还发现具备地穴结构的小型建筑遗址，推测可能用于贮藏火种。④ 特别是通过灯具与砚台一起出土的情况，可以推测这些灯具可能是当时身为最高级知识分子的僧侣用来进行阅读经典和写作的照明工具，⑤ 也可能用于燃灯供养。⑥

韩国学界在既往的研究中，将灯具的形态进行了非常细致的分类。⑦ 由于百济的盏形灯具器形变化多样，无法分辨不同阶段的样式。与此同时，存在着多种形态的盏形灯具，所以很难揭示其时间上的先后关系。⑧ 考虑到这样的情况，笔者认为，相比尚未定型的外部形态，需要更多地关注具备多种特征的内部形态，并在此基础上进行型式分类。

笔者通过对 212 件盏形灯具的观察⑨，根据其内底的构造，将其分为三型（表一）。

A 型，135 件。内底无任何构造的普通灯盏。这种类型占据总数量的 63.7%，是最基本的形态，在三国时代之后的统一新罗时期成为主流，一直持续使用到朝鲜时期。

B 型，14 件。内底设有灯钎的灯盏。这种类型占据总数量的 6.6%。与上部平整或呈圆形的灯柱不同，灯钎的上部为尖锐窄小的形态，横截面呈三角形。这种类型在乐浪的灯具中也可以找到。对于灯钎的出现背景，有中国学者认为，由于普通灯盏无法稳定地固定燃料，所以在容器中间增加了钉子形态的构造物。这样的形态从春秋战国时代开始出现，直到魏晋时代前期，都是灯具的主要形态。⑩ 考虑到这样的情况，可以推测百济盏形灯具中的灯钎也应该用于固定燃料。

① 祝燕琴：《中国古代灯具造型艺术研究》，苏州大学硕士学位论文，2007。
② 徐巍：《中国古代陶瓷灯具研究》，《文物世界》2004 年第 1 期。
③ 〔韩〕韩国国立扶余文化财研究所：《陵寺——扶余陵山里寺址第 10 次发掘调查报告书》，韩国国立扶余文化财研究所，2008，第 131 页。
④ 〔韩〕韩国国立扶余博物馆：《陵寺：扶余陵山里寺址发掘调查进展报告书》，韩国国立扶余博物馆，2000，第 39 页。
⑤ 〔韩〕韩国国立扶余文化财研究所、韩国国立扶余博物馆：《百济王兴寺》，韩国国立扶余文化财研究所，2017，第 60 页。
⑥ 〔韩〕李相日：《三国时代灯器研究》，《韩国上古史学报》总第 104 期，2019。
⑦ 既往研究，在外部形态的基础上将扶余陵山里寺址出土的灯具分为 9 个型式。另外，在非百济地域的新罗庆州芬皇寺址出土灯具的型式分类中，将其分为 48 个组别。这样的分类是否真实地反映了古代人实际制作、使用灯具的情况，不由令人怀疑。
⑧ 〔韩〕金钟万：《百济陶器》，读书出版社，2012，第 160 页。
⑨ 分类对象为扶余与益山地区主要遗址出土的 270 件灯具中能够确认内部特征的 212 件灯具。参见〔韩〕李相日《百济灯盏研究》，韩国国立忠南大学硕士学位论文，2018。
⑩ 祝志强、詹庆旋：《中国古代照明灯具光源放置方式及相关灯具构造研究》，《光源与照明》2004 年第 4 期。

表一 百济盏形灯具的内部分型

A 型	B 型		C 型		

资料来源：〔韩〕韩国国立扶余文化财研究所：《陵寺——扶余陵山里寺址第 10 次发掘调查报告书》，韩国国立扶余文化财研究所，2008；《扶余官北里百济遗迹发掘报告书Ⅲ》，韩国国立扶余文化财研究所，2009；《王兴寺址Ⅵ》，韩国国立扶余文化财研究所，2015；《王兴寺址Ⅶ》，韩国国立扶余文化财研究所，2016。

C 型，63 件。内底设有灯柱的灯盏。这种类型占据总数量的 29.7%。灯柱可以分为几种形态。第一种为在底部下方用手指压制的形态，具有上部呈现不平且圆形的特征。第二种为在内表面单独粘贴黏土块后制作成圆筒状的形态，附着灯柱后，周边可见圆形的修整痕迹，由于黏土块是单独粘贴，所以也常见其掉落的痕迹。第三种为对灯柱进行追加性修整的形态，上部中间部分加工成凹形，以便更好地固定灯芯。

灯钎与灯柱是通过肉眼观察就能确认的特征。正如前文所述，灯钎在汉代已有所见。灯柱的出现则可以在中国南朝时期流行的承盘形灯盏中找到痕迹，即在中心部制作低矮的小型圆筒形构造物（表二）。推测灯芯是被置于其内部的构造物中，将其燃烧时产生的灰烬隔离在圆柱内，以防止油料被污染。这种类型的灯具目前发现于江西清江南朝墓、江西新干金鸡岭南朝墓等江西一带的墓葬中。[①]

前述提及的百济汉城时期风纳土城庆堂地区出土的灯具中，并没有发现灯钎与灯柱的存在。我们推测百济盏形灯具的出现应该是受到了中国的影响。考虑到灯柱出现并流行于中国的南朝时代，那么百济盏形灯具内部的灯钎与灯柱也很有可能受到中国的影响。但是，从日本的情况来看，江户时代灯具已经在民间基本普及，为了防止贵重的油类随着灯芯向外流出而造成浪费，出现了在灯具下部放置容器或者在灯具中央制作构造物以固定灯芯的变化。[②] 考虑到这一点，百济在使用灯具的过程中，也有可能出于某种原因，为提高功效而自行设计了灯钎与灯柱。

① 陈颖：《长江中下游地区三至十世纪瓷油灯初步研究》，吉林大学硕士学位论文，2012。
② 〔日〕长野县松本市教育委员会：《松本城三の丸跡的发掘》，长野县松本市教育委员会，2016，第 19 页。

表二　中国灯具的内部

灯钎（汉）	灯钎（乐浪）	灯柱（南北朝）		

资料来源：〔日〕天理大学附属天理参考馆：《火的恩惠》，天理大学出版部，2006，第 13 页；〔韩〕郑仁盛：《乐浪高杯形土器的特征》，《考古学》总第 11 期，2012；彭适凡：《中国古陶瓷》，艺术图书公司，1994，第 59 页；〔韩〕韩国汉城百济博物馆：《青瓷之路——从东亚走向世界》，韩国汉城百济博物馆，2016，第 79 页。

四　百济灯具的使用方法

灯具最为重要的功能是内部用火，因此在制作时也会最为关注这一方面。虽然用火为共同目的，但是具体的实施方法可能各不相同。因此，为了理解灯具，我们需要了解其实质性的功能，即用火的方法。

百济灯具中使用的燃料，通过武宁王陵、陵山里寺址、宫南池中出土的灯具的残存脂肪酸分析，可以得知是动植物燃料（表三）。与韩国相比，中国学界进行了相对较多的研究与分析，通过对考古材料的残存物的分析与文献记载，可以将燃料分为在常温中具有固体形态的动物燃料"脂"与在常温中呈现液体形态的植物燃料"油"两类。[1] 参考中国的研究成果，对《三国史记》与《三国遗事》等文献材料进行分析，可以得知百济灯具的燃料主要为来源于鹿、牛、苏子、芝麻等的油脂，也有可能使用猪油与棉麻油类。[2]

---

[1] 麻赛萍：《汉代灯具燃料与形制关系考》，《考古与文物》2019 年第 1 期；徐巍：《中国古代陶瓷灯具研究》，《文物世界》2004 年第 1 期；张磊：《中国古代灯具形制和照明燃料演变关系考》，《南京艺术学院学报》（美术与设计）2009 年第 6 期。

[2] 〔韩〕李相日：《三国时代灯盏的燃料与灯芯》，《次世代人文社会研究》总第 16 卷，2020。

表三　百济灯具的残存脂肪酸分析

遗迹	对象	结果	
		动物燃料	植物燃料
扶余宫南池	南北水路 I 出土 灯具 内 1 件	—	不明的植物油类
公州武宁王陵	龛室 出土 灯具 内 4 件 灯芯　2 件	不明的动物油类	推测为菜籽油、苏子油
扶余陵山里寺址	4 号建筑遗址 出土 灯具 内 7 件	推测为鹿油	推测为苏子油
	3 号建筑遗址 出土 灯具 内 4 件	推测为陆上哺乳类动物油类	推测为种子类
	3 号建筑遗址 出土 灯具 内 15 件	推测为反刍动物油类	不明的植物油类

资料来源：〔韩〕韩国国立扶余文化财研究所：《宫南池 II——现宫南池西北便一带》，韩国国立扶余文化财研究所，2001，第 462 页。〔韩〕俞惠仙、郑英珠：《武宁王陵出土灯盏内残留物分析》，《百济斯麻王：武宁王陵发掘后 30 年的足迹》，韩国国立公州博物馆，2001。〔韩〕韩国国立扶余文化财研究所：《陵寺——扶余陵山里寺址第 10 次发掘调查报告书》，韩国国立扶余文化财研究所，2008，第 134～135 页；〔韩〕姜昭暎（音译）：《来自考古遗物的生物分子的化学分析》，韩国中央大学博士学位论文，2017。

　　中国出土的灯芯主要有云南省昭通桂家院子 M1：44 中以竹作为原料制作的类型，以及广西合浦风门岭 M23B 中或以灯芯草作为原料制作的类型。[①] 日本至今仍然使用通过传统方式制作的灯芯，并且推测日本古代灯具的灯芯材料为灯芯草和麻。[②] 从百济的情况来看，武宁王陵灯具内部具有扭曲形态的织物，可以确定为灯芯。综合中国、日本、韩国的出土实例，推测古代灯具的灯芯使用了软质和硬质的材料（图三）。

软质灯芯（麻）　　　　　软质灯芯（灯芯草）　　　　硬质灯芯（麻）

图三　百济灯具的灯芯

资料来源：图中的灯具是笔者根据扶余陵山里寺址 3 号建筑遗址出土灯具进行的复原。灯芯则是利用日本传统制作方式的部分产品组合而成。

---

① 麻赛萍：《汉代灯具燃料与形制关系考》，《考古与文物》2019 年第 1 期。

② 〔日〕牧田梨津子、伊野近富：《奈良时代灯具实际使用情况的检讨》，《京都府埋藏文化财情报》2014 年第 123 期。

那么，上述百济灯具的内部特征、燃料、灯芯三种元素，是如何组合起来使用的呢？通过观察灯具内残存的黑灰状态，我们可以对其进行推测（表四）。首先是黑灰集中于口沿部分的类型。这样的黑灰状态可能是由于灯芯置于口沿部分燃烧而产生的。使用植物燃料需要配置灯芯，如果灯具内部没有灯柱，那么灯芯就应置于口沿部分来使用。实际上这种使用方法是最为普遍的形式，直到近代使用的灯具中也广泛存在。在这种方法中，还可以看到几种特殊的形态。一是部分灯具中表现出为固定灯芯而使用陶器残片压住灯芯的痕迹。灯具内部陶器残片位置的周边集中出现黑灰，由此可以判断出这种使用方法。二是同时利用两个灯具的方法。为了防止灯芯燃烧时产生的灰烬与油渣掉落，在下方多置一件灯具，或者为了稳定地使用灯芯，在灯具内部叠加一件灯具进行使用。这种使用方法可以通过两件灯具的重叠出土而得知。

从 B 型灯盏的情况来看，由于其灯钎上部呈现尖形，所以难以稳定地摆放灯芯。由此看来，灯钎可能是用于放置前述推测的动物燃料。动物燃料在常温下呈固态，可以固定在灯钎上进行使用。B 型灯盏中，黑灰集中出现于灯钎部分，由此可以推测这样的使用方法。另外，动物燃料燃烧时，会从脂变成含有渣滓的黏性很强的膏。从出土的灯具来看，灯钎周围也存在很多这样的痕迹。

从 C 型灯盏的情况来看，推测其更利于使用动物燃料。部分灯柱的上部为椭圆形，因此在固定灯芯时稳定性较差。这样的形态可能是用于放置动物燃料，并可以将油渣下沉到灯柱下部。但是，这种类型的灯盏也存在放置灯芯使用的可能性，根据燃料的供给状况，应该存在多种的使用方法。如果在灯柱中使用植物燃料，那么应该在灯柱上部放置灯芯。一般认为油类燃料会一直盛放到灯柱的下方。特别是扶余官北里遗迹中出土的灯具，为了稳固灯芯而在灯柱上部加工出凹陷的部分。这样的发现为推测上述使用方法提供了依据。

最后让我们来观察一下除上述三类以外的其他情况。即，灯具内部没有灯柱与灯钎，黑灰集中存在于中心部。这样的情况应该是直接在灯具中央放置动物燃料进行使用而造成的，与燃料的受给状况有关。根据不同燃料供需情况的不稳定性，我们推测存在随机使用两种燃料的情况。[①] 另外，也存在使用纺锤或者陶器残片代替灯柱的可能性。中国宋代徐兢（1091～1153）在记录高丽风俗的《宣和奉使高丽图经》卷二十八"光明台"中进行了如下描述："若然灯则易以铜红。贮油立炬。镇以小白石。"[②] 由这则文献看来，也有可能为了放置灯芯而使用了纺锤或者陶器残片。

---

① 〔韩〕韩国国立扶余文化财研究所：《陵寺——扶余陵山里寺址第 10 次发掘调查报告》，韩国国立扶余文化财研究所，2008，第 135 页；〔韩〕姜昭暎（音译）：《来自考古遗物的生物分子的化学分析》，韩国中央大学博士学位论文，2017。

② 转引自〔韩〕韩国国立庆州文化财研究所《传仁容寺址发掘调查报告书 II》，韩国国立庆州文化财研究所，2013，第 41 页。

表四　百济灯具的使用法示意

口沿（植物燃料）	
模式图	黑灰状态

灯钎（动物燃料）	
模式图	黑灰状态

灯柱（动物燃料）	
模式图	黑灰状态

灯柱（植物燃料）	
模式图	黑灰状态

例外（动植物燃料）	
模式图	黑灰状态

那么，考古发掘出土的实物灯具在古代日常生活中是如何使用的呢？推测存在座灯和行灯两种场景。前者应搭配灯台使用。为了有效地进行照明，必须将光源置于高处。如果将灯具放在地面上，则会有导致绊倒或意外引发火灾的危险，所以可以推测当时应该广泛使用了灯台。前述百济汉城时期风纳土城庆堂地区出土的灯具因为下部附有灯柱，所以可能并不需要灯台。但是，熊津时期与泗沘时期的盏形灯具在使用时应该与灯台相互组合。虽然目前还未在百济遗址中发现具备完整灯台形态的遗物，但是考虑到盏形灯具的出现受到了中国南朝的影响，可以推测灯台的形态也应与中国相似，大体上为木制，呈"工"字形。另外，也可能存在不设上板的灯台。扶余陵山里寺址与益山王宫里遗址出土的灯具中，可见底面具有与支座相结合的部分，比如设置可供插入圆筒形支架的内部凹槽（图四）。但是，由于此类灯具出土的数量较少，所以应该不是当时的主要类型。

南京前新塘墓出土	扶余陵山里寺址、益山王宫里遗址出土		灯台模式图

1	2		3

图四　灯台

资料来源：1. 南京市博物馆：《六朝风采》，文物出版社，2004，第 122 页。2.〔韩〕韩国国立扶余文化财研究所：《国立扶余文化财研究所重要遗物图录》，韩国国立扶余文化财研究所，2009，第 26 页。3. 作者绘制。

古人在移动时，也会使用到灯具（图五）。代表性的遗物为附有柄部的灯具，出土地点也集中于王宫遗迹——扶余官北里、益山王宫里、扶余扶苏山城与青山城、益山弥勒寺址等重要遗址。此类灯具被认为用于特殊目的，或是等级较高的遗物。与一般灯具相比，附有柄部的灯具体积较大。或许是因为移动使用灯盏时难以补充油料，所以设计成可以盛放大量油料的形态。另外，此类灯具外部还具备附加构造，应该是为了隔离灯芯在燃烧时

益山王宫里出土	扶余官北里出土	江西省吉安县出土	柄部灯具模式图

1	2	3	4

图五　侧柄灯具

资料来源：1.〔韩〕韩国国立扶余文化财研究所：《王宫里发掘中间报告 V》，韩国国立扶余文化财研究所，2006，第 45 页。2.〔韩〕韩国国立民俗博物馆：《火的民俗》，韩国国立民俗博物馆，1996，第 75 页。3. 彭适凡：《中国古陶瓷》，艺术图书公司，1994，第 59 页。4. 作者绘制。

产生的异物，从而预防火灾发生；或者是为了防止在移动过程中灯芯陷入油类燃料而导致熄火。从中国的情况来看，室外使用的"行灯"也在设计上增加了类似柄或者錾的构造，便于行走时携带。①

五 结论

上文介绍并总结了百济灯具的型式与使用方法。百济的灯具从汉城时期开始出现，熊津时期与泗沘时期以盏形灯具为主流并正式普及。据推测，在专门的灯具普及之前，百济人也曾在生活容器中放置燃料作为灯具的替代品。在考古发现中，可以从碗、高杯、盖杯的内部确认燃烧后产生的黑灰痕迹。

但是，在设计、生产专门用于照明的灯具时，百济人肯定对其赋予了新的观念与思想。比如，百济大部分的灯具出土于佛寺遗址，可以看出随着佛教的传入，百济引入了燃灯供养的观念，开始专门性灯具的生产。另外，这样的灯具逐渐扩散到王室贵族阶层的实际生活中。使用灯具而消费珍贵燃料的现象，成为一种社会经济性行为，这应该也只是当时部分上层人士才有能力展开的文化性行为。

对于百济灯具的研究，可以揭示当时社会的复杂面貌。遗憾的是，学界一直未予足够的重视。笔者认为，在今后的研究中，需要加强对于以灯具为代表的日常生活遗物的关注，从而促进对韩国古代历史文化的全方位复原研究。

（编辑：祁海宁）

---

① 麻赛萍：《汉代灯具实用功能考》，《东南文化》2014 年第 6 期。

越南河内市国威县越安砖室墓发掘报告

〔越南〕 黄文叶　　〔越南〕 裴文山

（越南河内国家大学社会科学与人文大学历史系）

〔越南〕 裴春松

（南京师范大学文博系）

[摘要] 2018 年 5 ~ 6 月，越南河内文物管理委员会联合河内国家大学在河内市国威县的西部清理了一座大型砖室墓。该墓出土了陶器、瓷器两类遗物。据墓葬形制、出土器物等，推测该墓年代为东汉至西晋时期。

[关键词] 越南；越安；砖室墓

一　地理位置

越安砖室墓位于河内市国威县东安社越安村，地理坐标为东经 105°36′00.5″，北纬 20°56′40.0″。墓葬坐南朝北，距积江约 65 米。东安社位于半山地区域，地形主要以山丘和丘陵为主，地势较复杂，地区间海拔差异很大，地势由西北向东南逐渐降低。

2017 年，越安村村民在重建上亭时发现了这座坟丘墓。墓葬被发现后，当地村民立即暂停施工，并向乡人民委员会及国威县文化处汇报。为了保护该墓的历史和文化价值，河内市人民委员会于 2018 年 4 月 24 日签署决定，批准河内文物管理委员会与河内国家大学下属社会科学与人文大学进行实地考察，并对越安砖室墓进行抢救性发掘。2018 年 5 月 18 日，该墓正式开始发掘。经过一个月的时间，发掘团队完成该墓的发掘及文物整理的工作。

二 地层堆积、遗迹及随葬品

（一）坟丘和墓葬的结构

1. 坟丘结构

坟丘墓多属于大型墓葬。坟丘的大小体现了墓主人的身份及其年代。较大的坟丘普遍出现于 2~4 世纪，一般有两层砖椁。坟丘直径一般为 20~30 米，高度 4~5 米。规模略小的坟丘墓，大多属于六朝后期的，其直径一般为 10~20 米，高度为 1~3 米。小型坟丘墓则一般属于隋唐年代（7~8 世纪）[①]。

发掘之前，越安砖室墓上的坟丘被用来建筑越安村的上亭。坟丘东北和西南两侧种着两棵很大的鸡蛋花树。据村民的传说，这两棵树是建亭的时候种的。在建造上亭时，人们可能对坟丘顶部进行了平整，以便开挖上亭的基础。如今，坟丘距地面仅高 2~3 米。在调查过程中，我们发现坟丘东南侧有一排红土暴露出来，坟丘表面上有一薄层红土，这可能是加固上亭基础造成的。坟丘北侧和南侧的一小部分已被破坏。

坟丘平面呈椭圆形，面积约 500 平方米，直径约 25~30 米。坟丘的底部比周边的地面大约高 1 米，堆土经过非常仔细的筛选。因此，当翻土晒干时，土壤非常疏松细密，容易捏碎，粉碎得很细。当土壤潮湿时，土壤非常黏。

地层堆积：根据坟丘的横截面（开挖坑的西壁），可以看到坟丘地层：第 1 层，表土层，厚 10~12 厘米，上面有现代遗物、黎中兴时期的瓷砖和老上亭基础的痕迹；第 2 层，厚度为 1.47~1.55 米，混有沙子的金色黏土层，土壤中仅混有小砾石；第 3 层，厚 10~15 厘米，颜色为灰黑色，混有许多瓦砾和煤；第 4 层，厚度为 42~48 厘米，与第 2 层几乎相同，但土壤经过更仔细的筛选。

坟丘地层的变化表明，堆积坟丘的土壤经过很仔细的筛选，主要是纯净黏土，粉碎过筛，以剔除杂质。该坟丘的建造时间比较长，各层的不整合已证明这一点。

2. 墓室结构

砖室墓的类型很多，平面一般呈长方形、十字形和 T 字形等。根据砖室的平面形制和规模可以确定它的相对年代。例如，长方形和十字形的砖室墓普遍出现于 1 世纪至 4 世纪，而 T 字形的砖室墓则出现于六朝后期和唐朝时期。[②]

砖室墓的规模、大小也随着时代的变化而变化。1~4 世纪，砖室墓长度一般为 7~10 米（较大的一般约为 13 米），宽度为 2.5~4 米。六朝时期墓葬的规模略小，长度为 5~6 米，宽度为 1.5~2 米，高度为 1.5~2 米。六朝后期，墓葬的规模继续变小。到唐朝时

---

① 番进波：《公元 1-10 世纪的砖室墓》，《考古学 1-2 号》，1988，第 93~94 页。
② 番进波：《公元 1-10 世纪的砖室墓》，《考古学 1-2 号》，1988，第 96 页。

期，砖室墓内只能放置棺材和一些随葬品，一般长度为 3～4 米，宽度为 0.5～0.6 米，高度约为 1 米。

该墓属于大型券顶砖室墓（仅中室和后室东侧和西侧部分残存券顶）。墓室平面呈长方形，整座墓坐南朝北，墓门朝北，面向积河，距河约 65 米（图一）。

砖室外长 14.07、内长 13 米，由长方形砖和楔形砖砌筑而成。墓室从北向南的结构为：墓门—前室—中室—后室—耳室，各墓室之间由对称的砖柱分隔，这些砖柱起支撑墓穴和分隔空间的作用。

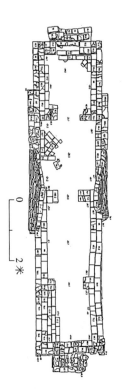

图一　越安砖室墓平面图

各墓室的结构具体如下。

墓门：包括封门墙及墓门砖柱。

封门墙：封门墙与墓门之间已裂开，向北倾斜约 15～20 度。封门墙的横截面为 T 形，由 3 排砖块砌成，在墓门的外侧和靠近墓门的地方排列 2 排，在墓门往内 1/2 的部分排列了 1 排，长 1.75、宽 0.48 米。砖为长方形，烧制温度低、时间短，砖的横侧饰有单双菱形花纹图案，长 46～48、宽 22～24、厚 6～7 厘米。

封门墙不是固定封堵起来的，而是与砖室墓连接起来的，具有门扇的功能，当人们想要改葬或进行某种仪式时，不会破坏墓室的结构。

墓门砖柱：墓门宽 1.02 米，由 2 个正方形砖柱构成，砖柱边长为 48 厘米。砖柱与墓壁紧密连接，在砌筑的过程中，砌砖工将部分砖切成两半，砌筑成一个正方形砖柱（图二）。

图二　越安砖室墓前室东侧和西侧墓门砖柱

　　墓门处仅残存一层铺地砖，其中有 2 块完整砖、1 块半砖，朝东西方向放置，尺寸为 38 厘米×18 厘米×5 厘米。

　　前室：前室内长 2.22、内宽 1.96、外长 2.92 米。

　　墓壁用长方形花纹砖砌筑而成。砖有淡红色、紫红色、紫蓝色；烧造温度高或过高；很多砖块出现玻璃化现象，自流出绿釉。砖长 47.5~48、宽 23.5~24、厚 6 厘米。砖块朝着南北方向砌筑，上、下层砖错缝砌筑。砖柱起分隔前室和中室的作用，墓壁与各砖柱相互紧固地连接成一个整体。

　　分隔前室和中室的是两个正方形砖柱，同时也是一种加固墓壁的方法，使得墙体不往内部倾斜（图三）。

图三　越安砖室墓前室和中室之间的砖柱

前室的券顶已经全部倒塌，但是根据现有情况可以看出，西侧墓壁第 1 ~ 25 排砖块都是由长方形砖砌成，第 26 排起开始使用楔形砖砌成券顶。推测前室券顶高 2.2 ~ 2.5 米，从墓门到间隔前室和中室的砖柱的顶部都是券顶结构。

中室：内长 2.82、内宽 2.34、外宽 3.30 米。墓砖饰有花纹的一侧均朝墓内。中室墓砖在尺寸、烧造温度、颜色等方面与前室相同。然而，前室和中室的砌筑结构却不一样。为了增加中室的面积，中室的砌筑比前室和后室宽，相差约为一排砖块的宽度。

间隔中室和后室的两个砖柱设有灯台，半块砖长，距墓底 81 厘米（图四）。

该墓中室横宽最大。在发掘过程中，大多数随葬品如碗、灯、罐等，都出土于中室。由此推测，该墓的中室为祭祀处，所有的礼仪和祭拜活动，都在此处进行。

图四　越安砖室墓中室和后室之间的砖柱

后室：面积最大，大部分已倒塌，内长 5.5、内宽 1.86、外宽 2.82 米，内设有两个砖柱，将后室分为两室，长度分别为 3.09 米和 2.16 米。

后室和前室的砌筑方法相差无几，但尺寸略有不同。另外，分隔后室的砖柱比其他砖柱要小一砖块的尺寸（图五）。

耳室：位于整个砖室后部的两个砖柱之间，顶部内侧的一小部分已被破坏，于后室向外凸出 80 厘米。耳室东西宽 1.4、内长 74、内宽 50 厘米（图六）。

3. 砌筑方式

建造砖砌拱形建筑而不使用黏合剂，需要砌筑工在建造之前进行很详细的计算。在选择了墓穴的位置、方向和地面之后，古人先筛选纯净黏土，不得含有杂物及碎砖，再进行压实地基，然后用砖砌筑砖室。砖室由长方形砖和楔形砖砌成，砖的尺寸比例约 2 : 1（长度是宽度的两倍）。按此比例使用砖砌筑将有助于更高精度地连接墙体和砖柱。

图五　越安砖室墓后室中间的砖柱

图六　越安砖室墓的耳室

　　前室、中室和后室最后面的砖柱由 4 层砖块砌成，后室中部的砖柱则由 3 层砖块砌成，墓壁由 2 层砖块砌成。在两层之间仅砌合在两个门柱和后室的最后两个砖柱上，没有锁砖层。每一层砖的砖缝相互错开，起围合和承重作用。有一些砖被切成两半以确保砖缝填充密实。墙体第 1～25 排砖块都是由长方形砖砌成，第 26 排起开始使用楔形砖砌成拱券顶。

　　从该墓残存的地面情况来看，可以推测它的铺地方式。首先，古人在墓墙脚砌一排砖，然后砌筑正方形的砖柱。根据砌筑墓葬的需要，部分砖块被切成三角形，并且砌成"人"字形。

将棺材移入墓中可以在砌筑过程中，或在墓室砌筑之后进行。在砖室砌筑完成并将棺材移入之后，人们再用砖砌成封门墙，并用土覆盖形成墓上封土。

4. 砌筑材料

除砖室残存的墓砖外，此次还发掘出土了 1993 块墓砖标本，其中 892 块是长方形、楔形砖，剩下 1101 块形状未明（表一）。墓砖主要有三种颜色：红色、绿色和紫色。

表一 越安砖室墓出土墓砖的统计

分类	长方形砖		楔形砖		形状未明	总计
	有花纹图案	无花纹图案	有花纹图案	无花纹图案		
数量（块）	210	191	239	252	1101	1993
比例（%）	10.54	9.58	11.99	12.64	55.24	100
	20.12		24.64			

长方形砖：在砖室墓结构中，这类砖主要用于砌筑墓壁及墓底。

无花纹图案的长方形砖：

此砖由黏土和小碎石混合制成。颜色：主要是红色，比较统一，同一标本上未见两种不同的颜色。砖的烧造温度低，表面较软，易磨粉。制作痕迹：大多数砖并未留下制作痕迹。因为砖表面非常软，一些烧造温度较高的砖块表面上有剪痕，下面覆盖很多沙子，以使烧结时不易粘连。

根据砖的大小、厚度可分为三小类。

A 类：砖的厚度为 3~4 厘米，主要用于砌筑封门墙和耳室券顶。

B 类：砖的厚度为 5~6 厘米，主要用于铺地，砌筑墓墙和顶部。

C 类：砖的厚度为 7 厘米以上，主要用于砌筑墓壁和顶部。

有花纹图案的长方形砖：

砖的一侧或两侧装饰有花纹图案。砖薄的一侧都有花纹图案，或另外一侧也有。花纹主要为单双菱形花纹、同心圆、汉字及其他特殊花纹图案，具有典型的汉代特征。因此这些墓砖被称为"汉砖"。

砖由红土基粒制成，粒子尺寸为 0.2~0.5 厘米。颜色主要为深红色、粉色、绿紫色和浅绿色。烧造温度不均匀，有些砖块加热过高导致流釉现象。制作痕迹：将砖模制成型，在砖的表面上覆盖一层沙，形成隔离材料层。当在高温下加热时，这层沙粒可能导致流釉现象。

根据砖的大小可分为以下两类。

A 类：长 34.5~36、宽 15~17、厚 5 厘米。颜色：主要为红色，有些半红半绿。红色砖的烧造温度低，容易磨粉。由于烧制不均匀，砖的颜色也不均匀，红色砖的烧造温度低，而绿色砖的烧造温度相当高。制作痕迹：砖的上表面有很多剪痕，宽 0.1~0.2、深 0.1 厘米。砖的一侧或两侧有菱形纹或鱼骨纹图案。此类砖用于铺地。

砖标本 1：长 24.3（残存）、宽 15～16、厚 5 厘米。该砖残存半截，颜色为橘红色，砖头的一小部分呈绿灰色。烧造温度不均匀，砖的正面表面内凹，并相当粗糙，留下制作痕迹；反面的表面光滑，混有沙砾。砖较长的一侧装饰着鱼骨花纹图案，鱼骨之间的距离不均匀，为 0.8～0.9 厘米。砖的侧面装饰着菱形花纹图案，距离相对均匀，长 0.8、宽 0.7 厘米（图七）。

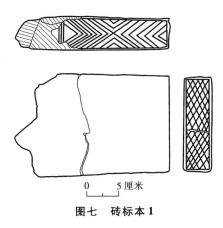

图七　砖标本 1

B 类：长 42～48、宽 20～24、厚 5～6 厘米。颜色主要为红色和粉色，一些砖块的表面小部分有绿色和紫色。烧造温度：大多数经过中等和高度的烧造，加热过高导致流釉现象。制作痕迹：砖的上表面有很多剪痕，下面覆盖很多沙子，以使烧结时不易粘连。此类砖主要用于砌筑墓壁及券顶。

长方形砖上装饰的花纹主要是汉代典型的图案，如单双菱形、硬币、鱼骨、同心圆和水浪图案。此外，其侧面还饰有树木、花朵和汉字等图案。

砖标本 2：长 25.2（残存）、宽 23、厚 6.2 厘米。该砖残存半截，呈翡翠绿色、灰绿色，用黏土制成，混合着较多小砾石，经过高温烧造（加热过高导致流釉现象）。表面涂有釉层。砖的侧面装饰有两个大小相同的三层同心圆。两个同心圆之间饰有一个四叶草图案（图八）。

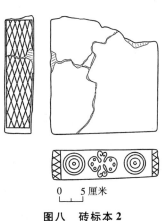

图八　砖标本 2

砖标本 3：残长 11 厘米、残宽 11.6、厚 6.5 厘米。仅残存 1/4，颜色呈红橙色，由黏土和混有小颗粒的沙子以及砾石烧制而成。经过高温烧造，表面坚硬。侧面装饰有 "S" 字和 "夫" 字的图案（图九）。

楔形砖：一边厚一边薄的墓砖。

无花纹图案的楔形砖：

这种砖由黏土和小碎石混合烧制而成。颜色主要为红色，同一标本上未见两种不同的颜色。砖的烧造温度低，表面软，容易磨粉，主要用于铺地。制作痕迹：因为此类砖很容易碎裂，大多数砖块未留下制作痕迹。

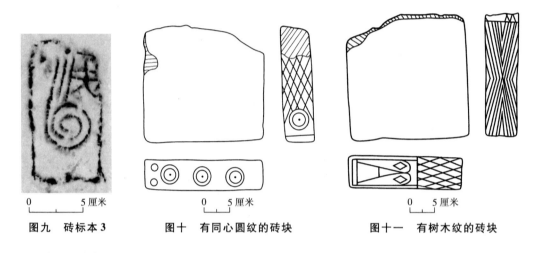

图九　砖标本 3　　　图十　有同心圆纹的砖块　　　图十一　有树木纹的砖块

根据此类砖的厚度，可以将其分为以下六类。

A 类：砖薄侧的厚度为 4 厘米，厚侧的厚度为 5 厘米。

B 类：砖薄侧的厚度为 3 厘米，厚侧的厚度为 6.5 厘米。

C 类：砖薄侧的厚度为 5 厘米，厚侧的厚度为 6.5 厘米。

D 砖：砖薄侧的厚度为 3 厘米，厚侧的厚度为 7 厘米。

E 类：砖薄侧的厚度为 5 厘米，厚侧的厚度为 7 厘米。

F 类：砖薄侧的厚度为 5 厘米，厚侧的厚度为 7.5 厘米。

有花纹图案的楔形砖：

砖的一侧或两侧装饰有花纹图案（有的两侧都有花纹，有的只有一侧有花纹）。砖的薄侧都有花纹图案，或另外一侧也有。花纹主要为单双菱形花纹、同心圆、汉字及其他特殊花纹图案。该墓出土有 239 块楔形砖，有花纹图案的占总数的 11.96%。

这类砖由红土基粒烧制而成，粒子尺寸为 0.2～0.5 厘米。颜色主要为深红色、粉色，有些砖块有绿紫色和青绿色。烧造温度不均匀，有些砖块烧造温度过高导致流釉现象。制作痕迹：将砖模制成型，在砖的表面上覆盖一层沙，形成隔离材料层。当在高温下时，这层沙粒可能导致流釉现象。

砖标本 4：残长 24.5、宽 23、薄侧 4.5、厚侧 6.5 厘米，砖的一侧装饰有单菱形花纹，另外一侧装饰有三个四层同心圆花纹（图十二）。

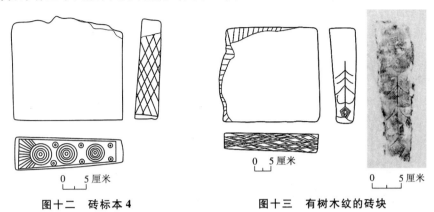

图十二　砖标本 4　　　　　　　　图十三　有树木纹的砖块

（二）随葬品

1. 陶瓷器

该墓共出土了 241 件陶瓷器，占出土文物数量的 79.81%，其中包括各种类型的罐、碗、杯、盖和托盘。

瓮是一种口小腹大的器具，通常为侈口或直口。此次出土 43 件标本，占出土文物数量的 14.24%。

陶瓮：短颈，溜肩，口部略敞，折唇外翻，肩上有耳，器身上有两圈宽 0.1 厘米、深 0.1 厘米的凹弦纹。

M1：GM15，已破碎，仅存器口、器身和器耳的一小部分。口径 11、口壁高 1.7、厚 0.6 厘米（图十四）。

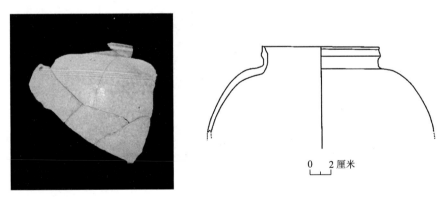

图十四　M1：GM15

瓷碗：共出土 90 个碎片，占出土文物数量的 29.80%。根据形状分为以下五类。

类型 1：收集到两个形状完整的物品，球形碗，直口，实心底，底部较小，底部内凹 0.2 厘米，形成弓形的横截面，底部无釉层。器体表面覆盖着一层釉，釉面留下三支钉痕迹，未有装饰图案。

M1：GM2，高 5.9、口径 8、底径 3、底高 1 厘米。用高岭土和细沙混合烧制而成。灰白胎，表面覆盖着一层浅黄色釉（图十五）。

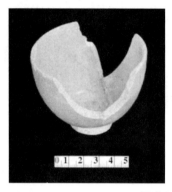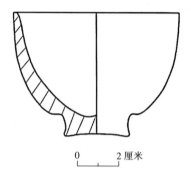

图十五　M1：GM2

类型 2：实心底，底部较小，其上刻有圆形凹槽，凹槽宽 0.5、深 0.3 厘米，中间形成一个凸出来的圆圈。

M1：GM14，仅存底部及器身的一小块。底径 4.2 厘米。器体表面覆盖一层青蓝色釉，碗心中间留下三支钉痕迹。系用高岭土和细沙混合烧制而成，灰白胎（图十六）。

类型 3：高底碗，底部略侈。

M1：GM4，碗口往内收束，高 7.8、口径 15.6 厘米。器身上部最大，下部逐渐收束。器身上部最大的地方有两圈宽约 0.1 厘米的凹棱。底径 9.6、底高 1.1、底厚 0.6 厘米，底略侈。碗底有轮制痕迹。由高岭土制成，很细，无杂质，颜色均匀。器体表面施一层青绿釉不及底，碗心底部也无釉（图十七）。

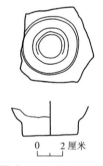

图十六　M1：GM14　　　　　　　　　　图十七　M1：GM4

类型 4：球形碗，侈口，折腹。

M1：GM5，形状完整，高 7.6、口径 14、底径 8.4、底厚 1 厘米。碗身有一圈宽约 0.1 厘米的凹棱。碗心内口沿下有两圈 0.05 厘米线纹，相互距离 0.1 厘米。由纯净的高岭土制成，胎质细腻，颜色均匀。器体表面施一层白釉，釉层相对均匀，碗心中残留釉料（图十八）。

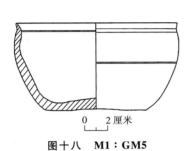 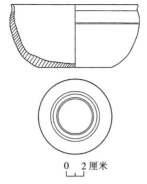

图十八　M1：GM5　　　　　图十九　M1：GM7

类型5：侈口，圆唇。口沿下部最大，往下部逐步收束，平底。

M1：GM7，形状完整，高7.2、口径14.4、底径8.4厘米，口沿下有一圈比较窄的凹弦纹。器身上有一圈宽约0.1厘米的凹弦纹。底部有两个同心圆，直径分别为5.6厘米和4.2厘米，碗底有轮制痕迹。由纯净的高岭土制成，胎质细腻，颜色均匀。器体表面施一层青绿釉，釉层相对均匀，碗心残留釉料（图十九）。

杯子：共出土22件物品，占所有出土文物数量的7.28%，其中有4件几乎完好无损。根据形状分为以下两类。

类型1：敛口，尖薄唇。最大腹径在口沿下部，往下部逐渐收束，平底。

M1：GM1，完整，高3.7、口径7.5、底径5.4、底厚1.1厘米。口沿下有一圈较窄的凹棱。底部中间最厚，往外逐步变薄，呈圆锥形。上面发现有底部与转盘接触残留之痕迹。由纯净的高岭土制成，胎质细腻，颜色均匀。器体表面施一层白釉，釉层不均匀，杯心残留釉料（图二十）。

类型2：敛口，尖薄唇。最大腹径在口沿下部，往下部逐渐收束，底部略凹。

M1：GM8，高3.8、口径7、底径4.2、底厚0.6厘米。杯口沿下有一圈较窄的凹棱。杯心最中间凸出来，逐步往外降低。上面发现有底部与转盘接触残留之痕迹。由纯净的高岭土制成，胎质细腻，颜色均匀。器表满施一层黄釉，杯心残留釉料（图二十一）。

釉陶罐：一件，占所有出土文物数量的0.33%。

M1：GM3，形状完整，敞口，尖薄唇，高8.4厘米。罐底比罐口大，口径5、底径6厘米。罐底两侧较厚，往中间逐步变薄，罐底中心的厚度0.5厘米。上面发现有底部与转盘接触残留之痕迹。由纯净的红土制成，胎质细腻，颜色均匀。器表满施一层黄釉，釉层不均匀，底部无覆盖釉层（图二十二）。

灯盒：出土了15个碎片。残留的部分只是灯顶的碎片（放蜡烛的地方）。

M1：GM11，灯的底座。圆形，最大直径为16、残高7.5厘米。口沿下部有13个矩形孔洞，长3.3、宽1.2厘米。由纯净的红土制成，经过高温烧造，橙红色。器表满施一层白釉。推测年代为西晋时期（图二十三）。

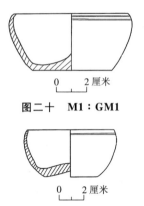

图二十　　M1∶GM1

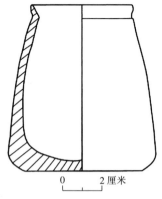

图二十二　　M1∶GM3

图二十一　　M1∶GM8

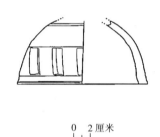

图二十三　　M1∶GM11

2. 印纹硬陶

此次出土 51 个印纹硬陶瓮和盖的碎片，占所有出土文物数量的 16.89%。器表拍印有网格纹、鱼骨纹、单菱形纹、双菱形纹等图案。

类型 1：直口，瓮口边缘平坦，束颈，与瓦器一样的烧造温度。出土一件。

M1∶GC1，仅存器口和器身，口径 14、口壁高 1、口壁厚 0.6 厘米。瓮口边缘平坦，与器身形成相对垂直的角度。肩上饰有网格纹，腹部无纹饰。肩和腹以一圈 0.2 厘米宽的凸棱间隔。由纯净的红土制成，经过高温烧造，胎质细腻，呈紫色，表面有些小孔（图二十四）。

类型 2：广口，瓮口内收，瓮口平坦。

M1∶GC4，仅存器口和器身，口径 37、口壁高 1.9、口壁厚 1 厘米。瓮口略内收，口内边缘形成较小的棱。颈沿下部饰有鱼骨纹。鱼骨纹宽 1.5 厘米。由黏土和小砾石制成，小砾石大小 0.1~0.2 厘米，烧造温度低。器体呈红色，表面有很多小孔，局部漏出小砾石（图二十五）。

类型 3：敞口，束颈，器身上装饰单菱形纹和鱼骨纹。

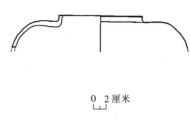

0 2厘米

图二十四　　M1：GC1

0 2厘米

图二十五　　M1：GC4

M1：GC2，仅存器口和器身，口径16、口壁高1.3、口壁厚0.9厘米。敞口，瓮口边缘平坦，口壁外侧较圆，内侧形成较大的棱。颈沿下部饰鱼骨纹。鱼骨纹宽2.0~2.3厘米。可以看出，是先在瓮体上印鱼骨纹，然后在鱼骨纹上面印上单菱形纹。单菱形纹无固定的规格，不太均匀。由纯净黏土高温烧制而成，胎质细腻，呈青绿色（图二十六）。

类型4：敞口，束颈，器身装饰网格纹。

M1：GC3，仅存器口和器身，口径18.4、口壁高1.5、口壁厚1厘米。敞口，瓮口边缘平坦，口壁外侧较圆，口壁与器体成锐角。颈沿下部装饰网格纹，每一格宽0.2厘米。由纯净黏土高温烧制而成，胎质细腻，呈青绿色（图二十七）。

0 2厘米

图二十六　　M1：GC2

0 2厘米

图二十七　　M1：GC3

三　越安砖室墓在越南北部和中北部砖室墓系统中的地位及作用

（一）越南北部和中部的砖室墓

有学者指出，在公元1~10世纪，除本地传统墓葬形制外，越南还存在一类外来的墓葬形制，即砖室墓。越南砖室墓的埋葬方式何时开始与结束仍然是一个谜。①

公元前 111 年，西汉攻灭南越国后，在南越旧地置交趾郡和九真郡。后来，汉朝又在交趾、九真二郡以南设置日南郡。交趾郡、九真郡和日南郡今为越南北部和中部地区。②

砖室墓是一类非常重要的考古资料。研究砖室墓可以了解古人的生死观或古人对死后世界的想象。根据墓葬的形状和规模大小、墓中随葬品的种类和数量，也可以看出当时社会的丧葬文化。每个阶段的墓葬特征也在一定程度上反映了墓葬的发展和演进。墓葬不仅仅体现埋葬习俗和墓葬制度本身，往往也能在一定程度上反映出当时社会政治、经济、生产、生活、风俗、宗教、观念等方面的情况。

考古学家在越南北部和中部地区，包括广宁省、海阳省、河内市、北宁省、宁平省、清化省、乂安省等地发现了砖室墓。发现的大多数砖室墓推断是东汉至六朝时期的墓葬，少数为唐代砖室墓。唐代砖室墓较少发现也许是因为它的坟丘已经破残，规模很小，被埋入地下深处。发现密集砖室墓群的地方一般是当时的中心地区——各级治所所在。从墓葬分布可以看出，生活在越南三角洲地区、北部和北中部平原和中游地区的大多是东汉和六朝时期的中国居民。墓砖上的图案也有许多是东山文化的典型图案，如 S 形花纹（单和双）、同心圆等花纹。

2020 年 8 月，宁平省文化体育所与考古研究院联合对儒关县嘉水村进行实地考察和考古发掘，发现了一座年代为 1 世纪至 3 世纪的砖室墓及相关遗址。所发现的砖室墓坐南朝北，平面呈长方"凸"形，与越安砖室墓相似。墓的长度和宽度分别为 8.5 米和 3.5 米。由于该墓的券顶已经全部倒塌，故高度不明。砖室由前室、中室和后室三室组成。墓内的随葬品比较完整，主要发现于中室，共出土 52 件完整物品，种类极为丰富，有龙头陶瓷勺、耳杯、陶瓷勺、三脚锅、铜镜、陶瓷锅等。③

因此，越安砖室墓和嘉水砖室墓在形制结构、墓砖花纹和随葬品上具有很多相似之处。

（二）越安砖室墓的保护工作

经过讨论，当地政府决定对越安砖室墓进行现场保护，上亭建设的施工方案可在该墓的西侧按照计划继续进行。由此，越安村成为越南首个对砖室墓进行现场保护的地区。目前，越安砖室墓出土的随葬品在上亭进行展示。需要指出的是，在发掘过程中，当地村民积极贡献力量（无偿劳动），与考古学家一起进行发掘，这体现了他们对文物古迹保护的热情和高度认识。因此，对越安砖室墓的现场保护，不仅保护了该座墓葬的历史文化价值，同时也满足了当地人民的精神文化需求。在当今许多历史遗迹尚未得到妥善保护的情况下，河内市国威县东安社越安村的村民已经成功地对此古墓进行现场保护，这可视为越南考古学界的亮点。

---

① 〔越〕杜文宁：《芒族墓及越南传统丧葬习俗》，《民族学》1997 年第 4 期。
② 〔越〕陶维英：《越南历史各朝代》，河内科学出版社，1964。
③ 《对宁平省儒关县嘉水社进行考古考察与发掘的结果报告》，2020。

四 结论

越安砖室墓的发掘，揭示了该墓的整体形制、规模和结构。遗憾的是该墓的券顶已被毁坏，仅中室残留了一部分。这座古墓还存在许多未知的问题，仍然需要相关学者继续研究和分析才能做出令人信服和满意的解释。该墓的发掘，为研究越南砖室墓提供了较为可靠的实物资料。

越安砖室墓由坟丘和砖室两个部分组成。人们在墓葬地面上堆土成丘，建造坟丘的堆土经过非常仔细的筛选。砖室用高温烧造和饰有多种花纹的墓砖砌筑而成。随葬品主要为陶瓷器，其年代初步推测为东汉至西晋时期（公元 1～3 世纪）。

（编辑：王志高）

科技考古

中国动物考古学新常态暨 2020 年学科发展综述

吕　鹏

（中国社会科学院考古研究所）

[**摘要**] 近年来，中国动物考古学稳健发展，这在 2020 年的学科发展上具有明显的体现。就研究视野而言，与中国考古学的发展同步，一方面聚焦具体遗址和特定动物种属的研究，另一方面在时空框架上有了新的扩展和延伸。就研究方法而言，动物遗存的定性定量研究、古 DNA 研究、碳氮稳定同位素研究、锶同位素研究、蛋白质考古、CT 扫描和 GIS 方法等多种方法应用于动物遗存本身，动物考古学与植物考古学、同位素研究和人骨考古学等有机结合探讨古代生业经济。就研究内容而言，研究视野的日渐明晰和研究方法的日益精进，拓宽和深化了中国动物考古学的研究内容。

[**关键词**] 动物考古学；动物遗存；多学科

动物考古学的研究对象是动物遗存，关注于动物本身，我们可以获取关于动物的种属、年龄、性别、形态、体质、演化、生态、种群结构、地理分布等多方面的信息，但是，动物考古学属于考古学，所以，它的最终目标是要研究古代社会。动物考古学尤其关注人类与动物的关系，研究在不同时空下人类在吃、穿、住、用、行，乃至医药、语言、文字、艺术、宗教、祭祀、战争等诸多方面获取和利用动物的方式以及演进。关于中国动物考古学的学科进展，自 2013 年始，我们陆续在《中国文物报》《中国社会科学报》等报刊及时发表了系列学科发展综述[①]，因版面所限，上述综述未能就各研究成果展开论述，并且没有文献出处，这是比较遗憾的地方。笔者深感于中国动物考古学近年来稳健的发展态势，认为中国动物考古学的研究视野在宏观（时空框架的架构）和微观（具体遗址和

[①] 吕鹏、李志鹏：《动物考古学 2012 年发展综述》，《中国文物报》2013 年 2 月 1 日；吕鹏：《强化课题意识、增进学术交流——2016 年中国动物考古学学科发展综述》，《中国社会科学报》2019 年 12 月 29 日；吕鹏：《动物遗存"讲述"鲜活古代历史》，《中国社会科学报》2018 年 2 月 22 日；吕鹏、罗运兵、袁靖：《建设具有中国特色、中国风格、中国气派的动物考古学学科体系——新中国动物考古 70 年》，《中国文物报》2019 年 12 月 2 日；吕鹏：《科学"发掘"动物遗存的"潜信息"》，《中国社会科学报》2020 年 1 月 17 日。

特定动物种属）上都有所突破，研究方法上已日渐发展成为以对动物遗存的定性定量研究为中心，有机结合年代学研究、古 DNA 研究、碳氮稳定同位素研究和蛋白质考古等多种方法的综合性前沿学科，此外，综合应用动物考古学、植物考古学和同位素研究的研究成果探讨古代生业有了重要进展，这已成为中国动物考古学发展的新常态。在此，笔者将从中国动物考古学研究、多学科综合研究和其他进展 3 个方面系统回顾中国动物考古学 2020 年度学科发展状况。

一　中国动物考古学研究

（一）各遗址获取和利用动物资源方式的研究

2020 年度进行过动物考古研究的遗址有 30 余处，其中研究报告发表在期刊、论文集和发掘报告上的遗址包括：黑龙江绥滨县奥里米城址[①]、新疆若羌县楼兰故城三间房遗址（2014 年度）[②]、新疆伊吾县拜其尔墓地[③]、青海湖盆地尖嘴遗址[④]、河北石家庄市石邑城遗址[⑤]、河北康保县西土城城址[⑥]、山东菏泽市何楼遗址[⑦]、山东淄博市齐故城阚家寨遗址[⑧]、山东邹城市邾国故城遗址（2015、2017 年度）[⑨]、安徽含山县凌家滩遗址和韦岗遗址[⑩]、安徽铜陵市师姑墩遗址[⑪]、陕西蓝田县新街[⑫]、陕西靖边县统万城遗址[⑬]、河南新乡

[①] 盖钰涵、陈全家、赵永军、刘阳：《黑龙江绥滨县奥里米城址出土动物骨骼遗存研究》，《北方文物》2020 年第 4 期。

[②] 王春雪、吕小红、刘海琳、于昕、于新月、王雪颖：《楼兰故城三间房遗址 2014 年发现的动物骨骼遗存初步研究》，载教育部人文社会科学重点研究基地、吉林大学边疆考古研究中心、边疆考古与中国文化认同创新中心编《边疆考古研究》第 27 辑，科学出版社，2020，第 425～444 页。

[③] 新疆文物考古研究所、西北大学文化遗产学院、哈密市文物局、哈密博物馆、伊吾县文物管理局：《新疆拜其尔墓地——2004～2005 年度发掘报告》，文物出版社，2020。

[④] 陈晓良、刘向军、侯光良：《青海省东北部地区中晚全新世人类对动物资源的获取与利用——以青海湖盆地尖嘴遗址为例》，《第四纪研究》2020 年第 2 期。

[⑤] 李倩、郭济桥、武庄：《河北省石家庄市石邑城遗址出土动物遗存的初步研究》，《南方文物》2020 年第 1 期。

[⑥] 武庄、陈灿平、韩雨、刘增欢、李倩：《河北康保西土城城址出土动物遗存研究》，《南方文物》2020 年第 2 期。

[⑦] 左豪瑞、王涛、朱光华、袁广阔：《山东省菏泽市定陶区何楼遗址大汶口早期动物资源利用初探》，《南方文物》2020 年第 1 期。

[⑧] 李志鹏、杨勇、徐龙国、钱益汇、杨梦菲：《东周临淄城居民肉食消费初探：动物考古学的视角》，《南方文物》2020 年第 4 期；李志鹏：《伍 临淄齐故城阚家寨遗址出土动物遗存的鉴定与分析》，中国社会科学院考古研究所、山东省文物考古研究院、淄博市临淄区齐文化发展研究中心编著《临淄齐故城冶铸业考古》，科学出版社，2020，第 730～741 页。

[⑨] 宋艳波、王青、路国权、陈章龙、郎剑锋：《邾国故城遗址 2015、2017 年度出土动物遗存研究报告》，《考古与文物》2020 年第 1 期。

[⑩] 吕鹏、戴玲玲、吴卫红：《由动物遗存探讨凌家滩文化的史前生业》，《南方文物》2020 年第 3 期。

[⑪] 戴玲玲：《第三五章（师姑墩遗址）动物遗存分析》，载安徽省文物考古研究所、安徽大学、铜陵博物馆、铜陵市义安区文物局《铜陵师姑墩——夏商周遗址考古发掘与研究》，文物出版社，2020，第 756～757 页。

[⑫] 陕西省考古研究院编著《蓝田新街：新石器时代遗址发掘报告》，文物出版社，2020，第 519～580 页。

[⑬] 胡松梅、杨苗苗、邢福来、苗轶飞：《靖边统万城西城遗址动物遗存分析》，《考古与文物》2020 年第 3 期。

市前高庄遗址①、河南新乡市尚庄遗址②、河南登封市方家沟遗址③、河南淅川县下王岗遗址（2008～2010 年度）④、河南淅川县单岗遗址⑤、湖北郧县店子河遗址⑥、浙江宁波市乌龟山遗址⑦、四川大邑县高山古城遗址⑧、重庆忠县中坝⑨、广西隆安县娅怀洞遗址⑩、云南兰坪县玉水坪⑪等。以学位论文的形式公布的遗址包括：吉林大安市后套木嘎遗址⑫、河北张家口市兴隆遗址⑬、山东济南市唐冶遗址⑭、甘肃临洮县马家窑遗址（2017 年度）⑮、陕西西安市米家崖遗址⑯、河南郑州市青台遗址⑰、河南郑州市马庄遗址⑱、河南新密市新砦遗址（2014 年度）⑲、江苏高邮市龙虬庄遗址（2016～2017 年度）⑳、江苏淮安市黄岗遗址㉑。

在此，从古代生业角度简述发表在期刊上的研究，大体按年代早晚顺序列举如下。

1. 广西隆安县娅怀洞遗址

可分为四期，第一期至第三期属于旧石器时代晚期，年代分别为距今 44000～30000 年、距今 25000～20000 年、距今 16000 年左右，第四期属于新石器时代晚期，距今 4000 年左右，为一处洞穴遗址。获取动物资源的主要方式是狩猎和渔捞，狩猎方式比重随时间有所增加、渔猎方式比重减少，依据骨骼部位保存状况推测动物多为先民宰杀肢解后带

---

① 左豪瑞、李慧萍、张自强、郭强、袁广阔：《河南新乡前高庄遗址龙山时期动物遗存鉴定报告》，载李慧萍、袁广阔主编《新乡古代文明研究》，上海交通大学出版社，2020，第 152～159 页。

② 左豪瑞、李慧萍、郭强、张自强、袁广阔：《河南新乡尚庄遗址动物遗存鉴定报告》，载李慧萍、袁广阔主编《新乡古代文明研究》，第 147～151 页。

③ 北京大学考古文博学院、郑州市文物考古研究院编《登封方家沟遗址发掘报告》，科学出版社，2020，第 115 页。

④ 戴玲玲、李志鹏、吕鹏、刘欢：《附录三 下王岗遗址出土动物遗存分析》，载中国社会科学院考古研究所编著《淅川下王岗：2008～2010 年度考古发掘报告》，科学出版社，2020，第 477～517 页。

⑤ 尤悦、张建、孙凯、杨雅洁、靳松安：《河南省淅川县单岗遗址两周时期动物资源的开发与利用》，《第四纪研究》2020 年第 2 期。

⑥ 湖北省文物局、湖北省移民局、南水北调中线水源有限责任公司编著《郧县店子河遗址》，第 399～427 页，科学出版社，2020。

⑦ 朱旭初、董宁宁、雷少：《宁波镇海乌龟山遗址出土鱼类遗存研究》，《南方文物》2020 年第 2 期。

⑧ 何锟宇、刘祥宇、陈剑、周志清、李兰：《四川大邑县高山古城遗址出土新石器时代动物骨骼遗存》，《四川文物》2020 年第 1 期。

⑨ 重庆市文物局、重庆市水利局编《忠县中坝》，科学出版社，2020。

⑩ 宋艳波、谢光茂、赵丫丫：《广西隆安娅怀洞遗址出土动物遗存初步研究》，《第四纪研究》2020 年第 2 期。

⑪ 云南省文物考古研究所、怒江州文物管理所、兰坪县文物管理所编著《兰坪玉水坪》，文物出版社，2020，第 102～114 页。

⑫ 陈君：《后套木嘎遗址出土动物遗存综合研究》，吉林大学博士学位论文，2020。

⑬ 刘子桐：《张家口兴隆遗址 2018 年出土新石器时代动物遗存研究》，山东大学硕士学位论文，2020。

⑭ 靳乐普：《唐冶遗址 2014 年出土动物遗存研究》，山东大学硕士学位论文，2020。

⑮ 安陆一：《甘肃临洮马家窑遗址 2017 年出土动物遗存研究》，首都师范大学硕士学位论文，2020。

⑯ 梁萌：《西安米家崖遗址 2010～2011 年出土动物骨骼研究》，首都师范大学硕士学位论文，2020。

⑰ 白倩：《河南省郑州市青台遗址出土动物遗存研究》，中国社会科学院研究生院硕士学位论文，2020。

⑱ 臧硕：《河南马庄遗址出土动物遗骸及其相关问题研究》，首都师范大学硕士学位论文，2020。

⑲ 李倩：《新砦遗址 2014 年出土动物遗存研究》，河北师范大学硕士学位论文，2020。

⑳ 张琪伟：《江苏高邮龙虬庄遗址 2016—2017 年出土动物遗存研究》，山东大学硕士学位论文，2020。

㉑ 裴琦：《江苏淮安黄岗遗址新石器时代动物遗存研究》，山东大学硕士学位论文，2020。

回，利用动物资源的主要方式是肉食来源，鹿科动物的掌/跖骨是主要的骨料来源。[①]

2. 山东菏泽市何楼遗址

对大汶口文化早期（距今 6300～5500 年）出土动物遗存的研究表明，家养动物包括猪和狗，家养哺乳动物在哺乳动物中所占比例高达 94.07%（可鉴定标本数）和 82.99%（最小个体数）。古代先民获取动物资源的方式以家畜饲养为主，家猪饲养存在圈养和放养两种方式，还存在一定的渔猎活动。[②]

3. 安徽含山县凌家滩遗址和韦岗遗址

属于凌家滩文化，年代为距今 5600～5300 年，家养动物包括猪和狗，古代先民获取动物资源的方式包括渔捞、狩猎和家畜饲养三种。对动物资源的利用方式主要体现在肉食来源和祭祀用牲上，高等级聚落（凌家滩遗址）似乎存在来自一般聚落（韦岗遗址）的资源输入。[③]

4. 四川大邑县高山古城遗址（2015、2016 年度）

属于宝墩文化时期（距今 5000～4000 年），家养动物包括猪和狗，家养哺乳动物在哺乳动物中所占比例为 98.13%（可鉴定标本数）和 94.44%（最小个体数）。家猪的死亡年龄集中在 10～12 个月，是肉食的主要来源，狗多用作狩猎助手或者其他用途。就生业方式而言，成熟的稻粟混作农业为家畜饲养业的稳定发展奠定了坚实基础。[④]

5. 河南淅川县单岗遗址

就两周时期出土动物遗存进行研究，家养动物包括猪、狗、马、黄牛、绵羊和山羊，家养哺乳动物在哺乳动物中所占比例高达 91.73%（可鉴定标本数）和 70.67%（最小个体数）。就动物资源利用方式而言，以肉食来源为主（黄牛的肉量贡献率最高，次之为猪和马），还包括畜力开发（马）等，马的使用呈现"世俗化"的特点。[⑤]

6. 山东淄博市齐故城阚家寨遗址

属于春秋和战国时期，为东周齐国的都城遗址，家养动物包括猪、狗、黄牛、绵羊、山羊、马和鸡，家养哺乳动物占哺乳动物总数的 92%（可鉴定标本数）和 82%（最小个体数）。利用动物资源的主要方式是肉食来源，除马之外其他的家养动物都为人所食用。就肉量复原看，猪所占比例最高，次之为黄牛，狗和羊比重稍低，上层贵族和工匠阶层之

① 宋艳波、谢光茂、赵文丫：《广西隆安娅怀洞遗址出土动物遗存初步研究》，《第四纪研究》2020 年第 2 期。
② 左豪瑞、王涛、朱光华、袁广阔：《山东省菏泽市定陶区何楼遗址大汶口早期动物资源利用初探》，《南方文物》2020 年第 1 期。
③ 吕鹏、戴玲玲、吴卫红：《由动物遗存探讨凌家滩文化的史前生业》，《南方文物》2020 年第 3 期；吕鹏、吴卫红：《长江下游和淮河中下游地区史前生业格局下的凌家滩文化》，《南方文物》2020 年第 2 期。
④ 何锟宇、刘祥宇、陈剑、周志清、李兰：《四川大邑县高山古城遗址出土新石器时代动物骨骼遗存》，《四川文物》2020 年第 1 期。
⑤ 尤悦、张建、孙凯、杨雅洁、靳松安：《河南省淅川县单岗遗址两周时期动物资源的开发与利用》，《第四纪研究》2020 年第 2 期。

间在肉食消费上并无明显区分。[1]

7. 山东邹城市邾国故城遗址（2015、2017 年度）

分为春秋、战国、汉代和隋唐共四个时期，动物种群在各分期变化不大。家养动物包括马、牛、羊、猪、狗和鸡。就肉量统计结果看，猪的比例在前三个分期都是最高的，牛的比例从春秋到汉代有上升的趋势，鹿类动物则明显下降，马在战国时期突然增多，羊和狗所占比例较为稳定。依据数量统计和年龄结构分析，家猪是最主要且最稳定的肉食来源，家养黄牛、羊、马和鸡的主要用途是使役或次级产品的开发（年老个体也会被用作肉食），牛和马的骨骼也作为骨料来源，家狗的用途之一也是肉食来源。动物遗存的空间分布表明从战国时期开始，遗址内不同区域的古代先民的肉食消费模式和消费规模上存在明显的不同。[2]

8. 河北石家庄市石邑城遗址

属于战国至西汉时期，家养动物包括黄牛、猪、绵羊、山羊和狗，出土哺乳动物以黄牛为主，次之为猪，家养哺乳动物在哺乳动物中所占比例为 90.61%（可鉴定标本数）和 88.89%（最小个体数）。古代先民利用动物资源的主要方式是肉食来源，发掘区是手工业作坊，黄牛（含角鞘）是主要的骨／角料来源，大中型鹿类动物也贡献了一定的角料。[3]

9. 新疆若羌县楼兰故城三间房遗址（2014 年度）

属于汉代楼兰故城西南区的一处院落遗址，一般视为西域长史府，家养动物为牛、马和羊，按数量统计看，牛的数量最多，其次为羊和马，骆驼和驴（不能肯定是否饲养）数量较少。动物的利用方式包括获取皮毛取暖、取食肉和奶来补充营养。生态环境相对较好，水资源丰富、自然植被覆盖率较高，以游牧方式畜养牲畜，未见猪和狗，可能与宗教信仰有关。[4]

10. 陕西靖边县统万城遗址

属于大夏时期（407~431 年），为十六国时期大夏国留下的唯一一座都城遗址。出土动物种属均为哺乳动物，包括狗、猫、驴、马、猪、骆驼、黄牛、绵羊和山羊，均属家养动物。古代先民利用动物资源的方式包括 4 种：肉食或食物来源（绵羊、山羊、黄牛和猪）、驮运或骑乘（骆驼和驴）、军事（马）、伴侣或助手（狗和猫），由食草动物所占比例极高的现象推测为游牧经济形态。[5]

---

① 李志鹏、杨勇、徐龙国、钱益汇、杨梦菲：《东周临淄城居民肉食消费初探：动物考古学的视角》，《南方文物》2020 年第 4 期。

② 宋艳波、王青、路国权、陈章龙、郎剑锋：《邾国故城遗址 2015、2017 年度出土动物遗存研究报告》，《考古与文物》2020 年第 1 期。

③ 李倩、郭济桥、武庄：《河北省石家庄市石邑城遗址出土动物遗存的初步研究》，《南方文物》2020 年第 1 期。

④ 王春雪、吕小红、刘海琳、于昕、于新月、王雪颖：《楼兰故城三间房遗址 2014 年发现的动物骨骼遗存初步研究》，载教育部人文社会科学重点研究基地、吉林大学边疆考古研究中心、边疆考古与中国文化认同创新中心编《边疆考古研究》第 27 辑，科学出版社，2020，第 425~444 页。

⑤ 胡松梅、杨苗苗、邢福来、苗轶飞：《靖边统万城西城遗址动物遗存分析》，《考古与文物》2020 年第 3 期。

11. 黑龙江绥滨县奥里米城址

辽金时期的城镇遗址，家养动物为猪、黄牛和马，猪的肉食贡献率高达54.21%，黄牛和马的肉食贡献率均在16%左右，以家畜饲养方式为主，渔猎和狩猎为补充方式。[①]

12. 河北康保县西土城城址

属于金代中晚期，家养动物包括羊、猪、马和黄牛。2岁以下的猪和羊、成年的马和黄牛是主要肉食来源，马、黄牛和骆驼的肢骨（包括桡骨、胫骨、掌骨和跗骨）是主要的骨料来源。[②]

（二）特定区域或文化的研究

本年度发表就某一区域或考古学文化进行动物考古学的研究包括：甘青地区洮河流域[③]、青海东北部地区[④]、青藏高原地区[⑤]、夏家店下层文化[⑥]、陕西榆林地区[⑦]、山西右玉县苍头河流域[⑧]、辽宁大连市广鹿岛贝丘遗址群[⑨]、长江下游和淮河中下游地区（凌家滩文化）[⑩]。以学位论文形式公布的研究包括：陇东地区[⑪]和河姆渡文化[⑫]。择要简述如下。

中外合作对甘青地区洮河流域开展多学科研究，通过对洮河考古项目的大崖头、齐家坪、灰嘴圵三处遗址出土动物遗存进行动物考古、古线粒体DNA和碳十四测年的综合研究，得到洮河流域最早的家养绵羊和山羊的测年数据分别为公元前1900～前1750年和公

---

① 盖钰涵、陈全家、赵永军、刘阳：《黑龙江绥滨县奥里米城址出土动物骨骼遗存研究》，《北方文物》2020年第4期。

② 武庄、陈灿平、韩雨、刘增欢、李倩：《河北康保西土城城址出土动物遗存研究》，《南方文物》2020年第2期。

③ Brunson, K., R. Lele, Z. Xin, D. Xiaoling, W. Hui, Z. Jing and R. Flad, "Zooarchaeology, ancient mtDNA, and radiocarbon dating provide new evidence for the emergence of domestic cattle and caprines in the Tao River Valley of Gansu Province, northwest China," *Journal of Archaeological Science: Reports*, vol. 31, 2020.

④ 陈晓良、刘向军、侯光良：《青海省东北部地区中晚全新世人类对动物资源的获取与利用——以青海湖盆地尖嘴遗址为例》，《第四纪研究》2020年第2期。

⑤ Ren, L., G. Dong, F. Liu, J. d'Alpoim-Guedes, R. K. Flad, M. Ma, H. Li, Y. Yang, Y. Liu, D. Zhang, G. Li, J. Li and F. Chen, "Foraging and farming: archaeobotanical and zooarchaeological evidence for Neolithic exchange on the Tibetan Plateau," *Antiquity*, vol. 94, no. 375, 2020, pp. 637–652.

⑥ 包曙光、余肖肖：《夏家店下层文化动物遗存研究》，《农业考古》2020年第4期。

⑦ 胡松梅：《全球视野下中国北方农牧交错带的形成——以榆林地区公元前3千纪动物考古研究为例》，《光明日报》2020年7月29日。

⑧ 山西省考古研究院、右玉博物馆编著《右玉县苍头河流域区域考古调查报告：以马营河北岸为中心》，科学出版社，2020，第488～496页。

⑨ LU, P., "Animal Transition on Ancient Islands: A Zooarchaeological Study from Xiaozhushan Site, Guanglu Island, Liaoning Province, China," *Faunal Utilization During the Prehistoric Age in the Pan-East China Sea Region*, Saito Printing Co., 2020, pp. 73–85；吕鹏：《辽宁广鹿岛贝丘遗址动物考古学研究的认识与展望》，《中国文物报》2020年7月24日。

⑩ 吕鹏、吴卫红：《长江下游和淮河中下游地区史前生业格局下的凌家滩文化》，《南方文物》2020年第2期。

⑪ 陈绰敏：《陇东地区史前农业研究》，北京大学硕士学位论文，2020。

⑫ 毛雅葳：《河姆渡文化的生业经济研究综述》，北京大学学士学位论文，2020。

元前 1600～前 1450 年。据此，研究者认为必须考虑家养食草动物（黄牛、绵羊和山羊）由黄河中游引入黄河上游地区的可能性。[①]

对青海湖盆地尖嘴遗址（卡约文化早期，距今约 3200 年）2017 年度小规模发掘资料进行动物考古学研究，结合已有研究探讨青海东北部地区中晚全新世以来人类对动物资源的获取和利用方式及演变：距今 8000～6000 年前以狩猎经济为主，距今 6000～4000 年前开始小规模饲养猪和狗，距今 4000～2000 年前，随着牛和马的引入，狩猎和家畜饲养（牛羊为主、猪狗为辅）并存。[②]

以青海同德县宗日遗址（宗日文化，距今约 4700～4100 年）2015 年度小规模发掘资料为主要研究对象进行动物考古和植物考古研究，研究结果显示该遗址所在的青藏高原东北区地区的史前先民仍以狩猎方式为主，辅以通过交换获得粟、黍等农作物，青藏高原土著采集者与新来的农民（距今 6000 年前迁入）之间存在着复杂的物质和文化交流。[③]

通过对夏家店下层文化（距今 4000～3300 年）出土动物遗存进行综合分析，研究者认为该文化人群为定居生活，采用了以农业为主、家畜饲养业为辅、兼有狩猎和渔猎的多种生业方式，不同遗址甚至不同聚落间存在物质交换行为。对动物资源的利用方式主要体现在肉食来源上，家畜饲养业是主要的获取肉食资源的方式。此外，还体现在形成特定的骨器加工操作链和未形成完备的殉牲体系上，后两种利用方式有赖于家畜饲养业的发展。[④]

陕西榆林地区动物考古学研究同样关注家养食草动物的传入及牧业的发展。该地区仰韶文化晚期以狩猎方式为主，粟黍旱作农业为猪和狗的饲养提供了食物来源；龙山文化前期（距今 4500～4300 年）仍以农业为主，畜牧、狩猎和采集为辅，但出现了家养黄牛和绵羊，草原畜牧经济初见端倪；龙山文化晚期（距今 4000 年左右）畜牧经济占据主要地位，新增了测年数据最早的山羊。关于传播路线，研究认为家羊自蒙古高原向南，一部分沿黑河到达河西走廊，一部分东传到河西走廊后向南，经南北向河谷通道向南传播到中原地区，家养黄牛同样存在这样一条传播路线，但认为存在另一条在南亚经印度河进入中国云南后北传至黄河流域和其他地区的路线。[⑤] 该研究是胡松梅执行 2018 年度立项国家社科基金重大项目"陕北榆林地区公元前 3 千纪至 2 千纪生业及环境的多学科研究"的研究内

① Brunson, K., R. Lele, Z. Xin, D. Xiaoling, W. Hui, Z. Jing and R. Flad, "Zooarchaeology, ancient mtDNA, and radiocarbon dating provide new evidence for the emergence of domestic cattle and caprines in the Tao River Valley of Gansu Province, northwest China," *Journal of Archaeological Science：Reports*, vol. 31, 2020.
② 陈晓良、刘向军、侯光良：《青海省东北部地区中晚全新世人类对动物资源的获取与利用——以青海湖盆地尖嘴遗址为例》，《第四纪研究》2020 年第 2 期。
③ Ren, L., G. Dong, F. Liu, J. d'Alpoim-Guedes, R. K. Flad, M. Ma, H. Li, Y. Yang, Y. Liu, D. Zhang, G. Li, J. Li and F. Chen, "Foraging and farming：archaeobotanical and zooarchaeological evidence for Neolithic exchange on the Tibetan Plateau," *Antiquity*, vol. 94, no. 375, 2020, pp. 637-652.
④ 包曙光、余肖肖：《夏家店下层文化动物遗存研究》，《农业考古》2020 年第 4 期。
⑤ 胡松梅：《全球视野下中国北方农牧交错带的形成——以榆林地区公元前 3 千纪动物考古研究为例》，《光明日报》2020 年 7 月 29 日。

容，认为榆林地区家养黄牛和绵羊出现在距今 4500 年左右，榆林地区也是中国最早的家养山羊的发现地，出现的时间是距今 4000 年左右。

辽宁大连市广鹿岛贝丘遗址群动物考古学综合研究涉及家养动物的起源和传播、人类行为和动物绝灭、特定环境下人类生业方式的形成和转变等研究内容。距今 8500 年前，随着海平面的上升，广鹿岛从大陆隔离，广鹿岛史前生业方式的转化可分为三个阶段：距今 6500 年左右为第一阶段，史前先民登陆此岛，岛上有大量的鹿类可供狩猎，海里有丰富的海产品可供渔捞（主要是牡蛎），而随人类入岛的狗成为渔猎生业的好帮手；距今 5500 年为第二阶段，家猪开始出现在岛上，锶稳定同位素的分析结果表明它们源于岛外，碳氮稳定同位素分析揭示了人类开始用自己种植的粟和黍的副产品来喂饲家畜，家畜饲养方式的引入可能与狩猎所得猎物已经满足不了岛上居民日益增长的肉食需求有关，证据之一是岛上的大型鹿类动物（马鹿）已因过度狩猎而逐渐灭绝；距今 5000~4500 年为第三阶段，家畜饲养方式作为一种能够获得稳定而充裕动物资源的方式在此阶段得以发扬光大，但是，史前先民依旧通过渔猎的方式获取岛上及周边丰富的野生动物资源。[①]

考古面对的物质遗存是残缺的，遗址出土动物遗存因保存状况较差而数量较少，从而造成种属和量化数据存在"偏差"的情况屡见不鲜。动物考古学者该如何在一定范围内"校准"这些数据呢？袁靖先生提出用区系类型来指导动物考古学研究[②]，这一理念有助于我们在较大的时空框架内来对一处或少数遗址的偏差数据进行合理化解释。安徽含山凌家滩和韦岗遗址出土动物遗存数量极少且存在明显的偏差现象，研究者将其置于长江下游和淮河中下游地区史前生业的框架之内，认为凌家滩文化史前先民已开始了家畜饲养，但渔捞方式占有很大的比重，凌家滩遗址家养动物来源多样，可能存在周边一般聚落（韦岗遗址）的输入。[③]

（三）多重证据探讨古代生业的研究

马克思主义的生产力与生产关系、经济基础与上层建筑的辩证关系是指导中国考古学者进行古代生业和社会研究的重要理论。袁靖先生主编的《中国新石器时代至青铜时代生业研究》是一部综合应用动物考古学和植物考古学研究成果、全面阐释中国新石器时代至青铜时代生业内涵及特征的专著，该书通过对分布于东北及内蒙古东部地区，黄河上游及新疆地区，黄河中游及华北地区，黄淮下游地区，长江上游、中游、下游地区和岭南及周边地区等地的 400 余处遗址出土的动植物遗存进行分析，概括了不同地区、不同时

---

① LU, P., "Animal Transition on Ancient Islands: A Zooarchaeological Study from Xiaozhushan Site, Guanglu Island, Liaoning Province, China," *Faunal Utilization During the Prehistoric Age in the Pan – East China Sea Region*, Saito Printing Co., 2020, pp. 73 – 85; 吕鹏：《辽宁广鹿岛贝丘遗址动物考古学研究的认识与展望》，《中国文物报》2020 年 7 月 24 日。

② 袁靖：《论动物考古学研究与区系类型的关系》，《科技考古文集》，文物出版社，2009，第 63~69 页。

③ 吕鹏、吴卫红：《长江下游和淮河中下游地区史前生业格局下的凌家滩文化》，《南方文物》2020 年第 2 期。

期的生业内涵及特征，在结合不同地区自然环境状况及各个地区考古学文化特征的基础上，探讨了中国新石器时代至青铜时代的生业状况及其在中华文明起源和早期发展过程中的重要作用。①

袁靖基于动物考古学、植物考古学和同位素的研究结果对中原地区自新石器时代到青铜时代（距今 5000 到距今 3500 年）的生业状况进行了历时性观察和共时性研究，他认为中原地区的生业呈现持续发展的过程，新的生产力要素（如黄牛、绵羊、大豆和小麦）促进了文明化进程，强大的执政能力保证了生业的稳步发展，从而造就了中原地区农业政权的强化和多样化。尽管同期许多地区也出现了复杂的政治体制，但因气候、生产力与生产关系错位等多种因素导致了其他地区的衰落和崩溃，一脉相承的持续发展使得中原地区率先形成早期国家。② 白倩同样应用动植物考古研究成果，将河南地区分为豫北、郑洛和豫西南三个区域，对河南地区新石器时代的生业方式进行探讨，认为新石器时代末期形成了多种农作物种植和家畜饲养方式，其确立的主因在于人类对资源的掌控以及文化和资源的交流。③

袁靖等继而分析了良渚文化的生业状况，借助于动物考古和植物考古的研究结果，研究发现良渚文化中心区存在先进的生产方式，但生业发展不均衡的情况非常明显，从而未能形成文化内部以及文化之间的良性互动，加上统治集团和宗教体系的僵化、忽视实际经济需求，自然灾害频发最终引发社会矛盾的激化，导致良渚文化消亡。④

玉溪下层文化（距今约 7800～6350 年）为目前三峡地区发现年代最早的新石器时代文化类型，研究者通过对玉溪遗址出土动物遗存、植物遗存、手工业（石器业、陶器业和骨器业）遗存进行研究，认为史前先民采用狩猎（含渔捞）－采集方式获取食物资源，农业和家畜饲养业已经出现但发展水平较低，仅作为获取食物资源的补充方式存在，野生食物资源和矿产资源丰富以及人类对洪水规律的认知是玉溪文化古代先民能够在该地生存千年之久的原因。⑤

（四）特定动物种属的研究

本年度发表就特定动物种属所进行的动物考古学研究包括：安徽蚌埠市双墩遗址（2014～2015 年度）猪骨研究⑥、中原和长江下游地区猪骨研究⑦、浙江宁波市乌龟山遗址

① 袁靖主编《中国新石器时代至青铜时代生业研究》，复旦大学出版社，2019。
② Yuan，J.，R. Campbell，L. Castellano and X. Chen，"Subsistence and persistence：agriculture in the Central Plains of China through the Neolithic to Bronze Age transition，" *Antiquity*，vol. 94，no. 376，2020，pp. 900–915.
③ 白倩：《河南地区新石器时代生业方式初探》，《南方文物》2020 年第 1 期。
④ 袁靖、潘艳、董宁宁、司徒克：《良渚文化的生业经济与社会兴衰》，《考古》2020 年第 2 期。
⑤ 陈珊珊、马江波：《玉溪文化古居民生业模式探析》，《农业考古》2020 年第 3 期。
⑥ 戴玲玲、张东：《安徽省蚌埠双墩遗址 2014 年～2015 年度发掘出土猪骨的相关研究》，《南方文物》2020 年第 2 期，。
⑦ Dong，N. and J. Yuan，"Rethinking pig domestication in China：regional trajectories in central China and the Lower Yangtze Valley，" *Antiquity*，vol. 94，no. 376，2020，pp. 864–879.

鱼类遗存研究①、中国北方地区原始牛的研究②、新疆地区出土马骨的研究③、陕西西安市曲江唐博陵郡夫人崔氏墓出土驴骨研究④、河南新乡市宋墓家猫研究⑤等。以学位论文的形式公布的研究包括：陕西岐山县孔头沟遗址宋家墓地马骨⑥和浙东沿海地区新石器时代鱼类遗存研究⑦。就已发表的研究分别简述如下。

安徽蚌埠市双墩遗址属于双墩文化，距今约 7000 年左右。猪在双墩遗址古代社会和精神活动中具有重要意义，通过对猪骨进行骨骼部位发现率、尺寸测量、死亡年龄及结构、死亡季节、性别及结构的分析，认为该遗址猪的种群结构复杂，除家猪和野猪之外，还有两者杂交的个体。猪下颌骨出土频率较高的现象表明猪在仪式性活动中发挥了重要作用，家猪和野猪的死亡时间（屠宰季节）集中在冬季，这与冬季食物匮乏有关，雌雄两性比例接近，说明在家猪是由小规模的家庭饲养的，在屠宰或繁育时并未有明显的性别选择。⑧

家猪是中国古代最为重要的一种家畜，对其驯化、饲养和利用能够揭示古代社会的多种信息，董宁宁和袁靖整合了中原和长江下游地区距今 10000 年～2000 年猪的动物考古和同位素研究数据以揭示其不同的驯化轨迹，结果表明，中原地区人口增长和社会组织结构的变化是引发该地区强化家猪饲养行为的主要原因，而长江下游地区，城市化进程的不均衡发展、丰富的野生动物资源以及先民对野生动物资源的偏好，最终导致该地区史前先民仅对家猪资源进行了有限开发。⑨

乌龟山遗址属于河姆渡文化三期至良渚文化时期，出土鱼类遗存就数量统计的结果看，以乌鳢数量最多，次之为花鲈、鲻和鲤，鱼类尺寸大小在各分期趋于稳定。宁绍平原古代先民因地制宜获取和利用各种淡水和近岸海洋鱼类资源，呈现出饭稻羹鱼的特色，其获取鱼类资源的方式可以分为 3 类：获取淡水鱼类为主、兼而获取淡水和近海鱼类、获取近海鱼类为主，全年均可渔获鱼类，但先民根据已掌握的鱼类生态习性在不同季节会在不同地点渔获不同的鱼类。⑩

① 朱旭初、董宁宁、雷少：《宁波镇海乌龟山遗址出土鱼类遗存研究》，《南方文物》2020 年第 2 期。
② 汤卓炜：《中国北方原始牛历史地理分布的再认识》，《农业考古》2020 年第 3 期。
③ Li, Y., C. Zhang, W. T. T. Taylor, L. Chen, R. K. Flad, N. Boivin, H. Liu, Y. You, J. Wang, M. Ren, T. Xi, Y. Han, R. Wen and J. Ma, "Early evidence for mounted horseback riding in northwest China," *Proceedings of the National Academy of Sciences*, vol. 117, no. 47, 2020, pp. 29569 - 29576.
④ Hu, S., Y. Hu, J. Yang, M. Yang, P. Wei, Y. Hou and F. B. Marshall, "From pack animals to polo: donkeys from the ninth - century Tang tomb of an elite lady in Xi'an, China," Antiquity, vol. 94, no. 374, 2020, pp. 455 - 472.
⑤ 赵坤影、武仙竹、李慧萍、郭强、王照魁：《河南新乡宋墓家猫骨骼研究》，《第四纪研究》2020 年第 2 期。
⑥ 谢紫晨：《岐山孔头沟遗址宋家墓地出土马骨研究》，武汉大学硕士学位论文，2020。
⑦ 朱旭初：《浙东沿海地区新石器时代鱼类遗存研究》，复旦大学硕士学位论文，2020。
⑧ 戴玲玲、张东：《安徽省蚌埠双墩遗址 2014 年～2015 年度发掘出土猪骨的相关研究》，《南方文物》2020 年第 2 期。
⑨ Dong, N. and J. Yuan, "Rethinking pig domestication in China: regional trajectories in central China and the Lower Yangtze Valley," *Antiquity*, vol. 94, no. 376, 2020, pp. 864 - 879.
⑩ 朱旭初、董宁宁、雷少：《宁波镇海乌龟山遗址出土鱼类遗存研究》，《南方文物》2020 年第 2 期。

原始牛是黄牛（含普通牛和瘤牛）的野生祖先，中国北方地区发现有自更新世晚期到西周至春秋时期的原始牛遗存，针对吉林大安市后套木嘎和吉林白城市双塔遗址等出土原始牛遗存进行骨骼形态、年龄结构、出土遗迹、加工痕迹和碳氮稳定同位素等方面的研究表明：原始牛是狩猎而非驯化对象，在全新世早中期相对优越的生态环境中，人口得以增长，人类活动空间加大，进而对动植物资源开发利用的强度加大，这是致使原始牛最终消亡的主要原因。[①]

李悦等应用动物考古学骨骼形态观察和古病理分析的方法对新疆巴里坤县石人子沟和西沟遗址早期铁器时代墓葬和祭祀坑中出土的马匹进行研究，发现马的脊椎、牙齿和头骨等部位的骨骼异常甚至病变现象与人类长期骑乘行为有直接关系。结合人骨异常现象和考古遗物（铁马衔和骨镞）等考古学证据，认为在公元前 1 千纪后半叶，以石人子沟遗址和西沟遗址为代表的东天山牧业人群已经熟练掌握马匹骑乘技术和骑射行为。从而，也揭示了骑马技术由阿尔泰地区经由此地向中原地区的传播路线。[②]

陕西西安市曲江唐博陵郡夫人崔氏墓的墓主为晚唐泾原、镇海节度使周宝之妻，死亡于公元 878 年，次年葬于长安万年县宁安乡曲池村之原。该墓的甬道底部及棺床上发现有 3 头驴骨和 4 头黄牛骨骼[③]。研究者重点关注出土驴骨，2 头驴的死亡年龄分别为 6～7 岁和 9 岁，测量尺寸显示 3 头驴的体型较小，说明它们不是被用作驮畜。碳氮稳定同位素分析结果表明 2 头驴食用了大量的 C4 类植物，它们生前被很好地用农作物（如大米、豆子和小米）副产品加以喂养。微形态 CT 扫描显示其属于经常奔跑且转身的动物，这也与驮畜步履沉重而缓慢且朝同一个方向运动的状况不符。综合以上证据并结合文献资料，研究者认为：陪葬的驴可能是崔氏生前打马球时的坐骑，该研究首次揭示了唐代贵族女性对驴的高度重视。[④]

河南新乡市宋墓（位于新乡市红旗区公村）的墓主左肩附近出土有属于 1 个个体的家猫遗存，骨骼表面未有任何人类行为痕迹，据此推测该猫是墓主入葬时作为宠物特意安置的，这是首次发现以宠物猫进行陪葬的考古学文化现象。该猫右侧下颌骨第 4 前臼齿和第 1 臼齿的磨耗程度大于左侧，反映了家养动物一种偏侧咀嚼的现象。[⑤]

（五）几何形态测量方法及应用的研究

几何形态测量是一门将生物的形态进行量化并研究的学科。近十年来，由生物学引入

① 汤卓炜：《中国北方原始牛历史地理分布的再认识》，《农业考古》2020 年第 3 期。
② Li, Y., C. Zhang, W. T. T. Taylor, L. Chen, R. K. Flad, N. Boivin, H. Liu, Y. You, J. Wang, M. Ren, T. Xi, Y. Han, R. Wen and J. Ma, "Early evidence for mounted horseback riding in northwest China," *Proceedings of the National Academy of Sciences*, vol. 117, no. 47, 2020, pp. 29569 - 29576.
③ 杨军凯、郑旭东、辛龙、赵占锐：《西安曲江唐博陵郡夫人崔氏墓发掘简报》，《文物》2018 年第 8 期。
④ Hu, S., Y. Hu, J. Yang, M. Yang, P. Wei, Y. Hou and F. B. Marshall, "From pack animals to polo: donkeys from the ninth - century Tang tomb of an elite lady in Xi'an, China," Antiquity, vol. 94, no. 374, 2020, pp. 455 - 472.
⑤ 赵坤影、武仙竹、李慧萍、郭强、王照魁：《河南新乡宋墓家猫骨骼研究》，《第四纪研究》2020 年第 2 期。

到动物考古学研究，方法上主要是基于动物骨骼和牙齿的形态进行测量和判定，为动物种属鉴定、家养动物起源和传播提供了新的研究方法和思路。喻方舟系统介绍了几何形态测量方法的历史、特点、基础理论和实际操作，对该方法在国际动物考古学领域的应用进行了介绍，该方法在国内已经应用于中国家猪起源与驯化的研究。① 笔者期待该方法除应用于古代猪的研究之外、应用于更多的动物种属和骨骼部位，在国内动物考古学研究中发挥更大的作用。

（六） 由动物骨骼区分种属的研究

对于动物考古学者而言，要对考古遗址中发现的羊亚科和羚羊亚科动物骨骼从形态上加以区分绝非易事，在进行区分之前我们必须首先建立一套骨骼形态学和测量指标标准，王一如对青藏高原及周边地区考古发现和现代羊亚科和羚羊亚科（动物种属包括野生的岩羊、盘羊、鬣羚、喜马拉雅斑羚、瞪羚、原羚、家养绵羊和家养山羊）的颅后骨骼进行了详细的观察记录和测量数据的比对，盲测结果显示，现生标本的肱骨远端可以明确地对动物种属加以区分，而跖骨远端则不太可行。将这一标准应用到青海互助县金禅口遗址出土动物遗存的鉴定上，同样，肱骨远端可以区分出具体动物种属，而掌骨和跖骨的远端则需采用概率分析的方法以区分动物种属。②

（七） 埋葬或随葬动物的研究

分综合研究和个案研究，简述如下。

1. 综合研究

刘一婷等认为墓葬用牲属于"文化遗物"的范围，她利用经动物考古学鉴定的墓葬用牲的材料，结合牲体出土位置，对商系墓葬用牲方式进行了分类梳理，认为商系墓葬在下葬不同环节中使用动物在种属、部位和年龄等方面存在的普遍性差异，表明葬礼中对动物的使用是遵循一定标准的，这就为墓葬用牲制度的研究奠定了基础。③

刘骁认为所谓墓内置牲是指将动物放置于墓室内部的考古现象，可分为享牲和殉牲两种情况。进而，对甘青宁地区东周至汉代墓内置牲的现象按地域和分期，从牲体放置区域、位置和容器，动物种属、部位、数量、组合和朝向，随葬其他物品等进行了系统梳理，认为墓内置牲作为一种葬俗，反映了不同时代和人群的经济、文化和社会生活。④

---

① 喻方舟：《几何形态测量在动物考古学中的应用：基本理论与方法》，《南方文物》2020 年第 1 期。
② Wang, Y., J. Peters and G. Barker, "Morphological and metric criteria for identifying postcranial skeletal remains of modern and archaeological Caprinae and Antilopinae in the northeast Tibetan Plateau and adjacent areas," *International Journal of Osteoarchaeology*, 2020, pp. 1 – 15.
③ 刘一婷、雷兴山：《商系墓葬用牲初探》，《考古》2020 年第 3 期。
④ 刘骁：《甘青宁地区东周至汉墓内置牲现象研究》，载教育部人文社会科学重点研究基地、吉林大学边疆考古研究中心、边疆考古与中国文化认同创新中心编著《边疆考古研究》第 27 辑，科学出版社，2020，第 251 ~ 262 页。

2. 个案研究

侯彦峰等对河南信阳市城阳城址八号墓（时代为战国中期偏晚）椁室内出土祭牲进行动物考古学研究，认为它们属于楚墓中常见的鼎实用牲，其中 3 件陶鼎动物组合分别为黄牛 + 家犬、黄牛 + 羊 + 猪和黄牛 + 家犬，陶豆附近出土黄牛 + 家犬，构成了牛羊猪的三牲组合。动物带肉下葬，在骨骼部位上并无明显的偏好选择，与先秦礼书所载不合，但未发现蹄骨这一考古现象与《仪礼》中用豚"去蹄"的记载相符。[①]

侯富任等对宁夏固原市南塬水厂唐墓 M4 随葬马骨进行动物考古学研究，两具马骨出土于甬道内及墓室东南部，1 具为成年雌马，1 具为幼年个体马，二者均被肢解且肉体均被去除。根据两侧齿隙不对称发育、胸椎和尾椎前后关节突上的不对称发育，推测成年雌马佩戴马衔且可能被长期骑乘，马骨为象征性随葬肉食，可能与遣奠用牲有关，随葬马匹的现象与唐代民间养马业的繁荣密切相关。[②]

（八）与驯化相关的研究

英国进化生物学家凯文·帕森斯等学者通过测量和比较伦敦城市和乡村的 111 件赤狐头骨形态，发现城市赤狐的吻部变短变宽、大脑变小，雌性和雄性赤狐头骨更为接近。这种野生动物"驯化综合征"的出现可能因为城市赤狐需要克服对人类的恐惧，以人类垃圾为食，因此，"自我驯化"出适合取食垃圾桶里食物的形态特征（宽短的吻部便于借助嗅觉发现食物残渣，强有力的下颌有助于咬碎食物，变小的头部便于探到垃圾桶深处）。[③]

研究者对内蒙古苏尼特右旗 10 户蒙古族和汉族牧民的家畜饲养与利用状况进行民族学调查，关注和讨论的内容主要包括草场面积、畜群结构及性别比例和年龄结构、繁育与阉割、疾病与死亡等，调查结果显示定居和游牧家庭在家畜种类和结构上存在差异，该研究为从动物考古学角度开展游牧生业研究提供了第一手的民族学材料。[④]

（九）骨器研究

骨器研究在本年度颇有亮点，一是在研究方法上有所突破，在已有类型学、动物考古和实验考古等方法的基础上，有学者开始借助 GIS 开展骨器研究；二是开始关注牧业经济地区的骨器制造业。

杨一迪对河南淮阳市平粮台遗址出土骨器采用了动物考古、GIS 和实验考古相结合的方法进行研究，研究表明该遗址制骨规模较小，与龙山时期中原地区的小型聚落相对应，

① 侯彦峰、王娟：《信阳城阳城址八号墓鼎实用牲研究》，《华夏考古》2020 年第 4 期。
② 侯富任、樊军：《宁夏固原南塬水厂唐墓 M4 随葬马骨研究》，《南方文物》2020 年第 1 期。
③ Parsons, K. J., A. Rigg, A. J. Conith, A. C. Kitchener, S. Harris and H. Zhu, "Skull morphology diverges between urban and rural populations of red foxes mirroring patterns of domestication and macroevolution," *Proceedings of the Royal Society B: Biological Sciences*, vol. 287, no. 1928, 2020.
④ 李鑫叶、李悦、张成睿、刘欢：《内蒙古苏尼特右旗牧民家畜饲养与利用的民族学调查》，《南方文物》2020 年第 4 期。

骨料来源主要为黄牛、麋鹿和梅花鹿的掌跖骨，加工工具以蚌器为主，加工流程上具有较为清晰的取料模式。[①]

李悦等将骨器研究地域由中原转向边疆，对新疆巴里坤县石人子沟遗址（时代为青铜时代晚期至铁器时代早期）出土骨制品进行动物考古学研究。研究表明其骨料来源以羊为主，马和鹿次之。牧业经济保证了骨器制作的原料来源，骨器制作呈现"省时省力"的特点（即精细加工使用部位，而简单化处理非使用部位）。该遗址未出现专门的制骨场所，生产链不完善，产业化和精细化程度较低，骨器制作可能是以家庭为单位进行的。[②]

（十） 贝丘遗址研究

贝丘遗址是动物考古研究大有用武之地的一类遗址，笔者曾就中国贝丘遗址的类型、分布和特点进行过归纳和总结。[③] 中国沿海地区分布有大量的海滨型贝丘遗址，但是，长江三角洲地区仅有通过高光谱遥感考古探查到的少量贝丘遗址。浙江余姚市井头山遗址是在浙江省和长三角地区首次发现的贝丘遗址，也是我国沿海地区年代最早、埋藏最深的海岸贝丘遗址，其年代为距今 8300～7800 年，发掘工作中首创性地采用了钢结构围护基坑的方法。就生业研究而言，最重要的考古发现包括以牡蛎、泥蚶、蛤蜊等为主的密集的海洋贝类堆积以及早期稻作农业遗存。[④]

（十一） 史前瘟疫的思考

人类由狩猎采集转向农耕和家畜饲养，在一定程度上促进了食物供应，但也带来严重的负面影响，譬如传染病。距今 5500～5000 年以前，家养黄牛和绵羊传入我国境内的同时，东北地区的哈民忙哈、内蒙古中南部的庙子沟和五庄果墚发生过大规模的史前瘟疫，家养食草动物的传入和史前瘟疫的爆发几乎同时发生，二者是否存在联系？这是需要我们结合考古学、微生物学和古 DNA 研究来回答的问题。[⑤]

二 多学科综合研究

科技手段日新月异，20 世纪 80 年代以来，各种自然科学方法不断纳入中国动物考古学的研究体系，它们拓展和深化了动物考古学的研究内容，中国动物考古学逐步形成一条

---

① 杨一笛：《平粮台龙山文化骨器研究》，北京大学硕士学位论文，2020。
② 李悦、马健、张成睿、刘欢、宗天宇、陈婷、黄泽贤、任萌、习通源、王建新、温睿：《中国古代牧业社会骨制品的初步考察：以新疆巴里坤石人子沟遗址为例》，《第四纪研究》2020 年第 2 期。
③ 吕鹏：《中国贝冢遗迹的发现与研究》，载中岛经夫、慎林启介编《水边过渡地带的鱼与人：研究稻作起源的新方法》，ふくろう出版，2014，第 141～171 页。
④ 孙国平：《井头山遗址揭示——中国沿海 8000 年前的渔民这样利用海洋资源》，《人民日报》2020 年 8 月 22 日。
⑤ 杨益民：《5000 年前的跨大陆瘟疫与动植物传播》，《中国文物报》2020 年 4 月 17 日。

多学科合作之路。本文分别介绍古 DNA 研究、蛋白质考古、碳氮稳定同位素和锶同位素研究在动物考古学研究中的应用。

（一）古 DNA 研究

分子克隆和聚合酶链式反应（PCR 扩增）仍然是国内古 DNA 研究的主要方法。赵欣等对河南安阳殷墟孝民屯遗址灰坑和祭祀坑中获取的 13 例牛骨古线粒体 DNA 进行分析和研究，结果显示：除 1 例为原始牛外，其余 12 例为家养普通牛，且单倍型类群分布频率以 T3 为主（58.3%），T4 次之（33.3%），T2 较少（8.2%）。母系遗传多样性较高表明家养普通牛源于各地，而灰坑和祭祀坑出土牛骨线粒体 DNA 单倍型类群无明显差异，可能表示牛牲没有经过特殊"母系"筛选（但在诸如体质、生理和行为等特征上可能会有祭祀特殊性的考虑）。[1]

近十年来，高通量测序技术可以将提取物用于构建可以测序或者杂交捕获的 DNA 数据库，从而能够高效获得非常古老的全基因组数据，并发展出古基因组学这一新领域，引发古 DNA 研究的第三次革命性变化。[2] 该技术已经应用于国内考古领域，特别是在家养动物驯化研究方面，多项研究成果引人注目。

1. 狗的起源和扩散研究

狗是最早被驯化的动物，与人类的关系密切，但人类对狗的起源尚有很多未知。国外学者开展了一项针对 27 个古代狗样本（样本来自欧洲、中东和西伯利亚，年代从距今 11000 年到距今 100 年之间）进行全基因组测序的研究工作，研究者发现一只来自俄罗斯的 1.09 万年前的狗与后来的古代欧洲、中东、西伯利亚和美国的不同，也与新几内亚歌唱犬为代表的犬类不同，因此，早在距今约 1.1 万年前，全球至少已经存在 5 个不同的犬类群。而狗的起源要远早于此。狗与狼之间存在基因交流，而狼的基因流动有限，由此，狗与现代狼的野生祖先存在不同（现代狗的祖先来自某个已经灭绝的狼群分支）。[3]

研究人员从西伯利亚的佐霍夫岛上发掘的一只距今 9500 年前的狗身上提取了 DNA 并生成基因组，与 33000 年前的西伯利亚狼和 10 只现代格陵兰雪橇犬以及来自世界各地的

[1] 赵欣、李志鹏、东晓玲、刘铭、唐锦琼、张雅军、袁靖、杨东亚：《河南安阳殷墟孝民屯遗址出土家养黄牛的 DNA 研究》，《第四纪研究》2020 年第 2 期。
[2] 文少卿、俞雪儿、田亚岐、胡松梅、李悦、孙畅：《古基因组学在古代家马研究中的应用》，《第四纪研究》2020 年第 2 期。
[3] Bergström, A., L. Frantz, R. Schmidt, E. Ersmark, O. Lebrasseur, L. Girdland – Flink, A. T. Lin, J. Storå, K. – G. Sjögren, D. Anthony, E. Antipina, S. Amiri, G. Bar – Oz, V. I. Bazaliiskii, J. Bulatović, D. Brown, A. Carmagnini, T. Davy, S. Fedorov, I. Fiore, D. Fulton, M. Germonpré, J. Haile, E. K. Irving – Pease, A. Jamieson, L. Janssens, I. Kirillova, L. K. Horwitz, J. Kuzmanovic – Cvetković, Y. Kuzmin, R. J. Losey, D. L. Dizdar, M. Mashkour, M. Novak, V. Onar, D. Orton, M. Pasarić, M. Radivojević, D. Rajković, B. Roberts, H. Ryan, M. Sablin, F. Shidlovskiy, I. Stojanović, A. Tagliacozzo, K. Trantalidou, I. Ullén, A. Villaluenga, P. Wapnish, K. Dobney, A. Götherström, A. Linderholm, L. Dalén, R. Pinhasi, G. Larson and P. Skoglund, "Origins and genetic legacy of prehistoric dogs," Science, vol. 370, no.6516, 2020, pp. 557 – 563.

狼和狗的基因组进行比较，发现佐霍夫岛犬为世界最早的雪橇犬。该研究颠覆了之前关于雪橇犬只有 2000 ～ 3000 年历史的认知。①

张亚平就澳大利亚野犬开展全基因组学的国际合作研究，采集测序了 10 只野生澳大利亚野犬和 2 只新几内亚歌唱犬，并且收集了 97 个家犬和灰狼的数据，组成了 109 个全基因组测序数据库。结果证明了澳大利亚野犬的祖先是东亚还未被完全驯化的家犬，大约 9900 年前从中国南方出发，大约 8300 年前到达澳大利亚后迅速野化，这个时间节点与南岛扩散的时间不符，可能是一次未知的古代人类迁移到澳大利亚的行为。②

张明等开展了一项关于中国古代家犬线粒体全基因组的研究，从浙江余姚市田螺山等 8 处考古遗址中获取 26 例中国古代家犬线粒基因组，其中有 18 例属于 A2 单倍型，可能与现生的澳大利亚野犬以及太平洋岛屿殖民时代之前的家犬有直接关系。推测 A2 单倍型的家犬可能曾广泛分布于长江和黄河流域并且占据主导地位，其后向南扩散到中国南方、东南亚、新几内亚、澳大利亚以及太平洋岛屿，向北扩散到东西伯利亚极地地区。③

2. 鸡的起源和扩散研究

张亚平就家鸡的起源开展合作研究，测试和分析南亚、东南亚和东亚的现生家鸡、红原鸡（含 5 个亚种）以及 4 种野生原鸡（包括绿原鸡、灰原鸡、锡兰原鸡等）的 863 个全基因组。研究结果表明距今 9500 年前东南亚北部或中国南方的先民最早将红原鸡滇南亚种（*Gallus Gallus spadiceus*）驯化为家鸡。其后，家鸡扩散到东南亚和南亚，并与当地的野生原鸡发生杂交后扩散至全球。④ 曾有研究认为河北徐水市南庄头和武安市磁山遗址出

---

① Sinding, M. – H. S., S. Gopalakrishnan, J. Ramos – Madrigal, M. de Manuel, V. V. Pitulko, L. Kuderna, T. R. Feuerborn, L. A. F. Frantz, F. G. Vieira, J. Niemann, J. A. SamaniegoCastruita, C. Carøe, E. U. Andersen – Ranberg, P. D. Jordan, E. Y. Pavlova, P. A. Nikolskiy, A. K. Kasparov, V. V. Ivanova, E. Willerslev, P. Skoglund, M. Fredholm, S. E. Wennerberg, M. P. Heide – Jørgensen, R. Dietz, C. Sonne, M. Meldgaard, L. Dalén, G. Larson, B. Petersen, T. Sicheritz – Pontén, L. Bachmann, Ø. Wiig, T. Marques – Bonet, A. J. Hansen and M. T. P. Gilbert, "Arctic – adapted dogs emerged at the Pleistocene – Holocene transition," *Science*, vol. 368, no. 6498, 2020, pp. 1495 – 1499; Ewen Callaway, "Ancient dog DNA reveals 11, 000 years of canine evolution: Genomes trace how the animals moved around the world—often with humans by their side,", *Nature*, vol. 587, no. 7832, 2020, p. 20.

② Zhang, S. – j., G. – D. Wang, P. Ma, L. – l. Zhang, T. – T. Yin, Y. – h. Liu, N. O. Otecko, M. Wang, Y. – p. Ma and L. Wang, "Genomic regions under selection in the feralization of the dingoes," *Nature Communications*, vol. 11, no. 1, 2020, pp. 1 – 10.

③ Zhang, M., G. Sun, L. Ren, H. Yuan, G. Dong, L. Zhang, F. Liu, P. Cao, M. – S. Ko, M. Yang, S. Hu, G. – D. Wang and Q. Fu, "Ancient DNA Evidence from China Reveals the Expansion of Pacific Dogs," *Molecular Biology and Evolution*, vol. 37, no. 5, 2020, pp. 1462 – 1469.

④ Wang, M. – S., M. Thakur, M. – S. Peng, Y. Jiang, L. A. F. Frantz, M. Li, J. – J. Zhang, S. Wang, J. Peters, N. O. Otecko, C. Suwannapoom, X. Guo, Z. – Q. Zheng, A. Esmailizadeh, N. Y. Hirimuthugoda, H. Ashari, S. Suladari, M. S. A. Zein, S. Kusza, S. Sohrabi, H. Kharrati – Koopaee, Q. – K. Shen, L. Zeng, M. – M. Yang, Y. – J. Wu, X. – Y. Yang, X. – M. Lu, X. – Z. Jia, Q. – H. Nie, S. J. Lamont, E. Lasagna, S. Ceccobelli, H. G. T. N. Gunwardana, T. M. Senasige, S. – H. Feng, J. – F. Si, H. Zhang, J. – Q. Jin, M. – L. Li, Y. – H. Liu, H. – M. Chen, C. Ma, S. – S. Dai, A. K. F. H. Bhuiyan, M. S. Khan, G. L. L. P. Silva, T. – T. Le, O. A. Mwai, M. N. M. Ibrahim, M. Supple, B. Shapiro, O. Hanotte, G. Zhang, G. Larson, J. – L. Han, D. – D. Wu and Y. – P. Zhang, "863 genomes reveal the origin and domestication of chicken," *Cell Research*, vol. 30, no. 8, 2020, pp. 693 – 701.

土有家鸡遗存，但动物考古学研究则认为就骨骼形态和测量数据而言，上述两处遗址以及山东兖州王因遗址出土的是雉，而并非跟家鸡野生祖先密切相关的原鸡。[①]

3. 家驴起源的研究

基于现生 126 头家驴和 7 头野驴所进行的全基因组学研究表明，所有现生家驴至少在距今 6000 年以前有一个共同祖先，这比基于母系遗传线粒体 DNA 估计的年代要晚得多。此外，该研究也揭示了家驴驯化的进程，例如家驴的雄性祖先比雌性祖先少，表明利用种驴进行繁殖，这是生殖管理的行为，野驴毛色呈淡灰色而家驴毛色呈淡黑色或栗色，这可能是在驯化过程中形成的，这与 TBX3 基因的一部分被删除有关。[②]

4. 绝灭动物的研究

付巧妹研究团队通过高效的古 DNA 捕获技术从甘肃夏河县白石崖溶洞遗址的 35 个土壤沉积物样本中钓取 242 种哺乳动物和人类的线粒体 DNA，该研究成功获取了丹尼索瓦洞以外的首个丹尼索瓦人线粒体基因序列，该成果是在中国考古遗址沉积物中提取古人类 DNA 的第一个成功案例，其中动物古 DNA 包括犀牛、鬣狗等灭绝动物，与遗址发现的动物遗存一致，拓宽了我们对这些灭绝动物栖息范围的认识。[③]

董广辉研究团队通过对甘肃岷县山那树扎遗址马家窑文化时期（距今约 5200 年前）的 10 个大型牛科动物进行古 DNA 全基因测序分析，在北纬 34°地区发现了现分布于北纬 29°以南的热带印度野牛遗存，这是在青藏地区首次开展牛科动物古 DNA 全基因测序研究工作。此外，2 个犀牛骨骼经线粒体 DNA 分析为苏门答腊犀，这些动物向北迁徙至青藏高原东北区的原因可能在于，随着气候的恶化和人类活动的强化，青藏高原东北地区的生业方式由狩猎转化为牧业活动。[④]

5. 祭祀用牲研究

文少卿等从两个方面回顾了家马研究的最新进展，认为古基因组学研究可以从遗传谱系、性别、毛色、运动能力、步态、身高大小/马肩隆高度、高原适应等 7 个方面与考古

---

① 袁靖、吕鹏、李志鹏、邓惠、江田真毅：《中国古代家鸡起源的再研究》，《南方文物》2015 年第 3 期。

② Wang, C., H. Li, Y. Guo, J. Huang, Y. Sun, J. Min, J. Wang, X. Fang, Z. Zhao, S. Wang, Y. Zhang, Q. Liu, Q. Jiang, X. Wang, Y. Guo, C. Yang, Y. Wang, F. Tian, G. Zhuang, Y. Fan, Q. Gao, Y. Li, Z. Ju, J. Li, R. Li, M. Hou, G. Yang, G. Liu, W. Liu, J. Guo, S. Pan, G. Fan, W. Zhang, R. Zhang, J. Yu, X. Zhang, Q. Yin, C. Ji, Y. Jin, G. Yue, M. Liu, J. Xu, S. Liu, J. Jordana, A. Noce, M. Amills, D. D. Wu, S. Li, X. Zhou and J. Zhong, "Donkey genomes provide new insights into domestication and selection for coat color," *Nature Communications*, vol. 11, no. 1, 2020.

③ Zhang, D., H. Xia, F. Chen, B. Li, V. Slon, T. Cheng, R. Yang, Z. Jacobs, Q. Dai, D. Massilani, X. Shen, J. Wang, X. Feng, P. Cao, M. A. Yang, J. Yao, J. Yang, D. B. Madsen, Y. Han, W. Ping, F. Liu, C. Perreault, X. Chen, M. Meyer, J. Kelso, S. Pääbo and Q. Fu, "Denisovan DNA in Late Pleistocene sediments from Baishiya Karst Cave on the Tibetan Plateau," *Science* vol. 370, no. 6516, 2020, pp. 584 – 587.

④ Chen, N., L. Ren, L. Du, J. Hou, V. E. Mullin, D. Wu, X. Zhao, C. Li, J. Huang, X. Qi, M. R. Capodiferro, A. Achilli, C. Lei, F. Chen, B. Su, G. Dong and X. Zhang, "Ancient genomes reveal tropical bovid species in the Tibetan Plateau contributed to the prevalence of hunting game until the late Neolithic," *PNAS*, vol. 117, no. 45, 2020, pp. 28159 – 28159.

学实践相结合。由此，他们优化了三款基于高通量测序的检测流程并应用于陕西凤翔县雍山血池秦汉祭祀遗址（公元前 350 ~ 公元 125 年）北斗坊 7 号长坑中 26 匹幼年个体马的古 DNA 检测分析，结果显示其母系遗传多样性较高、雄性较多、栗色马为主、马匹耐力好但爆发力和步法灵活性一般，因此，该遗址祭祀用马并非战马。马源于多地，对性别没有严格要求但对毛色有明确规定。①

（二）蛋白质考古

在《科学》（Scicence）杂志展望 2020 年十大科技头条中，蛋白质考古（Protein Archaeology）位列其中。由于蛋白质比 DNA 性质稳定，更加适用于研究无法提取 DNA 的古老化石，甚至可用于 100 万年前人类或动物的身份、遗传和行为的研究。② 此外，对于不具形态鉴定特征的骨骼样品（如碎骨、蛋壳等特定部位以及骨器等），蛋白质组学研究在无损、高效、低成本检测上具有明显的优势。

在国际上，法国两处旧石器时代中期考古遗址中，在动物遗存以驯鹿为主的地层中出土有 5 件骨器，其中 4 件经蛋白质组学测试和研究，结果显示它们由野牛的肋骨制成。这反映了尼安德特人在骨器制作上倾向于选择大型牛类的肋骨，该研究凸显了蛋白质组学无损分析技术的实用价值。③

饶慧云等测试了首例东亚更新世斑鬣狗化石的古蛋白序列，该研究对河北秦皇岛市灵仙洞、山羊寨遗址和黑龙江肇东市坤泥沟地点的洞穴鬣狗进行古蛋白质分析并获取了多种内源性的蛋白质。通过系统发育分析可将东亚洞穴鬣狗分为两组，其中一组与非洲北部的现生斑鬣狗聚合，反映了距今 103 万年前东亚的洞穴鬣狗和非洲北部的现生斑鬣狗可能存在基因交流。④

酶联免疫技术应用抗原体免疫反应来鉴定蛋白质的种属，目前国内已用于牛奶和蚕丝残留物的鉴定。近年来，中国丝绸博物馆主要应用酶联免疫技术在河南荥阳市青台、汪沟等遗址检测出家蚕丝，从而证实中国家蚕驯化和中国丝绸的起源可追溯到距今 5500 年前。⑤

任萌等对山东淄博市齐故城阚家寨遗址 H81（时代为西汉早期）出土蛋壳碎片进行质谱分析，证明其为鸡蛋，为汉代先民对鸡蛋的利用提供了科学依据。⑥

---

① 文少卿、俞雪儿、田亚岐、胡松梅、李悦、孙畅：《古基因组学在古代家马研究中的应用》，《第四纪研究》2020 年第 2 期。

② 周舟：《〈科学〉杂志展望 2020 年十大科学头条》，《人民日报》2020 年 1 月 4 日。

③ Martisius, N., F. Welker, T. Dogandzic, M. Grote, W. Rendu, V. Sinet - Mathiot, A. Wilcke, S. McPherron, M. Soressi and T. Steele, "Non - destructive ZooMS identification reveals strategic bone tool raw material selection by Neandertals," Scientific Reports, vol. 10, no. 1, 2020.

④ Rao, H., Y. Yang, J. Liu, M. V. Westbury, C. Zhang and Q. Shao, "Palaeoproteomic analysis of Pleistocene cave hyenas from east Asia," Scientific Reports, vol. 10, no. 1, 2020.

⑤ 袁广阔：《中原仰韶文化丝织品的发现及其历史意义》，《光明日报》2020 年 10 月 19 日。

⑥ 任萌、杨益民：《临淄齐故城阚家寨遗址出土蛋壳样品的蛋白质组学分析》，载中国社会科学院考古研究所、山东省文物考古研究院、淄博市临淄区齐文化发展研究中心编著《临淄齐故城冶铸业考古》，科学出版社，2020，第 742 ~ 747 页。

（三）碳氮稳定同位素研究

古人的食物能够反映其所能获得的资源及交换、价值观念等，现代模拟实验有助于我们从研究方法上探讨食性分析方法的适用性。欧美学者在一年时间内使用 7 只陶锅烹饪有记录的食物并用碳氮稳定同位素和脂类分析的方法来检测食物残渣的成分，发现不同残留物代表不同的时间尺度：陶锅锅壁吸收的脂类反映了其使用历史，粘附在陶锅内壁的薄层残留物反映了最近几次的烹饪情况，而烧焦的食物残渣反映了陶锅内的最后一次烹饪情况。[①]

生膨菲等就陕西榆林市仰韶文化晚期杨界沙遗址和王阳畔遗址出土的野兔（Lepus tolai）、人和家养动物骨骼进行了碳氮稳定同位素分析，发现了目前所知最早的野兔食用人类农作物（粟和黍）的实证，史前以粟和黍为代表的旱作农业的扩张对在人类聚落周边活动的野兔的食性产生了长期的影响，该研究表明距今 4900 年左右黄土高原北部地区的野兔已经与人类建立了共生关系。[②]

宁夏隆德县沙塘北塬遗址的年代为距今 4200～3900 年，陈相龙等通过对 84 例人和动物遗存进行碳氮稳定同位素分析，认为该遗址史前先民从事种植粟和黍，饲养猪、狗、牛和羊的生业方式，呈现出一定的牧业经济特点。先民用农作物（C4 类植物，如粟和黍）副产品来饲养猪和狗，而牛和羊主要以野生的 C3 类植物为食，少量羊主要以 C4 类植物为食。[③]

陈相龙等通过对河南偃师市二里头遗址 1 号巨型祭祀坑（年代为二里头文化一期到四期，以二期为主）中出土人和动物遗存进行碳氮稳定同位素分析，发现该坑中出土的猪、狗、羊和其他单位同类动物在食物结构上并无明显差别。不同的地方有两点：一是猪的食物结构多样性，可能与其多元性的来源有关；二是牛的氮值明显偏低，是否表明特殊饲养仍需更多探讨。[④]

胡耀武等对陕西华阴市兴乐坊遗址（庙底沟文化时期，距今 5500～5300 年）出土人和动物遗存进行碳氮稳定同位素分析，结果显示野生动物主要以 C3 植物为食，而家养动物（猪、狗）和人则主要以 C4 类植物为主，认为喂饲了家养动物大量的粟类作物的副产品或人类的残羹冷炙，先民的主要肉食来源是家猪，1 例梅花鹿以 C4 类植物为食，表明先民尝试驯化野生动物。[⑤]

---

① Miller, M., H. Whelton, J. Swift, S. Maline, S. Hammann, L. Cramp, A. McCleary, G. Taylor, K. Vacca, F. Becks, R. Evershed and C. Hastorf, "Interpreting ancient food practices: stable isotope and molecular analyses of visible and absorbed residues from a year – long cooking experiment," *Scientific Reports*, vol. 10, no. 1, 2020.

② Sheng, P., Y. Hu, Z. Sun, L. Yang, S. Hu, B. T. Fuller and X. Shang, "Early commensal interaction between humans and hares in Neolithic northern China," *Antiquity*, vol. 94, no. 375, 2020, pp. 622 – 636.

③ 陈相龙、杨剑、侯富任、王晓阳：《宁夏隆德沙塘北塬遗址生业经济研究》，《南方文物》2020 年第 2 期。

④ 陈相龙、李志鹏、赵海涛：《河南偃师二里头遗址 1 号巨型坑祭祀遗迹出土动物的饲养方式》，《第四纪研究》2020 年第 2 期。

⑤ 胡耀武、张昕煜、王婷婷、杨岐黄、胡松梅：《陕西华阴兴乐坊遗址家养动物的饲养模式及对先民肉食资源的贡献》，《第四纪研究》2020 年第 2 期。

杨凡等对河南博爱县西金城遗址出土的龙山文化、汉代和唐宋时期的人和动物遗存进行碳氮稳定同位素分析，结果表明：随着农业的发展，龙山时期以粟和黍为主要农作物，其后小麦、大豆等 C3 类农作物得以推广普及，人骨显示出由 C4 类植物为主转为 C3 类植物有所增长，而家养动物的食性则经历了以 C4 类植物（粟黍农作物）副产品为主饲料（龙山时期），到小麦含量有所增长（汉代），再到仍偏向于用 C4 类植物喂养的转化。[①]

此外，本年度以学位论文的方式公布了江苏常州市圩墩遗址[②]、山西原平市辛章遗址[③]、内蒙古准格尔旗福路塔墓地[④]等的碳氮同位素研究。

（四）锶同位素研究

锶同位素比值已经广泛应用于在不同的地质条件下追踪人类或动物的迁徙。

王学烨等人建立了中国第一张适用于生物领域的 87Sr/86Sr 等值线图，硅酸盐、碳酸盐或蒸发岩的风化模式、地形和岩性之间的风化差异以及风成沉积（如黄土）是影响锶同位素比值的重要因素；受到中国各构造块体不同地质条件的驱动，中国的锶同位素比值分布范围大且呈现出明显的区域性特征，因此，锶同位素物源分析在中国古代迁移行为研究中大有可为。[⑤]

近年来，赵春燕对安徽含山县凌家滩和韦岗遗址出土猪、狗和鹿等遗存进行锶同位素比值分析，认为它们都是当地的动物，加上猪的牙结石碳同位素的分析结果显示猪均以 C3 类植物为主，两处遗址呈现的一致性反映了凌家滩文化特质具有较强的地域性；对石峁和贾大峁遗址出土猪、羊等遗存进行锶同位素比值研究，发现贾大峁遗址猪的锶同位素比值的标准偏差大于羊，而石峁遗址却与之相反。此外，两处遗址猪的锶同位素比值的标准偏差也不相同，这就暗示两处遗址居民食物种类和来源不同，反映了当时社会经济的复杂化。[⑥]

此外，本年度还公布了对河南淅川县下王岗遗址人与动物遗存锶同位素分析结果。[⑦]

---

① 杨凡、王青、王芬：《河南博爱西金城遗址人和动物骨的碳氮稳定同位素分析》，《第四纪研究》2020 年第 2 期。
② 楼杰：《马家浜文化晚期生业模式稳定同位素分析——以江苏常州圩墩遗址（6200–5900BP）为例》，浙江大学硕士学位论文，2020。
③ 梅雅萱：《山西原平辛章遗址动物骨骼的 C、N 稳定同位素分析》，山西大学硕士学位论文，2020。
④ 赵燕妮：《内蒙古福路塔墓地动物骨骼的 C、N 稳定同位素分析》，山西大学硕士学位论文，2020。
⑤ Wang, X. and Z. Tang, "The first large-scale bioavailable Sr isotope map of China and its implication for provenance studies," *Earth-Science Reviews*, vol. 210, 2020, pp. 1–21.
⑥ 赵春燕：《锶同位素分析的新进展》，《中国文物报》2020 年 7 月 24 日；赵春燕、吕鹏、吴卫红：《凌家滩与韦岗遗址出土猪牙结石的碳稳定同位素分析》，《南方文物》2020 年第 3 期。
⑦ 赵春燕：《淅川下王岗遗址出土人与动物遗骸的锶同位素比值分析报告》，载中国社会科学院考古研究所编著《淅川下王岗：2008—2010 年度考古发掘报告》，第 603~608 页。

三　其他进展

此节重点介绍在数据库建设和课题设置方面的新进展。

（一）启动建设中国动物遗存标本数据库

中国考古学百年发展，在实物和数据两个方面积累了丰富的"考古资源"，建设全国文物考古数据库平台就成为当前深化考古学基础研究的重要举措和迫切需求，也是推进考古研究科技化、数字化、大众化和国际化建设的良好机遇。鉴于中国社会科学院考古研究所科技考古中心动物考古实验室在动物考古学研究中的资源优势，国家文物局自 2020 年起将其确定为中国动物遗存标本数据库建设项目的试点。作为国家文物局和中国社会科学院第一个考古标本数据库试点项目，中国动物遗存标本数据库建设旨在为全国动物考古学科体系发展奠定基础，与国际接轨、构建动物资源与人类社会研究的话语体系。目前，该数据库各项建设工作稳步推进。①

（二）课题设置

中国动物考古学研究有明确的课题意识。以国家社科基金项目为例，本年度公布动物考古类国家社科基金青年项目 1 项："汉代新疆边防城址的动物考古学研究"（主持人：董宁宁）；国家社科基金一般项目 1 项："生产、流通与消费视角下石峁遗址制骨遗存研究"（主持人：王华）。

四　结语

中国动物考古学在 2020 年取得了可喜的成绩，概括起来主要表现在以下 7 个方面。

（一）由点到面系统开展动物考古学研究

在关注具体考古遗址出土动物遗存的情况下，中国动物考古学者越来越具有广阔的视野，将研究放诸特定的区域甚至于整个欧亚大陆。不仅仅关注于动物种群的状况，对其中富有特色或具有代表性的动物种属也进行专门的研究。

（二）研究地域由中原向边疆扩展

骨器研究尤为突出，在继续保持对中原地区骨器研究的基础上，开始关注新疆等牧业

---

① 吕鹏：《以数据库推进动物考古研究的标准化》，《中国文物报》2020 年 9 月 4 日。

经济地区的骨器制造业。随着边疆考古的兴起，动物考古学大有用武之地。

（三）研究时段从史前向历史时期延伸

历史时期考古工作的加强，使中国动物考古学者更加注重考古资料与历史文献相结合，探讨动物资源的多种用途，从而起到证经、正经和补史的作用。

（四）应用多种方法对动物遗存开展研究

已经应用到动物遗存本体的研究方法包括动物考古学、古 DNA 研究、碳氮稳定同位素研究、锶同位素研究、蛋白质考古、CT 扫描等，骨器研究还借用了 GIS 的方法以记录骨料选用骨骼部位，这些方法拓展和深化了动物考古学的研究内容。随葬和埋葬动物是古代一种特殊而重要的文化现象，对其进行多种方法的测试和研究能够揭示古人是否对此类动物进行了特殊的人为选择。

（五）研究方法不断进步

研究方法的进步突出表现在古 DNA 研究和蛋白质考古上。古 DNA 研究已进入古基因组时代，其技术特点为高通量测序技术，该突破性的进展源于高通量测序平台以及获取高度降解 DNA 分子能力的增强。蛋白质考古极具潜能，更加适用于研究无法提取古 DNA 的古老化石，在无损、高效和低成本检测上具有明显优势。

（六）多重证据探讨古代生业

以考古为基础，立足动物考古学探讨古代畜牧业，与植物考古学、同位素研究和人骨考古学等有机结合探讨古代生业。

（七）新的见解催生新的思考

家养食草动物传入及在中国境内传播路线的研究具有重要学术价值，这需要在对全国及周边区域考古研究进行全面和系统梳理的基础上，开展系统的采样和测试工作，并就具体研究问题开展综合研究。

附记： 本文涉及内容均来自学术期刊、报纸以及学位论文，因本人水平所限，难免挂一漏万，望读者海涵。本研究得到 2021 年度中国社会科学院创新工程项目、国家文物局文物科技资源共享服务平台建设试点项目（2019316）、国家重点研发计划（2020YFC1521606）和国家社科重大项目（19ZDA227 和 18ZDA172）资助。

（编辑：陈声波）

广西龙州新石器时代舍巴遗址动物考古学研究 *

陈 曦

（南京师范大学社会发展学院文博系）

谢广维

（广西壮族自治区文物保护与考古研究所）

[**摘要**] 舍巴遗址是左江上游的一处新石器时代早期贝丘遗址，年代距今 9000～7000 年。本文对遗址出土的大量软体动物和脊椎动物遗存进行了动物考古学研究，鉴定出 34 个物种，含 10 种软体动物、6 种鱼类、4 种爬行类、1 种鸟类和 13 种哺乳类。通过分析动物群组合、骨骼部位组成和骨骼表面痕迹，揭示遗址所处的自然环境主要为石灰岩季节性雨林，获取动物资源的方式为广谱性渔猎捕捞，并主要以烧烤的方式加工肉食。在第一期遗存和第二期遗存之间，动物资源发生了从以水生动物为主到以陆生动物为主的显著转变。

[**关键词**] 左江上游；龙州；贝丘遗址；广谱经济

一　前言

贝丘遗址是东亚沿海地区的一种常见史前遗址类型，一般分布于海洋、河流或湖泊的沿岸。遗址以人类食用后遗弃的螺、贝类残骸为主体堆积，地貌往往凸起呈土丘状，故称之为贝丘。广西是我国史前贝丘遗址分布最为集中的区域之一，主要分布于漓江①、柳江②、右

---

* 本研究得到广西壮族自治区文物保护与考古研究所"广西龙州舍巴遗址动物考古学研究（S11160A41944）"项目的资助。

① 中国社会科学院考古研究所、广西壮族自治区文物工作队、桂林甑皮岩遗址博物馆、桂林市文物工作队编《桂林甑皮岩》，文物出版社，2003。

② 柳州市博物馆、广西壮族自治区文物工作队：《柳州市大龙潭鲤鱼嘴新石器时代贝丘遗址》，《考古》1983 年第 9 期；广西柳州市白莲洞洞穴科学博物馆编著《柳州白莲洞》，科学出版社，2009。

江①、左江②、邕江③、郁江④、北部湾⑤的沿岸，以邕江和左江流域最为密集，年代从距今 10000 多年延续至距今 5000 年左右，以早期阶段最为集中。广西贝丘遗址的规模一般较小，遗物主要有陶器、石器及骨、蚌器等，流行屈肢、蹲踞、肢解等葬式。其中，贝丘遗址的石器数量普遍较非贝丘遗址偏少，打制石器的占比往往较高；陶器流行圜底器，部分遗址不见陶器；蚌器较具特色。

受益于相对有利的保存条件，大量动物骨骼在贝丘遗址中得以完整地保存。这些丰富的动物遗存为解读古人类的生存环境和生业经济提供了较为有利的条件。目前，在邕江流域和左江流域，贝丘遗址的动物考古学研究已经开展，并取得了初步的成果。⑥ 但考虑到桂南地区贝丘遗址时空分布的复杂性，尚需更多的个案研究才能复原该区域新石器时代环境和生业变迁的全貌。2010 年，广西文物保护与考古研究所和龙州市博物馆联合对左江流域的舍巴遗址进行了考古发掘，获得了丰富的动物遗存。本文拟对这批新材料开展动物考古学研究，以揭示动物群的组成以及与人类活动的关系。

二 遗址概况

（一）地理位置和发掘概况

舍巴遗址位于广西龙州县上金乡联江村舍巴屯东北约 230 米的丽江东岸，丽江和明江在遗址东北约 400 米处汇入左江。遗址所处的河谷是相对开阔的溶蚀侵蚀盆地，稍远处即为喀斯特峰丛地带（图一：A）。遗址所在的上金乡发现有宝剑山、下白雪、三洲头、三洲尾、紫霞洞、沉香角、无名山、渡船山、白雪屯、根村等十余处新石器时代洞穴（岩厦）或台地贝丘遗址。

舍巴遗址处于相对高起的石灰岩河岸上，背靠石灰岩山坡，前临丽江，高出江面约 8 米（图一：B）。遗址分布范围南北长约 30 米，东西宽约 25 米，面积约 750 平方米；主体堆积为一

① 蒋廷瑜：《广西贝丘遗址的考察与研究》，《广西民族研究》1997 年第 4 期。

② 广西壮族自治区文物考古培训班、广西壮族自治区文物工作队：《广西南宁地区新石器时代贝丘遗址》，《考古》1975 年第 5 期；何安益、杨清平、宁永勤：《广西左江流域贝丘遗址考古新发现及初步认识》，《中国历史文物》2009 年第 5 期；杨清平、韦姗杉、黄鑫：《左江右江流域考古遗存与左江花山岩画关联性初步研究》，《中国文化遗产》2016 年第 4 期。

③ 中国社会科学院考古研究所广西工作队、广西壮族自治区文物工作队、南宁市博物馆：《广西邕宁县顶蛳山遗址的发掘》，《考古》1998 年第 1 期；中国社会科学院考古研究所广西工作队、广西壮族自治区文物工作队、南宁市博物馆：《广西南宁豹子头贝丘遗址的发掘》，《考古》2003 年第 10 期。

④ 广西壮族自治区文物工作队等：《广西横县秋江贝丘遗址的发掘》，载广西壮族自治区文物工作队编《广西考古文集》第 2 辑，科学出版社，2006，第 144 ~ 187 页。

⑤ 李珍：《北部湾沿海的早期海洋经济和适应性文化》，《南方文物》2019 年第 3 期。

⑥ 吕鹏：《广西邕江流域贝丘遗址动物群研究》，《第四纪研究》2011 年第 4 期；陈曦、杨清平、江左其杲：《广西左江流域新石器时代贝丘遗址动物考古学研究》，《南方文物》2019 年第 2 期。

直径约 20 米的龟背状贝丘，中心点高出周边地面 1～2 米。2010 年的发掘中，在贝丘堆积的边缘，靠近江岸处，按北偏东 20 度布设 2 米×5 米探沟一条，编号为 T1（图一：C）。

（二）地层堆积和文化面貌

舍巴遗址是一处以贝丘堆积为主、兼具非贝丘堆积的遗址，遗址从上至下一共分为 5 层堆积，由于发掘部位处于贝丘边缘，因此贝丘堆积在本次发掘中的占比相对较小。各层堆积情况如下（图一：D）。

第 1 层：耕土层。灰褐色沙土，厚 8～20 厘米，土质疏松，混杂少量后期扰入的零星螺壳及动物骨骼碎屑。本层下发现墓葬一座，打破第 2 层。

第 2 层：灰黄色沙土堆积，厚 0～50 厘米，仅在探方西部和北部低洼处有小范围分布。土质较致密，较纯净，应为江水上涨淤积形成。

第 3 层：棕红色沙黏土，厚 18～40 厘米。土质较硬，结构相对致密，包含较多腐朽的动物骨骼及零星的螺壳碎屑和大量石制品。从螺壳的残碎程度看，这些零星的螺壳碎屑为本层人类食用后遗弃的可能性不大，极有可能是从高处的贝丘堆积中扰入的。

第 4 层：浅棕红色沙黏土，厚约 10～41 厘米。土质略疏松，含沙量较大，包含少量红烧土块及兽骨，几乎不含螺壳。本层石制品分布亦较为密集，石器特征与第 3 层基本一致。

图一 舍巴遗址的地貌（A，B）、探沟全景（C）和地层剖面（D）
A. 黄色五角星示意遗址所处位置；B. 自西向东摄；C. 自南向北摄；D. 自北向南摄

第 5 层：螺壳堆积层，厚 0～43 厘米，为螺壳夹少量灰褐色沙土堆积。包含物有少量石器及大量兽骨。石器的密集程度明显较第 3、4 层偏小，石料质地、颜色与第 3、4 层区别亦较为明显。本层下为黄色黏土或石灰岩岩体，黄土较纯净，表面偶有螺壳碎屑，应为人类活动前的原始地面。

　　从测年结果及遗物特征看，遗址一共分为三期。第一期为遗址第 5 层，为贝丘堆积，年代大致为距今 9000 ~ 8000 年。遗物以石器为主，骨器仅发现骨针 1 件，不见陶器及蚌器。石制品数量不多，仅出土 18 件，类别有砍砸器、刮削器、石片、砺石、石斧、石锛及斧（锛）毛坯几种，以砍砸器、刮削器及石片等打制石器为主，斧、锛类的磨制石器次之。石器均以砾石为原料进行制作，其中砍砸器及刮削器均以锐棱砸击石片为素材对刃部进行简单修整加工，石片亦主要通过锐棱砸击的方式进行打片。斧、锛类石器大多仅对器体端部及两侧进行局部打坯修整，磨制部位主要以刃部为主，器身基本不进行磨制。第二期为遗址第 3、4 层，为非贝丘的棕红色黏土堆积，年代大致在距今 8000 ~ 7000 年。遗物均为石器，共出土石器 165 件，种类有纯打制的砍砸器、刮削器、石片、手镐及打、磨结合的斧、锛、凿两大类，两类石器的数量差别不大，制作方式及器型特征与第一期亦基本相同（图二）。第三期仅发现墓葬一座，年代为商周时期。

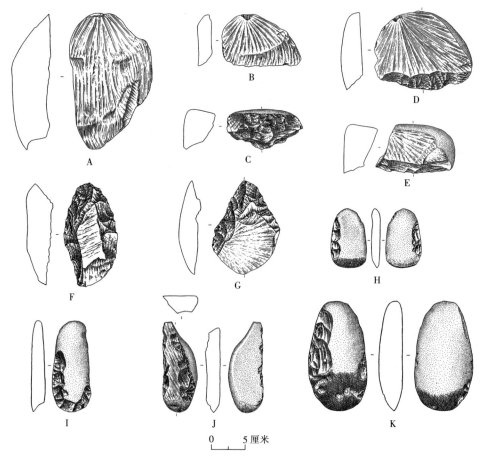

0 　 5厘米

图二　舍巴遗址出土石制品

A. 纵长型石片（T1③：14）；B. 横长型石片（T1③：26）；C. 凸刃刮削器（T1③：17）；D. 单边侧弧刃砍砸器（T1③：5）；E. 单边侧直刃砍砸器（T1③：23）；F. 舌形手镐（T1③：101）；G. 心形手镐（T1③：102）；H. 梯形石锛（T1③：88）；I. 梯形斧锛类毛坯（T1③：117）；J. 石凿（T1③：41）；K. 长弧圆形石斧（T1④：17）

三　动物群面貌

在舍巴遗址的发掘过程中，随机采集了部分软体动物的壳体，但未设计系统取样；全面采集了可见的脊椎动物骨骼，但未对土样进行过筛，因此可能会遗漏部分小动物的骨骼。对所有可鉴定的脊椎动物标本进行单独编号，编号前缀为"广西舍巴遗址"的缩写"GSB"，编号规则为"GSB－地层序号－每层的标本序号"。

动物骨骼的鉴定参考了相关的动物骨骼图谱、前人的动物考古学研究报告，并对比了中国科学院动物研究所、中国科学院古脊椎动物与古人类研究所和南京师范大学文博实验室的现生动物标本。为使行文简洁，上前臼齿、上臼齿分别用 P、M 表示，乳前臼齿用 DP 表示；对应的下牙则用 p、m、dp 来表示。文中的测量单位皆为毫米，不再一一注明。

（一）软体动物遗存

软体动物壳体的鉴定主要参考了《中国经济动物志——陆生软体动物》[1]、《中国经济动物志——淡水软体动物》[2]，以及近年对于沟蜷类的综述文章[3]。舍巴遗址共鉴定出 10 种软体动物，包括腹足纲 7 种和瓣鳃纲 3 种。这些类群多数是左江流域及附近地区的现生种类。值得一提的是，舍巴遗址中越南沟蜷的形态与现生种相近，但尺寸较广西地区的现生同类大得多，其原因尚有待探析。舍巴遗址的软体动物种类如下：

软体动物门 Mollusca

腹足纲 Gastropoda

前鳃亚纲 Prosobranchia

中腹足目 Mesogastropoda

田螺科 Viviparidae

圆田螺属 *Cipangopaludina*

圆田螺未定种 *Cipangopaludina* sp.（图三：A）

环棱螺属 *Bellamya*

环棱螺未定种 *Bellamya* sp.（图三：B、C）

角螺属 *Angulyagra*

多棱角螺 *Angulyagra polyzonata*（图三：D、E）

厚唇螺科 Pachychilidae

---

① 陈德牛、高家祥编著《中国经济动物志——陆生软体动物》，科学出版社，1987。

② 刘月英、张文珍、王跃先、王恩义编著《中国经济动物志——淡水软体动物》，科学出版社，1979。

③ Du L. N. and Yang J. X. "A review of *Sulcospira*（Gastropoda：Pachychilidae）from China, with description of two new species." *Molluscan Research* 39.3（2019）, pp. 241–252.

沟蜷属 *Sulcospira*

越南沟蜷 *Sulcospira tonkiniana*（图三：F、G、H、1）

环口螺科 Cyclophoridae

环口螺属 *Cyclophorus*

环口螺未定种 *Cyclophorus* sp.（图三：J、K1、K2）

肺螺亚纲 Pulmonata

柄眼目 Stylommatophora

坚齿螺科 Camaenidae

坚螺属 *Camaena*

皱疤坚螺 *Camaena cicatricose*（图三：L1、L2）

巴蜗牛科 Bradybaenidae

射带蜗牛属 *Laeocathaica*

射带蜗牛未定种 *Laeocathaica* sp.（图三：M）

瓣鳃纲 Lamellibranchia

真瓣鳃目 Eulamellibranchia

蚌科 Unionidae

丽蚌属 *Lamprotula*

多瘤丽蚌 *Lamprotula polysticta*（图三：N1、N2）

尖丽蚌属 *Aculamprotula*

铆钮尖丽蚌 *Aculamprotula nodulosa*（图三：O1、O2）

珠蚌属 *Unio*

圆顶珠蚌 *Unio douglasiae*（图三：P1、P2）

N1、N2、O1、O2 ┠────10厘米   A～M、P1、P2 ┠───5厘米

图三 舍巴遗址动物遗存：软体动物

A. 圆田螺未定种；B、C. 环棱螺未定种；D、E. 多棱角螺；F、G、H、I. 越南沟蜷；J、K1、K2. 环口螺未定种；L1、L2. 皱疤坚螺；M. 射带蜗牛未定种；N1、N2. 多瘤丽蚌；O1、O2. 铆钮尖丽蚌；P1、P2. 圆顶珠蚌

对于保存较为完整的软体动物壳体，测量了高度和宽度，它们的数值区间如下（表一）。

表一　舍巴遗址各类软体动物的测量

单位：件，毫米

	圆田螺未定种	环棱螺未定种	多棱角螺	越南沟蜷	环口螺未定种	皱疤坚螺	多瘤丽蚌	铆钮尖丽蚌	圆顶珠蚌
数量	47	7	9	130	18	1	5	12	1
壳高	16.2－37.3	21.9－25.0	22.1－26.6	29.5－54.2	32.2－36.1	37.2	59.1	46.1－65.4	42.6
壳宽	12.2－27.1	13.8－14.7	15.4－18.0	14.7－23.6	35.8－42.7	54.3	49.5	60.3－87.6	25.2

（二）鱼类遗存

鱼类遗存的鉴定参考了现生鱼类的比较解剖资料。[①] 国内遗址中，高庙遗址[②]、贾湖遗址[③]和田螺山遗址[④]的鱼类遗存鉴定较为深入，相关报告也是我们的参考依据。鱼类咽齿的术语和测量方法参考中岛经夫等。[⑤] 现将舍巴遗址的鱼类遗存描述如下：

硬骨鱼纲 Osteichthye

鲤形目 Cypriniformes

鲤科 Cyprinidae

鲃亚科 Barbinae

鲃亚科未定种 Barbinae gen. et sp. indet.

材料：1 件左侧咽骨（图四：A），保存了前腕，以及大部分的生齿面。

描述：咽骨前腕相当狭窄，前端显著地折向内下方。咽齿冠面无存，根部呈前后径较大的椭圆形。根据齿槽可辨识出如下的咽齿：A1－A4、B1－B2、C1。由于生齿面后部残损，因此可能还有缺失的咽齿。现生鲃亚科鱼类的咽骨较为纤细，齿式约为 5.3.1，与上述标本相符。

雅罗鱼亚科 Leuciscinae

青鱼属 *Mylopharyngodon*

青鱼 *Myloppharyngodon piceus*

材料：右侧咽骨 1 件（图四：B）

① 孟庆闻、苏锦祥、李婉端：《鱼类比较解剖》，科学出版社，1987；陈星玉：《雅罗鱼亚科咽骨及咽齿的研究》，《动物学研究》1986 年第 7 期。
② 莫林恒：《高庙遗址出土鱼类遗存研究》，湖南大学硕士学位论文，2011。
③ 中岛经夫等：《河南省舞阳县贾湖遗址出土的鲤科鱼类咽齿研究》，《第四纪研究》2015 年第 1 期。
④ 中岛经夫等：《田螺山遗址 K3 鱼骨坑内的鲤科鱼类咽齿》，载北京大学中国考古学研究中心、浙江省文物考古研究所编《田螺山遗址自然遗存综合研究》，文物出版社，2011，第 206～236 页。
⑤ 中岛经夫等：《田螺山遗址 K3 鱼骨坑内的鲤科鱼类咽齿》，载北京大学中国考古学研究中心、浙江省文物考古研究所编《田螺山遗址自然遗存综合研究》，第 206～236 页。

描述：咽骨粗壮；咽齿仅有一列，皆大而圆钝，表面无沟。该标本仅保存了 A1 和 A2 齿，结合齿槽可知应有 4 枚咽齿。A1 齿前后径 12.8，内外径 14.3＋；A2 齿前后径 8.4，内外径 12.3。

鲤属 *Cyprinus*

鲤属未定种 *Cyprinus* sp.

材料：1 件右侧咽骨标本（图四：C），前腕残缺。

描述：根据咽骨的齿槽，可知 A 列应有 3 枚咽齿，但仅保存了 A3 齿；B 列和 C 列则各有 1 枚咽齿。A3 齿前后径 5.3，内外径 13.2，咀嚼面有一条横向沟。该咽齿的齿列和形态与鲤属相符。现龙州地区特有的鲤鱼为龙州鲤（*Cyprinus longzhouensis*），特点是 A2 齿仅有一条咀嚼面沟；可惜该标本未保存 A2 齿，无法与之对比。

鲌亚科 Cultrinae

鲌亚科未定种 Cultrinae gen. et sp. indet.

材料：1 件右侧咽骨（图四：D）。

描述：该咽骨仅保存了生齿面，咽齿均已脱落。根据齿槽可知 A 列有 4 或 5 枚咽齿，齿式为 5（4）.3.2。咽骨生齿面较宽，前支较为狭长。这些特征与鲌亚科相符。

鲇形目 Siluriformes

鲇科 Siluridae

鲇属 *Parasilurus*

鲇属未定种 *Parasilurus* sp.

材料：1 件胸鳍棘（图四：F），仅保存近端。

描述：骨骼粗壮，关节面呈圆盘状隆出，前缘锯齿细小，后缘无锯齿。

鲿科 Bagridae

黄颡鱼属 *Pelteobagrus*

黄颡鱼属未定种 *Pelteobagrus* sp.

材料：1 件胸鳍棘（图四：E），近端关节面缺失。

描述：该标本骨体纤薄，后缘锯齿发育，前缘有小的锯齿，且排列整齐。

此外，由于作者研究水平有限，还有不少近乎完整的鱼类骨骼，如鳃盖骨、齿骨、上颌骨、前颌骨、胸鳍棘、基枕骨、脊椎骨等，未能鉴定到具体属种（图四：G－L）。

舍巴遗址的鱼类遗存，若对应活体，体型都相当大。以青鱼为例，咽骨与体长存在大致的比例关系[1]，即体长约相当于咽骨长度的 12.14 倍；舍巴遗址青鱼咽骨的长度为 64，估算体长约 777。现生鲤鱼 A2 齿的尺寸与体长也有较好的对应关系。[2] 舍巴遗址鲤鱼 A3

---

[1] 陈星玉：《雅罗鱼亚科咽骨及咽齿的研究》，《动物学研究》1986 年第 7 期。

[2] 中岛经夫等：《田螺山遗址 K3 鱼骨坑内的鲤科鱼类咽齿》，载北京大学中国考古学研究中心、浙江省文物考古研究所编《田螺山遗址自然遗存综合研究》，第 206～236 页。

齿的前后径5.3，内外径13.2，若此为 A2 齿的尺寸，则该个体的体长为621.5。通常情况下，A2 齿远大于 A3 齿，因此该鲤鱼的体长或在 1 米左右。

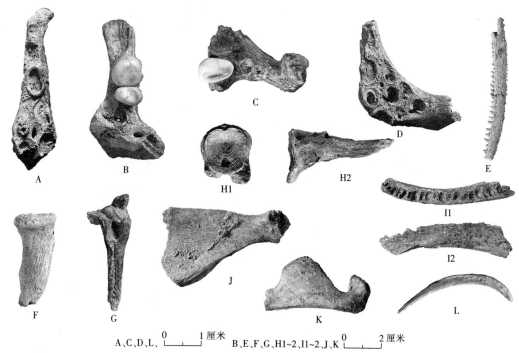

图四　舍巴遗址动物遗存：鱼类

A. 鲃亚科属种未定，咽齿；B. 青鱼，咽齿；C. 鲤属未定种，咽齿；D. 鲌亚科未定种，咽齿；E. 黄颡鱼属未定种，胸鳍棘；F. 鲶属未定种，胸鳍棘；G. 未定种，胸鳍棘；H1－2. 未定种，基枕骨；I1－2. 未定种，上颌骨；J. 未定种，舌颌骨；K. 未定种，前颌骨；L. 未定种，肋骨

（三）龟鳖类遗存

舍巴遗址的龟鳖类遗存有龟和鳖两类。这两类动物的甲片较易辨识，但肢骨则难以区分。舍巴遗址的鳖类遗存有两种，一种个体巨大，背甲纹饰相当深（图五：H）；另一种个体较小，背甲纹饰较浅（图五：I）。从肢骨的尺寸可知，遗址中的龟鳖类都是相当大的个体。其中1件股骨上呈现病理特征（图五：G）。

（四）蛇类遗存

爬行纲 Reptilia

　有鳞目 Squamata

　　眼镜蛇科 Elapidae

　　　眼镜蛇科未定种 Elapidae gen. et sp. indet.

材料与测量：一件脊椎（GSB－4－17；图六：A）；长 13.0，宽 16.0＋，高 14.2。

描述与讨论：该脊椎的长度显著地小于宽度，棘突呈薄片状，椎体下突很发育，符合

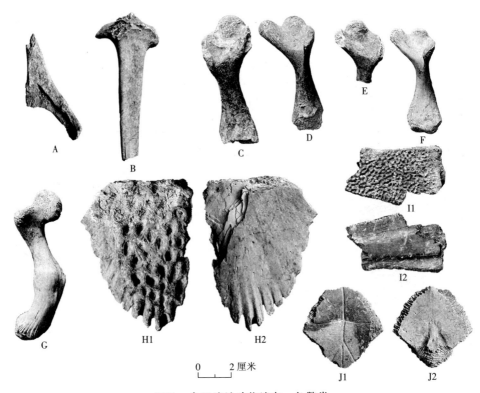

图五　舍巴遗址动物遗存：龟鳖类

A. 未定种，右侧下颌；B. 未定种，肩带；C、D、E、F. 未定种，第 4 层肱骨；G. 未定种，股骨病理现象；H1 - 2. 大型鳖类，腹板；I1 - 2. 小型鳖类，背板；J1 - 2. 龟类，腹板

于眼镜蛇科的特点。

（五）鸟类遗存

鸟纲 Aves

鸟纲未定种 Aves sp.

材料：1 件残破的左侧乌喙骨（GSB - 4 - 7；图六：B），缺乏鉴定特征，难以归类。

（六）哺乳类遗存

哺乳纲 Mammalia

啮齿目 Rodentia

松鼠科 Sciuridae

松鼠科未定种 Sciuridaegen. et sp. indet.

材料与测量：1 件右侧股骨的近端及骨干，第三转子略残（GSB - 4 - 27；图六：C）。近端宽 9.6，第三转子区宽 10.5 + ，股骨头厚 5.1。

描述与讨论：骨干纤薄，股骨头圆隆，大转子偏向内侧；小转子近三角形，内缘略超出股骨头；第三转子发育，呈翼状伸展。该股骨符合于树栖型松鼠的形态[①]；但因缺乏对比材料，暂不能鉴定到种。

豪猪科 Hystricidae

帚尾豪猪属 *Atherurus*

帚尾豪猪 *Atherurus macrourus*

材料与测量：1 件保存了颊齿齿槽的左侧下颌骨（GSB - 5 - 17；图六：D）；自齿槽处测得颊齿列（p4 ~ m3）的长度为 19.8。

描述与讨论：龙州地区的新石器遗址中曾发现两种豪猪：大型的马来豪猪和小型的帚尾豪猪。龙州大湾遗址和无名山遗址的帚尾豪猪保存了完整的 p4 ~ m3，其在齿槽处的颊齿列长度为 20.0 ~ 21.3，与舍巴标本相近。

豪猪属 *Hystrix*

马来豪猪 *Hystrix brachyura*

材料与测量：1 件左侧下颌残段带 p4、m1（GSB - 3 - 69；图六：E）；p4 长 8.8 +，宽 5.0；m1 长 8.4，宽 5.3。

描述与讨论：该标本下颊齿的尺寸明显大于帚尾豪猪，应属于体型较大的马来豪猪。

鳞甲目 Pholidota

穿山甲科 Manidae

穿山甲属 *Manis*

穿山甲未定种 *Manis* sp.

材料与测量：1 件左侧肱骨的远端部分，外侧破损，骨干的前内侧被纵向砍削（GSB - 3 - 56；图六：F）；远端残宽为 29.4。

描述与讨论：该肱骨远端前后向很薄，且滑车相当圆隆，说明肘关节的扭转角度较大；髁上突特别发达，且极度向内侧延伸；髁上孔处虽被砍断，仍可见其相当发育。以上均是掘地型动物的特点，与现生中华穿山甲基本一致（图六：G）。

穿山甲科共有三个现生属，其中穿山甲属分布在亚洲。穿山甲属分四种，在我国的是中华穿山甲（*Manis pentadactyla*）。由于华南与东南亚属于同一动物地理区，且我们的标本仅为一件残破的肱骨，因此暂作未定种处理。

灵长目 Primates

猴科 Cercopithecidae

猴科未定种 Cercopithecidae gen. et sp. indet.

材料与测量：1 件右侧髋骨，保存了髋臼，以及部分的坐骨和髂骨（GSB - 4 - 05；图六：H）；髋臼长 22.5，髂骨干最小高 17.6。1 件左侧股骨的近端，股骨头被横向切断

[①] Isaac, Casanovas - Vilar et al. "Oldest skeleton of a fossil flying squirrel casts new light on the phylogeny of the group." *Elife* 7 (2018), pp. 1 - 48. Figure 5：9.

（GSBS－5－14；图六：I）；近端宽31.3。1件近乎完整的右侧跟骨（GSB－4－36；图六：J）；最大长30.6＋，最大宽16。

描述与讨论：髂骨整体狭长，背侧向内倾斜，髂骨翼外侧呈内凹的窝状；髂后背嵴特别发育，并向内侧伸展；髂骨的腹侧较宽，斜向内上方，形成一处平面；髋臼为正圆形，髋臼窝深陷于月状面的下方。

猴类与食肉类的髋骨较为相似，但也有明显的不同：猴类的髂骨斜向内侧，而食肉类的近于直立；猴类的髂骨翼明显比食肉类的长；猴类的髋臼窝比食肉类的深。猴类股骨的近端也和食肉类相似，不同的是猴类的小转子特别发育，在内侧明显超出骨干。猴类跟骨的跟骨管较短，背侧视骨体稍有弯曲，中部凸向外侧。由于尚未发现牙齿，暂不能鉴定到属、种。

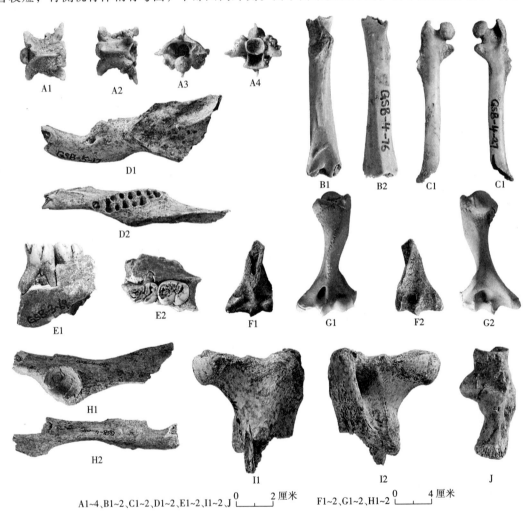

A1~4、B1~2、C1~2、D1~2、E1~2、I1~2、J ⊢0—2厘米⊣   F1~2、G1~2、H1~2 ⊢0—4厘米⊣

图六　舍巴遗址动物遗存：蛇类、鸟类、啮齿类、鳞甲类、猴类

A. 眼镜蛇科未定种，脊椎；B. 鸟纲未定种，左侧乌喙骨；C. 松鼠科未定种，右侧股骨；D. 帚尾豪猪，左下颌骨；E. 马来豪猪，左侧下颌骨；F. 穿山甲未定种，左侧肱骨；G. 现生中华穿山甲，左侧肱骨；H. 猴科未定种，右侧髋骨；I. 猴科未定种，左侧股骨；J. 猴科未定种，右侧跟骨

A1、B1、H2、J：背侧视；A2、B2：腹侧视；A3、C2、F2、G2、I2：后侧视；A4、C2、F2、G2、I2：后侧视；D1、E1、H1：外侧视；D2/E2：冠面视

食肉目 Carnivora

鼬科 Mustelidae

鼬獾属 *Melogale*

鼬獾未定种 *Melogale* sp.

材料与测量：1件完整的右侧肱骨（GSB－4－30；图七：A）；最大长56.5，内侧长
54.9，近端宽12.1，近端厚13.7，骨干最小宽5.0，远端最大宽15.6。

描述与讨论：该肱骨骨干较直，宽度均匀；肱骨头较大，三角肌粗隆显著；远端滑车
窄，内上髁、外上髁发育，髁上孔显著。鼬科动物根据其行为特征可分为掘地型（Fossori-
al）、游泳型（Natatorial）、攀爬型（Scansorial）和广适型（Generalized），他们的肱骨形
态也各有特点。① 该肱骨的形态接近于广适型鼬科动物，且个体很小，这里暂作鼬獾未定
种处理。

熊科 Ursidae

熊属 *Ursus*

熊属未定种 *Ursus* sp.

材料与测量：一件完整的右侧第五掌骨（GSB－5－13；图七：B）；全长59.1，远端
宽14.9。

描述与讨论：现生熊类和大熊猫的掌骨在形态和尺寸上均较为接近。该标本的近端关
节面呈掌侧较宽的三角形，而大熊猫的近似于上宽下窄的四边形，据此可判断舍巴标本是
属于熊科的。广西地区在更新世和现生动物群中均可见两种熊类化石：亚洲黑熊（*Ursus
thibetanus*）和马来熊（*Ursus malayanus*），它们在掌骨上的区别还不清楚，因此暂作未定
种处理。

灵猫科 Viverridae

大灵猫属 *Viverra*

大灵猫未定种 *Viverra* sp.

材料与测量：1件左侧下颌水平支，带p4、m1和m2的齿槽（GSB－3－62；图七：
C）。沿齿槽处测得m1长15.0，宽6.1。

描述与讨论：下颌纤长，具两枚臼齿；m1较长，从齿槽可知跟座应长过三角座；m2
很小，位于m1的后内侧。以上特征及尺寸与大灵猫属相符，暂不能鉴定到种。

果子狸属 *Paguma*

果子狸 *Paguma larvata*

材料与测量：一件右侧下颌水平支，保存了m1，以及p4和m2的齿槽（GSB－4－
26；图七：D）。m1长10.2，宽6.9，下颌骨在m1后的高度为13.4。

---

① Brandon M. Kilbourne. "Selective regimes and functional anatomy in the mustelid forelimb: Diversification toward spe-
cializations for climbing, digging, and swimming." *Ecology & Evolution* 7.21 (2017), pp. 8852－8863.

描述与讨论：m1 的外形圆润，下前尖横置，下后尖在下原尖之后，跟座短宽。果子狸的下颊齿具有膨大的基部和低矮圆钝的齿尖，较易辨识。

椰子狸属 *Paradoxurus*

椰子狸 *Paradoxurus hermaphroditus*

材料与测量：1 块带 dp4 的左侧下颌水平支，m1 正在齿窝中萌发（GSB - 4 - 25；图七：E）。dp4 长 7.9，宽 4.4。

描述与讨论：dp4 冠面近长三角形，齿尖圆钝，齿根纤细；下前尖稍尖，下后尖小，附于下原尖的后内侧，跟座宽过三角座。

猪科 Suidae

猪属 *Sus*

野猪 *Sus scrofa*

材料与测量：1 件右侧 m1（GSB - 3 - 31；图七：F）；长 19.8，宽 12.3。1 件左侧肱骨的远端（GSB - 3 - 24；图七：G）；远端滑车宽 37.3，远端最大宽 51.8。1 件左侧桡骨的近端（GSB - 3 - 26；图七：H）；近端关节面宽 34.1，近端最大宽 34.8。

描述与讨论：舍巴遗址的猪类材料中，缺乏头骨、下颌或 m3 等区分家猪/野猪的关键部位。尽管如此，测量值对比显示，舍巴遗址的标本比考古遗址中的家猪要大。舍巴遗址的 m1 长 19.8，新石器时代晚期云南海门口遗址的家猪为 12.9 ~ 16.5；舍巴遗址猪类肱骨的远端宽度为 51.8，而中原地区仰韶至战国时代的家猪多数小于 44，海门口遗址的家猪为 31.0 ~ 49.4；舍巴猪类桡骨的近端宽度为 34.8，海门口遗址的家猪为 19.8 ~ 31.3[1]。由于舍巴遗址猪类遗存的体型较大，以及在动物群中的占比较小，推断其为野猪。

鹿科 Cervidae

麂属 *Muntiacus*

小麂 *Muntiacus reevesi*

材料与测量：1 件左侧角枝（GSB - 3 - 34；图七：I）；角干长 91.9，眉枝长 14.2，角基周长 77.0。1 件右侧下颌的水平支，带 p2 及 m1 - 3（GSB - 3 - 45；图七：J）；m1 - 3 长 33.8，p2 - m3 长 57.3。1 件右侧股骨近端（GSB - 5 - 04；图七：K）；近端最大宽 31.9，股骨头最大厚 15.0。1 件右侧肱骨远端（GSB - 4 - 11；图七：L），远端滑车宽 18.2，远端最大宽 21.3。

描述与讨论：龙州地区的现生麂类动物有小麂和赤麂两种，新石器时代考古遗址中也曾发现过大角鹿。[2] 舍巴遗址麂类下臼齿的颊侧齿柱发育，有细密的皱褶；齿列长度小于赤麂，在现生小麂的变异范围之内。舍巴遗址的鹿类角柄虽不完整，但可见其眉枝极短，

① Wang Juan. *A Zooarchaeological Study of the Haimenkou Site, Yunnan Province, China.* Oxford：BAR Publishing, 2018, pp. 1 - 200.

② 陈曦、杨清平、江左其杲：《广西左江流域新石器时代贝丘遗址动物考古学研究》，《南方文物》2019 年第 2 期。

而赤麂的眉枝通常更加发育。[①] 目前，舍巴遗址中可辨识的麂类遗存都是属于小麂的。

鹿属 *Cervus*

水鹿 *Cervus unicolor*

材料与测量：1 件右侧下颌带 p3 – m3（GSB – 3 – 72；图七：M）。p3 长 17.0，宽 7.6；p4 长 17.7，宽 9.9；m1 长 18.8，宽 12.4；m2 长 23.4，宽 13.3；m3 长 29.2，宽 13.2；m1 – 3 长 73.6。1 件右侧肱骨远端（GSB – 3 – 12；图七：N）；远端关节面宽 55.3，远端最大宽 62.5 + 。

描述与讨论：舍巴遗址的鹿类牙齿，外形硕大，珐琅质很厚，表面有粗糙的褶皱；下臼齿舌侧的主尖很发育，颊侧有锥状的齿柱（附尖）。肢骨的测量值较大，超出现生梅花鹿的变异范围。水鹿是华南现生鹿类中体型最大的种类。舍巴遗址的大中型鹿类骨骼皆较为破碎，从大小判断，其中多数应属于水鹿，但不能排除存在梅花鹿的可能性。

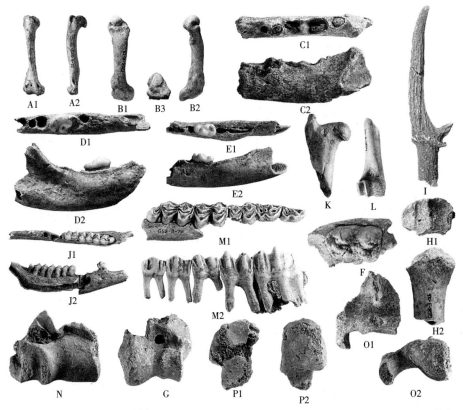

图七　舍巴遗址骨骼标本：食肉类、小麂、水鹿、野猪、人

A. 鼬獾未定种，右侧肱骨；B. 熊属未定种，左侧第五掌骨；C. 大灵猫未定种，左侧下颌骨；D. 果子狸，右侧下颌；E. 椰子狸，左侧下颌；F. 野猪，右侧 m1；G. 野猪，左侧肱骨；H. 野猪，左侧桡骨；I. 小麂，左侧角枝；J. 小麂，右侧下颌；K. 小麂，右侧股骨；L. 小麂，右侧肱骨；M. 水鹿，右侧下颌；N. 水鹿，右侧肱骨；O. 智人，肩胛骨；P. 智人，跟骨

---

① 盛和林：《中国鹿类动物》，华东师范大学出版社，1992，第 1 ~ 305 页。

（七）人类骨骼

舍巴遗址也出土了少量的人类骨骼，包括下颌、肩胛骨、跟骨等部位（图七：O、P）。这些人类骨骼混杂在动物骨骼之中，表面被火烧烤，有的还见到新鲜状态下形成的破裂面或人工切割痕。上述现象表明它们并非来自被扰动的墓葬，而很可能是食人或祭祀行为的产物。

四 骨骼标本量化分析

（一）软体动物

舍巴遗址的软体动物遗存包括腹足纲的"螺类"和瓣鳃纲的"蚌类"。由于未开展系统采样，无法对遗址中的介壳进行精确的量化统计。尽管如此，根据发掘者的现场观察，以及采集标本的相对比例，还是可以作出大致的判断。就种类而言，各种"螺类"的介壳占绝大多数，其中又以越南沟蜷和田螺居多；"蚌类"较少，其中主要是体型较大的丽蚌（表一）。在层位分布上，第5层是软体动物介壳的富集层；3、4层的介壳很少，且风化严重，可能为次生堆积。舍巴遗址的软体动物丰度从第一期到第二期急剧降低。

（二）脊椎动物

舍巴遗址的脊椎动物遗存分属鱼纲、爬行纲（龟鳖类和蛇类）、鸟纲和哺乳纲，共计991件。标本数以哺乳类为主，占68.9%；龟鳖类和鱼类也较多，分别占19.4%和11.3%；鸟类和蛇类很少，各占0.3%和0.1%（表二）。历时性观察，脊椎动物的标本数量逐渐增多，主要表现为哺乳动物数量的增加；鱼类和龟鳖类的数量虽然稳定，但占比逐层降低。

表二 舍巴遗址各类群标本数统计

单位：件

	鱼类	龟鳖类	鸟类	蛇类	哺乳类	总数
3 层	43	71	—	—	400	514
4 层	36	54	3	1	181	275
5 层	33	67	—	—	102	202
总 数	112	192	3	1	683	991

1. 龟鳖类

舍巴遗址的龟鳖类遗存共计192件，主要是各部位的甲板，也有少量的内骨骼，如下颌骨、肱骨、股骨、肩带等。龟鳖类的最小个体数可依据肢骨数量计算。不同层位中,龟鳖类的标本数和个体数分布较为均匀(表三)。

表三　舍巴遗址龟鳖类标本数统计

单位:件

层位	甲板	肢骨	头骨/下颌	标本总数	个体数
3 层	61	10	—	71	4
4 层	39	14	1	54	4
5 层	57	10	—	67	4
总　数	157	34	1	192	12

2. 鱼类

舍巴遗址的鱼类遗存共 112 件,其中多数是脊椎和头骨碎块,少部分为支鳍骨(表四)。因未能全部鉴定,无法统计其最小个体数。

表四　舍巴遗址鱼类标本数统计

单位:件

层位	脊椎	头骨	支鳍骨	标本总数
3 层	25	15	3	43
4 层	12	14	10	36
5 层	6	17	10	33
总　数	43	46	23	112

3. 哺乳动物

舍巴遗址的哺乳动物标本共有 683 件,其中可鉴定标本 313 件,占总数的 45.83%。不少碎骨虽难以鉴定到种,但可以归入较高的分类单元,我们也将之视为可鉴定标本,并归入啮齿类、食肉类、麂类、鹿类、野猪和猴类等六个大类。

动物考古学研究中,衡量类群丰度的常见指标包括可鉴定标本数(NISP)、最小骨骼部位数(MNE)和最小个体数(MNI)。[①] 舍巴遗址中有蹄类(鹿类、麂类、野猪)的肢骨十分破碎,致使其 NISP 严重偏高;另外,每个类群的标本量都较少,且类群间分布不平衡,因而 MNI 的统计也会失真。相比较而言,MNE 反映了破碎标本所能代表的完整骨骼的数量,相对较好地反映舍巴动物群的类群丰度。

各个类群的 MNE 统计显示,鹿科动物(鹿类和麂类)占比 50% ~ 62%,是舍巴动物群的优势类群。食肉类,主要是小型的鼬科动物和灵猫科动物,数量也较多,在 3、4 层均超过 20%。啮齿类和野猪在各层中的比例都介于 5% 至 12%,居于相对次要的地位。猴

---

① Lyman, R. L. *Quantitative paleozoology*. Cambridge:Cambridge University Press, 2008, pp. 1 – 348.

类的数量很少，且呈逐渐减少的趋势，到第 3 层完全消失（图八；表五）。

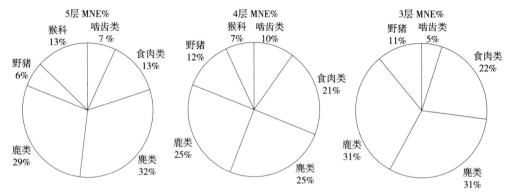

图八　舍巴遗址哺乳动物不同类群 MNE 对比

　　在不同层位中，骨骼部位的 MNE 分布基本相似，都是以四肢骨居多，次是脚骨，再次为头骨/下颌、肩腰带，中轴骨（脊椎/肋骨）的数量很少（图九）。但若考虑到动物身体中不同骨骼部位的实际数量，如头骨/下颌仅有 2 件，而脚骨（腕/跗骨、掌/跖骨、指/趾骨）超过 50 件等，则不同骨骼部位的丰度依序为：头骨/下颌、四肢骨、肩腰带、脚骨、中轴骨。这可能反映了古人对不同骨骼部位的选择性搬运，即倾向于将富含营养的头骨、四肢等部位运回遗址，而将乏肉的脚骨等抛弃在野外。脊椎、肋骨的数量也较少，这通常是古人类优先消费的部位。

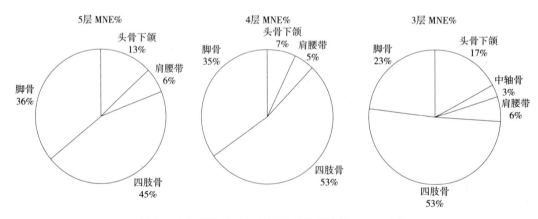

图九　舍巴遗址哺乳动物不同骨骼部位的 MNE 对比

表五　舍巴遗址哺乳动物标本统计

单位：件

	3 层			4 层			5 层		
	NISP	MNE	MNI	NISP	MNE	MNI	NISP	MNE	MNI
啮齿类	5	5	3	6	6	2	2	2	2
食肉类	23	23	5	12	12	5	4	4	3

续表

	3 层			4 层			5 层		
	NISP	MNE	MNI	NISP	MNE	MNI	NISP	MNE	MNI
鹿 类	40	32	5	17	14	3	10	10	3
鹿 类	123	32	4	27	14	3	9	9	2
野 猪	13	11	3	7	7	2	2	2	2
猴 类	—	—	—	4	4	2	4	4	2
总 计	204	103	20	73	57	17	31	31	14

（三）历时性变化

舍巴遗址的第 5 层为螺壳密集的贝丘堆积，第 4 层、第 3 层则少见螺壳。相对应的是，第 5 层中脊椎动物标本的数量和重量较低，水生动物（鱼类、龟鳖类）的占比较大；而在第 4 层、第 3 层，脊椎动物标本的数量和重量有显著的增加，同时水生动物（鱼类、龟鳖类）的占比降低（图十）。上述变化反映了舍巴先民动物消费的转变，即从以水生动物为主转变为以陆生动物为主。

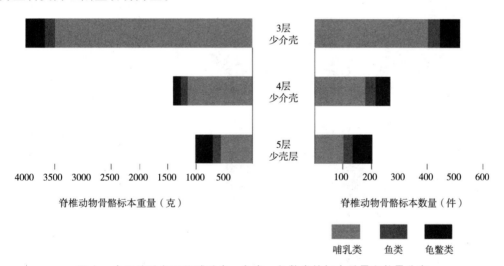

图十 舍巴遗址各层位哺乳类、鱼类、龟鳖类的标本重量和数量分布

五 骨骼表面改造痕迹

动物考古涉及的骨骼表面痕迹可分为自然痕迹和人工痕迹两类，前者主要由自然风化、水流搬运和生物改造等因素造成，后者则是在人类消费、加工动物的过程中形成，包括切割痕、敲砸痕、烧烤痕，以及与骨器制作相关的痕迹等。舍巴遗址中多数骨骼的表面保存完好，基本未受风化作用的影响，可见在地表的暴露时间较短。这在一方面反映了地

层的堆积速率较快；另一方面也提示先民可能对废弃骨骼进行了刻意的掩埋。尽管在遗址的发掘过程中并未发现灰坑之类的遗迹现象，但由于其独特的堆积形态，贝丘遗址中的遗迹开口常常难以辨认。此外，也未在任何骨骼的表面观察到食肉动物或啮齿动物的啃咬痕迹。鉴于自然改造对骨骼表面的影响甚微，可以推测，舍巴先民对遗址进行了有效的管理和长时段的居住。

　　动物骨骼表面的人工痕迹非常丰富，尤其是具切割痕的标本较多，占比达 24.1%。一般而言，切割痕若分布在四肢末梢、头骨等皮下软组织较薄的部位，很可能与剥皮行为相关；若分布在关节的周边，肌腱、韧带的附着处，则往往和肢解尸体的行为相关；而分布于富肉的部位，则可能为剔肉行为所致（图十一：A－D）。我们还注意到，少量偶蹄类的长骨，主要是掌跖骨的远端，见有整齐的环切断口（图十一：A）。推测这很可能是制作骨器时所产生的废料，即在制备骨料的过程中截取骨干后的剩余部分。由于发掘面积较小，舍巴遗址中的骨器仅见一枚骨针。

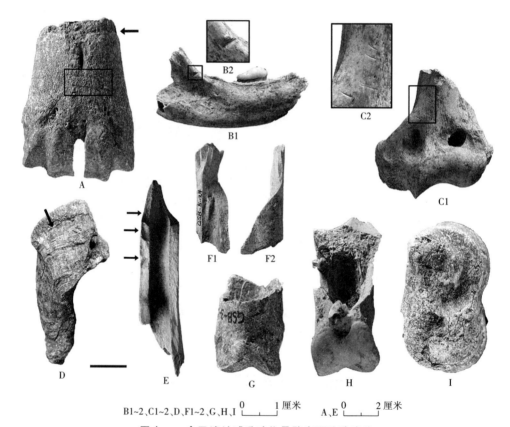

B1~2、C1~2、D、F1~2、G、H、I ⊢—⊣ 1厘米　　A、E ⊢—⊣ 2厘米

图十一　舍巴遗址哺乳动物骨骼表面改造痕迹

A. 鹿类掌骨远端，切割痕；B1－2. 果子狸下颌，切割痕；C. 食肉类肱骨远端，切割痕；D. 鱼类咽骨，切割痕；E. 哺乳类长骨，敲砸疤；F. 哺乳类长骨，螺旋状断口；G. 鹿类指骨，敲骨吸髓；H. 鹿类指骨，敲骨吸髓；I. 水鹿距骨，烧烤痕（3级）

舍巴遗址的多数骨骼标本处于破碎状态。长骨的破裂面往往较为光滑，顺长轴方向的断口呈螺旋状，说明是在新鲜状态下破裂的，应是古人类敲骨吸髓的产物（图十一：E－F）。值得注意的是，鹿类的近节或中节指骨/趾骨也多被敲开（图十一：G－H），反映了古人类对动物骨髓的强化利用；类似现象也见于左江上游的其他贝丘遗址①，以及云南早全新世的塘子沟遗址②，可能是这一时期西南地区古人类的行为共性。

和左江上游的其他贝丘遗址一样，舍巴遗址中几乎所有的动物骨骼都呈现出烧烤痕迹。原因可能有两种：一是烧烤肉食，二是以骨骼作为燃料。实验考古提供了类比的依据，如 Costamagno 等设计的火塘燃烧实验，将燃烧过后的碎骨分为 5 个烧烤等级，并统计了比例。③ 在所有的实验场景下，都有超过 50% 的标本达到煅烧状态（3、4 级），而舍巴遗址中仅有 2% 的哺乳动物骨骼达到煅烧状态（图十一：I；表六），与被用作燃料的场景相去甚远。又由于骨骼的灼烧常不均匀，且遗址中未见陶器，我们推测舍巴先民主要以烧烤的方式加工肉类。

所谓烧烤肉食，或许不限于"烤肉"，亦有可能存在烤骨髓的行为。譬如东北的鄂伦春族会烧烤剔肉后的长骨，从而烤熟骨髓："塔坦达老人特意带回一只犴（驼鹿）腿，犴肉剃掉后，把骨头放在火中烧，由于受热后骨髓膨胀，使犴骨裂纹，这时以猎刀轻轻敲打，犴骨就破开了，取出香喷喷的骨髓。"④ 舍巴遗址动物骨骼的烧烤痕深浅不一，部分标本已局部碳化，有的显现出火烤后的裂纹。因此，不能排除舍巴先民也有烧烤骨髓，或将部分剩骨投入火塘的可能；但由于缺少相关的类比实验，暂时无法确认。

表六　舍巴遗址动物骨骼的烧烤等级

燃烧级	鱼类（件）	鱼类（%）	龟鳖类（件）	龟鳖类（%）	哺乳类（件）	哺乳类（%）	实验数据（%）
1 级	138	71.9	88	78.6	554	81.1	
2 级	54	28.1	24	21.4	115	16.8	
3、4 级	0	0.0	0	0.0	14	2.0	>52.4
总　计	192	100	112	100	683	100	

① 陈曦、杨清平、江左其杲：《广西左江流域新石器时代贝丘遗址动物考古学研究》，《南方文物》2019 年第 2 期。
② Jin J. J. H. and Mills E. W. "Split phalanges from archaeological sites：evidence of nutritional stress?" *Journal of Archaeological Science* 38.8（2011），pp. 1798 – 1809.
③ Costamagno S., et al. "Taphonomic consequences of the use of bones as fuel. Experimental data and archaeological applications." *Biosphere to Lithosphere：New studies in vertebrate taphonomy.* Ed. Terry O'Connor. Oxford：Oxbow Books, 2002，52 – 63。该实验的对象为新鲜或干燥状态的牛、马、绵羊的肱骨，将其投入人工火塘，以木柴引燃，直至自然熄灭。燃烧结束后的骨骼分为 5 个烧烤等级：0 级，无烧烤痕；1 级，局部呈现烧烤痕；2 级，骨骼碳化，大部分呈黑色；3 级，初步煅烧，大部分呈灰色；4 级，深度煅烧，大部分呈白色。
④ 宋兆麟：《民族考古之路——我的治学生涯》，商务印书馆，2018，第 76 ~ 77 页。

六　讨论

（一）动物群所见的自然环境

舍巴遗址的动物遗骨，由于是人为因素的堆积，因而难以反映自然动物群落的全貌。但舍巴先民的猎取范围较广，鉴定出的动物种属也较多，故仍可据此了解当时生态环境的概况。

舍巴动物群的成员皆为现生种，多数仍可见于当地的弄岗保护区。动物群中，含有大量的螺类、蚌类、鱼类和龟鳖类，与左江、丽江和明江交汇处的地貌特点吻合；软体动物中数量最多的沟蜷、田螺，至今依然是当地的优势种类，说明长期以来区域内的水体环境相对稳定。陆生脊椎动物多数为森林型物种，如眼镜蛇、松鼠、帚尾豪猪、马来豪猪、穿山甲、猴类、鼬獾、熊、大灵猫、果子狸、椰子狸等，推测在遗址周边的峰丛地带，曾分布着大片的原始森林。动物群中，仅有小麂和水鹿以林缘灌丛、草地为主要生境，但他们的骨骼数量占比较大，反映了遗址周边溶蚀盆地内的植被环境。

通过分析动物组合，可大致复原舍巴遗址的自然环境。遗址地处三江交汇处的河谷地带，周边是成片的灌丛、草地，不远处的山区为繁密的季节性雨林，整体植被接近于现今的弄岗自然保护区，气候应属南亚热带季风气候。距今 9000 年来，遗址周边的自然景观整体稳定，最主要的变化可能是原始森林的大幅减少。自然环境中赋存了丰富多样的动植物资源，为狩猎采集人群的生计提供了稳定的支撑，并使得这种生计方式得以长期延续。

（二）动物遗存反映的生业经济

舍巴动物遗骨的表面保存了丰富的人工痕迹，而几乎未见生物或其他自然因素的改造，显然都是人类消费的产物。动物群的所有成员皆为野生种类，未见家养动物。其中猪骨的占比很小，且尺寸较大，被鉴定为野猪。因此，仅就动物遗存而言，舍巴遗址无疑仍处于攫取型经济的社会发展阶段。

旧石器时代末期至新石器时代早中期，华南地区以广谱经济为主要生计方式，表现为对水生动植物、小粒型植物和小型动物的广泛利用。舍巴遗址的动物遗存也呈现出广谱经济的若干特点。首先是对水生资源的大量利用。舍巴先民不但捕捞大量的螺类、蚌类，以至于形成贝丘堆积，且脊椎动物中也有 30.7% 的标本为水生的鱼类或龟鳖类。其次是对小型脊椎动物的广泛猎取，包含鼬科动物、灵猫科动物、啮齿类、猴类，以及蛇类和鸟类等。这些小型脊椎动物的生境各异，如飞行、树栖、地栖、穴居等，且不少是夜行性动物，反映出古人类娴熟的狩猎能力。广谱经济的发达，以人地关系的紧张为驱动因素，其直接反映就是左江流域同时期贝丘遗址的大量出现。

动物组合的历时性变化还折射出生业形态的转变。舍巴一期（5 层）是典型的贝丘堆积，介壳丰富，鱼类、龟鳖类的占比也较高，说明先民主要捕捞水生动物；舍巴二期（3 层、4 层）的介壳极为零星，贝丘几乎消失，哺乳动物数量大增，说明更侧重于狩猎陆生动物。另外，地层中的石器数量从一期的 18 件陡增到二期的 165 件，可能体现了不同经济形态对石器需求的差异。贝丘遗址从兴盛到消亡的证据也见于邕江流域的诸多遗址，其原因尚有待探究。①

（三）动物资源的利用方式

舍巴遗址未出土陶器，可见炊煮并非加工肉食的主要方式。另外，几乎所有脊椎动物骨骼的表面都有轻微的烧灼痕迹，推测是以烧烤的方式加工肉食。此外，陆生蜗牛的表面也多见轻微的烧灼痕迹，应也是烤熟后食用的结果；至今，广西民众还有将皱疤坚螺烤熟入药的习俗。② 现有证据表明，在缺乏陶器的左江上游贝丘遗址中，烧烤熟食是一项共同的文化特征。③ 民族志材料将烧烤分为直烧法、石燔法和炮烧法，这三类方法皆见于我国西南地区的现代少数民族。④

遗址中的水生螺类多从尾部被敲开，显然是为了方便吸食。水生螺类的表面不见烧烤迹象，推测先民有可能直接吸食生螺，但也有可能采取如竹釜法、石烹法之类的烹煮方式。在广西地区，对螺类进行敲尾吸食的现象，不仅普遍存在于新石器时代的贝丘遗址，也见诸于娅怀洞⑤、白莲洞⑥等旧石器时代晚期遗址。目前，尚不清楚古人类是吸食生螺还是熟螺，这一问题需要模拟实验的验证。至于陆生螺类，除进行烧烤外，在靠近壳口处往往敲开一处小口，可能也与食用方式有关。

动物不仅是食物的来源，也可用来制作骨器、蚌器等生产工具。舍巴遗址出土的骨器仅有一枚骨针，但发现了一些制备骨料所产生的废料，如具有整齐切口的鹿类掌跖骨、胫骨远端等，说明古人类曾在遗址中加工过骨器。值得注意的是，舍巴遗址尚未出土蚌器，这在左江流域的同类遗址中显得特殊，是受制于发掘面积还是特有的文化特征，目前尚不清楚。

七 结论

舍巴遗址出土动物可分为软体动物和脊椎动物两大类，分隶于腹足纲、瓣鳃纲、鱼

① 吕鹏：《广西邕江流域贝丘遗址动物群研究》，《第四纪研究》2011 年第 4 期。
② 陈德牛、高家祥：《中国经济动物志——陆生软体动物》，科学出版社，1987，第 100 页。
③ 陈曦、杨清平、江左其杲：《广西左江流域新石器时代贝丘遗址动物考古学研究》，《南方文物》2019 年第 2 期。
④ 宋兆麟：《中国风俗通史·原始社会卷》，上海文艺出版社，2001，第 39～55 页。
⑤ 宋艳波、谢光茂、赵文丫：《广西隆安娅怀洞遗址出土动物遗存初步研究》，《第四纪研究》2020 年第 2 期。
⑥ 广西柳州市白莲洞洞穴科学博物馆编著《柳州白莲洞》，科学出版社，2009。

纲、爬行纲、鸟纲和哺乳纲等 7 纲。软体动物共 10 种，分别为圆田螺未定种、环棱螺未定种、多棱角螺、越南沟蜷、环口螺未定种、皱疤坚螺、射带蜗牛未定种、多瘤丽蚌、铆钮尖丽蚌和圆顶珠蚌。脊椎动物共 24 种，包括鲃亚科未定种、青鱼、鲤属未定种、鲌亚科未定种、鲇属未定种、黄颡鱼属未定种、龟鳖目未定种、眼镜蛇科未定种、鸟纲未定种、松鼠科未定种、帚尾豪猪、马来豪猪、穿山甲未定种、猴科未定种、鼬獾未定种、熊属未定种、大灵猫未定种、果子狸、椰子狸、野猪、小鹿、水鹿等。

　　舍巴遗址地处三江交汇的河谷地带，动物群反映的植被主要是南亚热带石灰岩季节性雨林，林缘地带也发育了成片的灌丛草地。动物群所见的生业经济是与环境较为契合的广谱渔猎，捞贝、捕鱼和狩猎并举，构成了因时、因地制宜的生业组合。区域内贝丘遗址的大量出现，说明人地关系的日趋紧张与广谱经济的逐渐发达存在着密切的关联。舍巴遗址的第一期和第二期遗存之间，伴随着石器数量的大幅增加，发生了以贝丘消亡为主要特征的生业形态转变，这一现象为研究西江水系贝丘遗址的兴衰提供了重要线索。

（编辑：陈声波）

浅析考古研究中玉石器材质鉴定及溯源研究

姬　翔

（浙江省文物考古研究所）

[摘要] 本文主要介绍了当前关于玉石器材质鉴定的一些方法，包括了肉眼观察、显微观察以及一些无损检测分析方法。整体而言，关于玉器材质鉴定的分析检测技术已经比较成熟，差不多可以达到材质鉴定的要求。但是关于石器的岩性鉴定，并不能依靠检测分析技术来实现，精准的命名还是需要专业人员进行岩相学的观察分析。另外，还对当前关于玉石器的溯源研究问题进行了简单的探讨，认为当前要做的工作还有很多，需要建立一个标准统一、覆盖范围广的玉石器数据库。

[关键词] 玉器；石器；材质鉴定；检测分析；溯源研究

一　背景

玉器和石器，是史前考古发掘过程中较为常见的遗物。关于玉石器的研究，一般关注于以下几个方面：宗教艺术、加工技术、原料来源、材质分析、贸易流通等。只有将不同的研究角度、研究方法交织并实现有机结合，才能切实解决一些考古学问题。而玉石器材质的鉴定，可以为研究其原料来源、贸易流通等问题提供可靠的依据。

近几十年来，随着多学科的不断介入，玉石器材质的检测方法日益丰富。一些检测设备也伴随着科学技术的发展，变得越来越容易操作，很多仪器设备只需进行简单培训即可快速上手使用，如便携 X 射线荧光光谱仪（即便携式 XRF）等。但这也带来了一些问题，部分缺乏专业背景及基础知识的操作人员，不管检测对象的具体情况，直接就放到设备上检测，得出一些不明所以、难以使用的结果，这不仅没有解决问题反而增加了很多疑问。实际上，每种检测设备都有其适用对象。比如说，X 射线荧光光谱仪主要用来测定化学元素的含量，其测量范围一般从元素周期表中的 11 号元素 Na 到 92 号元素 U。当我们用它来测试一块萤石（CaF_2）或方解石（$CaCO_3$）样本时，测试结果中只能看到 Ca 的含量，而看不到 F（9 号元素）或 C（6 号元素）元素的含量。

其实，玉石器的检测鉴定，最终都是要解决材质和原料来源及流通问题，也就是回答"它是什么""它从哪儿来""它到哪儿去了"。

二　鉴定分析

（一）肉眼观察鉴定

不管利用何种技术手段对玉石器进行鉴定分析，肉眼观察并进行描述都是必须要做的基础工作，从某种程度上来说，也是最重要的一步工作。玉石器材质品类繁多，就玉器而言，常见的材质有绿松石、萤石、玉髓、玛瑙、叶蜡石、滑石、蛇纹石（岫玉）、透闪石（软玉）等；石器的材质则更多了，如泥岩、砂岩、硅质岩、角岩、安山岩、辉绿岩、花岗岩等。但不管是玉器还是石器，就材质而言，其本质无非是岩石与矿物。

这里需要强调的是，"岩石"和"矿物"是两个完全不同的概念，在做鉴定分析之前，必须对这两个概念熟稔于心。《地质辞典》中，岩石"指天然产出的具有一定结构构造的矿物集合体，它构成地球上层部分'地壳和上地幔'，在地壳中具有一定的产状。主要由造岩矿物组成（少数由天然玻璃质或胶体或生物遗骸组成）"。矿物，"由地质作用所形成的天然单质或化合物。它们具有相对固定的化学组成，呈固态者还具有明确的内部结构；它们在一定的物理化学条件范围内稳定，是组成岩石和矿石的基本单元"[①]。

这种概念性的文字或许有些难以理解，试以以下例子来加以说明。石英、水晶、玛瑙、玉髓、黑曜岩、燧石、硅质岩等，其主要化学成分都是二氧化硅（SiO_2）。其中，石英是矿物名称，石英晶体中无色透明的叫"水晶"，透明但有颜色的一般会在前面加上颜色，如紫水晶、粉水晶等，也都属于矿物。玉髓，是隐晶质石英，即石英晶体颗粒极为细小，在偏光显微镜下也无法分辨，但有光性反应。玛瑙，属于玉髓的一种，是具有色彩的二氧化硅变胶体，具有各种不同颜色的纹层状、条带状、条纹状的花纹。所以，石英、水晶、玛瑙、玉髓都属于矿物学的命名，且从其定义覆盖范围而言，石英＞水晶＞玉髓＞玛瑙。而黑曜岩、燧石、硅质岩等，则属于岩石学的命名。黑曜岩，是一种酸性的玻璃质火山岩，也经常被称为"火山玻璃"，它的成分与花岗岩相当，但全部由玻璃质组成。燧石，则是一种致密、坚硬的硅质沉积岩，有的呈透镜状或结核状，有的则呈条带状，一般产自石灰岩中。而硅质岩是对以二氧化硅为主要化学成分的岩石的统称，其主要岩石类型包括了燧石、硅华、蛋白土等。燧石和黑曜岩对考古工作者来说是非常熟悉的，很容易辨认。

考古中遇到的矿物类器物，多为广义的玉器，材质一般有以下几种：玉髓、玛瑙、叶

---

① 地质矿产部《地质辞典》办公室编辑《地质辞典》，地质出版社，1986，第 117 页。

蜡石、滑石、萤石、透闪石、蛇纹石、绿松石等。

玉髓、玛瑙、绿松石较为容易辨认。玉髓多为白色透明状，部分因混有其他物质呈青绿色、红色、淡黄色等，均质，大多具有玻璃光泽，少部分呈油脂光泽，硬度较高，一般在 7 左右。其硬度可以利用硬度笔①进行测试，利用硬度在 4~5 左右的小刀轻微刻划，是无法在其上留下痕迹的。玛瑙、绿松石由于特征较为明显，不再赘述。纯度较高的萤石是无色透明的，但常见的多为酒黄色、绿色或紫色等，硬度不高，在 4 左右，小刀可以划动，且大多数出土萤石类玉器都有裂纹，有的更是碎裂成好几块。另外，萤石在紫外光下发紫色或蓝色荧光。②

而叶蜡石、滑石一般都呈蜡状光泽，硬度仅在 1 左右，用手指甲即可划动。滑石一般为鳞片状集合体，考古出土的多为致密块状，颜色多呈白色、浅黄色、淡褐色、浅绿色等，触摸时有滑感。叶蜡石一般则为片状集合体，也有呈致密块状的，颜色多为白色、淡绿色、淡黄色等，抚摸时同样有滑感。所以仅仅通过肉眼观察，此二者一般不太容易区分，往往需要借助其他手段，待下文详述。

透闪石多为白色，有时其中的 Mg 被 Fe 置换，会向阳起石过渡，呈青色、绿色，混有其他杂质后会出现别的颜色，如糖色、墨绿色等。透闪石常呈放射状或纤维状集合体，具有丝绢光泽。蛇纹石晶体的形状有片状和纤维状两种，颜色为不同色调的绿色。制作成玉器的多为隐晶质块状的蛇纹石，触摸后有滑感。蛇纹石硬度一般在 2.5~3.5 左右，比重为 2.5 左右；透闪石的硬度则在 5.5~6，比重为 2.9~3.0 左右。一般来说，利用硬度和比重，就可以很好地将二者区分开来。

考古中遇到的岩石类遗存主要有两种：一种是工具类的石器，另一种是建筑类的石质遗物。目前看来，建筑类的石质遗物多为就地取材，产地不会很远；而石器的原料部分是就地取材，还有一些石料的传输距离可能要远超我们的估计。对于这些石质遗存，除了拍照、绘图、记录外，大多还要进行岩性鉴定。从大的岩石学类别划分来看，大部分石器属于沉积岩类，小部分为火成岩类、变质岩类。蔡文静等利用 10 倍放大镜、聚光电筒、摩斯硬度笔等，凭借肉眼鉴定的方法，对凌家滩遗址出土的 40 件玉器进行鉴定，依据颜色、光泽、透明度、硬度、结构等判别标准，发现这些玉器的材质十分复杂，涵盖了透闪石玉、透闪石岩玉、水晶、石英岩玉、玉髓、煤晶、大理岩玉、火山凝灰岩、沉积碎屑岩等。③

石器的岩性鉴定方法，一般是参照岩石手标本来鉴定，工具主要是放大镜（10~20

---

① 指矿物硬度，即摩斯硬度（Mohs hardness），是德国矿物学家 Friedrich Mohs 于 1812 年根据 10 种标准矿物提出的硬度定性级别。这十种矿物的硬度由低到高排列为：1 滑石、2 石膏、3 方解石、4 萤石、5 磷灰石、6 正长石、7 石英、8 黄玉（托帕石）、9 刚玉、10 金刚石。最方便和最常使用的是小钢刀，它的硬度是 5~5.5，有时也用到硬币（硬度 3）、玻璃（硬度 5.5）、指甲（硬度 2~2.5）等。
② 王德滋、谢磊：《光性矿物学（第三版）》，科学出版社，2013，第 31 页。
③ 蔡文静、张敬国、朱勤文、吴沫：《凌家滩出土部分古玉器玉质成分特征》，《东南文化》2002 年第 11 期。

倍）。通过观察样品的矿物组成、结构、构造等，进行简单鉴定。常见的矿物有石英、长石、云母、角闪石、辉石、橄榄石等。岩石结构和构造也复杂，三大类岩各有自己的划分标准。①

岩石手标本的鉴定，如果有实物标本作为鉴定的参考是最为理想的。在阙如的情况下，除了岩石矿物的图谱类科普书籍可以提供参考外，网络上还有一些数字化的资源可供查看，如成都理工大学的地质学国家级实验教学示范中心的网站（http：//www. dx. cdut. edu. cn/）的数字化地质标本库，提供了一千多种地质标本的三维影像资源，涵盖了岩石、矿物、宝玉石、构造模型等。需要说明的是，即便是同一名称的岩石，由于不同地区之间地质背景的差异，在外观上也会有所差别，所以并不存在完美的/标准的比对标本。

此外，很多石器在埋藏过程中，其表面已经发生了变化。所以，在观察鉴定时要尽量选择干净、新鲜的部分。对于风化（受沁）较为严重的石器，在鉴定时则需要一定的经验，把握住标志性特征，否则很容易将其鉴定为泥岩、粉砂岩。岩石标本岩性为泥质硅质岩，风化过程中，表面的泥质淋失、颜色变浅、表面硬度降低，在没有新鲜面的情况下很容易被误鉴定为泥质粉砂岩或泥岩。这种误判情况在石器鉴定中常有出现。

因此，对石器进行岩性鉴定需要具备相当的地质基础和经验，不建议非专业人员开展相关工作。此外，因为主要依靠肉眼鉴定，哪怕是专业人员，不同人员甚至是同一人员在不同时间，给出的鉴定结果经常会存在一些差别。这就引发了一个问题——在最后进行统计、对比时难以有一个统一的标准。这就要求，在对石器进行岩性鉴定时，不能简单地给个定名，还需要进行一定的描述作为依据，描述需要涵盖颜色（包括表面和新鲜面）、构造、结构、矿物组成和百分含量等。这些描述可以为其他观察不到实物的研究人员，提供尽可能完备且准确的参考。

（二）显微观察

显微观察主要是利用高倍率显微镜对样本进行观察分析，使用到的设备主要有普通的光学显微镜、扫描电镜、偏光显微镜等。

利用光学显微镜，可以对石器表面进行更为细致的观察。此外，利用光学数码显微镜还可以进行微痕观察和拍照，分析玉石器的加工技术和用途。但这种微痕观察，还需要更多地结合实验考古工作而不能单独作为判断依据。方启制作了 140 件黑曜岩石器，并用这些石器对不同材质（树木、皮革、鲜肉、骨骼等）的实验对象进行加工后，利用体式显微镜对加工前后的黑曜岩石器进行显微观察、拍照和对比，并与考古标本的显微观察结果进行对比，形成了一个比较完备的微痕观察研究体系。② 通常来说，利用光学显微镜进行的观察是对肉眼观察的补充。由于很多出土石器都经历了不同程度的风化，模糊了一些表面

---

① 李昌年：《简明岩石学》，中国地质大学出版社，2010，第 34～43、80～87、123～127 页。
② 方启：《吉林省东部地区黑曜岩石器微痕研究》，吉林大学博士学位论文，2009。

特征，在没有相对新鲜的断面露出的时候，就需要进行此类观察。

  扫描电镜可以帮助进行高倍率（几千倍至数万倍）的显微观察，能够观察到矿物晶体的显微结构。闻广利用扫描电镜，对南京博物院藏的14件马家浜文化和良渚文化时期的玉器（经闻广鉴定，其中9件为软玉）进行了观察鉴定，发现其中的软玉样品多呈接近平行的显微纤维结构，且纤维较粗，与现代新疆、四川、辽宁、河南等地所产软玉并不相同，进而推测这些玉器很可能为就近取材。① 此外，他在研究中还发现，溧阳小梅岭出露的青黄玉，与浦口营盘山出土的PYM31十分相似，都具有斑杂构造；并提出小梅岭软玉存在交织纤维化不完全现象（有雏晶，残留有平行纤维结构），这在崧泽的QSM60：6和余杭反山的YFM12：90、YFM12：100等玉器中也有出现，反映了它们在地质成因上的相似性。② 此类研究为探讨玉料来源问题，提供了地质成因方面的依据。

  其实，对石器进行岩性鉴定最为准确的方法，就是利用偏光显微镜进行岩相学观察和鉴定。不过在鉴定前，需要将研究对象切割打磨，制作成0.03mm的薄片。作为一种有损鉴定方式，对样本有很大的破坏。所以，在考古中几乎很少用在石器研究上，更多的是用于陶瓷岩相学方面的研究。但是，偏光显微镜关于石器的岩相学方面的观察是其他方式无法替代的。它除了可以提供显微结构方面的信息，还可以反映石器中各种矿物的大致含量、不同矿物之间的胶结方式等，甚至可以提供一些标志性的信息，反映其产地信息。比如说，史前遗址中经常见到的燧石，其主要成分为二氧化硅（SiO_2）。而燧石结核中的硅质来源主要有三种：（1）生物碎屑，由放射虫、海绵骨针等硅质生物的介壳或骨骼在海底沉积而成；（2）陆源物质，石英、长石等矿物在淋滤、溶解、蚀变等过程中产生的二氧化硅，被河流带入浅海区沉积而成；（3）火山及深部热液，即硅质热液经由火山爆发或深大断裂喷涌而出，在海底沉积而成。③ 在江浙皖地区的很多岩石地层（如陡山沱组、荷塘组、大陈岭组等）中都有燧石④，磨制成片后，在显微镜下经常可以看到里面存在一些微体生物化石。前人通过系统切片，对微体化石进行种属鉴定，将栖霞组地层划分为四段⑤。将来，在探寻某一地区不同遗址中的燧石来源时，或许可以通过磨制成薄片的方法，利用偏光显微镜鉴别其中的生物种属，从而推测其大致归属的地层位置，结合地质调查资料，发掘其产地信息。

  我们不可能为了确定岩性，将所有的石器都切割磨片。考古出土的石器中，一般残件、碎片较多，可以选取部分作为对照样进行一些微损、有损分析，实现其研究价值。但在这之前，对石器样本进行细致的肉眼观察和分类仍是不可或缺的。

① 闻广：《苏南新石器时代玉器的考古地质学研究》，《文物》1986年第10期。
② 闻广、荆志淳：《福泉山与崧泽玉器地质考古学研究——中国古玉地质考古学研究之二》，《考古》1993年第7期。
③ 杨锐、李红、柳益群、雷川、雷云、冯诗海：《安徽巢湖地区中二叠统栖霞组灰岩中燧石成因》，《现代地质》2014年第3期。
④ 俞国华：《浙江省岩石地层》，中国地质大学出版社，1996，第37～39、43～45页。
⑤ 徐自强：《论浙江北部早二叠世硅质岩层》，《地层学杂志》1995年第4期。

（三） 检测分析

上文提及，有一些玉石器的材质难以通过肉眼鉴定，这就需要利用检测分析技术。具体方法有很多，检测结果一般有两种：化学元素含量和矿物组成。所以可以通过检测分析来对矿物类玉器进行鉴别。

由于文物的不可再生性，很多检测都采用对文物本体不造成破坏的无损分析或者造成很少破坏的微损分析。常见的无损/微损方式有外束质子激发 X 射线荧光（PIXE）、能量色散 X 射线荧光（ED – XRF）、X 射线衍射（XRD）、激光拉曼光谱（LRS）、显微拉曼光谱（Raman）、傅里叶变换红外光谱（FTIR）、扫描电镜（SEM）等。其中，PIXE、ED – XRF 等可以检测出常量元素和部分微量元素，XRD、LRS、FTIR 可以检测出一些矿物组分，SEM 主要观察显微结构，结合能谱仪（EDS），可以检测出一些化学元素分布情况。

例如，叶蜡石和滑石有时候仅仅依赖肉眼难以分辨，这时就可以利用 XRF 进行区分。滑石的分子式是 $Mg_3 [Si_4O_{10}] (OH)_2$，叶蜡石的分子式是 $Al_2 [Si_4O_{10}] (OH)_2$。检测结果中如果除了 SiO_2，还有一定比例的 MgO 且几乎没有 Al_2O_3，那么就可以推测其为滑石；如果除了 SiO_2，还有一定比例的 Al_2O_3 且几乎没有 MgO，那么就可以推测其为叶蜡石。利用 XRF 还可以对风化（受沁）较为严重的蛇纹石和透闪石进行区分，蛇纹石测出来的结果除了 SiO_2 以外，主要是 MgO；而透闪石测出来的结果，除了 SiO_2 和 MgO 外，还有 10% 左右的 CaO。在此，需要再三强调的是，利用此种判别方法的前提是已经经过了专业的肉眼观察，并且把鉴定对象的种类锁定在很小的范围内。像滑石和蛇纹石，它们属于共生矿物，其元素组成极为相近，当使用精度较差的便携式 XRF 进行检测时，是不易辨别的。这时候，就需要利用其他检测方法进行区分。董传万利用傅里叶变换红外光谱和 X 射线粉晶衍射光谱技术，对文家山遗址出土的部分"南瓜黄"玉器进行测试，分辨出了蛇纹石玉、滑石玉、蛇纹石滑石玉三类材质。[①]

近年来，中科院上海光学精密机械研究所利用无损分析方法，做了大量的检测分析工作。干福熹等利用 PIXE、XRD、LRS 等方法，对浙江省杭州市余杭区良渚遗址群出土的玉器进行了检测，涉及反山（59 件）、瑶山（45 件）、汇观山（10 件）和塘山（19 件，其中玉器玉料 11 件、制玉磨石 8 件）等遗址。干福熹等在论文中提出，反山、瑶山和汇观山玉器材质中有 80% 以上为透闪石型和透闪石 – 阳起石型软玉，其他的则以蛇纹石、滑石为主，检测的瑶山玉器中，还有 1 件为绿松石。不过，对于干福熹等关于石钺的鉴定，由于只是测定了化学成分而没有给出相应的岩石学描述，笔者持保留意见。[②] 此外，董俊卿等利用 PIXE、XRD、显微拉曼光谱等技术，对蚌埠双墩出土的春秋战国时期玉器、湖

---

① 浙江省文物考古研究所编《文家山》，文物出版社，2011，第 147 ~ 152 页。
② 干福熹、曹锦炎、承焕生、顾冬红、芮国耀、方向明、董俊卿、赵虹霞：《浙江余杭良渚遗址群出土玉器的无损分析研究》，《中国科学：技术科学》2011 年第 1 期。

北熊家冢出土的东周玉器进行检测分析，确定了玉器的材质（包括了透闪石质、天河石质、石英质、白云母质等）。①

张文元等对 34 件出自良渚遗址群的梅家里遗址和官井头遗址的玉器进行了检测和微痕观察，主要利用了便携式数码显微镜、便携式拉曼光谱仪、便携式能量色散 X 荧光光谱仪，发现所测玉器中近 80% 材质为透闪石类，其他材质为白云母类、蛇纹石类及滑石类。② 其他相关工作还有很多③，不再一一列举。

目前看来，利用这些无损分析技术对玉器材质进行鉴定，有理有据，总体上实践效果不错，比较可靠。

依然需要强调的是，不管是何种检测分析技术，都不能直接用来进行岩性定名。红外、拉曼、X 射线衍射等分析技术，得出的结果只是玉石器的矿物组成情况；而 XRF、PIXE 等，得出的只是元素含量。岩性定名的依据，除了矿物组成外，还有各种矿物的比例，岩石的结构（矿物的结晶程度、颗粒大小、形态以及矿物之间的相互关系）、构造（组成岩石各部分之间的排列方式、配置以及充填方式等）④ 等。

岩性命名，只能且必须建立在手标本观察和薄片观察鉴定的基础上，脱离基本观察、缺乏岩相学依据的岩性鉴定都是不够科学和可靠的。

三 溯源研究

关于玉石器的研究，通常关注在这四个字上——源、流、工、艺，而溯源研究主要就是解决"源"——原材料的产地问题。它对于考古学研究的重要性是不言而喻的。要解决该问题，首先要对玉石器本身有个充分全面的了解，然后是对疑似产地的原料进行全方位地解析，最后则是二者对比，通过差异性和一致性来筛选。

（一）现状

当前，关于考古出土的玉石器产地问题的研究并不少见。干福熹等⑤用 PIXE 法检测

① 董俊卿、李青会、顾冬红、干福熹、阚绪杭、周群、承焕生：《蚌埠双墩一号墓和三号墓出土玉器及玻璃器研究》，《南方文物》2012 年第 2 期；董俊卿、顾冬红、苏伯民、陈港泉、刘松、干福熹：《湖北熊家冢墓地出土玉器的 pXRF 无损分析》，《敦煌研究》2013 年第 1 期。
② 张文元、崔强、李青会、柴勃隆、王宁远、赵晔、于宗仁、苏伯民：《综合分析方法对余杭良渚遗址群出土玉器的原位无损研究》，《敦煌研究》2013 年第 1 期。
③ 干福熹、承焕生、孔德铭、赵虹霞、马波、顾冬红：《河南安阳市新出土殷墟玉器的无损分析检测的研究》，《文物保护与考古科学》2008 年第 4 期；顾冬红、干福熹、承焕生、陆建号、左骏、李青会：《江阴高城墩遗址出土良渚文化玉器的无损分析研究》，《文物保护与考古科学》2010 年第 4 期；闻广：《苏南新石器时代玉器的考古地质学研究》，《文物》1986 年第 10 期。
④ 徐夕生、邱检生：《火成岩岩石学》，科学出版社，2013，第 129~134 页。
⑤ 干福熹、顾冬红、芮国耀、方向明、董俊卿、赵虹霞：《浙江余杭良渚遗址群出土玉器的无损分析研究》，《中国科学：技术科学》2011 年第 1 期。

了 37 件透闪石玉器的微量元素，与国内外各地的透闪石样品进行对比后发现，之前普遍被认为是良渚透闪石玉主要来源的溧阳小梅岭玉，可能并非是其真正来源——梅岭玉中锶（Sr）含量较高，而良渚的透闪石玉中 Sr 含量较低。李晶对新疆、青海、岫岩、小梅岭产地的软玉进行了宝石矿物学研究，并与庄桥坟遗址出土玉器进行对比，发现庄桥坟出土玉器的稀土模式图呈现出 δEu 负异常的左倾，而溧阳小梅岭的软玉则呈现 δEu 负异常的右倾，推测庄桥坟玉器可能并非产自小梅岭。[①]

朱勤文等鉴定并检测了部分（约 34 件）安徽凌家滩遗址出土的玉器，结合地质资料后对凌家滩周围 50～100 公里范围进行地质考察，采集到了透闪石大理岩、蛇纹石玉、凝灰岩、粉砂岩、脉石英、石英砂岩等样品。之后，对比了样本和凌家滩玉石器的岩石学特征、宝石学特征，对凌家滩玉器材料来源进行了探讨：野外采集到的蛇纹石玉样本与遗址出土的蛇纹石质玉器的基本宝石学特征可以对比，虽然没有采集到透闪石玉的样本，但透闪石大理岩的产出说明了该地区有形成透闪石玉的地质条件，这两种玉料很可能产自本地。[②]

钱益汇等对山东大辛庄遗址出土的石器标本进行了岩性鉴定，并利用地质资料对遗址周围进行了考古和地质调查，发现该遗址石器石料主要来自当地，大部分为就地取材，少部分来自南部山区；另外，一些用当地稀缺石料制作的石器，还存在二次加工和一器多用的现象。[③] 张登毅对 8 处先秦遗址出土的共计 128 件绿松石制品，采取了拉曼光谱、色差分析、XRF、LA - ICP - AES、铅锶同位素等检测手段，发现一些元素组合对绿松石示踪具有较好的指示意义，而铅锶同位素比值可以将同一遗址出土的绿松石制品划分出多个来源，并利用铅锶同位素模拟了先秦时期绿松石的传播路线。[④]

当前关于玉石器的研究，用到的其实都是岩石学、矿物学、地球化学等地质学的方法，毕竟研究对象本质上还是岩石与矿物。不过，最后能真正解决考古学问题的并不多，特别是在玉器方面。对石器石料产地的追踪，一般可以通过在周边找到同种岩性的基岩、流石来大致圈定一个区域范围，而石器属于实用器，需求量大且易消耗，其产地基本也就在这个范围内；玉器的话，由于其比较珍贵，往往会传播得很远，即便在遗址附近发现了同种材质的矿藏，也需要通过多种分析检测手段来证明。但是在这个过程中，我们或许忽视了两点：1. 玉器原料本身有可能并不是完全均一的，同一块料不同位置有可能存在差异；2. 玉器在埋藏过程中发生了一些变化（受沁），会对检测结果产生干扰。

关于玉器受沁机制的研究，国内基本上开始于 20 世纪 90 年代。[⑤] 近些年来，学界也

① 李晶：《中国典型产地软玉的宝石学矿物学特征及对良渚古玉器产地的指示》，中国地质大学博士学位论文，2016，第 107～108 页。
② 安徽省文物考古研究所：《凌家滩——田野考古发掘报告之一》，文物出版社，2007，第 293～323 页。
③ 钱益汇、方辉、于海广、沈辰：《大辛庄商代石器原料来源和开发战略分析》，《第四纪研究》2006 年第 4 期。
④ 张登毅：《中原先秦绿松石制品产源探索》，北京科技大学硕士学位论文，2016。
⑤ 闻广、荆志淳：《沣西西周玉器地质考古学研究——中国古玉地质考古学研究之三》，《考古学报》1993 年第 2 期。

一直都在开展相关工作。① 不过,其中只有一部分进行了模拟实验。② 但是,在探讨玉器原料来源的研究中,或许是因为玉器受沁过程较为复杂,几乎没有人将其对研究结果的影响加以考虑。

(二) 物源分析的其他方法和注意事项

地质学(主要是沉积学)中关于物源分析的研究有很多,主要是用来恢复古环境和古地貌演变、研究古气候环境、追溯构造背景等。③ 其中用到的方法有沉积学、岩石学(主要是碎屑岩类分析,非前述岩性鉴定)、重矿物、黏土矿物、地质年代学、元素和同位素地球化学、化石及生物标志化合物方法等。④ 其中,随着检测分析技术的快速发展,元素和同位素地球化学近年来应用得越来越多。

元素和同位素地球化学中,包含了常量元素分析、微量元素分析、同位素分析等。这些分析检测技术在前述考古学溯源研究中都多少有所涉及,但并不完全一样。比如说,常量元素、微量元素分析经常通过一些元素比值图解(如 $Al_2O_3/SiO_2 - Fe_2O_3/SiO_2$、$La/Yi - Sc/Cr$ 等)来追踪物源;而同位素分析则有 $Sr - Nd$ 同位素、$U - Pb$ 同位素、$K - Ca$ 同位素等;微量元素分析还包含对其中稀土元素的分析(稀土元素分布图)等。⑤ 这些方法也可以为玉石器的溯源研究提供一些思路。

目前看来,通过制作薄片进行岩相观察分析追踪产地信息的方法,在石器石料来源研究时借助一些石器石料的碎片是可以实现的;而玉器相对出土数量稀少且工艺较为精致,用这种方法来研究玉器的来源存在一定困难。因此,将地球化学的分析方法更多地引入玉器的溯源研究中来就显得十分必要了。地球化学的方法中,利用同位素来追踪物质来源是十分有效的,因为同位素基本不会受到风化的影响。在地表的自然条件下,一般较为稳定,不会发生很大变化。不过这种方法用在较大范围内较为合适,对单个遗址点来说,精度是不够的。

同时,在引入一些新的地球化学分析方法时,不能拿来就用,需要明白其原理及适用范围。比如,化学风化指数(CIA)是用来衡量沉积物化学风化程度的,可以说完全不适用于玉器分析。最恰当的引进方法,是建立在了解一些元素在物理化学活动上的相关性,然后对分析出的数据进行二次处理的基础之上的。

---

① 冯敏、张敬国、王荣、王昌燧、龚明:《凌家滩古玉受沁过程分析》,《文物保护与考古科学》2005 年第 1 期;高洁:《良渚文化庄桥坟遗址出土玉器受沁风化特征及机理研究》,中国地质大学硕士学位论文,2008。
② 王荣:《古玉器受沁机理初探》,中国科学技术大学博士学位论文,2007;王荣:《中国古代透闪石—阳起石玉器白化机制研究述要》,《文物保护与考古科学》2017 年第 4 期。
③ 刘腾、陈刚、徐小刚、康昱、闫枫:《物源分析方法及其发展趋势》,《西北地质》2016 年第 4 期。
④ 汪正江、陈洪德、张锦泉:《物源分析的研究与展望》,《沉积与特提斯地质》2000 年第 4 期;杨仁超、李进步、樊爱萍:《陆源沉积岩物源分析研究进展与发展趋势》,《沉积学报》2013 年第 1 期;赵红格、刘池洋:《物源分析方法及研究进展》,《沉积学报》2003 年第 3 期。
⑤ 何梦颖:《长江河流沉积物矿物学、地球化学和碎屑锆石年代学物源示踪研究》,南京大学博士学位论文,2014。

在利用化学元素进行玉器溯源研究时，正如上文指出的那样，还需要考虑受沁造成的影响。玉器在埋藏过程中都或多或少地发生了受沁（风化作用），一般认为受沁并不影响其矿物结构，只是会使其结构变疏松。但在受沁过程中，玉器的化学成分会发生细微变化。[①] 有些受沁的蛇纹石质玉器，检测出的 Mg、Si 等元素含量与理论值存在较大差别，因为在埋藏过程中，玉器中的一些元素可能以离子形式被溶液带入接触的土壤中。[②] 而透闪石质玉器相对蛇纹石质玉器抗侵蚀性更强，这是因为在淋滤作用中，Mg、Ca 流失的同时，Si 含量升高，在玉器表面胶结形成一层保护膜（俗称"玻璃光""包浆"），阻止了 Mg、Ca 的继续流失。[③] 可见，在受沁过程中，常见的蛇纹石玉和透闪石玉，其化学元素组成情况或多或少都发生了变化（Si 升高，Mg、Ca 降低）。而且，这种"玻璃光"形成机制在不同埋藏条件下是否一致，Ca、Mg 流失，Si 补充的平衡点是否会受到环境影响发生变化，这个过程对元素含量有多大的影响，目前还缺少全面、系统的研究。所以，直接利用 Si、Mg 等常量元素含量来探讨玉器的产地问题，是缺乏可靠性的。

同理，我们现在也不能确定，在埋藏过程中，微量元素是否也会部分流失或者与土壤中的元素发生交换；所以，在探讨玉器、石器产地时，检测出的微量元素含量，也是不能直接作为判别依据的。比如说，Sr 和 Ca 在元素周期表中属于同一个主族且位置相邻，Sr 和 Ca 的离子半径十分相近，所以它们在化学性质上具有一定的相似性，而 Sr 也常以分散状态赋存在含 Ca 的矿物中。[④] 那么，在玉器埋藏受沁的过程中，Ca 和 Mg 流失的同时，或许也存在 Sr 的流失。

最后，还必须考虑的一个因素是在使用一些检测元素含量的设备时，该设备的检测精度和检出限。如果误差范围和检出数据差不多在一个数量级或者相差很低，这样的数据最多只能作为材质鉴定的参考依据，而不能用来进行溯源研究。

要想真正解决史前诸遗址中出土玉器的产地问题，要么是在遗址附近发现同时期的玉矿遗址，要么是利用合适的检测分析方法提供科学的依据。然而，考古遗址的发现是可遇不可求的，如甘肃马鬃山是国内目前发现的唯一一座玉矿遗址，所以研究者们只能在分析检测上多下功夫。分析检测的工作有两部分，一个是关于出土玉器的检测分析，这一方面目前开展得比较多，但多为精度一般的无损分析检测，也有人利用玉器碎片做了一些有损的化学检测，[⑤] 不过体量不大；另一个是关于附近自然矿脉的研究，这一方面的工作是现

---

① 闻广：《中国古玉的研究》，《建材地质》1990 年第 2 期；王荣：《古玉器受沁机理初探》，中国科学技术大学博士学位论文，2007；高洁：《良渚文化庄桥坟遗址出土玉器受沁风化特征及机理研究》，中国地质大学硕士学位论文，2008。

② 刘志勇、干福熹、承焕生、马波、顾冬红：《蛇纹石质古玉器的无损分析研究》，《自然科学史研究》2008 年第 3 期。

③ 董俊卿、干福熹、承焕生、胡永庆、程永建、柴中庆、周剑曙、顾冬红、赵虹霞：《河南境内出土早期玉器初步研究》，《华夏考古》2011 年第 3 期。

④ 陶发祥、洪业汤、冷雪天：《锶同位素对环境变化的指示意义》，《地质地球化学》1996 年第 5 期。

⑤ 朱勤文、张敬国：《安徽凌家滩出土古玉器软玉的化学成分特征》，《宝石和宝石学杂志》2002 年第 2 期。

在十分欠缺的，而这却是能做得最为精细的一部分。自然条件中，一条矿脉可以延伸得很长，在相距很远的地方出露，而其本身的化学成分（常量元素、微量元素等）并不总是均一的，比如一条透闪石玉的矿脉上会同时产出透闪石和阳起石，这时就需要对其进行分区、分块研究。显然，这是一项十分繁重但又十分必要的基础工作，需要更多的专业人员加入进来。我们最终的目标是要构建一个标准统一的（或者标准间可以相互转换的）、总量庞大的、时空覆盖全面的玉石器与玉石资源数据库，从而为解决考古学的实际问题提供科学的专业依据。

结　语

当前，关于玉石器材质鉴定和原料来源的研究越来越多，其中涉及的方法也种类繁多。各类检测分析方法的不断加入，为考古学研究提供了很大的便利。但同时，少数研究人员在某些专业上缺乏相应的知识背景，有时候会存在滥用检测分析方法的现象。

不管有些检测分析方法看起来多么"高精尖"，研究人员在使用时都要意识到，这些分析方法不过是给我们提供了新的、更为细致的视角来看待问题。而所有微观的观察和分析，都必须建立在宏观认识的基础之上。缺乏宏观认识而盲目使用一些检测分析的技术方法，无异于盲人摸象，很容易得出稀奇古怪的结论。

这就需要研究人员心中常怀以下几个问题：1. 我的研究对象是什么？2. 我想知道什么？3. 这种检测分析方法能告诉我什么，不能告诉我什么？此外，在进行玉石器材质分析和溯源研究时，还要注意以下几点：1. 岩石与矿物是两个完全不同的概念；2. 对所使用方法、设备的原理要有一定的了解；3. 常量元素含量是不能作为唯一凭证而直接用来进行玉石器的材质鉴定的；4. 不管何种检测仪器设备，都不能直接用来鉴定岩性；5. 用常量元素、微量元素含量高低的方法来区分物源，在当前是存疑的；6. 在做化学元素分析时，需要注意设备的检出限和检测结果的误差范围，最好有几个可以用来对照的标准样品；7. 加强和深入关于玉石器埋藏受沁过程和机制的研究。

关于玉石器材质的鉴定和检测分析，当务之急，是建立一套统一的标准。这个标准既要涵盖石器岩性鉴定方法和依据，又要包含玉器检测分析的标样；前者，基本可以参考岩石学的相关方法进行细微调整；而后者，则可能需要利用一些天然样本并进行适当的人工干预。当检测分析有一个统一的标样时，即便是利用不同设备测定的样本，相互之间也完全可以进行对比，有助于搭建统一的数据库。

（编辑：陈声波）

考古学史

方兴未艾的夏鼐研究[*]

徐　峰

（南京师范大学文博系）

[摘要]　近几年来，中国考古学界关于夏鼐先生的研究明显热了起来，当前可谓方兴未艾之时。本文旨在对夏鼐研究的缘起、趋热、意义等主题进行回顾与思考。

[关键词]　夏鼐；日记；研究

时代流转，世事浮沉。有些人事逐渐在时光中被淡忘，如烟而逝。有些人事却一再被提起或唤醒，历久弥新。这后一种人与事，通常是历史舞台上"照汗青""藏名山"式的人物或事件。夏鼐是中国社会科学院考古研究所前所长，1949年以来，领导中国考古学三十余年，是新中国考古工作的主要指导者和组织者，在中国新石器时代和商周考古学研究，以及中西交通史与中国科技史研究方面做出了重要贡献。[①] 夏鼐是影响中国考古学发展的中心人物。考察夏鼐所处的背景与时代，了解其生活与学术经历，体会其思想与行动，既是对夏鼐本人的研究，亦是了解中国考古学发展历程的自然需求。最近若干年，我们明显感到，中国考古学界关于夏鼐先生的研究热了起来，当前可谓方兴未艾之时。本文旨在对夏鼐研究的缘起、趋热、意义等主题进行回顾与思考。

一　1985年以来纪念夏鼐的文字

可以这么认为，1985年夏鼐逝世之后，伴随着考古学界对夏鼐的纪念，关于他的研究就已经开始了。[②] 因为在对夏鼐的怀念性文字中，不能不包含对夏鼐生平、治学、思想、道德、事功、人际交往等内容的介绍，这实际上就已经构成了对夏鼐的初步研究。这些散

*　本研究系国家社科基金重大项目"长江下游社会复杂化及中原化进程研究"（20&ZD247）阶段性成果。

①　王巍总主编《中国考古学大辞典》，上海辞书出版社，2014，第81页。

②　"中国考古学研究"编委会编《中国考古学研究——夏鼐先生考古五十年纪念论文集》，文物出版社，1986。

见于不同期刊的对夏鼐的纪念性文字曾被汇编成书①，从中即可看出，关于夏鼐的研究内容是非常丰富的。原因很简单，"夏鼐同志和他的合作者们，开创了我国考古学发展的新时代"②。夏鼐作为新中国考古工作的主要指导者和组织者，必然在中国考古学发展的道路上留下深刻的印迹。仅就考古学研究而言，王仲殊曾有详细归纳，大致包含如下几个方面：史前考古学文化命名问题；对新石器时代文化的分布、类型和分期问题的研究发表指导性意见；提出中国新石器文化的发展并非只有黄河流域一个中心的多元说；根据公布的 ^{14}C 年代数据，结合文化内涵和地层证据，全面讨论中国史前文化的谱系问题；提出从考古学上探讨中国文明起源问题，具有划时代的意义；在历史时期考古研究方面，夏鼐曾发表对探索夏文化问题的指导性意见，探讨过古代葬制以及玉器等问题；在对中西交通史的研究和对中国科技史的研究两大方面，有开拓性的贡献；等等。③ 考古学界日后在对这些问题做更细致、更深入的研究过程中，基本上都要提及夏鼐先行的研究。

在这类纪念性文字中，若干学者也曾就夏鼐的学风、品格、人际交往进行了回顾，给人以深刻的印象。比如张忠培称许夏鼐"他那广博知识，以及从不轻易引申的严谨学风"；夏鼐在给张忠培的一封信中称自己是"但开风气不为师"。④ 李汝宽敬佩夏鼐的"立足中土不崇洋"。⑤ 樋口隆康称夏鼐"不仅对于国内考古学，对于国际上考古学方面的知识之渊博，涉猎范围之广泛，作为一个考古学者来讲，也是无人可以与之匹敌的"⑥。至于夏鼐品格上的高尚、作风上的朴实、谦虚则是学界公认的，很多学者都有提及。令人印象深刻的是石兴邦和黄展岳的回忆文字，这二位先生是夏鼐的入室弟子，从他们的回忆中可以了解到夏鼐的"不徇私"，不搞宗派、不立门户，着实令人钦佩。⑦

以上所举纪念文字是在 1985 年夏鼐逝世不久后所作。到夏鼐先生一百周年诞辰前后，中国社会科学院考古研究所的一拨学人——均为夏鼐的事业继承者——又陆续发表了一系列有关夏鼐与中国考古学的文章。徐苹芳⑧、刘庆柱⑨、任式楠⑩、王巍⑪等从各自视角谈

---

① 中国社会科学院考古研究所编《夏鼐先生纪念文集——纪念夏鼐先生诞辰一百周年》，科学出版社，2009。

② 胡乔木：《痛悼卓越的考古学家夏鼐同志》，《人民日报》1985 年 6 月 30 日。

③ 王仲殊：《怀念杰出的考古学家夏鼐先生》，中国社会科学院考古研究所《夏鼐先生纪念文集——纪念夏鼐先生诞辰一百周年》，科学出版社，2009，第 21、24~25 页。

④ 张忠培：《中国考古学路上不会消失的足迹——悼念夏鼐先生》，载中国社会科学院考古研究所编《夏鼐先生纪念文集——纪念夏鼐先生诞辰一百周年》，科学出版社，2009，第 44、47 页。

⑤ 李汝宽：《忆夏鼐先生二三事》，载中国社会科学院考古研究所编《夏鼐先生纪念文集——纪念夏鼐先生诞辰一百周年》，科学出版社，2009，第 62 页。

⑥ 樋口隆康：《夏鼐先生与中国考古学》，载中国社会科学院考古研究所编《夏鼐先生纪念文集——纪念夏鼐先生诞辰一百周年》，科学出版社，2009，第 68 页。

⑦ 石兴邦：《尽瘁于新中国考古事业的忠诚战士——夏鼐同志的学问、道德与事功》、黄展岳：《难忘的往事——纪念夏鼐先生诞生一百周年》，载中国社会科学院考古研究所编《夏鼐先生纪念文集——纪念夏鼐先生诞辰一百周年》，科学出版社，2009，第 29~40、132~137 页。

⑧ 徐苹芳：《夏鼐与中国现代考古学》，《考古》2010 年第 2 期。

⑨ 刘庆柱：《我心中的夏鼐先生》，《考古》2010 年第 2 期。

⑩ 任式楠：《夏鼐——诲人不倦的导师》，《考古》2010 年第 2 期。

⑪ 王巍：《夏鼐先生与中国考古学》，《考古》2010 年第 2 期。

论了他们认识的夏鼐并且评价了他的学术贡献。这些文章进一步充实和升温了"夏鼐研究"。

二 以"文明起源研究"为代表的若干研究

鉴于夏鼐长期领航掌舵中国考古学的发展，他在很多研究领域都发挥着引领和主导作用。文明起源研究就是典型代表。后来者对这些主题进行研究时不能不提及夏鼐先行的研究。1983 年，夏鼐应日本广播协会邀请做了 3 次演讲，后来这些演讲被以日文、中文发表，中文结集成书，名为《中国文明的起源》。夏鼐对于中国文明起源的一个总的判断是："（中国文明的产生）主要是由于本身的发展，但这并不排斥在发展过程中有时可能加上一些外来的影响。这些外来的影响不限于今天的中国境内各地区，还可能有来自国外的。但是根据上面所讲的，我们根据考古学上的证据，中国虽然并不是完全同外界隔离，但是中国文明还是在中国土地上土生土长的。"[1] 中国文明起源的研究是中国考古学发展中最重要的课题。徐苹芳评价夏鼐关于中国文明起源的演讲是一个划时代的分水岭，把中国文明形成的考古学研究推向了一个新阶段。[2] 王世民认为夏鼐将中国文明起源问题提到当代考古学研究的议事日程。[3] 朱乃诚在回顾中国文明起源研究的学术史时也指出，文明起源研究在 1986 年的蓬勃展开，与 1983 年夏鼐在日本讲演的《中国文明的起源》一文于 1985 年 8 月在国内公开发表有着密切的联系。夏文发表后，一批在学术界有影响的学者相继介入中国文明起源研究。[4]

文明起源的研究以 21 世纪初开始的"中华文明探源工程"为高潮，并且仍在进行中。"中华文明探源工程"以考古调查发掘为获取相关资料的主要手段，以现代科学技术为支撑，采取多学科交叉研究的方式，试图揭示中华民族五千年文明起源与早期发展。

另外，20 世纪 50 年代以来，夏鼐从理论上统一认识，避免错误倾向，推进考古学健康发展。他对考古学的认识、对考古学文化的讨论等有着深远影响。在具体的研究方法和路径层面，夏鼐也开创了诸多中国考古工作的先河，如主导建立了中国第一个 ^{14}C 断代实验室，最早明确提出中国新石器文化的发展并非黄河流域一个中心的多元说。这些无不体现夏鼐的远见卓识。夏鼐的研究领域是十分广阔的，夏文化、商代和汉代玉器、丝织品与丝绸之路、科技史等。后人在对这些主题进行研究时每每提及夏鼐的研究。[5]

---

① 夏鼐：《中国文明的起源》，中华书局，2009，第 100 页。
② 徐苹芳：《中国文明形成的考古学研究》，《吉林大学社会科学学报》2005 年第 1 期。
③ 王世民：《夏鼐传稿》，社会科学文献出版社，2020，第 177 页。
④ 朱乃诚：《中国文明起源研究》，福建人民出版社，2006，第 28 页。
⑤ 许宏：《高度与情结——夏鼐关于夏商文化问题的思想轨迹》，《南方文物》2010 年第 2 期；施劲松、王齐：《夏鼐的学术与他的时代——写在夏鼐先生逝世 30 周年之际》，《南方文物》2015 年第 4 期。

三 《夏鼐日记》出版助推了"夏鼐研究"

如果说多篇怀念夏鼐的文字为我们了解这位考古巨擘的治学与为人提供了一个窗口，那么随着 2011 年《夏鼐日记》的出版①，世人有机会较全面和深入地探寻夏鼐的心史。

《夏鼐日记》是由中国社会科学院考古研究所王世民与夏鼐子女夏素琴等共同整理，全书 10 卷 400 余万字。

《夏鼐日记》甫一出版，便洛阳纸贵，学人们纷纷购求。很快便有从不同视角书写夏鼐的文章面世。在中国知网上检索，2011 年以来，根据《夏鼐日记》进行的相关文章不下百篇。粗略分类，这些文章可以分成这样几种主题。

（一）夏鼐与其他学人

如夏鼐对胡适的观感、与胡适的交集，以及批判胡适运动中的夏鼐。② 还有日记中的陈寅恪话题③、夏鼐与陈梦家④、夏鼐与郭沫若⑤、夏鼐与钱钟书⑥、夏鼐与曾昭燏⑦、夏鼐与张光直⑧、夏鼐与吴晗⑨等等。

考古学者尤其关心的是夏鼐与考古界同行的比较。近年格外引起学界注意的是针对夏鼐与苏秉琦的一些讨论，势必成为将来夏鼐或苏秉琦研究中的重要组成部分。例如，汤惠生讨论了夏鼐和苏秉琦二人考古学研究的不同取向。⑩ 先前，张光直曾经问道："有人说他（夏鼐）在生前与苏秉琦先生之间对中国考古学的看法，有基本上的矛盾。如是事实，当如何解释？"⑪《夏鼐日记》第九卷 1984 年的几则日记中围绕"中国学派"这一提法的争议表明了二人确实存在一定的分歧。由于"为尊者讳"的传统，考古学界甚少有文章讨论夏苏二人在这方面的争议。汤文首次直面这一问题，并分析二人的治学特色，提出在考古界，存在以夏鼐为代表的"实证派"和以苏秉琦为代表的"理论派"两个不同研究取向之间的互动。汤文认为夏鼐实事求是，不稍假借，从而与苏秉琦那种注重意理、寻求宏

① 夏鼐：《夏鼐日记》，华东师范大学出版社，2011。
② 宋广波：《胡适与夏鼐》，台北《传记文学》第 100 卷第 1 期，2012 年 1 月；裴世东：《学人之交：〈夏鼐日记〉中的胡适形象变迁》，《安徽史学》2019 年第 5 期。
③ 张求会：《〈夏鼐日记〉里的"陈寅恪话题"》，《东方早报·上海书评》2011 年 11 月 20 日。
④ 方继孝：《五十年代初期的陈梦家与夏鼐》，《读书》2019 年第 2 期。
⑤ 罗丰：《夏鼐与中央研究院第一届院士选举》，《考古与文物》2004 年第 4 期。
⑥ 王兴：《夏鼐与钱钟书的交往点滴》，《文汇报》2020 年 10 月 15 日。
⑦ 王兴：《夏鼐、曾昭燏交谊论（1935～1949）》，《史学理论与史学史学刊》2017 年第 2 期。
⑧ 陈星灿：《夏鼐与张光直交往的一点史料》，《万象》2004 年 10 期。
⑨ 戴海斌：《清华园里的夏鼐与吴晗》，《读书》2015 年第 3 期。
⑩ 汤惠生：《夏鼐、苏秉琦考古学不同取向辨析》，《中国社会科学》2017 年第 6 期。
⑪ 陈星灿：《中国史前考古学史研究（1895-1949）》"张光直序"，三联书店，1997，第 4 页。

大理论的研究取向形成鲜明对比，该文扬夏抑苏，一时引发考古学界热议。

除了著名、重要学者之外，《夏鼐日记》涉及人物众多。相信以后还会有学者就此进行发掘。关于这些学者间交往的探讨虽然是基于日记、书信中的信息进行重新梳理编辑，但在特定主题和视角的引导下，独立成篇也颇有新意。应该说，可供观察的视角是非常多的，李细珠就曾利用金毓黻、顾颉刚、夏鼐的已刊日记，具体考察在 1949 年前后的政治转型期三位学者面对历史巨变的因应与境遇，观察现代学者在学术与政治之间的出处抉择与生存状况。[1]

总之，《夏鼐日记》中对若干学人的记录，可补相关史料，进一步丰富学界对若干学术人物的形象认知。

（二）夏鼐的读书人生

夏鼐一生，嗜好读书。这一点，夏鼐妻子的回忆文章中曾有生动回忆。[2]《夏鼐日记》中他作为一个书痴的形象也非常鲜明。[3] 夏的阅读中，外文数目占了较大的分量，他对世界考古学的前沿动态有及时的掌握，宛凌讨论的夏鼐与《古物》情缘就能反映这一面。[4]

（三）国际化的研究

夏鼐年轻时留学伦敦，又在埃及、巴勒斯坦、印度做过田野发掘，做的博士论文题目也是国际化的。很多研究者都赞叹夏鼐的国际化视野和国际影响。从《夏鼐日记》可知，夏鼐的国际学术交流经历是非常丰富的，与之同时代的考古学者在出国交流方面无出其右。有研究者以国际学术交流这一视角进行探讨，认为新中国成立后，中国考古学获得较快的发展并在国际上享有极大的声誉，与夏鼐的出国留学经历及与外国学界的密切往来有直接的联系。夏鼐的国际学术交流活动作为新中国对外文化交流工作的一部分，也为 20 世纪 90 年代考古学国际化的成熟奠定了基础。[5] 夏鼐也一直坚持用英文写作考古学论文，向国外介绍中国最新的考古发现。

（四）夏鼐的考古学研究风格和思想体系

有学者试图对夏鼐的考古学思想进行综合研究。裴世东讨论了夏鼐考古学思想体系的形成，认为夏鼐以马克思主义为指导，将西方考古学理论与中国的考古工作实际相结合；积极引入最新的科学技术手段，与相关多学科实现交叉互动；执行严谨科学的田野考古发

---

① 李细珠：《政治转型期历史学家的因应与境遇——读金毓黻、顾颉刚、夏鼐日记》，《史学月刊》2016 年第 4 期。

② 李秀君：《我们的心是相通的》，载中国社会科学院考古研究所编《夏鼐先生纪念文集——纪念夏鼐先生诞辰一百周年》，科学出版社，2009，第 378 ~ 380 页。

③ 徐峰、郭志委：《书痴底色：考古人夏鼐》，《大众考古》2016 年第 1 期。

④ 宛凌：《夏鼐与〈古物〉的情缘》，《中国文物报》2020 年 9 月 4 日。

⑤ 史阿敏：《夏鼐的考古学国际学术交流研究》，曲阜师范大学硕士学位论文，2020。

掘范式，并利用对考古材料多角度的审慎研究，努力复原古代社会情况与社会发展过程，进而达到阐明历史和人类的发展规律的目的，最终建立以马克思主义指导下中国考古学体系的考古学思想。[①] 刘春强认为唯物史观是夏鼐考古学研究和工作的指导思想。[②]

（五）树碑立传之作

胡文怡以《夏鼐日记》为核心史料，以文学的笔调、轻松新颖的语言展示了夏鼐的学术人生，属于科普性传记。[③] 王世民在夏鼐身边学习、工作 30 余年，长期接触夏鼐等老一辈专家。他自 20 世纪末编辑整理了《夏鼐文集》《夏鼐日记》，对夏鼐的熟悉程度不言而喻。王世民最新出版的《夏鼐传稿》即是他 30 多年接触夏鼐和 20 年资料积累的结晶之作。[④] 他以新中国成立前夏鼐的六次人生抉择为线索，回顾了夏鼐的前半生。接着，王世民聚焦于新中国成立后夏鼐在四个领域的开创性贡献。通过为夏鼐做传，王世民强调在当下田野考古工作和考古研究中弘扬夏鼐精神，推进中国考古学发展的重要意义。

四　新的时代背景下若干研究的升温

近年来，中国涉外考古发展迅猛，遍及欧、亚、非和拉美等多个国家和地区，取得了引人瞩目的成果，其中包括与"一带一路"沿线多个国家开展的联合考古工作。[⑤]

考古走出去具有充分的现实意义，中国人正在打开"考古的世界视野"[⑥]，参与世界史认知的全球研究，推进世界文明交流互鉴。

在这样一个新的时代背景下，夏鼐若干领域的考古学研究再次焕发出光彩。夏鼐可谓"一带一路"考古学研究的先行者。夏鼐 1936 年开始专攻埃及学，1937～1940 年期间，两度赴埃及参加考古发掘和考察研究。在此期间，夏鼐师从著名的埃及学家格兰维尔（S. Glanville）、田野考古专家惠勒（M. Wheeler），由古埃及文字学的泰斗伽丁内尔（A. H. Gardiner）亲授象形文字，并得以利用当时最新考古资料从事研究，相继在埃及学重要刊物上发表文章。夏鼐被称为"中国埃及学"之父。[⑦] 夏鼐的博士论文名为 Ancient Egyptian Beads，在 2014 年才以英文出版。随后中文译本《埃及古珠考》也出版了。[⑧] 斯蒂芬·夸

① 裴世东：《〈夏鼐日记〉所见夏鼐考古学思想体系的形成》，安徽大学博士学位论文，2019。
② 刘春强：《"以考古经世"：唯物史观与历史语言研究所时期夏鼐的考古学研究》，《史学理论研究》2020 年第 3 期。
③ 胡文怡：《认识夏鼐——以〈夏鼐日记〉为中心》，上海古籍出版社，2017。
④ 王世民：《夏鼐传稿》，社会科学文献出版社，2020。
⑤ 李新伟：《"一带一路"沿线联合考古的进展》，《光明日报》2019 年 9 月 23 日。
⑥ 王巍：《积极推进"走出去"增强国际影响力》，《中国社会科学报》2016 年 10 月 31 日。
⑦ 颜海英：《中国"埃及学之父"夏鼐》，《历史研究》2009 年第 6 期。
⑧ 夏鼐：《埃及古珠考》，颜海英、田天、刘子信译，社会科学文献出版社，2020。

克（Stephen Quirke）评价认为，尽管此书的出版由于战争的缘故迟了 70 多年，但它依旧是该专业领域具有填补空白式意义的研究。正是由于夏鼐花费巨大精力与时间完成这项研究，此后至少在伦敦，再也无人敢去挑战这项也许会花费一生时间才能完成的关于埃及珠子的整体研究了！[①] 刘文鹏也早就谈论了夏鼐对中国埃及学发展的贡献。[②]

2018 年 11 月 29 日，中国社会科学院考古研究所和埃及文物部的考古工作者，在卡尔纳克的孟图神庙遗址举行了开工仪式，中埃历史上首个联合考古项目正式启动。[③] 巧合的是，夏鼐当年考察的地方，正包括卢克索孟图神庙。

从更加广阔的丝绸之路研究的视角看，夏鼐的中西交通史研究亦具有重要的学术史意义。早期的"丝绸之路"被纳入"中西交通史"或"中外关系史"中，即它属于历史学的范畴，研究者也主要在史学领域。[④]

随着我国"一带一路"倡议的提出，"丝绸之路"更加引起学界与社会的关注。前人关于丝绸之路的研究要么在学术史框架，要么在具体的主题上再次被提起。夏鼐的相关研究正是如此。20 世纪 40 年代，夏鼐与向达、阎文儒一道进行的西北考察，在中国考古学的发展史上具有重要的意义。夏鼐调查并发掘的敦煌的佛爷庙、玉门关等均是丝绸之路上的遗址点。夏鼐因为丰富的国际经历，从事中西交通史的研究几乎顺理成章。他的中西交通史领域的研究包括讨论中国发现的萨珊波斯银币、东罗马金币、古代丝织品、汉唐丝绸和丝绸之路等。近年浙江大学策划了丝路敦煌学术书系，收录以浙江大学为主的浙江籍学者的丝路敦煌学方面的成果。在这个背景下，浙江大学的历史学者邀请夏正楷先生将其父亲夏鼐与丝绸之路考古有关的文章结集出版，所收论文均与"丝绸之路"背景有关，是有体系的论文集。[⑤] 这一学术举动当然可以视为对夏鼐中西交通史研究的一种重温。因此，正如已有学者指出的，夏鼐关于中外考古交流和丝绸之路沿线考古研究的路径，对新时代中国特色社会主义文化建设，尤其是构建"一带一路"和人类命运共同体具有一定的借鉴意义。[⑥]

五　结语

最近数十年来，大量历史人物的传记、年谱、日记、书信被发掘和出版，成为历史研究的重要素材。人物研究是历史研究的有机组成部分。夏鼐是中国考古学史上的中枢式人物，对他的研究是中国考古学发展的自然需求。恰好夏鼐又留下了信息量极其庞大的日

[①] Stephen Quirke, "Preface: On Receiving Xia Nai Ancient Egyptian Beads in the Twenty – First Century," in Nai Xia, *Ancient Egyptian Beads*, Heidelberg: Springer, 2014, pp. Ⅵ – Ⅹ.

[②] 刘文鹏：《埃及学与中国》，《史学理论研究》2002 年第 1 期。

[③] 贾笑冰、高伟：《孟图神庙考古：复原神之圣域》，《中国社会科学报》2020 年 8 月 6 日。

[④] 刘进宝：《"丝绸之路"的形成及其在中国的传播》，《中国社会科学》2018 年第 11 期。

[⑤] 与浙江大学历史系刘进宝教授交流得知。夏鼐著，夏正楷编《丝绸之路考古学研究》，浙江大学出版社，2019。

[⑥] 裴世东：《〈夏鼐日记〉所见夏鼐考古学思想体系的形成》，安徽大学博士学位论文，2019，第 5 页。

记，为考古学界、史学界，提供了丰富的史料，日记是夏鼐个人心史的生动展现，也是夏鼐对于不同领域人物的"记忆场"。《夏鼐日记》的出版标志着考古历史学界对夏鼐的研究进入了蓬勃的阶段，目前正是方兴未艾之时。最近一些年，我们也注意到，除了《夏鼐日记》外，还有很多不同时代的考古学者出版了他们的日记，包括徐旭生①、安志敏②、汪宁生③等。口述史与回忆录也接连面世，如北大考古口述史④、考古学人访谈录⑤、严文明的随感录⑥、石兴邦的回忆录⑦、苏恺之回忆其父苏秉琦⑧、梁柏有回思其父梁思永⑨等等。到 2021 年，中国考古学已经走过一百年，岁月的积淀已经展现出这门学科和各式人物的光彩。以上介绍的这些中国考古学发展中的第一、二代人物的日记、传记、回忆录在近年的出版可谓"水到渠成"，对中国考古学史的研究大有裨益。

研究历史性人物，旨在"藉人以明史"，了解其人之思想行状，以之为中心来贯串周围的关系事实，以窥探时代风貌与世变潮流⑩，所谓"知人论世"。而后从中获得一些启迪。读《夏鼐日记》，字里行间自有一种精神弥漫。我总结有这么几点是非常值得学习的：贯彻始终的读书爱好、实事求是不轻易引申的治学风格、视野开阔中西交流、爱国不慕洋、谦虚朴素、斯文君子等等。皇皇十卷《夏鼐日记》与其他多部著作折射出了夏鼐令人惊叹的名山事业、勤勉笃行的光辉人生。

（编辑：陈声波）

---

① 徐旭生：《徐旭生陕西考古日记》，罗宏才注释，陕西师范大学出版社，2017。

② 安志敏：《安志敏日记》（全五册），社会科学文献出版社，2020。

③ 汪宁生：《始信昆仑别有山——海外游学日记选辑》，文物出版社，2008。

④ 北京大学考古文博学院：《记忆：北大考古口述史》，北京大学出版社，2012。

⑤ 王巍主编《考古学人访谈录》（四册），上海古籍出版社，2014、2015、2017、2020。

⑥ 严文明：《足迹——考古随感录》，文物出版社，2011。

⑦ 关中牛：《叩访远古的村庄——石兴邦口述考古》，陕西师范大学出版总社，2013。

⑧ 苏恺之：《我的父亲苏秉琦——一个考古学家和他的时代》，三联书店，2015。

⑨ 梁柏有编著《思文永在——我的父亲考古学家梁思永》，故宫出版社，2016。

⑩ 罗志田：《斯文关天意：近代新旧之间的士人与学人》序言，三联书店，2020。

吴金鼎从军的真实原因分析

裴世东

（南京师范大学文博系）

[**摘要**] 吴金鼎是现代中国考古学史上具有开创性意义的人物，但由于史料缺失，其学术人生转折性事件或阶段的原貌仍较为模糊，尤其是吴金鼎放弃考古，选择从军的原因扑朔迷离。学界将吴金鼎在抗战末期投笔从戎原因归结于两点，其一是爱国之心，其二是受到傅斯年的轻视。通过史料分析，吴金鼎从军的真实原因是人际关系不和、考古发掘经费短缺等问题带来的多重精神压力的刺激，使得吴金鼎意志消沉，走上了从军之路。

[**关键词**] 吴金鼎；傅斯年；考古；从军

吴金鼎是中国现代考古学史上"值得大书特书"[①] 的人物。由于其英年早逝和留存材料匮乏等因素，相较于同时期的考古学家，有关吴金鼎学术人生的研究成果相对较少。[②] 1944 年，在抗战胜利的前夜，吴金鼎做出了投笔从戎的决定，放弃了为之奋斗十余年的考古事业，转入为抗战时期援华美军提供服务的"战地服务团"系统，这成为其人生最重要的转折点，也带来了中国考古学史上的疑云之一。

一 吴金鼎的抗战抉择

1937 年，吴金鼎获得英国伦敦大学考古学博士学位，并于年底回国，担任国立中央博物院筹备处（以下简称"中博院"）专门设计委员，并在李济的授意下，代表中博院与中央研究院历史语言研究所（以下简称"史语所"）考古组、中国营造学社等机构合作，陆续在湖南、云南、四川、西康等地开展考古调查。1938 年，组建"苍洱古迹考察团"发

---

① 孙华：《苍洱考古拾零》，《考古与文物》2009 年第 6 期。
② 吴鲁锋：《吴金鼎学术人生述论》，聊城大学硕士学位论文，2017。

掘了云南苍洱地区的多处遗址。1941 年调任史语所副研究员后，带领"川康古迹考察团"发掘川康地区崖墓。1943 年，主持由多个机构合作组建的"琴台整理工作团"在"永陵"第二阶段的发掘工作。吴金鼎参与的田野考古工作"时间上下数千年，地区纵横数万里，涉猎经验之丰，文化贡献之多，直到现在为止，在田野工作上来说，有哪一个人能比得上他呢？称得起是田野考古第一人"①。吴金鼎作为屈指可数的拥有海外考古学博士学位的中国考古学家，本应在国内大展拳脚，负担起建设中国新考古学的责任②，却在抗战胜利的前一年突然丢下田野考古工作，从军报国。

> 孟真先生赐鉴：
>
> 　手教敬悉承示。所中经费情形，鼎深能体会。数年来深感经济压迫。近月间蓉市物价远非昔比，最便宜之伙食非千五百元莫办。自去年终，琴台经费告罄，鼎自理炊事，备尝米珠薪桂之苦，幸喜琴台报告已有眉目，聊足自慰耳。近中亚东战局渐入佳境，然国内经济状况已达严重阶段。此中一切早在先生洞鉴，勿待喋喋。忆当年多蒙大力提携，得留学英国，费国帑巨万。归国后承济之先生（李济）赐予机会，参加田野工作，身受国恩及师长教诲，刻骨铭心，义在必报。当前国家情形至如此地步，而两先生所处境地又如此窘苦，鼎扪心自问，不忍偷安。幸贱躯顽健，牵挂尚少，再三思考，现已决意投身军委会战地服务团，以申素愿，□寓一大义所在，凉先生必能见允。至于鼎经手事务，结束办法另函济之先生商筹之，请勿念。此颂
>
> 　著安
>
> 　后学吴金鼎拜
>
> 　三月六日③

1944 年 3 月 6 日，吴金鼎将信寄给傅斯年时，他已然下定决心参与抗战服务。实际上早在当年 1 月间，吴金鼎已经向傅斯年表达过从军意愿：

> 　函达琴台发掘报告鼎所担负部份约于本年三四月间可以草就，此间事完结后，再一步工作维何，极盼所中早日指派以便预先筹备……再三思维，乃认清素日志愿，在今天情势下暂难实现，必待抗战胜利，一切有办法。故为现实自身之期望，为考古事业之将来，为个人身心之寄托，遂决意参加抗战。④

此时的吴金鼎已生去意，并提醒傅斯年安排好后续事宜，然而并没引起傅斯年足够重

---

① 石璋如：《田野考古第一吴金鼎先生》，载杜正胜、王汎森主编《"中央研究院"历史语言研究所七十周年纪念文集——新学术之路》，"中央研究院"历史语言研究所，1998，第 637 页。

② 夏鼐：《追悼考古学家吴禹铭先生》，《中央日报（南京）·决决副刊》，江苏古籍出版社，1948。

③ 吴金鼎函傅斯年（1944 年 3 月 6 日），傅斯年图书馆藏史语所档案，档案号：李 14 - 22 - 1。以下档案如无特别标注皆出自史语所档案，不再重复。

④ 吴金鼎函傅斯年（1944 年 1 月 12 日），档案号：李 22 - 30。

视。直到傅斯年接到吴金鼎 3 月 6 日的信件后，方才觉得事态严重。傅斯年没有马上回信，而是"思之半月"，并且"托作民兄代劝吾兄打销原意"①。夏鼐与吴金鼎同为留英博士，二人交往密切，关系颇为融洽。在给夏鼐的回信中，吴金鼎告知夏鼐"拟参加战地服务之事由"，并且强调"拟短期请假，并非辞职，凡中研中博两院所托事务仍负责办理，一切如常"②。

二　学界关于吴金鼎从军原因分析

学界关于吴金鼎放弃热爱的考古事业，履职军队的原因主要有两种理解，一种观点认为"吴先生激于爱国的热忱"③。对于外国，吴金鼎并无过多的好感，"他们的光芒的一面故可效法，但也有黑暗的一面……外国人有诚恳的，而虚假的人也不少"④。"吴先生由英国得了博士学位学成返国时，适值抗战已起……吴先生并没有离开他的岗位，为了使国内田野考古学的炬火不熄灭，在困难万分的情形下，吴先生仍是每年出来做田野工作"⑤，吴金鼎自是爱国的⑥。吴金鼎清楚其"留学国外"目的是"以便有所贡献与国人"⑦，醉心于中国考古事业即最好的爱国方式。1938 年初，史语所在长沙面临内迁的局面，考古组李景聃、刘耀、祁延霈、王湘等人先后离开史语所，奔赴前线或后方从事抗战工作，而此时的吴金鼎，冒着侵华日军飞机的轰炸，与梁思永在长沙展开考古调查。在史语所考古组颠沛流离"支离破碎"的时刻，吴金鼎选择坚守，更遑论会在抗战胜利的前夜选择用参军的方式报国。吴金鼎是爱国的，但并非从军的原因。

另一种观点认为吴金鼎因被任命为"技正"而与傅斯年产生某种抵牾，甚至将"这一待遇自然地看做傅斯年故意对自己的侮辱和轻慢，从而对傅大为不满并滋生了怨恨之情"⑧。李济之子李光谟曾对这一事件提出自己的看法：

> 吴金鼎离开李庄或许有些别的原因。他原来是专任副研究员，1942 年史语所给他转成"技正"。不知这会不会对他的积极性有所挫伤？他们两口子特别恩爱。在山东做考察也带着夫人，那是在出国以前了。后来夫妇俩都去了英国。夫人陪读是自己掏钱。回来后，为了照顾吴金鼎，帮助整理材料，帮着分类，但是夫人从来不要公家的

① 傅斯年致吴金鼎（1944 年 3 月 29 日），档案号：李 14 - 22 - 3。
② 吴金鼎函夏鼐（1944 年 3 月 25 日），档案号：李 - 22 - 2。
③ 夏鼐：《追悼考古学家吴禹铭先生》，《中央日报（南京）·泱泱副刊》，江苏古籍出版社，1948。
④ 石璋如：《殷墟发掘员工传》，"中央研究院"历史语言研究所，2017，第 239 页。
⑤ 夏鼐：《追悼考古学家吴禹铭先生》，《中央日报（南京）·泱泱副刊》，江苏古籍出版社，1948。
⑥ 注，关于吴金鼎的爱国情结可参看刘承军《爱国考古学家吴金鼎——从几封书信谈起》，《国学茶座》第 19 期，山东人民出版社，2018，第 50~60 页。
⑦ 傅斯年致张鸿烈（1932 年 9 月 19 日），档案号：元 97 - 9。
⑧ 岳南：《南渡北归·北归》，湖南文艺出版社，2015，第 89 页。

薪水，完全是尽义务。给他转为"技正"，这么限制他，他肯定留不下来。像吴先生这么一个优秀的考古学家为什么傅斯年不留他？这些事好像都可以找到原因，但要细分析起来又什么都说不清楚。①

"技正"是民国时期从事技术事务人员的最高级职称，国民政府个别部门在"技正"之上设置的"技监"是行政性职务，而非正式职称。中央研究院"研究人员职称与大学之教授至助理情形相等"②，由研究员、副研究员、助理研究员和助理员组成，而"技正"是大体等同于研究员的高级职称，只是因为研究院更重视学术研究而非技术，所以薪酬介于研究员和副研究员之间，吴金鼎获得"技正"职称后薪资和米贴比原有副研究员高。事实上，由副研究员改任"技正"，傅斯年有审慎的思考。

其一，傅斯年认为"在三组青年同事中，写报告之技术尚待陶镕，'吴、石二位目下似均不能独立写报告'"，并与李济讨论过多次这件事情，李济"并无不同之意见"③。在傅斯年看来，相比于写发掘报告，吴金鼎更擅长田野工作；其二，傅斯年肯定吴金鼎的能力，但也认为吴金鼎距离史语所专任研究员的要求尚有差距，"吴金鼎兄，论其资历，恐怕在若干所早为专任研究员矣（齐大十二三年毕业，梁任公、王静安时之清华研究院毕业。济之当时惟一之学生。在本所任助理五六年，出洋数年；伦敦 Ph. D.，回国又数年；作考古工作未断，年龄四十多岁）但弟坚持其不可。为此在前年、去年之所务会议中，与梁思永大起争论"④，亦非故意刁难。其三，吴金鼎短时间内无法评为研究员，而转为"技正"能够获取比副研究员更高的收入⑤和"米贴"。"板栗坳的生活很苦……人员容易流失。像李景聃的家眷住在山下，眷口颇多，为了养家活口便离开史语所"⑥。虽然吴金鼎夫妇仅二人，但是王介忱并无固定工作，生活依然拮据；其四，吴金鼎由中博院到史语所本属"临时借调"，抗战结束后，中博院正式成立，依旧会返回中博院。吴金鼎之所以被借调是因为"去年（三十年）1月，博物院闹穷，弟正在李庄（病前），对济之云'可拨一位过来，自郭子衡至王孤钟，随济之意，依我看夏鼐最好，不过仍可由兄决定'。济

---

① 李光谟口述，岱峻：《李济传》，江苏文艺出版社，2009，第 202 页。
② 傅斯年致刘次萧（1942 年 8 月 7 日），档案号：李 3-2-4。
③ 傅斯年致李济（1942 年 7 月 28 日），档案号：李 13-3-8。
④ 傅斯年致陶孟和（1943 年 1 月 16 日），档案号：Ⅱ：137。
⑤ 注：按照基本收入，"史语所的研究员月薪 500 元，而'技正'是技术人员中的最高职衔，月薪只有 400 元"，参见岳南《南渡北归·北归》，湖南文艺出版社，2015，第 89 页。实际上，1942 年，史语所专任研究员的"月薪六百元外加暂加薪四十元"，参见傅斯年致叶企孙（1942 年 8 月 6 日），档案号：Ⅲ：60；副研究员的月薪"当在三百以上"，这里的"以上"同研究员暂加薪相似，为通货膨胀的临时补贴，参见傅斯年《致叶企孙》，载欧阳哲生编《傅斯年全集》第七卷，湖南教育出版社，2003，第 272 页。因此，按照基本收入，"技正"应比副研究员收入高百元左右。根据 1943 年 5 月 7 日李庄米价为每市斗 65 元，100 元可购约 20 斤大米。大米在抗战后期属于"实物通货"，因此中研院会额外发放"米贴"作为通胀补助，米价参见傅斯年致朱家骅（1943 年 6 月 22 日），档案号：李 61-5-11。
⑥ 陈存恭等：《石璋如先生口述历史》，九州出版社，2013，第 209 页。

之决定拨吴金鼎过来"①。李济表示"既要我办博物院，我也要留个好的"研究人员，所以在 1941 年，夏鼐得以暂时留在中博院担任专门委员，以吴金鼎取而代之。吴金鼎清楚自己与中博院关系，1942 年还表示"尽力代博物院搜集标本"，"希于三年期内愿见中央博物院所有藏品在全国居首位"②。

从另一个方面来说，吴金鼎转为"技正"后，傅斯年曾亲自致函吴金鼎解释"发予技正聘书之缘由"③，吴金鼎没有丝毫怨言，表示"屡蒙先生及所中师友一再嘉许奖励，嗣后更当努力学业以报知遇之雅"④。吴金鼎提到要"更当努力学业"，应是傅斯年告知其不能晋升为专任研究员原因的反馈。吴金鼎在后续彭山崖墓发掘、牧马山汉墓发掘和琴台发掘中一直尽心尽力，勤恳工作，并没有表现出懈怠。发现牧马山墓地后，吴金鼎斗志昂扬，称"拟于短期内多开几墓，冀天从人愿，在江水大退前获有特殊重要发现"，并在三年内"在汉代考古学上得有一知半解"⑤。

因此，将吴金鼎的职称由副研究员变更为"技正"，傅斯年有自己的原则和思考，吴金鼎也并未受到影响。李光谟先生猜想转为"技正"是傅斯年限制吴金鼎的看法值得商榷。相反，傅斯年对吴金鼎十分重视。傅斯年和吴金鼎是山东同乡，因龙山文化遗址的发掘，傅斯年对其青睐有加。吴金鼎能够获得山东官费留学与傅斯年等人的努力争取大有关系。⑥ 1932 年，吴金鼎曾数次托傅斯年"请设法资助留学"⑦，"函告官费事尚无消息"⑧。此时的吴金鼎仅仅是史语所助理员，以这样的身份催促所长傅斯年协助办理留学事宜，并且得到了傅斯年的积极响应，能够看出二人关系较好。为了促成此事，傅斯年曾致函时任山东省教育厅厅长、北大校友何思源，感谢他将吴金鼎申请官费留学"事要提出来了"⑨，致函有投票权的山东省府委员张鸿烈，请他在省府会议中"助以一言，以便玉成此事"⑩，甚至请蔡元培亲自致函教育部证明"吴金鼎在我院成绩确系优异"⑪，保举推荐吴金鼎争取官费留学的名额。傅斯年对吴金鼎的关怀非同一般。

从另一份信也可略见端倪，收到吴金鼎从军的申请后，傅斯年给吴金鼎回复了一份长信，总结了四个不同意其离开史语所奔赴军队的理由并给出解决办法：

一、兄之家累不重，尚不至迫而他图。

① 傅斯年：《致叶企孙》，载欧阳哲生编《傅斯年全集》第七卷，湖南教育出版社，2003，第 272 页。
② 吴金鼎：《吴金鼎致李济》，李光谟编《从清华园到史语所：李济治学生涯琐记》，清华大学出版社，2004，第 316 页。
③ 傅斯年函吴金鼎（1942 年 1 月 29 日），档案号：李 44-6。
④ 吴金鼎函傅斯年（1942 年 2 月 12 日），档案号：李 44-7。
⑤ 吴金鼎：《吴金鼎致李济》，载李光谟编《从清华园到史语所：李济治学生涯琐记》，第 316 页。
⑥ 吴鲁锋：《吴金鼎学术人生述论》，聊城大学硕士学位论文，2017。
⑦ 吴金鼎致函傅孟真（1932 年 5 月 17 日），档案号：元 97-2。
⑧ 吴金鼎致函傅孟真（1932 年 7 月 24 日），档案号：元 97-6。
⑨ 傅斯年致何思源（1932 年 9 月 19 日），档案号：元 97-9。
⑩ 傅斯年致张鸿烈（1932 年 9 月 19 日），档案号：元 97-9。
⑪ 吴金鼎公费留学案（1932 年 5 月 11 日），中国第二历史档案馆藏，档案号 393/83。

二、研究所不可开此例（即研究人员，因研究所穷而闹改行）。

三、你所要做的事并非抗战。

四、工作未结束，前功尽弃。

所以目下只有请兄继续写《琴台报告》，迅速写好后，即回李庄，目下只有此一法，所以请假兼事等等，皆恕不能同意，此事无磋商之余地，兄必不肯迫弟做弟绝不愿做，而有时为维持研究所最低格之纪律计，不得不做之事也。至于在蓉吃饭一点，弟初不知川博不供给了，既不供给，自三月份起，由研究所津贴兄在蓉写报告时期的伙食费，其数目不能超过李庄大厨房数。（目下约千元）此虽不等于出差支公费，然在兄亦无失。仍当速了速返，万勿兼事，如已兼了，须即日辞去，俟两种报告写好，兄如仍愿"抗战"，当为介绍真正与抗战有关之工作，此时断乎不可也。济之先生与弟所望于兄者甚大，此时必须"苦撑"。尚念吾兄虑及此日国家之艰难，为学术界存亡继绝之事业中，尽一分力，经济上之困难，姑且忍之，此弟等之深幸，亦研究所之深幸也。①

傅斯年对知识青年从军是持赞赏和支持态度的。他对三侄傅乐德说"你这次从军，实在是好事。此时的青年人总当以爱国为第一，立起志气来，做与国家有益的事情"②。傅斯年不吝笔力，从个人前途、事业理想、国家局面和民族大义出发，言辞恳切地劝说吴金鼎不要放弃考古事业转而从军，他深知吴金鼎对中国考古事业发展的巨大作用。正如前文所述，傅斯年的确打动了吴金鼎，但是脱离军籍已非易事。傅斯年对于史语所人员请假规定相当严格，"本所副研究员要请假四月，弟以太长，怕开院之先例……回来查休假办法不合，又请示，总干事批交院务会议，弟亦觉得甚妥"③。虽然傅斯年言之凿凿绝对不会同意请假，但还是网开一面。1944 年 4 月，吴金鼎辞职失败后，只得请假五个月，傅斯年对吴金鼎"允打消前意，实至感激"，表示"只有允此五个月之假，决不能再续，假满必须返所"④，然而吴金鼎依旧无法脱离军籍，并于此后多次请假⑤，傅斯年对吴金鼎施以极大包涵和宽容。此外，傅斯年直接写信给冯汉骥为吴金鼎"打抱不平"，冯汉骥专函"解释停止吴金鼎君伙食之误会"⑥。

综上所述，傅斯年将吴金鼎职称由副研究员转为"技正"是深思熟虑后的结果。与吴金鼎相比，虽然傅斯年对夏鼐更为倚重"期望颇殷"⑦，但并不存在对吴金鼎的轻视，恰

---

① 傅斯年致吴金鼎（1944 年 3 月 29 日），档案号：李 14 - 22 - 3。
② 傅斯年致傅乐德（1943 年 5 月 22 日），档案号：I：84。
③ 傅斯年致陶孟和（1943 年 1 月 16 日），档案号：II：137。
④ 傅斯年函吴金鼎（1944 年 6 月 20 日），档案号：李 14 - 22 - 6。
⑤ "请准续假四个月"（1944 年 9 月 13 日），档案号：李 14 - 22 - 8；"再呈请孟真先生续假三月"（1945 年 1 月 12 日）档案号：李 14 - 22 - 10；"恳准予续假三月，仰乞照准"（1945 年 3 月 9 日），档案号：李 14 - 22 - 12。
⑥ 冯汉骥函傅斯年李济（1944 年 9 月□日），档案号：李 22 - 35。
⑦ 夏鼐：《夏鼐日记》卷三（1943 年 9 月 3 日），华东师范大学出版社，2011，第 131 页。

恰相反，性格耿直、工作负责的傅斯年默许了吴金鼎多次请假，他和吴金鼎的情谊自始至终没有明显变化。因此，吴金鼎选择参军并非傅斯年轻视的原因。

三　吴金鼎丛军的真实原因分析

回看吴金鼎向傅斯年辞职及回复夏鼐的信件，根据内容可以总结三个要点：其一，吴金鼎从军的信念一度十分坚定；其二，吴金鼎强调暂时离开岗位从军是请假，而非辞职；其三，吴金鼎自述从军的理由是琴台发掘经费筹措困难而心灰意冷。首先，之所以说"一度"，是因为 1944 年 4 月底，吴金鼎在傅斯年诚挚的劝说下，已经有辞去军职的举动——"念先生之令，往战地服务团恳辞原允担任之职务"，只是因"邱少将苦苦挽留，再度恳辞仍无结果"①，傅斯年也对吴金鼎"允打消前意，实至感激"。其次，1944 年，国际反法西斯战争已经进入反攻阶段，作为高级知识分子的吴金鼎深知胜利指日可待，战争结束后，经费充足，很快能够重新从事考古工作。最后，琴台经费短缺导致意欲暂离考古工作是可以理解的，1943 年夏秋两季，吴金鼎数次致函傅斯年，汇报发掘情况并陈述经费困难，8 月初四川省政府"张主席偕其夫人来琴台一游"答应解决预算 8 万元，吴金鼎方才"如释重负"②，并且这样的拨款"已至少是二期工程的第四次拨款，战争中进行大规模考古发掘，经费极度紧张，每次拨款数额均极其有限。其中之困难，主持人吴金鼎必有深切体会，这想必也是其后来急于从军的一个直接原因"③。

然而，考古经费的欠缺并不是琴台发掘时才出现的状况。民国时期田野考古工作开展，经费问题是考古发掘的难题之一，无论是殷墟、苍洱地区还是琴台，经费的筹集、接续、使用、核算等是考古学人通信中老生常谈的问题。吴金鼎在琴台的发掘的确受到经费的困扰，考古发掘工作不顺利成为他对考古工作心灰意冷的诱因之一，而考古队内部的不和谐则是促其转职的重要原因。

"王君对吴禹铭君之主持发掘事务，表示不满。又言及冯汉骥君与吴君二人发生互相背后暗骂之现象，以冯君对于吴君主持其事，颇生妒意，而吴君延迟工作，不肯依冯君之意于 6 月间结束，更引起冯君之不满，冯君谓吴君之发掘，犹如猪入泥淖，东碰西撞，全无系统"④。王振铎是中博院专门设计委员，由李济派遣赴琴台参与发掘并负责工程设备方面事宜，他与吴金鼎同在李济麾下，本应是亲密"战友"却生罅隙。根据琴台整理工作团的决定，第二阶段发掘主持人为吴金鼎，参与发掘的队员有刘绍和、卿光鸿、苏毅程、王振铎、王文林五人及技工数人，发掘第一阶段主持的冯汉骥被排除在外，自然"颇生妒

---

① 吴金鼎函傅斯年（1944 年 4 月 24 日），档案号：李 14 - 22 - 5。
② 吴金鼎函傅斯年（1943 年 8 月 9 日），档案号：李 22 - 25。
③ 王方捷：《成都永陵（王建墓）考古年表（1937 - 1964 年）》，《四川文物》2019 年第 8 期。
④ 夏鼐：《夏鼐日记》卷三（1943 年 8 月 27 日），华东师范大学出版社，2011，第 130 页。

意"，也成为二人矛盾根源。在发掘过程中，冯汉骥和吴金鼎的矛盾扩展到发掘方法、工作进度等方面。虽然吴金鼎没有发掘过大型帝王墓葬，但是考古学博士的学识和丰富的田野工作经验，尚不至于冯汉骥所言"全无系统"。"发掘人员分为两组，一组在墓外南侧掘土，揭露墓门；墓门掘出后，又在墓顶、墓前挖水沟并筑土垒，防止雨水灌入墓室。另一组在第一期发掘基础上，自后室向前，清挖墓内淤土。墓室内空间，按各道石券划分为14 段，自南向北编号为 A 至 N，用来描述施工及古物出土位置"①。根据当时的工作记录，吴金鼎对工作分配合理有序，并无明显不妥。冯汉骥的"控诉"在吴金鼎请假半年后依旧在延续，1944 年 9 月冯汉骥给傅斯年的信中"陈吴君于发掘工作过程之所作所为"②。发掘团内部矛盾和发掘经费的困顿使吴金鼎意气消沉。

除了"琴台发掘之种种纠纷"以外，李济猜测"去年拟发表战后考古计划之受阻，吴太太欲返中博院工作之遭拒，及最近傅先生令其将来返李庄不要经渝返李，以省靡费"③ 等都成为吴金鼎对考古工作一度意兴阑珊的原因。李济所言每一条其实都有理可寻，如战后考古计划必然不会通过，因傅斯年要弥补抗战期间欠下的考古发掘资料整理的账，"旧账必须先清，两年半不做田野工作……出版考古报告"④；中博院经济窘困之际也无法吸纳新成员；"吴先生本来生活就很简朴"抗战期间"更加节约"⑤，苍洱地区发掘所租住之房屋四面漏风，吴金鼎"终日在楼上裱糊房子……自取劳苦，无非欲为公家省几十块钱"⑥。当诸多问题短时间内一齐涌来，即便"待人接物，总是那样春风满面，一团和气"⑦ 的吴金鼎，也会受到强烈刺激。抗战的不利局面，生活境遇的窘迫，药品缺乏导致生命无法保障都使得学人精神长期紧绷，即便是李济和傅斯年这对老友也会因为照相材料、药品和"米贴"等琐事相互指责，将笔墨官司打到了研究院最高层⑧，更不用说在多重刺激下的吴金鼎了。

吴金鼎选择请假和从军都给自己留下了回转余地，请假在前文已略有分析，而从军也是权宜之计。其一，知识分子从军待遇较好，为了吸引知识青年参军，蒋介石规定"青年军大体仿照驻印军的标准"，在"主食方面，可以保证吃饱；副食除了有足够的油盐调味品和蔬菜外，每人每天供给肉类二两"⑨，吴金鼎转入的"战地服务团"待遇更好。虽然

① 陈策能：《监察琴台工作整理团工作记事》，四川省档案馆藏，档案号：民 041 - 02 - 3894；转引自王方捷《成都永陵（王建墓）考古年表（1937 - 1964 年）》，《四川文物》2019 年第 8 期。
② 冯汉骥函傅斯年李济（1944 年 9 月□日），档案号：李 22 - 35。
③ 夏鼐：《夏鼐日记》卷三（1944 年 3 月 18 日），华东师范大学出版社，2011，第 166 页。
④ 夏鼐：《夏鼐日记》卷四（1946 年 11 月 22 日），华东师范大学出版社，2011，第 166 页。
⑤ 石璋如：《殷墟发掘员工传》，"中央研究院"历史语言研究所，2017，第 248 页。
⑥ 曾昭燏：《曾昭燏文集》日记书信卷（1939 年 3 月 17 日），文物出版社，2013，第 54 页。
⑦ 夏鼐：《追悼考古学家吴禹铭先生》，《中央日报（南京）·洸洸副刊》，江苏古籍出版社，1948。
⑧ 关于李济和傅斯年的争执已有多位学人进行整理，不再一一列举，详细的论述可参见岳南《那时的先生》，湖南文艺出版社，2016，第 219～240 页；吴鲁锋：《吴金鼎学术人生述论》，聊城大学硕士学位论文，2017。
⑨ 中国人民政治协商会议全国委员会文史资料委员会编《文史资料选辑》第九十六辑，文史资料出版社，1984，第 72 页。

吴金鼎直言自己进入"战地服务团"是"跳粪坑"①，但这样的待遇也为吴金鼎提出从军找到合理的台阶。其二，知识分子从军能够享受多项优待条件，其中"原任职于各级党政教育机关者保留其职务"，参军知识分子家属"继续享受服务机关有关优待职员家属之各项待遇"，知识分子退伍后"党政教育机关及国营公营商营事业机关人员得依本人志愿仍回原机关服务，该机关不得借任何理由拒绝其复职，并须给予升迁之优先机会"②，这样的优待条件既能够保证吴金鼎退伍后继续从事考古工作，又能给予其夫人王介忱一定的生活保障。吴金鼎未曾料到"战地服务团"与他想象中的抗战相距甚远，也低估了自己对考古工作的热爱程度和傅斯年的爱护之意，进入军队不久即后悔，但是脱离军籍只有等抗战胜利。

1945 年 8 月 15 日，日本宣布无条件投降。吴金鼎有条件复员继续从事考古工作。然而他选择了回归齐鲁大学，"胜利消息传来，实可喜可贺，现已呈请上峰乞脱军籍，谅可邀准，惟以母校齐鲁大学年来迭经风波，拟趁机略尽绵薄，谨此请求准予解除技正职务，等半年或一年后，再听命从事田野考古"③。实际上，吴金鼎的确只是想暂时离开史语所，辞职后两个月，吴金鼎给夏鼐的信中袒露自己的想法："无时不在梦想着田野工作。俟一切安定，弟必及早返所陪诸兄再晒太阳也。"④

四　结语

吴金鼎抗战期间毅然回国，在炮火的威胁和艰苦的生活环境中，从事田野考古工作并取得重要成果，成为"中国田野考古学的正统派"，站在了学术人生的顶峰；面对工作与生活的多重刺激，希望投笔从戎"暂避锋芒"却陷入军队泥淖无法脱身，后悔不已。抗战胜利之时本想回归考古却收到母校的"求援"，对教会教育的感激和无法割舍的母校情节使他鞠躬尽瘁，带着对考古工作美好前景的向往，最终倒在了工作岗位。"作为毕生志向，吴金鼎对推动中国考古事业发展念念不忘，任职齐鲁大学后，虽然兼理多项繁重的行政事务，但仍坚持给学生们讲授田野考古学的课程，并编写了讲义。他曾在自己多年田野实践的基础上，结合国外先进的发掘理念，专门编写了用于指导田野考古发掘工作的《田野考古大纲》，但令人遗憾的是未能出版。⑤

吴金鼎投笔从戎，是在生活、工作和人际关系的重压之下，尝试宣泄精神郁结和情感

---

① 傅斯年致吴金鼎（1944 年 3 月 29 日），档案号：李 14 - 22 - 3。
② 中华民国民政府颁布：《知识青年志愿从军优待办法》，青年军人丛书编辑委员会编《征集概况》，军事委员会全国知识青年志愿从军编练总监部印行，1945，第 39～40 页。
③ 吴金鼎函傅斯年（1945 年 8 月 17 日），档案号：李 14 - 22 - 13。
④ 夏鼐：《追悼考古学家吴禹铭先生》，《中央日报（南京）·泱泱副刊》，江苏古籍出版社，1948。
⑤ 王巍主编《20 世纪中国知名科学家学术成就概览·考古学卷》（第一分册），科学出版社，2015，第 129～130 页。

的一个"窗口",是对抗周遭环境带来压力的应激反应。在盟军招待所的吴金鼎"手忙脚乱,体力日衰"[1],却"不得脱身"[2]。近二十年的考古工作经历,吴金鼎对考古有无法割舍的热情,然而直至去世再没有返回史语所和中博院从事考古工作。

（**附记**：本文在写作过程中得到岱峻、刘承军、石舒波、岳南等老师的帮助，特此致谢。）

（编辑：陈声波）

---

① 吴金鼎函傅斯年（1944 年 12 月 22 日），档案号：李 14 - 22 - 9。
② 吴金鼎函傅斯年（1945 年 3 月 9 日），档案号：李 14 - 22 - 12。

博物馆与文化遗产保护

博物馆与学校长效合作机制初探

——以南京地区为例

唐郦薇

（南京市博物总馆）

郭　卉

（南京师范大学文博系）

[**摘要**] 随着近年博物馆教育功能日益凸显，我国博物馆未成年人教育工作取得极大成效，但也面临发展瓶颈，亟待突破。推动博物馆与学校形成长效合作机制不仅可以引导博物馆等公共文化机构积极参与社会教育，助推学校教育多元化发展，传承中华优秀传统文化和深入开展爱国主义教育，而且可以推动社会教育资源的有效开发和利用，扩大博物馆的社会影响力。本文使用抽样调查、个案访谈、文献检索等方法，了解目前南京市博物馆社教工作和馆校合作开展情况，以及小学教师和小学生对博物馆教育的评价、认知和意向等。在此基础上，结合国内外馆校合作的优秀经验提出建立博物馆与小学长效合作机制的建议。

[**关键词**] 博物馆未成年人教育；馆校合作；长效机制

为贯彻落实《博物馆条例》中关于博物馆应发挥教育职能的相关要求，以及中共中央办公厅、国务院办公厅印发的《关于加强文物保护利用改革的若干意见》的精神，引导和带动全市广大中小学生走进博物馆，亲身感知我国厚重的历史积淀和丰富的文化内涵，激发其深厚的家国情怀，建立博物馆与学校之间的长效合作机制乃大势所趋。

一　研究意义

博物馆教育被界定为现代国民教育体系的重要组成部分和公共普及教育的有力手段。

2018 年 10 月，中共中央办公厅、国务院办公厅印发的《关于加强文物保护利用改革的若干意见》指出，"创新文物价值传播推广体系。将文物保护利用常识纳入中小学教育体系和干部教育体系，完善中小学生利用博物馆学习长效机制"。推动博物馆和小学形成长效合作机制的主要实践意义可概括为以下四个方面。

（一）传承中华优秀传统文化，扩大博物馆的社会影响力

从横向看，一名小学生通过馆校合作的活动第一次走进博物馆并对博物馆产生兴趣，可能引发一个家庭对博物馆新的认知；接着，通过口口相传、媒体网络将新认知传达给亲朋好友，从而形成对博物馆和传统文化宣传的信息网络。

从纵向看，"博物馆若要博得明日成年观众的青睐，必须满足今日家庭观众的需求"[1]。今天培养了一名未成年观众，即培养了一名明天的成人观众，长此以往，能引发全社会对博物馆的关注，推动了中华优秀传统文化和爱国主义精神的传播。

（二）凸显博物馆的社会教育职能，引导博物馆等公共文化资源参与社会教育

2017 年 1 月，中共中央办公厅、国务院办公厅印发的《关于实施中华优秀传统文化传承发展工程的意见》中指出，要"充分发挥图书馆、文化馆、博物馆、群艺馆等公共文化机构在传承发展中华优秀传统文化中的作用"。近年来，我国博物馆开始由收藏中心向传播知识文化的教育中心转变，许多博物馆成为爱国主义教育基地、青少年课外活动基地等；与学校专业教育人员的合作，可促进博物馆业务水平的提升。

同时，"科技馆、科学中心、天文馆、动物园、植物园、水族馆、公共图书馆、研究机构、非政府组织等"[2] 都可以与学校合作，在全民创建中国特色的学习型社会的今天扮演重要角色。本文或可为其他社会机构的相关工作提供借鉴。

（三）助推学校教育多元化发展，丰富爱国主义教育形式

2017 年，教育部印发的《中小学综合实践活动课程指导纲要》中指出，课程应以培养学生综合素质为导向，特别是社会责任感、创新精神和实践能力，小学生可通过亲历、参与场馆活动和主题教育活动，参观爱国主义教育基地等，获得积极意义的价值体验。

相较于小学教育，博物馆教育属于社会教育，教学手段和评价方式更为灵活和多样，可对小学素质教育和教育改革有所启发；同时，博物馆收藏中华民族灿烂文明的见证物，可丰富小学课程资源，从而帮助小学教师更好地对小学生进行爱国主义教育。

---

[1]　Richard Wood：《家庭观众的博物馆学习》，（台北）《博物馆学季刊》，李惠文译，1992。
[2]　宋娴：《博物馆与学校的合作机制研究》，上海科技教育出版社，2016，第 23 页。

（四）推动社会教育资源有效利用和整合，规范馆校合作机制

博物馆作为一个公共教育研究机构，拥有丰富的馆藏资源和专门的教育和研究人员，本身就蕴含相当的教育价值；但在现实条件下，由于博物馆和小学存在个体差异与体制上的不同，两者合作可能产生一定的隔阂。本文试图探讨博物馆与小学双方长效合作的达成途径，推动社会教育资源整合和合作效益的最大化。

本研究同时旨在呼吁教育及文博主管部门对小学和博物馆的合作行为给予更多关注，使博物馆与小学可以在规范、合理的制度框架中找到合作的最优途径。

二　研究设计

（一）概念界定

1. 博物馆和博物馆教育

《博物馆条例》将"博物馆"定义为："以教育、研究和欣赏为目的，收藏、保护并向公众展示人类活动和自然环境的见证物，经登记管理机关依法登记的非营利组织。"该定义将"教育"放在首位，凸显博物馆教育职能的重要性。

相较于学校教育，博物馆教育是社会教育的重要组成。博物馆教育与学校教育在教育目的、教育对象、教育人员等方面有一定相似之处，但也存在以下区别（表一）。

表一　"学校教育"与"博物馆教育"的区别

	学校教育	博物馆教育
学习场所	较固定，一般为学校课堂	不固定，展厅、教师、报告厅等多元化场所
教学模式	有一定强制性，以教师教为主	自愿性为主，学习者可自由选择学习内容
教学设计	有固定的教学周期，有预设的连续的、梯级的课程	没有严格的教学周期或课程顺序；课程设计灵活多样和具有选择性
师生关系	教师－学生的正式关系	引导者－学习者的非正式关系
教学资源	规定的、配套的教材；多媒体、器材等教具辅助	以馆藏特色的文物、标本、图片、模型等实物为主
评价体系	以考试分数为评价标准	多元化评价体系

2. 未成年人和小学

在我国，未成年人一般指未满18岁的公民；未成年人接受正规的学校教育一般包括小学、初中及高中三个阶段。由于这三个学段在学生心智特点、学制、教学目标、教学内容、教学评价等方面各不相同，不能一概而论，因此本文只选取小学进行重点讨论。

小学是接受初等正规教育的学校，一般针对 6～12 岁的适龄儿童。教育部 2017 年印发的《中小学综合实践课程指导纲要》中对小学阶段的课程目标做了具体规定，例如，价值体认上小学生应理解并遵守公共空间的基本行为规范，初步形成集体思想、组织观念，培养对中国共产党的朴素感情，为是中国人感到自豪；在责任担当上，小学生能够围绕日常生活开展服务活动，初步养成自理能力、自立精神、热爱生活的态度等。这些规定可为博物馆教育和小学教育提供指导。

3. 馆校合作长效机制

博物馆和学校之间的合作是一种"组织间的合作"，合作双方相互区别、具有各自不同的资源和优势，具有独立性；同时组织内部，不同成员在利益和需求方面存在差异。长效机制则是能长期保证制度正常运行并发挥预期功能的制度体系。

（二）研究目标

具体而言，本文存在以下基本的研究目标。

调查南京部分小学馆校合作现状，以及教师和小学生对南京市博物馆教育的评价、对馆校合作的认知和意向等。

调查南京市博物馆社会教育工作和馆校合作开展现状，以及博物馆工作人员对馆校合作的认知和意向等。

基于南京的实际情况，结合国内外馆校合作的优秀经验，建构一个包含投入保障、组织运行、评估监督等环节在内的馆校合作机制。

（三）研究方法

1. 调查问卷

本次研究对南京 44 家博物馆共发放问卷 107 份，回收有效问卷 105 份，调查范围包括综合类、历史文化类、艺术类、自然科技类等各种类型博物馆。对全南京市近 50 所小学学生和教师发放问卷 1385 份，其中学生 870 份，教师 515 份，回收有效问卷 1376 份，其中学生问卷 865 份，教师问卷 511 份。调查问卷分三部分，包括基本信息，涉及被调查者性别、年龄、职业等基本信息；事实性调查，包括馆校合作现状、阻碍等；态度性调查，包括对馆校合作必要性的认知等。

2. 实地考察和重点访问

本文抽取参与调查的部分博物馆工作人员、小学教师或小学生进行深度访谈；并走访中国国家博物馆、首都博物馆、中国人民抗日战争纪念馆、侵华日军南京大屠杀遇难同胞纪念馆等地，与其工作人员就馆校合作现状、合作成效、存在问题等进行座谈。

三 南京市馆校合作现状

（一）样本概况

1. 博物馆

截至 2018 年 10 月，纳入南京市全市博物馆（纪念馆）运营指标通报的各类博物馆共 96 家。按照省文物局要求完成设立备案的博物馆 53 家，其中国家一级博物馆 3 家、二级 1 家、三级 4 家；文化文物系统博物馆 17 家，其他国有行业博物馆 24 家，非国有博物馆 12 家。本次调查范围涉及南京市 42 家博物馆，来自社会教育部、综合业务部、图书资料部、办公室等多个部门机构的工作人员，以及部分领导成员参与本次调查。

2. 小学教师

各博物馆馆藏包罗万象，结合现有课程体系和各馆社会教育经验，在学科方面，调查覆盖小学教育阶段的所有学科教师，鼓励其将博物馆资源用于教学（表二）。

表二 受调查教师基本情况

	基本变量	百分比（%）
性别	男	21.14
	女	78.86
学历	本科以下	5.09
	本科	82.19
	硕士研究生	12.13
	硕士以上	0.59
教龄	0～5 年	19.41
	6～10 年	69.52
	11～15 年	9.67
	15 年以上	1.41
学科	语文	30
	数学	20
	英语	10
	品德	10
	音乐	10
	美术	10
	体育	10
	其他	0
年级	1、2 年级	30
	3、4 年级	40
	5、6 年级	30

3. 小学生

教育学家认为各个年龄段儿童在博物馆中皆能学有所得，小到婴儿，大到青少年，因此本次调查的小学生覆盖各个年级。在征求教师意见后，考虑到 1～3 年级学生识字有限，对 1～3 年级学生抽样访谈，调查问卷只对 4～6 年级学生发放（表三）。

表三 学生的年龄及性别人数分布

所在年级	性别		合计
	男生	女生	
一年级	20	20	40
二年级	30	20	50
三年级	30	24	54
四年级	197	223	420
五年级	144	153	297
六年级	1	3	4
合 计	422	443	865

（二）南京市博物馆社会教育工作现状

1. 接待数量

据统计，2017 年 42 家博物馆接待观众总数达 1536 万人次。除一家博物馆未提供数据，其他博物馆共计接待青少年观众超过 578 万人次，约占观众总人次的 40%，说明未成年观众已成为博物馆接待的主要人群。

2. 活动数量

2017 年，南京市 42 家博物馆共举办社教活动 2602 场，中小学参与的教育活动 2331 场，约占到九成，表明未成年教育已成为南京市博物馆的重要工作之一。除 1 家博物馆未填写外，其余博物馆中，超过七成的博物馆平均每月举办 1～5 次活动，而 12.2% 的博物馆达不到每月开展一次活动的频率，说明博物馆的接待能力和教育水平并不均衡。

"文博之夏"系列活动是市文广新局主办的面向全市中小学生的文博主题暑期活动。自 2003 年起，这项富有知识性、趣味性和互动性的活动已成为南京市文博系统极具代表性的特色活动。在 2018 年"文博之夏"期间，被调查者中 34 家博物馆共组织活动 721 场，参与人数约 12.3 万人。

3. 活动形式

展厅讲解是博物馆面向未成年人开展社教活动的最主要方式，专题讲座、体验式手工操作、研学之旅也是常用形式，采用度均在 20% 左右，其他类型只占 3.2%，说明存在博物馆教育活动同质化的现象。小部分博物馆尝试特色活动，如南京市博物馆"我的展览我做主"、南京抗日航空烈士纪念馆开展新鲜一课等。

4. "分众化"教育

调查中，约六成博物馆将社教分众化，几乎所有博物馆都将年龄作为分众标准。也有少数按职业、政治面貌等划分。

5. 采集反馈情况

76.2%博物馆开展活动后采集参与者的反馈。通过收集梳理观众意见，评估活动开展效果，为改善工作提供帮助。

6. 社教专用场所

除未填写的 2 家单位，八成博物馆设有专用于社教活动的场所。

（三）馆校合作

1. 馆校合作现状

（1）馆校合作数量

接受调查的 42 家博物馆，67.50%与学校有着长期合作。

仅有 29.4%受调查教师表示所在小学与博物馆有长期合作；31.7%的教师从未带学生去过博物馆，48.73%只带学生去过 1~3 次。

小学基数远高于博物馆基数是造成其"馆校合作"比例悬殊的原因之一；抽样访谈中发现，"馆校合作"已成为部分博物馆重点工作之一，但对于大部分小学，在课外活动有多种选择的情况下，"与博物馆合作"还未提上议程。

（2）馆校合作方式

目前馆校合作方式主要有两种，一种是"博物馆进校园"，例如博物馆工作人员进小学开展专题课程、讲座、巡回展览等；另一种是"学校进博物馆"，如博物馆作为小学课外教育基地、社会实践平台，学生入馆开展活动或做志愿者等。

就主导者而言，目前 46%以上的馆校合作由博物馆主导，21%由学校主导，15%由上级部门统一牵头，说明博物馆对"馆校合作"的态度更为积极；大部分"馆校合作"缺乏上级部门牵头，属博物馆、小学个体行为，易出现推进慢、开展难的情况。

2. 对馆校合作的认识和意愿

（1）博物馆工作人员

博物馆对馆校合作必要性的整体认可度较高，68.57%和25.71%博物馆人选择"非常必要"和"必要"。对馆校合作意向，超过九成博物馆人表示愿意。

对选择"非常没必要"和"非常不愿意"的人群访谈时，他们表达了馆校合作中博物馆面临的困难。（a）经费短缺：调查中有 3 家博物馆 2017 年社教投入资金不足 1 万元，最少的仅占年度预算的 0.16%，表明部分博物馆由于主观忽视或客观限制，对社教投入不足；行政主管部门提供的专项资金补助大多针对文物遗址保护、展陈提升等，专门针对社教工作，特别是馆校合作的补助较少。（b）人员不足："馆校合作"多由讲解员承担，他们同时负责日常讲解等其他工作，人力匮乏；由于缺乏教学经验和专业培训，讲解员对推进馆校合作心有余而力不足；相应激励机制的缺位影响了社教人员积极性。（c）场馆限制：部分场馆条件不足以接待大批量学生团体。（d）缺少合作渠道：所属系统不同，博物馆缺乏联系学校深入合作的渠道；部分学校对"馆校合作"必要性认识不够，积极性不高。

（2）小学教师

据调查，大部分小学教师对"馆校合作"持积极态度。而问及"馆校合作"的积极意义时，83.3%的教师认为博物馆教育是学校教育的补充和丰富。具体而言，教师眼中的博物馆教育有以下积极意义：（a）增强学生对传统文化的感受和体验，从而激发其学习兴趣；（b）博物馆活动强调学生的实践和操作，从而可以锻炼学生的动手能力；（c）帮助学生养成独立思考和探究精神；（d）提升学生的知识水平。

8.61%的教师认为"馆校合作"没必要，7.82%不愿意参与，主要原因如下。（a）利益因素：部分教师认为馆校合作虽然对学生有一定帮助，但在升学压力下，学生时间和精力有限，并不确定馆校合作能否对其未来发展提供实质性帮助。大部分教师参与馆校合作出于自愿，是不纳入绩效考评体系的额外工作，加之日常教学任务繁重，其积极性势必大大降低。（b）经费短缺：大部分学校没有针对馆校合作的经费支持。（c）安全和距离问题：当活动在博物馆进行时，学生到博物馆的交通费用和路上安全也是小学所顾虑的问题；来回花费时间影响正常课时。

（3）小学生

小学生对博物馆及其社教活动的积极评价占大多数，94.8%喜欢参观博物馆，94.45%觉得博物馆活动有趣，93.53%想再次参加博物馆活动。

在对不希望参加博物馆活动的学生进行调查访谈中，45.9%的小学生表示因为学校学习安排太满，没有多余时间；部分觉得博物馆讲解枯燥。

四　馆校长效合作机制构建的建议

本文通过文献检索，了解国内外数个博物馆与学校合作实践的典型案例，并走访中国国家博物馆、首都博物馆、中国人民抗日战争纪念馆、侵华日军南京大屠杀遇难同胞纪念馆等地，学习其优秀经验；结合南京地区实际情况，提出以下建议。

（一）合作主体

合作主体是馆校合作的执行者，应包括行政主管部门、博物馆和小学。博物馆和小学分属不同系统，各自拥有资源和优势，在行政主管部门的统一部署下，双方可达成一致的合作宗旨，相互配合，优势互补。

例如，北京"四个一工程"——"北京学生在中小学学习阶段至少走进一次国家博物馆、首都博物馆和中国人民抗日战争纪念馆，参加一次天安门升旗仪式"——是由市政府办公厅统一部署，由北京市教育委员会和财政局领导落实的。上海市教委与上海科技馆、上海自然博物馆签订合作共建协议，馆校双方将围绕"开发一门博物馆课程、培养一批科技创新教师、培养一批学习型学生"三方面开展合作，迄今已有 127 所中小学签订了馆校合作协议。

因此，在有效的馆校合作长效机制中，行政主管部门、学校和博物馆缺一不可。

（二）合作路径

在馆校合作路径方面，可考虑两种具体的策略。

1. 由市政府明确承担馆校合作的单位，将所需费用统一纳入财政预算，对有关单位予以资金补助

结合场馆实际情况和接待能力，确定单位名单。建议以下博物馆作为接待小学开展馆校合作活动的单位：南京博物院、南京市博物总馆、侵华日军南京大屠杀遇难同胞纪念馆、雨花台烈士纪念馆。并将馆校合作中人员培训、课程开发、教学用具、交通工具等费用统一纳入政府财政预算，对相关单位予以经费补助。

例如北京"四个一工程"，将相关费用纳入市教委年度部门预算额度，活动所需经费从教委预算额度中划拨相关单位。市财政通过转移支付对各区组织学校学生参加"四个一"活动的交通费给予补助。

2. 由文物主管部门设立专门用于馆校合作的专项资金

文物主管部门设立专门用于馆校合作的专项资金，由博物馆与学校合作进行项目申报。行政主管部门应建立完整的项目申请、审批以及评价体制，保证专项资金用在实处。

对于教育质量好、社会效益高的馆校合作项目，还可采取奖励形式，激励馆校合作的参与者继续维持双方的合作。

（三）合作过程

馆校合作过程中应注意以下几点：

1. 馆校合作的教育内容应与国家课程规划接轨

调查中，部分教师认为馆校合作的困难在于课时有限和学业压力。课程规划是学校开展教学活动的依据，也是国家对学生所要达到的学习效果的规定；基于学校课程和教学的馆校深度合作可以促进学校教学，从而激发学校参与合作的积极性。

可将博物馆教学与小学既有学科的教学相结合，将博物馆资源纳入各学科的教学内容，如历史、科技、品德、美术等，例如中国国家博物馆为"四个一工程"编撰的《认知：国家博物馆课程学习绘本》就是将馆藏文物与小学相关学科相结合编写的课程读物。另外，2017 年，教育部印发《中小学综合实践活动课程指导纲要》中规定小学 1~2 年级每周不少于 1 课时，小学 3~6 年级每周不少于 2 课时用于综合实践课程，综合实践课程或可成为南京市馆校合作的平台。

2. 馆校双方应该发挥各自优势充分合作，并明确各自职责

博物馆人和小学教师各有优势，在合作中可相互配合，优势互补。例如文博工作者拥有丰富的文博专业知识，对藏品了解且深有研究；而小学教师大多接受过系统的教学教法培训，且拥有深厚的教学经验和多样的教学技能。因此，双方合作开发教育项目时，小学教师可主要负责教学设计，而博物馆人负责通过专业知识加深教育内容的广度和深度。例如，中国国家博物馆在小学综合实践课程的实施中确立了"双师授课"的教学模式——"教学过程中，博物馆人员完成展厅内的授课任务，教学内容以帮助学生寻找、发现、探究为主；学校老师完成课堂内的授课任务，教学内容以总结、归纳、体验为主。两段内容相互呼应，相得益彰。"①

同时，有效的馆校合作机制，必须对博物馆与学校的职责分工进行有效的界定，这是长期和稳定的合作关系的基础，同时也为"投入保障机制"的正常运转提供便利。例如，荷兰莱顿自然博物馆建立了馆校合作的管理机构，"机构中有管理团队来提供相关政策咨询，有实施团队来引导项目计划开展，有运行保障团队根据活动需要配备人员，每个团队都包括博物馆和学校的代表，各自履责，分工明确"②。

3. 第三方介入

目前中西方的馆校合作经验中十分注重高校等专业教育机构和研究人员的介入，作为第三方介入的专业教育研究人员可提供更为专业的建议，保证合作的科学合理。例如，中国国家博物馆联合北京教育研究院基础教学研究中心共同开发馆校合作项目，复旦大学、南京师范大学等高校设立博物馆学专业，具备研究博物馆教育的专业人才。

（四）评价监督

如前文所述，馆校合作机制需要政府的资金扶持，因而如何确定资金被用到实处，衡量合作项目取得了何种程度的社会效益，就需要形成评价监督机制。

可由学校负责对本校各学科教师对博物馆课程的开展和学生的学习效果进行考核；由区县教育主管部门对各校相关教学活动的推进情况进行指导和监督；由南京市教育主管部门对各区县相关教学工作的落实情况实施指导和监督。

青少年教育是博物馆公共服务职能的重要内容，开展博物馆青少年教育应遵循"以人为本"的基本原则，从受众实际情况和需求出发，在研究受众的基础上进行教学设计；同时博物馆作为社会教育的重要载体，应与学校加强合作，搭建"馆校衔接"的重要平台。

（编辑：徐峰）

---

① 中国国家博物馆、史家小学合编《中华传统文化：博物馆综合实践课程指导用书》，人民美术出版社，2015，序第 1~2 页。
② 宋娴：《博物馆与学校的合作机制研究》，上海科技教育出版社，2016，第 43 页。

田野考古报道

安徽庐江杨家墩周代遗址发掘简报

徐　良　左凯文　王志高

（南京师范大学文博系）

[摘要] 2018～2019 年，南京师范大学文博系对安徽庐江杨家墩遗址进行了考古发掘。共发现红烧土遗迹 1 处、灰坑 20 座、灰沟 9 条，年代为周代，出土遗物包括陶器、石器、玉器和铜器等。该遗址的发掘丰富了群舒文化的内涵，为推进江淮地区周代考古学文化的研究提供了新的资料。

[关键词] 庐江；杨家墩；遗址；周代

杨家墩遗址位于安徽省合肥市所辖的庐江县庐城镇杨家墩村，东南距庐江县城约 7 公里，北距巢湖约 22 公里（图一）。中心地理坐标东经 117°15′59.97″、北纬 31°19′49.97″。遗址为江淮中西部常见的台墩形遗址，地势高出周围农田 2～3 米，西北部约 35 米处有河流。其平面大致呈刀形，北窄南宽，南北长约 100 米，东西宽 55～75 米，面积约 6700 平方米，北部破坏严重，中南部保存较好。

因配合引江济淮工程建设，2018 年 9 月～2019 年 1 月，在安徽省文物考古研究所的组织下，南京师范大学文博系对杨家墩遗址进行了抢救性考古发掘。此次发掘选择在遗址中南部的平缓地区布设 10 米×10 米探方 10 个，揭露面积 1000 平方米，清理红烧土遗迹 1 处、灰坑 20 座、灰沟 9 条，出土陶器、石器、玉器和铜器等文物共计 119 件（图二）。现将此次发掘的主要收获报告如下。

一　地层堆积

发掘表明，该遗址文化层堆积大致相同，厚 1.5～1.9 米。现以 IT0501 南壁剖面（图三）、IT0401 南壁剖面（图四）为例，将地层堆积情况介绍如下。

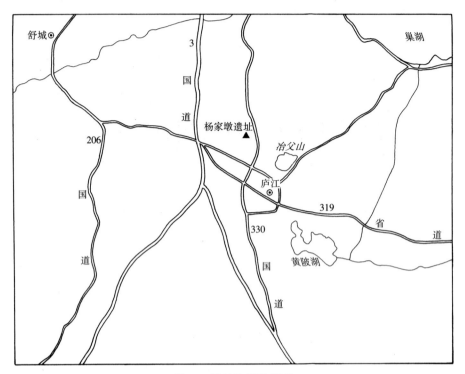

图一 遗址位置示意图

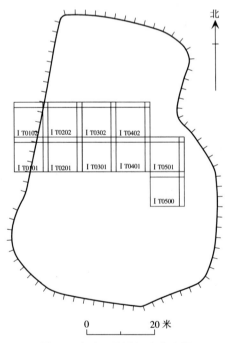

图二 遗址平面及探方分布图

（一）IT0501 南壁剖面

第1层：耕土层，浅灰色土，厚8~35厘米。土质疏松，分布于整个探方，由南向北呈坡状堆积。内含较多植物根茎，未出土遗物。

第2层：淡黄色土，深8~35、厚6~40厘米。土质较松软，分布于探方的绝大部分，由北向南呈坡状堆积。出土少量夹砂红陶片。

第3层：灰白色土，深38~50、厚15~28厘米。土质坚硬，分布于探方西南部。出土少量陶片，以夹砂陶为主，可辨器形有鬲、罐、钵、甗等。

第4层：黄褐色花土，深24~60、厚17~118厘米。土质较硬，分布于整个探方。出土有少量陶片，以夹砂陶为主，可辨器形有鬲、罐。该层下发现红烧土遗迹 HST1，位于探方西南角。

第5层：浅黄色土，深82~148、厚0~80厘米。土质较硬，夹杂大量类似水锈的斑点，分布于探方的南部，面积约占本探方的三分之二。出土少量陶片，以灰陶为主，可辨器形有鬲、罐等。

第6层：灰色土，深120~155、厚5~15厘米。土质较硬，基本分布全方。未出土遗物。

第6层下为生土。

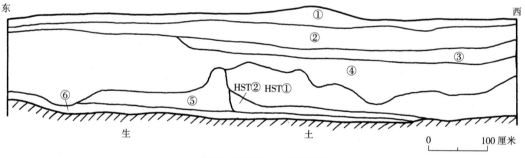

图三　IT0501 南壁剖面图

1. 浅灰色土；2. 淡黄色土；3. 灰白色土；4. 黄褐色花土；5. 浅黄色土；6. 灰色土

（二）IT0401 南壁剖面

第1层：耕土层，浅灰色土，厚5~26厘米。土质疏松，分布于整个探方，由南向北呈坡状堆积。内含较多植物根茎，出土零星陶片。

第2层：淡黄色土，深5~26、厚10~45厘米。土质较松软，分布于整个探方，由南向北呈坡状堆积。出土少量陶片。

第3层：灰白色土，深40~50、厚0~45厘米。土质坚硬，分布于探方西南部。出土大量陶片，以夹砂陶为主，可辨器形有盂、豆、盆等。另出土少量原始瓷片。

第 4 层：黄褐色花土，深 15~90、厚 15~90 厘米。土质较硬，分布于整个探方。出土较多陶片，以夹砂陶为主，残碎严重，可辨器形有鬲、罐、豆、盉、纺轮。另出土少量玉器和石器。该层下发现 H11，位于探方东南角。

第 5 层：浅黄色土，深 85~135、厚 15~70 厘米。土质较硬，夹杂大量类似水锈的斑点，分布于整个探方。出土少量陶片，可辨器形有鬲、罐等。

第 6 层：灰色土，深 95~150、厚 10~20 厘米。土质较硬，分布于整个探方。未发现遗物。第 6 层下为生土。

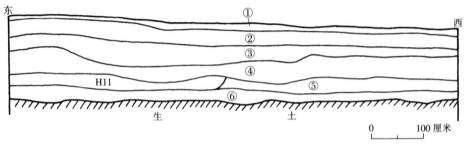

图四　IT0401 南壁剖面图

1. 浅灰色土；2. 淡黄色土；3. 灰白色土；4. 黄褐色花土；5. 浅黄色土；6. 灰色土

二　遗迹

发现遗迹 30 处，包括红烧土遗迹 1 处、灰坑 20 座、灰沟 9 条。

（一）红烧土遗迹

1 处（HST1）。位于发掘区的东南，主体在 IT0500 东部、IT0501 西南角，并向西北方向延伸。开口于④层下，打破 H12、H13 及⑤层。平面呈不规则长方形。长约 12.56、宽 4~5.25、厚约 0.3~0.5 米。分为两层：①层红烧土较为均匀，整体呈红色，土质较为板结，含少量灰烬及陶片；②层红烧土呈硬块状，整体呈红褐色，部分为黑红色，土质略疏松，内含灰烬较多，出土零星陶片（图五）。

（二）灰坑

共 20 座。其中 H10 至 H21 为周代灰坑。依平面形状可将周代灰坑分为圆形（或椭圆形）、不规则形两类。举例介绍如下。

1. 圆形（或椭圆形）　2 座。

H18 位于 IT0500 西部，开口于④层下，打破⑤层。已发掘部分平面呈半圆形锅底状，部分伸入西壁内，整体应为圆形或椭圆形。直径 0.95、深 0.8 米。填土为浅灰色，土质较松，内含炭屑。出土少量夹砂红褐陶片，器形不可辨（图六）。

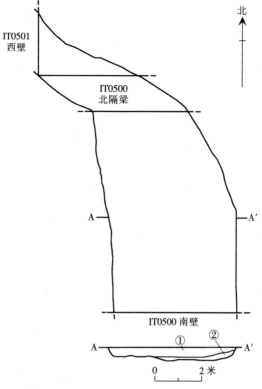

图五 HST1 平、剖面图

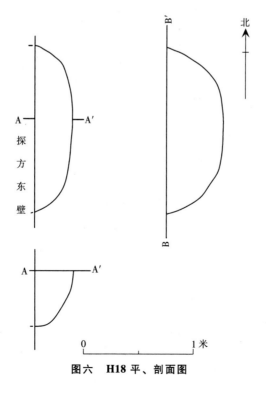

图六 H18 平、剖面图

2. 不规则形　10 座。

H11　位于IT0401东南角，开口于④层下，打破⑤层，部分伸入东壁和南壁内。已发掘部分平面呈不规则形，长径4.4、短径3.1、深0.6米。填土为浅灰褐色，土质疏松，内含木炭颗粒等杂物。坑内出土有陶罐、盉残片等（图七）。

H14　位于IT0500西部，开口于④层下，打破⑤层。平面呈不规则形，直径1.28、深0.4米。填土为灰色，土质较松软，内含灰烬等杂物。坑内出土少量陶片，可辨器形有罐和鼎（图八）。

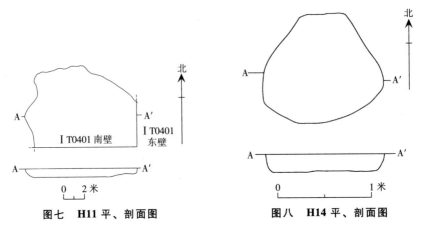

图七　H11 平、剖面图　　　　　图八　H14 平、剖面图

（三）灰沟

共 9 条。多为长条状和不规则状。其中 G1 至 G7 为近代沟，G8、G9 为周代灰沟。以 G9 为例介绍如下。

G9 位于IT0301南部，开口于③层下，打破④⑤层。已发掘部分平面为长条形，呈东南、西北走向，两端分别伸入东壁和西壁内。长8.5、宽2.5~4、深0.35~0.5米。填土浅灰色，土质较松，内含灰烬和红烧土颗粒等杂物。出土陶片较多，可辨器形有鬲、罐、甗、盆、纺轮。

三　遗物

本次发掘所获遗物较为丰富，主要有陶器、石器、原始瓷器、玉器和铜器等。

（一）陶器

以夹砂陶为主，以③层为例，夹砂陶占70.8%，泥质陶较少，占21.3%，并发现数量极少的印纹硬陶。陶色主要以灰色为主，占48.9%，其次为红褐色占26.2%，黑色占17%。夹砂、泥质陶纹饰以细绳纹为主，另有少量抹断绳纹、附加堆纹、粗绳纹、指甲纹、叶脉纹、乳钉纹、菱形回纹等；印纹硬陶纹饰主要有复线回纹、大回纹（图九）。器类有鬲、罐、盆、瓮、豆、钵、瓿、盉、纺轮、拍等，以鬲、罐、盆、豆、钵为主。陶器主要为轮制，造型规整。另可见泥条盘筑、拼接等方法。

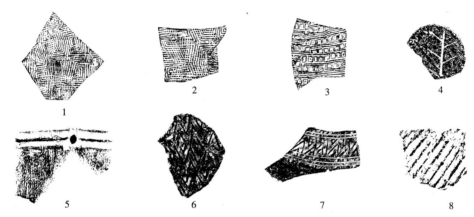

图九　陶器纹饰

1. 复线回纹（IT0201③：6）；2. 复线回纹（IT0202④：5）；3. 大回纹（IT0201③：7）；4. 叶脉纹（IT0202④：7）；
5. 乳钉纹（IT0201③：9）；6. 菱形回纹（IT0202④：9）；7. 刻划弦纹、三角纹（IT0201④：8）；8. 篮纹（IT0401⑤：3）

　　鬲　21 件。数量较多。除个别为泥质陶外，绝大多数为夹砂陶，多为口沿残片。根据口部不同，可分五型。

　　A 型：7 件。卷沿。根据颈、腹部不同，可分三亚型。

　　Aa 型：3 件。长束颈，方唇。根据肩部变化，可分三式。

　　Ⅰ式：1 件（IT0301⑤：2）。夹砂黑陶。斜广肩。器身饰绳纹。口径 18、残高 5.4 厘米（图十：1）。

　　Ⅱ式：1 件（IT0201④：4）。夹砂灰陶。弧肩。饰绳纹。口径 19、残高 6 厘米（图十：2）。

　　Ⅲ式：1 件（IT0302③：10）。夹砂红陶。弧肩略带折意。肩下饰细绳纹。口径 18、残高 5.4 厘米（图十：3）。

　　Ab 型：2 件。短束颈，方唇，圆腹。均夹砂灰陶。IT0201④：1，腹略内收，上饰绳纹。口径 18、残高 6 厘米（图十：4）。IT0201④：2，器身饰绳纹，间以弦纹，残高 9 厘米（图十：5）。

　　Ac 型：2 件。弧束颈，圆唇，溜肩。IT0301③：4，夹砂红褐陶。口径 15、残高 6 厘米（图十：6）。IT0301③：11，夹砂灰陶。腹部饰细绳纹。口径 16、残高 5.2 厘米（图十：7）。

　　B 型：4 件。折沿。根据颈、腹部不同，可分二亚型。

　　Ba 型：2 件。束颈，方唇。IT0501④：5，夹砂灰陶。弧肩。饰竖向绳纹，间以弦纹。残高 6 厘米（图十：8）。IT0302③：9，夹砂红陶。口径 15、残高 4 厘米（图十：9）。

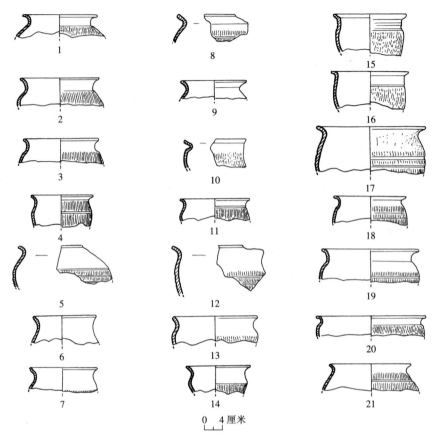

图十 出土陶鬲

1. Aa 型 I 式（IT0301⑤：2）；2. Aa 型 II 式（IT0201④：4）；3. Aa 型 III 式（IT0302③：10）；4、5. Ab 型（IT0201④：1、IT0201④：2）；6、7. Ac 型（IT0301③：4、IT0301③：11）；8、9. Ba 型（IT0501④：5、IT0302③：9）；10、11. Bb 型（IT0302④：1、IT0301③：12）；12. Ca 型 I 式（IT0201④：3）；13、14. Ca 型 II 式（IT0301③：5、IT0301③：6）；15、16. Cb 型（IT0402④：1、IT0202②：2）；17. Cc 型 I 式（IT0501④：7）；18. Cc 型 II 式（IT0302③：1）；19、20. D 型（IT0202④：1、IT0401④：8）；21. E 型（IT0501④：6）

Bb 型：2 件。圆腹。IT0302④：1，泥质红陶。圆唇，折肩。饰细绳纹。残高 6.4 厘米（图十：10）。IT0301③：12，夹砂灰陶。方唇，弧肩。饰绳纹，并有一道弦纹。口径 16、残高 5 厘米（图十：11）。

C 型：7 件。深腹。根据口、肩、腹部不同，可分三亚型。

Ca 型：3 件。方唇，折肩。腹内收明显。根据腹部变化，可分二式。

I 式：1 件（IT0201④：3）。夹砂灰陶。卷沿。腹部略直，饰绳纹，间以弦纹。残高 10.4 厘米（图十：12）。

II 式：2 件。夹砂红陶。腹部急收。IT0301③：5，折沿。口沿下饰竖向绳纹，腹部有一道弦纹。口径 14、残高 7 厘米（图十：13）。IT0301③：6，卷沿。腹部饰绳纹。口径 15、残高 6 厘米（图十：14）。

Cb 型：2 件。折沿，弧肩，腹略直。IT0402④：1，夹砂黑陶。口微凹，厚圆唇。颈饰弦纹，腹饰麦粒状绳纹。口径 17、残高 9.2 厘米（图十：15）。IT0202④：2，夹砂褐陶。圆唇。腹饰弦纹，其下饰绳纹。口径 17、残高 8 厘米（图十：16）。

Cc 型：2 件。夹砂灰陶。弧腹。根据肩部变化，可分二式。

Ⅰ式：1 件（IT0501④：7）。圆唇，肩部位置较低。腹饰绳纹，间以弦纹。口径 15、残高 9 厘米（图十：17）。

Ⅱ式：1 件（IT0302③：1）。方唇，肩部位置较高。器身饰竖向绳纹，间以弦纹。口径 16.4、残高 6.4 厘米（图十：18）。

D 型：2 件。夹砂灰陶。方唇大口。IT0202④：1，卷平沿，束颈，圆肩，饰竖向绳纹，间以弦纹。口径 22、残高 7.2 厘米（图十：19）。IT0401④：8，矮束颈，弧腹。饰斜向绳纹。口径 25、残高 4.5 厘米（图十：20）。

E 型：1 件（IT0501④：6）。夹砂灰陶。卷沿，束颈，斜直肩。饰竖向绳纹，间以弦纹。口径 15、残高 6 厘米（图十：21）。

鬲足　8 件。均夹砂红陶，饰细绳纹。根据足部形状不同，可分二型。

A 型：3 件。锥状。根据足部高矮、粗细变化，可分三式。

Ⅰ式：1 件（IT0501④：2）。粗足，残高 10 厘米（图十一：1）。

Ⅱ式：1 件（IT0201③：3）。细足，残高 7.8 厘米（图十一：2）。

Ⅲ式：1 件（IT0202③：2）。细高足，残高 12 厘米（图十一：3）。

B 型：5 件。柱状。IT0501④：3，残高 7.5 厘米（图十一：4）。IT0201③：2，残高 6.4 厘米（图十一：5）。IT0201③：4，残高 10.8 厘米（图十一：6）。IT0202③：3，残高 6 厘米（图十一：7）。IT0500③：1，足略外撇。残高 6.6 厘米（图十一：8）。

鼎足　4 件。根据足部形状不同，可分二型。

A 型：2 件。柱状。根据足部粗细不同，可分二亚型。

Aa 型：1 件（IT0500⑤：2）。夹砂红陶。细直足。残高 6 厘米（图十一：9）。

Ab 型：1 件（IT0201③：5）。夹砂褐陶。粗柱足外撇。残高 7.8 厘米（图十一：10）。

B 型：2 件。夹砂红陶。扁平状。IT0500⑤：1，足外侧有两道沟槽。残高 9 厘米（图十一：11）。IT0501④：4，饰绳纹。残高 6 厘米（图十一：12）。

罐　46 件。夹砂陶、泥质陶各占一定比例。根据口、肩和腹部不同，可分六型。

A 型：19 件。折沿。根据唇、肩部不同，可分四亚型。

Aa 型：7 件。圆唇，绝大部分为素面。根据口部变化，可分三式。

Ⅰ式：1 件（IT0401⑤：1）。泥质灰陶。敞口，斜广肩。圆唇略尖。口径 16、残高 4 厘米（图十二：1）。

Ⅱ式：3 件。口略敞，斜直肩。IT0500④：1，夹砂灰陶。口径 17、残高 6 厘米（图十二：2）。IT0401④：6，夹砂灰陶。厚圆唇。口径 13、残高 7.4 厘米（图十二：3）。IT0501④：9，夹砂红陶。厚圆唇。饰细绳纹。口径 14.5、残高 8 厘米（图十二：4）。

Ⅲ式：3 件。直口略敞。IT0401④：5，夹砂灰陶。厚圆唇，折肩，直腹。口径 13、

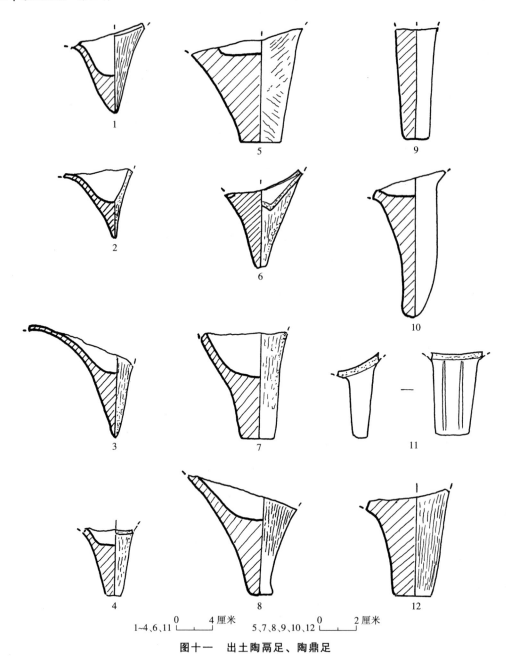

图十一　出土陶鬲足、陶鼎足

1. 陶鬲足 A 型 I 式（IT0501④：2）；2. 陶鬲足 A 型 II 式（IT0201③：3）；3. 陶鬲足 A 型 III 式（IT0202③：2）；4～8. 陶鬲足 B 型（IT0501④：3、IT0201③：2、IT0201③：4、IT0202③：3、IT0500③：1）；9. 陶鼎足 Aa 型（IT0500⑤：2）；10. 陶鼎足 Ab 型（IT0201③：5）；11、12. 陶鼎足 B 型（IT0500⑤：1、IT0501④：4）

残高 8 厘米（图十二：5）。IT0301③：1，夹砂灰陶。口径 15、残高 10 厘米（图十二：6）。IT0301③：8，泥质红陶。口径 18、残高 8 厘米（图十二：7）。

Ab 型：6 件。斜肩。根据颈、肩部变化，可分二式。

I 式：4 件。略束颈，斜直肩，方唇。IT0401④：4，夹砂灰陶。饰细绳纹，部分抹光。口径 20、残高 8 厘米（图十二：8）。IT0500④：6，夹砂红陶。宽口沿。腹部饰绳纹，间以弦纹。残高 6 厘米（图十二：9）。IT0401④：7，夹砂灰陶。饰带状绳纹。口径 17、残高 7 厘米（图十二：10）。IT0301④：8，泥质红陶。饰竖向绳纹，间以弦纹。口径 20、残高 4.2 厘米（图十二：11）。

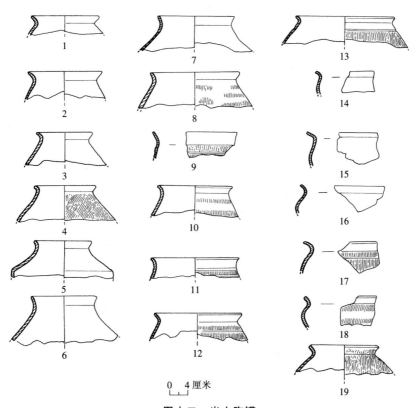

图十二　出土陶罐

1. Aa 型 I 式（IT0401⑤：1）；2~4. Aa 型 II 式（IT0500④：1、IT0401④：6、IT0501④：9）；5~7. Aa 型 III 式（IT0401④：5、IT0301③：1、IT0301③：8）；8~11. Ab 型 I 式（IT0401④：4、IT0500④：6、IT0401④：7、IT0301④：8）；12、13. Ab 型 II 式（IT0302③：6、IT0401③：6）；14~18. Ac 型（IT0501⑤：1、IT0500④：8、IT0301④：1、IT0301④：3、IT0301④：9）；19. Ad 型（IT0501③：3）

　　II 式：2 件。束颈，斜广肩。IT0302③：6，夹砂红陶。圆唇。饰细绳纹，间以弦纹。口径 20、残高 6 厘米（图十二：12）。IT0401③：6，夹砂灰陶。方唇。饰细绳纹及弦纹。口径 23、残高 7 厘米（图十二：13）。

　　Ac 型：5 件。圆肩，腹部内收。IT0501⑤：1，泥质灰陶。圆唇。残高 5 厘米（图十二：14）。IT0500④：8，夹砂灰陶。圆唇。残高 7 厘米（图十二：15）。IT0301④：1，泥质红陶。尖圆唇。残高 6 厘米（图十二：16）。IT0301④：3，夹砂灰陶。方唇。饰竖向绳纹，间以弦纹。残高 6.7 厘米（图十二：17）。IT0301④：9，夹砂灰褐陶。方唇。饰带状绳纹，肩部抹光。残高 6.4 厘米（图十二：18）。

　　Ad 型：1 件（IT0501③：3）。泥质灰陶。束颈，斜直肩。宽厚方唇。肩部饰细绳纹，颈部饰抹光绳纹。口径 16、残高 6 厘米（图十二：19）。

B 型：8 件。卷沿。根据肩部不同，可分四亚型。

Ba 型：2 件。斜直肩。IT0401③：4，夹砂红褐陶。厚圆唇。饰细绳纹。口径 20.8、残高 5.2 厘米（图十三：1）。IT0301③：9，夹砂红陶。方唇。饰竖向细绳纹。口径 24、残高 4 厘米（图十三：2）。

Bb 型：2 件。圆肩，圆唇，腹部内收。IT0301④：2，夹砂红陶。肩部饰细绳纹，并有一道弦纹。残高 5.2 厘米（图十三：3）。IT0500④：9，夹砂灰陶。饰绳纹。残高 7 厘米（图十三：4）。

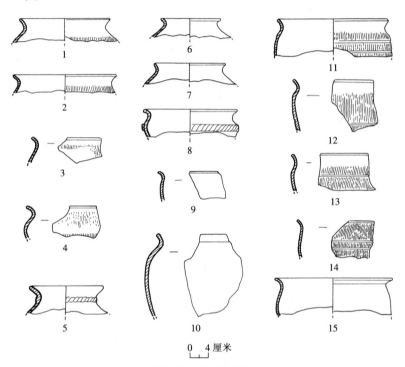

图十三　出土陶罐

1、2. Ba 型（IT0401③：4、IT0301③：9）；3、4. Bb 型（IT0301④：2、IT0500④：9）；5 ~ 7. Bc 型（IT0301G9：3、IT0401③：1、IT0401③：2）；8. Bd 型（IT0500②：1）9 ~ 14. C 型 I 式（IT0301④：4、IT0302④：2、IT0500④：3、IT0500④：4、IT0500④：5、IT0500④：7）；15. C 型 II 式（IT0302③：3）

Bc 型：3 件。溜肩。IT0301G9：3，泥质红陶。圆唇。颈部饰一圈附加堆纹。口径 15、残高 6.4 厘米（图十三：5）。IT0401③：1，泥质灰陶。方唇。口径 14、残高 4.5 厘米（图十三：6）。IT0401③：2，泥质红陶。方唇。口径 16、残高 5 厘米（图十三：7）。

Bd 型：1 件（IT0500②：1）。夹砂红陶。方唇，圆肩。肩部饰一道附加堆纹。口径 21、残高 5.4 厘米（图十三：8）。

C 型：7 件。深腹。根据口、肩部变化，可分二式。

I 式：6 件。卷沿，弧肩略带折意。IT0301④：4，夹砂灰陶。厚圆唇。残高 6.4 厘米（图十三：9）。IT0302④：2，泥质灰陶。圆唇。残高 18 厘米（图十三：10）。IT0500④：3，夹砂红褐陶。方唇。腹部饰绳纹，间以弦纹。口径 25、残高 8 厘米（图十三：11）。

IT0500④：4，夹砂灰陶。方唇。饰绳纹，间以弦纹。残高 11.2 厘米（图十三：12）。

IT0500④：5，夹砂灰陶。方唇。饰斜向绳纹，间以弦纹。残高 8.4 厘米（图十三：13）。

IT0500④：7，夹砂红陶。方唇。腹部饰竖向绳纹，间以弦纹。残高 8.4 厘米（图十三：14）。

Ⅱ式：1件（IT0302③：3）。夹砂红陶。卷沿外翻，方唇，圆肩。肩部位置下移。口径 26.4、残高 8 厘米（图十三：15）。

D 型：6件。大口，折沿，束颈。IT0201③：1，夹砂褐陶。方唇。口沿以下饰细绳纹。口径 32、残高 5 厘米（图十四：1）。IT0302③：7，夹砂红褐陶。宽平折沿。方唇。口径 40、残高 5 厘米（图十四：2）。IT0302③：8，夹砂红褐陶。方唇。肩部饰细绳纹。口径 36、残高 5 厘米（图十四：3）。IT0302③：12，夹砂红陶。圆唇。肩部饰细绳纹。口径 30、残高 6 厘米（图十四：4）。IT0401③：3，夹砂红陶。圆唇。口径 31、残高 6 厘米（图十四：5）。IT0401③：5，夹砂灰陶。圆唇。肩部饰细绳纹。口径 31、残高 7 厘米（图十四：6）。

E 型：2件。高颈。根据口部不同，可分二亚型。

Ea 型：1件（IT0401②：1）。泥质灰陶。直口，尖圆唇，折肩。口径 15.2、残高 6.8 厘米（图十四：7）。

Eb 型：1件（IT0501⑤：2）。夹砂红陶。敞口，圆唇，束颈。肩饰一道附加堆纹。残高 6 厘米（图十四：8）。

F 型：4件。小罐。根据口部不同，可分三亚型。

Fa 型：1件（IT0301④：6）。夹砂灰陶。敛口，平底，折肩，斜直腹。口径 8.2、高 4.4 厘米（图十四：9）。

Fb 型：2件。直口。IT0301④：7，泥质灰陶。折肩，鼓腹。饰细绳纹。口径 8.6、残高 5.6 厘米（图十四：10）。IT0500HST1：1，夹砂红陶。圆腹，平底略内凹。器体形变严重。口径 5.5、高 4.5 厘米（图十四：11）。

Fc 型：1件（IT0302③：5）。泥质灰陶。卷沿，尖唇，束颈。器身饰菱形方格纹。口径 8.8、残高 4 厘米（图十四：12）。

罐底　3件。IT0302④：5，夹砂灰陶。鼓腹，饰绳纹，底微凹。底径 12、残高 9 厘米（图十四：13）。IT0500③：2，夹砂灰陶。斜腹，底微凹。底径 17.5、残高 7 厘米（图十四：14）。IT0500③：3，夹砂红陶。斜腹，平底。底径 13.5、残高 8 厘米（图十四：15）。

盆　7件。根据肩、腹部不同，可分三型。

A 型：2件。弧腹，圆唇，腹部饰细绳纹，并有一道附加堆纹。IT0301⑤：1，夹砂红陶。近直口。口径 32、残高 10 厘米（图十五：1）。IT0201⑤：3，夹砂褐陶。口略外撇。口径 35、残高 10 厘米（图十五：2）。

B 型：2件。圆腹，束颈。IT0302③：2，夹砂灰陶。方唇。饰细绳纹，间以弦纹。口

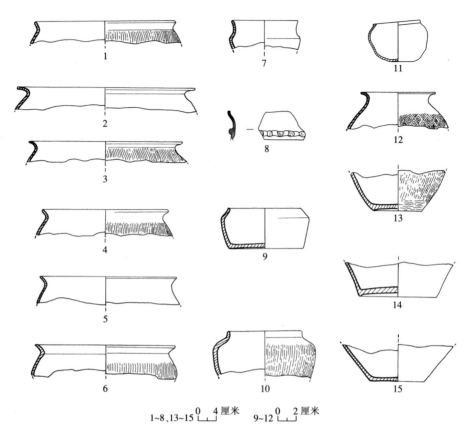

图十四　出土陶罐、陶罐底

1～6. 陶罐 D 型（IT0201③：1、IT0302③：7、IT0302③：8、IT0302③：12、IT0401③：3、IT0401③：5）；7. 陶罐 Ea
型（IT0401②：1）；8. 陶罐 Eb 型（IT0501⑤：2）；9. 陶罐 Fa 型（IT0301④：6）；10、11. 陶罐 Fb 型（IT0301 ④：7、
IT0500HST1：1）；12. 陶罐 Fc 型（IT0302③：5）；13～15. 陶罐底（IT0302④：5、IT0500③：2、IT0500③：3）

径 39.6、残高 6 厘米（图十五：3）。IT0501③：2，夹砂灰陶。圆唇。口沿以下饰三道弦
纹，间饰细绳纹。口径 25、残高 9.2 厘米（图十五：4）。

C 型：3 件。夹砂红陶。折肩。根据口部变化，可分二式。

Ⅰ式：1 件（IT0501④：8）。口略敞，卷沿，方唇。腹部饰菱形方格纹，间以弦纹。
口径 27、残高 13.4 厘米（图十五：5）。

Ⅱ式：2 件。大敞口，卷沿外翻。IT0302③：4，尖唇。腹部饰斜绳纹。口径 31、
残高 8 厘米（图十五：6）。IT0302③：11，圆唇，饰细绳纹。残高 7.4 厘米（图十
五：7）。

瓮　3 件。夹砂灰陶。束颈。IT0401⑤：2，折沿，方唇。肩部饰细绳纹，间以弦纹。
残高 10 厘米（图十六：1）。IT0401④：3，卷沿，圆唇，广肩。口沿以下饰两道弦纹，肩
饰斜绳纹。口径 14.5、残高 8 厘米（图十六：2）。IT0301③：2，卷折沿，厚圆唇，广肩。
肩部以下饰五道弦纹，间饰绳纹。肩部和腹部各饰一圈附加堆纹，中间饰弦纹，间饰绳
纹。残高 16 厘米（图十六：3）。

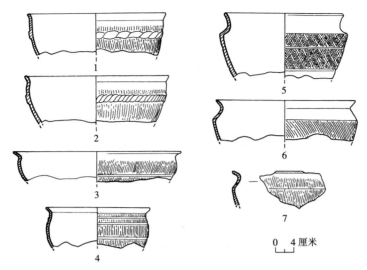

图十五　出土陶盆

1、2. A 型（IT0301⑤：1、IT0201⑤：3）；3、4. B 型（IT0302③：2、IT0501③：2）；5. C 型 I 式（IT0501④：8）；6、7. C 型 II 式（IT0302③：4、IT0302③：11）

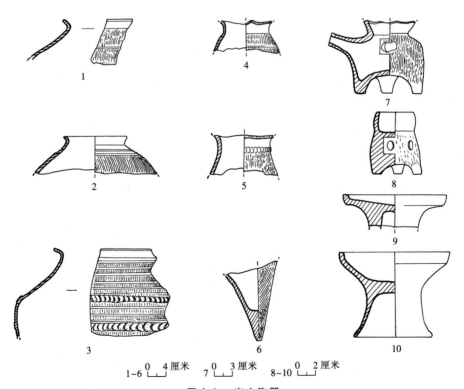

图十六　出土陶器

1～3. 瓮（IT0401⑤：2、IT0401④：3、IT0301③：2）；4、5. 甗（IT0302④：3、IT0302④：4）；6. 甗足（IT0202③：1）；7、8. 盂（IT0401H11：1、IT0500H14：1）；9. 豆 A 型（IT0302④：6）；10. 豆 B 型（IT0302③：13）

甗 2 件。由上下两部分组成，束腰，无腰隔。IT0302④：3，夹砂黑陶。弧肩。肩部饰绳细纹，间以弦纹。上下腹均残甚。残高 7.5 厘米（图十六：4）。IT0302④：4，夹细砂灰陶。腰际饰一周附加堆纹，腹部以下饰斜向细绳纹。上下腹均残甚。残高 8 厘米（图十六：5）。

甗足 1 件（IT0202③：1）。夹砂红陶。饰细绳纹。残高 16 厘米（图十六：6）。

盉 2 件。均为鬲式盉。IT0401H11：1，夹砂灰陶。器形较大。口已残，鼓腹，设有一流一柄，柄残，矮实柱足。腹部饰粗绳纹。口径 9、残高 12 厘米（图十六：7）。IT0500H14：1，夹砂黑陶。器形较小。上体为甑形，底部有箅孔。下体呈鬲形，微鼓腹，弧矮裆，矮实柱足。设有一流一柄，均残。口径 4.2、腹深 2.2、高 6.6 厘米（图十六：8）。

豆 2 件。泥质灰陶。根据盘口不同，可分二型。

A 型：浅盘。IT0302④：6，斜方唇。口径 12、残高 3.6 厘米（图十六：9）。

B 型：深盘。IT0302③：13，粗矮柄，圈足外撇。口径 12、高 8.6 厘米（图十六：10）。

钵 3 件。根据口部不同，可分二型。

A 型：2 件。敛口，深腹，平底。根据口、腹部变化，可分二式。

Ⅰ 式：1 件（IT0201⑤：2）。夹砂红陶。斜方唇，腹内收。下腹饰绳纹。口径 8、高 5 厘米（图十七：1）。

Ⅱ 式：1 件（IT0501③：1）。夹砂灰陶。腹较直。尖圆唇，上腹饰竖向绳纹，下腹饰横绳纹。口径 8.4、高 6.6 厘米（图十七：2）。

B 型：1 件（IT0301④：5）。夹砂灰陶。敞口。斜方唇，腹部折收，饰细绳纹。口径 21、残高 6.4 厘米（图十七：3）。

纺轮 3 件。根据整体形状不同，可分二型。

A 型：2 件。圆饼状。IT0301G9：1，泥质灰陶。磨光素面。直径 4.2、孔径 0.65、厚 1.8 厘米（图十七：4）。IT0500H12：1，泥质黑陶。器表饰粗绳纹。直径 4、孔径 0.5、厚 1.4 厘米（图十七：5）。

B 型：1 件（IT0401H11：2）。泥质黑陶。算珠状。直径 3.8、孔径 0.5、厚 2.4 厘米（图十七：6）。

拍 1 件（IT0401④：1）。夹砂红陶。蘑菇状，短粗柄。直径 8、通高 4.6 厘米（图十七：7）。

（二）原始瓷器

豆 1 件（IT0201⑤：1）。深盘。斜折腹，矮足略外撇。轮制。残高 5 厘米（图十七：8）。

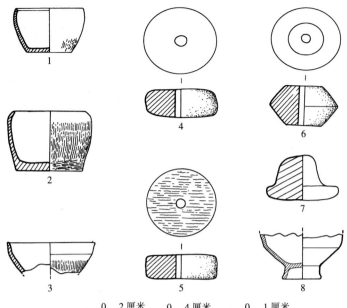

1、2、7、8 ⌊_0__2_⌋厘米　3 ⌊_0__4_⌋厘米　4~6 ⌊_0__1_⌋厘米

图十七　出土器物

1. 陶钵 A 型 I 式（IT0201⑤：2）；2. 陶钵 A 型 II 式（IT0501③：1）；3. 陶钵 B 型（IT0301④：5）；4、5. 陶纺轮 A 型（IT0301G9：1、IT0500H12：1）；6. 陶纺轮 B 型（IT0401H11：2）；7. 陶拍（IT0401④：1）；8. 原始瓷豆（IT0201⑤：1）

（三）石器

共 10 件。器类有锛、斧、刀、凿、镞、球等。

锛　4 件。IT0302②：2，青白石质。器体厚平，平面近长方形。单面刃。加工较细，通体磨光。长 5.2、宽 1.6 ~ 2.5、厚 1.2 厘米（图十八：1）。IT0302②：4，青石质。平面略呈梯形，正面平直，背面略弧，身有疤痕。单面刃，刃稍残。通体磨光。长 9、宽 4 ~ 5.8、厚 1.6 厘米（图十八：2）。IT0401③：8，青白石质。器体厚重，身有疤痕。平面呈长方形，单面刃。通体磨光。长 6.2、宽 3.4、厚 2.5 厘米（图十八：3）。IT0402④：2，青石质。平面呈梯形，单面刃。通体磨光。长 10、宽 3 ~ 4.5、厚 1 厘米（图十八：4）。

斧　2 件。IT0201②：1，青石质。刃稍残，加工较粗糙。长 6.8、宽 4.7、厚 1.6 厘米（图十八：5）。IT0401③：7，青石质。仅存半面。长 13.6、最宽 6、厚 3 厘米（图十八：6）。

刀　1 件（IT0401③：9）。青石质。残长 8、宽 4.7、厚 0.4 厘米。通体磨光（图十八：7）。

凿　1 件（IT0301③：7）。青石质。长条形。石质差，加工较粗糙。长 10.6、宽 4、厚 1.5 厘米（图十八：8）。

镞　1 件（IT0101②：1）。青石质。扁平状，锋尖已残，截面略呈菱形，两侧刃较锋

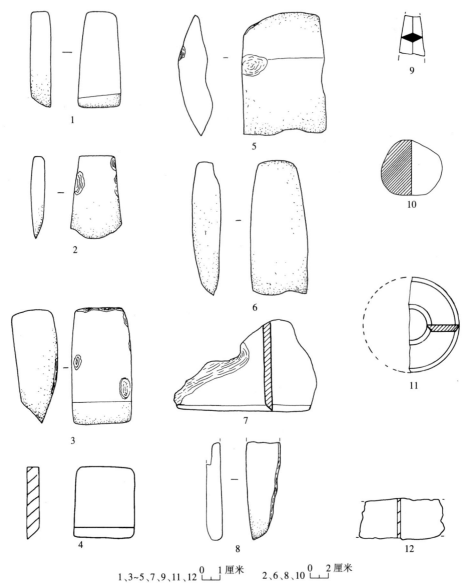

1、3~5、7、9、11、12 ⊢—⊢ 厘米   2、6、8、10 ⊢—⊢ 厘米

图十八　出土器物

1~4. 石锛（IT0302②：2、IT0302②：4、IT0401③：8、IT0402④：2）；5、6. 石斧（IT0201②：1、IT0401③：7）7.
石刀（IT0401③：9）；8. 石凿（IT0301③：7）；9. 石镞（IT0101②：1）；10. 石球（IT0301③：10）；11. 玉器
（IT0401H11：3）；12. 铜器（IT0301④：10）

利，铤残。通体磨光。残长 2.4、宽约 0.8~1.5、厚 0.6 厘米（图十八：9）。

　　球　1 件（IT0301③：10）。粗砂岩石质。近圆形。有打击疤痕。最大径 7 厘米（图
十八：10）。

　　（四）玉器

　　1 件（IT0401H11：3）。绿色。残半。器表光滑，素面。可能为玉环或玦。直径 5.3、

孔径 2.3、厚 0.4 厘米（图十八：11）。

（五）铜器

1 件（IT0301④：10）。长片状。锈蚀严重，用途不明。长 4.5、宽 2.1 厘米（图十八：12）。

四　结语

（一）年代与分期

庐江杨家墩遗址的文化内涵较为单纯，除①②层为近现代扰动层外，均属周代。根据层位关系及出土器物形态演变特征，可将本次发掘所获周代遗存划分三期。

第一期：遗存数量相对较少，以 H17 为代表，地层为⑤⑥层。器形主要有鬲、罐、盆、钵等。Aa 型 I 式鬲与西周中期偏早的张家坡 M385：2 相近。[①] A 型 I 式钵与西周早期偏晚至中期偏早阶段的霍邱堰台第一期 T1014⑬a：1 相似。[②] A 型盆与年代约为西周中期的寿县青莲寺第四期 T2④：39 相似。[③] 原始瓷豆 IT0201⑤：1 与年代推测为西周中期的老虎山 D1M6：1 相似。[④] 综合来看，该期年代大致相当于西周中期。

第二期：遗存数量较多，以 HST1、H11、H12、H14、H18、H19、G8 等单位为代表，地层为④层。该期遗存是庐江杨家墩周代遗址的主体。器形主要有鬲、罐、瓿、鬲式盉。Cc 型 I 式鬲与西周晚期至春秋早中期的繁昌板子矶 T603⑦：1 相似[⑤]；A 型盉与西周晚期的庐江大神墩遗址 T322③：1 相似[⑥]，而鬲式盉有学者认为流行于西周中期后段至春秋早期前段[⑦]。瓿 IT0302④：4 与西周中期偏晚至春秋早期的霍邱堰台第二期 T0911③：5、三期 T0913③：6 相似。[⑧] 综合来看，该期年代大致相当于西周晚期。

第三期：遗存数量较少，以 G9 等单位为代表，地层为③层。器形主要有鬲、罐、盆、钵等。Ca 型 II 式鬲与相当于西周晚期的沣西 M34：1 风格相近[⑨]；盆 IT0501③：2 与西周

---

① 中国社会科学院考古研究所编著《张家坡西周墓地》，中国大百科全书出版社，1999，第 101 页。
② 安徽省文物考古研究所编著《霍邱堰台：淮河流域周代聚落发掘报告》，科学出版社，2010，第 311 页。
③ 北京大学考古学系商周组、安徽省文物工作队：《安徽省霍邱、六安、寿县考古调查试掘报告》，《考古学研究（三）》，科学出版社，1997，第 275～276 页。
④ 浙江省文物考古研究所：《沪杭甬高速公路考古报告》，文物出版社，2002，第 63 页。
⑤ 安徽省文物考古研究所、繁昌县文物管理局：《安徽繁昌板子矶周代遗址发掘简报》，《文物》2013 年第 10 期。
⑥ 安徽省文物考古研究所、庐江县文物管理所：《庐江大神墩遗址发掘简报》，《江汉考古》2006 年第 2 期。
⑦ 张爱冰：《也谈鬲式盉的年代及其相关问题》，《文物》2014 年第 3 期。
⑧ 安徽省文物考古研究所编著《霍邱堰台：淮河流域周代聚落发掘报告》，第 289 页。
⑨ 中国社会科学院考古研究所沣镐队：《1992 年沣西发掘简报》，《考古》1994 年第 11 期。

晚期至春秋早期的霍邱堰台第三期 T0913③：7 相类似①；A 型 II 式钵与春秋早中期的霍邱堰台第四期 T0513⑧：1 风格相近②；陶豆 IT0302③：13 与西周中期偏晚至晚期偏早阶段的霍邱堰台第二期 T0809⑧：5 相近。③ 综合来看，该期年代大致相当于春秋早中期。

（二）文化性质

杨家墩遗址是一处小型聚落遗址，与庐江大神墩、霍邱堰台等遗址文化面貌基本一致。遗址出土的陶器以夹砂陶为主，泥质陶较少，另有极少量印纹硬陶和原始瓷。Aa 型 III 式罐（IT0401④：5）素面折肩，与张家坡 M6：1④ 风格基本相同，为周文化典型器物之一。遗址中出土的原始瓷器和印纹硬陶器，应是来自同时期吴越地区的文化因素。

遗址中出土的鬲式盉形态特殊，地域性强，在庐江大神墩遗址、枞阳汤家墩遗址以及六安、霍邱、安庆等皖西南地区普遍存在，是春秋时期群舒文化中典型铜器鬲式盉的雏形。⑤ 遗址中出土的折肩鬲、折肩盆也都属于群舒文化典型器物，具有浓厚的地方性特征。徐旭生先生曾认为："淮水南、大江北，如霍邱、寿县、六安、霍山、合肥、舒城、庐江、桐城、怀宁等县，西不过霍山山脉，东不过巢湖，这一带平坦的地带，除了六、蓼、钟离各国外，全属群舒散处的地域。"⑥ 由此可知，庐江杨家墩遗址主体当是受周文化影响的群舒遗存，兼有吴越地区的文化因素。

（三）红烧土遗迹分析

遗址中发现的红烧土遗迹，在安徽江淮地区同时期遗址中较为常见，如霍邱堰台遗址、六安堰邱遗址、霍山戴家院遗址就曾发现与房址相关的红烧土堆积。杨家墩遗址发现的红烧土遗迹未发现柱洞、木骨墙体等与房址有关的遗迹，较为特殊。因缺乏可资比较的考古资料，其用途遂难推断。

杨家墩遗址所属的庐江地区，是文献记载中"群舒"的重要区域之一。杨家墩遗址的发掘丰富了群舒文化的内涵，为推进江淮地区周代考古学文化的研究提供了新的资料。

附记：发掘领队王志高，现场负责刘富良，先后参加发掘的有张如意、李红伟、高庆辉、司恺义、周保冬、张宵悦、任玉瑛、李永忠。资料整理：司恺义、李永忠、朱广金、左凯文、徐良。本文的撰写及完善得到南京博物院张敏研究员的悉心指导，谨此致谢！

（编辑：徐峰）

---

① 安徽省文物考古研究所编著《霍邱堰台：淮河流域周代聚落发掘报告》，第 284 页。
② 安徽省文物考古研究所编著《霍邱堰台：淮河流域周代聚落发掘报告》，第 314 页。
③ 安徽省文物考古研究所编著《霍邱堰台：淮河流域周代聚落发掘报告》，第 304 页。
④ 中国社会科学院考古研究所编著《张家坡西周墓地》，第 119 页。
⑤ 张爱冰：《也谈鬲式盉的年代及其相关问题》，《文物》2014 年第 3 期。
⑥ 徐旭生：《中国古史的传说时代》（增订本），科学出版社，1960，第 181 页。

浙江省宁波市奉化区西坞街道白杜村
M10 的发掘与收获

陈声波

（南京师范大学文博系）

[**摘要**] 2018 年 10 月至 12 月，南京师范大学与宁波市文物考古研究所联合对 S203 省道奉化段公路工程（一期）地块进行了考古勘探，发现了多座墓葬，并对其中的 M10 进行了发掘清理。M10 是一座东汉早期的砖椁墓，这类墓葬在宁波地区流行时间短，发现并保存完整者较少。M10 墓室底部保存完好，是一座较为罕见的双棺合葬墓，出土的随葬品较多，且随葬品组合完整，具有较高的研究价值。

[**关键词**] S203 省道；宁波奉化；砖椁墓；东汉

为配合 S203 省道奉化段公路工程（一期）项目建设，2018 年 10 月至 12 月，宁波市文物考古研究所联合南京师范大学组织勘探队伍，对该项目进行了考古勘探。该项目位于浙江省宁波市奉化区西坞街道白杜村西侧。经勘探，共发现遗迹现象 36 处，其中墓葬 32 座，窑址 2 处，堆积 2 处。墓葬主要为砖室墓，集中分布于白莼线道路西侧的坡地及台地上。为进一步了解这批砖室墓的形制特征，以便下一步的抢救性发掘，于是选择了其中的 M10 进行试掘清理（图一）。发掘结果表明，这是一座东汉早期的砖椁墓，属于较为罕见的双棺合葬墓。虽然墓室顶部已被破坏，但墓室底部保存基本完整，出土的随葬品较多，随葬品组合完整。后续的考古发掘已发表简报。[①] 然而该简报主要是对本次考古勘探所发现的三十多座墓葬材料的整体披露，具体到 M10，披露的资料不够完整。鉴于 M10 具有较高的研究价值，因此本文拟在原发掘简报的基础上加以完善，为今后宁波地区砖椁墓的深入研究提供便利。原简报在处理 M10 的资料时，存在一些问题。如简报中 M10 的平面图将墓葬的方向弄反，个别随葬品的位置及名称存在错乱，对于铜镜铭文的释读也值得商

---

① 宁波市文物考古研究所、厦门大学历史系、宁波市奉化区文物保护管理所：《浙江宁波奉化白杜汉六朝墓地 2019 年发掘简报》，《南方文物》2020 年第 1 期。

榷。凡此种种，均有必要加以纠正，以利于今后的科学研究。故将 M10 的完整资料及主要收获报告如下。

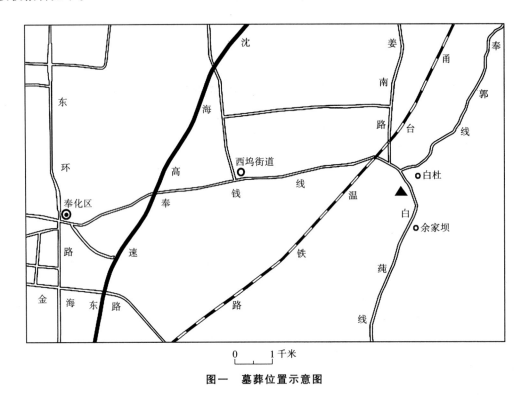

图一　墓葬位置示意图

一　发掘经过

奉化区西坞街道白杜村地处南部山地和北部平原交界地带，地形地貌较复杂，其中心位置地理坐标为东经 121°32′39.6″，北纬 29°40′43.4″，海拔 21 米。这里是古代墓葬的集中分布区。早在 1987 年 11 月，当时的奉化县人民政府便将南岙、山厂古墓葬群公布为第四批县级文物保护单位。南岙在白杜以北约两公里处。从南岙开始沿着金巍山脚向南，一直到山厂，在这块狭长的坡地下，埋藏着众多的古墓。[1] 本次考古勘探发现的三十多座墓葬就在南岙、山厂古墓葬群的西南方，可以视为这一墓葬群在地域上的延伸。M10 的位置在这片墓葬集中分布区的北部，靠近白莼公路（图二）。M10 开口在表土层下，地层关系较为简单。由于该范围属于花木丛林地段，扰乱严重，墓室顶部已被破坏，墓葬现存开口距离地表约 20 厘米，所幸墓室底部基本完好。

---

① 浙江省宁波市奉化区文保所：《南岙、山厂古墓葬群》，宁波文化遗产保护网，2018 年 1 月 8 日，http：//www. nbwb. net/pd_ wwbh/info. aspx？ Id = 1069&type = 2。

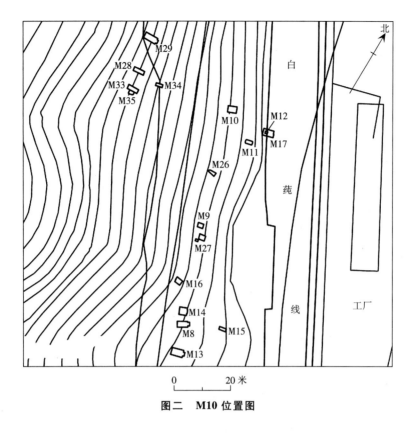

图二　M10 位置图

二　墓葬形制

M10 形制为长方形双棺合葬墓，墓向 65°，背倚山势。墓室内长 308、宽 204、残高 104 厘米。墓底较平，双棺残存的板灰痕迹明显。从板灰及随葬品摆放的位置看，头朝西南，双棺一南一北。南侧的棺较长，随葬有铁刀、小铜镜与铜钱，北侧棺较短，随葬有铜镜与琉璃耳珰，因此推测这座墓葬为夫妇合葬墓。墓底由砖砌筑的棺床呈"人"字形方式铺设，墓壁受挤压稍内倾，用单砖错缝平铺顺砌。墓砖长约 30、宽约 15、厚 3～4 厘米，可见纹饰为菱形纹（图八：3）。M10 出土随葬品共计 24 件（组），其中 M10：20 为一面小铜镜，锈蚀严重，仅存其形，无法起取。其中陶器、部分铜钱及铁釜等放置在墓葬的北部一侧，铁刀、铜镜、少数铜钱与琉璃耳珰等随葬在墓主人棺内（图三）。

三　出土遗物

M10 随葬品未经扰乱，共计 24 件（组），有陶器、铜器、铁器、琉璃器、石器等。其

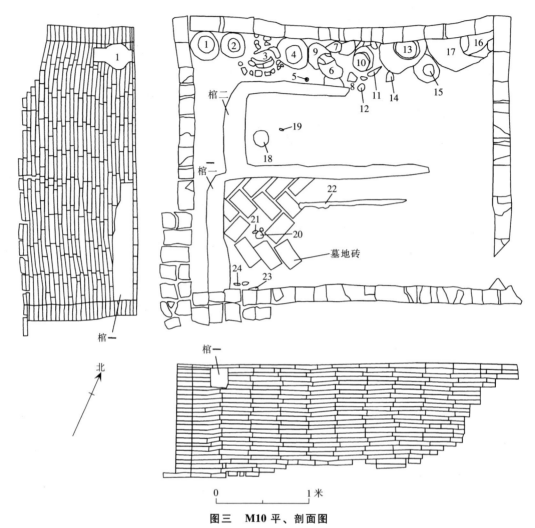

图三　M10 平、剖面图

1、2. 釉陶盘口壶；3、4、9、11、13. 陶罍；6、7、8、10、15. 陶罐；5、12、21. 铜钱；14. 原始瓷杯；16. 陶盆；17. 铁釜；18、20. 铜镜；19. 琉璃耳珰；22. 铁刀；23. 残铁器；24. 石片

中铜镜、铁刀、少数铜钱、琉璃耳珰等随葬在墓主人棺内，其余随葬品较为整齐地放置在墓室的北侧。从随葬品的保存情况看，部分陶器已碎裂，但除了 M10∶7 残损严重外，其余碎裂者皆可修复。铁器及两面铜镜均锈蚀严重，其中大铜镜虽已碎裂，但纹饰大体可辨，小铜镜仅存其形，无法起取（图四）。现按质地类别分述如下。

（一）陶器

共出土陶器 14 件，器形有壶、罍、罐、盆、杯，种类有硬陶、釉陶、泥质陶、原始瓷等。纹饰主要有梳状纹、弦纹、水波纹、叶脉纹等。

盘口壶　2 件。保存完整，釉陶，灰色胎，青黄色釉，釉面脱落严重。浅盘口，敛口，方唇，溜肩，肩附桥形双耳，圈足较矮。口沿外侧及肩部刻划两组水波纹，肩部饰两

图四　**M10** 随葬品出土时的状况（南→北）

组凹弦纹。

M10：1，颈稍粗短，鼓腹。耳面饰稀疏叶脉纹。口沿外部刻划一组细弦纹，颈部内壁饰水波状弦纹，圈足上端对穿双孔，孔径约 1.1 厘米。口径 16.8、腹径 32.6、底径 18.8、高 38.8 厘米（图五：1；图六：1）。

M10：2，方唇微凹，细颈稍长，鼓腹。耳面饰"米"字相隔的叶脉纹。口径 16.6、腹径 26.8、底径 17.6、高 32.4 厘米（图五：2；图六：2）。

罍　5 件。硬陶 4 件，釉陶 1 件。鼓腹，通体拍印梳状纹。凹沿较宽，方唇外斜，平底内凹。据口、腹形态分为 A、B 两型。

A 型　3 件。小敛口，圆弧肩，腹最大径靠上，下腹斜弧。

M10：3，碎裂修复，口径 18.6、腹径 36.8、底径 16.8、高 28.8 厘米（图五：4）。

M10：11，碎裂修复，口径 18、腹径 36.8、底径 15.8、高 29.5 厘米（图五：8）。

M10：9，保存完整，釉陶，灰色胎，青黄色釉，釉面脱落严重。口径 18.2、腹径 34.2、底径 15.2、高 27.1 厘米（图五：5；图六：6）。

B 型　2 件。小直口，圆肩，下腹斜收。

M10：13，碎裂修复，口径 19.4、腹径 36.2、底径 17.2、高 26.4 厘米（图五：6）。

M10：4，保存完整，口径 16.2、腹径 34.2、底径 15.6、高 27 厘米（图五：7；图六：3）。

双系罐　5 件，其中 M10：7 残损严重，实存 4 件。分硬陶和釉陶两种。根据口部、肩部形态可分为 A、B、C 三型。

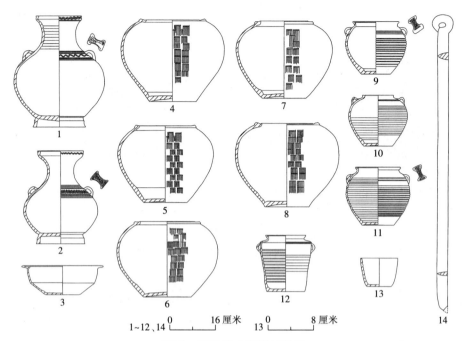

图五　M10 出土陶器与铁刀

1、2. 盘口壶（M10:1，M10:2）；3. 盆（M10:16）；4、5、8. A 型罍（M10:3，M10:9，M10:11）；6、7. B 型罍
（M10:13，M10:4）；9、11. A 型双系罐（M10:10，M10:6）；10. B 型双系罐（M10:15）；12. C 型双系罐（M10:
8）；13. 杯（M10:14）；14. 铁刀（M10:21）

A 型　2 件。硬陶，鼓腹，平底或平底微凹。口沿外侈，沿面下凹，束颈，溜肩，系上饰叶脉纹，通体饰弦纹。

M10:10，保存完整，口径 16.2、腹径 21.6、底径 10.4、高 18.4 厘米（图五:9；图六:4）。

M10:6，碎裂修复，口径 16、腹径 22.8、底径 11.2、高 20.2 厘米（图五:11）。

B 型　1 件（M10:15）。出土时基本完整，硬陶，鼓腹，平底微凹。小敛口，圆肩，肩部饰三道凸弦纹，通体饰水波状弦纹。口径 11、腹径 22、底径 10.4、高 17.8 厘米（图五:10；图六:5）。

C 型　1 件（M10:8）。碎裂修复，釉陶，灰色胎，黑色釉。侈口，束颈，折肩，肩部有桥形双耳，斜直腹，平底。肩部饰两道凹弦纹，腹部饰水波状弦纹。口径 14.2、腹径 18、底径 13.6、高 19.6 厘米（图五:12）。

盆　1 件（M10:16）。碎裂修复，泥质灰陶，宽沿外展，腹较深，折腹，平底。素面。口径 29.6、底径 12、高 10.3 厘米（图五:3）。

杯　1 件（M10:14）。原始瓷，灰色胎，青黄色釉，釉面脱落严重。直口，尖唇，沿面微下凹，下腹稍斜收，平底。口径 6.6、底径 4.2、高 5 厘米（图五:13）。

（二）铜器

以铜钱为主，三组共近百枚，少数完整，大多残破，粘连。另有铜镜两面，一大一

图六　M10 出土部分陶器

1、2. 盘口壶（M10：1，M10：2）；3、6. 罍（M10：4，M10：9）；4、5. 罐（M10：10，M10：15）

小，皆锈蚀严重。

M10：5，铜钱一组，除了一枚残破的大泉五十外，均为五铢钱，数量约 50 枚（图七：1）。少数完整，大多碎裂，保存状况较差，质脆易碎裂。从五铢钱的大小、形制以及钱文的书写风格，尤其是"铢"字的"朱"上部呈圆折看，应为东汉时期的五铢（图七：9；图八：2）。

M10：12，铜钱一组，15 枚，均为五铢钱。少数完整，大多残破，形制风格应为东汉五铢（图七：2）。

M10：20，铜钱一组，均为五铢钱，数量约 30 枚。少数完整，大多残破，粘连，保存状况较差，形制风格应为东汉五铢（图七：3）。

铜镜　2 件。小者仅存其形，直径约 6 厘米，不能起取，未给器物号。在墓葬的平面图中位置编号为 20，大致相当于南侧男性墓主人头部附近，旁边还随葬有一组铜钱，原发掘简报墓葬平面图中误标为铁器。大者编号 M10：18，已碎裂，锈蚀严重，直径 15.4 厘米。圆形圆钮，方形钮座，钮座上有四个柿蒂纹，内区饰"TVL"规矩纹及八乳八禽纹，外区饰栉齿纹，以及中间夹水波纹的双圈三角形锯齿纹。外区有铭文带（图七：4；图八：1）。铜镜铭文因为残损，可辨认的为"……竟真大……上有仙人……"。原发掘简报释读为"尚方竟真大□，上有山人□□"，可商榷。因为这种镜铭较为多见，参考其它铜

图七　M10 出土铜、铁、石器

1 ~ 3. 铜钱（M10：5、12、20）；4. 铜镜（M10：18）；5. 铁刀（M10：21）；6. 残铁器（M10：22）；7. 铁釜（M10：17）；8. 石片（M10：23）；9. 五铢与大泉五十（M10：5）

镜，完整的铭文应为"尚方作竟（镜）真大好（或为巧），上有仙人不知老"。这种铜镜具有典型的汉代风格，流行于西汉晚期至东汉前期。

（三）铁器

3 件，均锈蚀严重。

铁刀　1 件（M10：21）。已断残，锈蚀严重。环首稍扁，刀身平直，截面呈弧边三角形。通长 96.8、刀身宽约 3.5 厘米，刀背首端厚 4、尾端厚 1.5 厘米（图五：14；图七：5）。

残铁器　1 件（M10：22）。残长约 56 厘米，锈蚀严重（图七：6）。

铁釜　1 件（M10：17）。通体呈赭色，锈蚀残缺严重（图七：7）。

图八　M10 出土铜镜、五铢钱及墓砖拓片

（四）琉璃器

琉璃耳珰　1 件（M10∶19）。深蓝色，喇叭形，束腰，两端大小不一，小端平，大端微内凹，中间穿孔。大端直径 1.1、小端直径 0.8、孔径 0.2、高 2.5 厘米（图九）。

此外还出土几件残石片，编号 M10∶23，用途不明（图七∶8）。

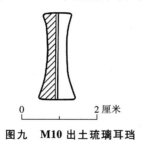

图九　M10 出土琉璃耳珰

四　主要收获

结合墓葬形制以及墓葬中保存基本完好的随葬品，可以判定 M10 大致年代。原发掘简报将 M10 等几座墓葬划分为第三期，认为"此阶段陶礼器组合已基本不见，以陶罍、弦纹罐、壶等为典型组合，伴出琉璃耳珰、串珠等。其中，陶罍在造型上流行小口、宽凹沿、器身拍印梳状纹；双系弦纹罐器身瘦高，拍印纹饰多城垛状。M10 出土'大泉五十'1 枚，此类铜钱为王莽居摄二年始铸。综上，可将第三期的年代初步定为新莽至东汉早期"。这个年代判断比较合理。具体到 M10，由于出土了 1 枚"大泉五

十", 因此其年代不会早于新莽时期。而从五铢钱的大小、形制以及钱文的书写风格, 尤其是铢字的朱上部呈圆折看, 应为东汉时期的五铢。由此进一步判断, M10 应为东汉早期墓葬。

从墓葬形制看, 虽然 M10 墓室上部遭到破坏, 但下部基本完整, 是一座较为罕见的双棺合葬砖椁墓。宁波地区汉代的墓葬形制, 据研究, "竖穴土坑墓流行于西汉一代; 从新莽时期开始至东汉中期, 宁波地区则短暂流行过土坑砖椁墓; 东汉中晚期, 砖室券顶墓迅速普及, 取代土坑墓而成为当地墓葬的主流形制"①。砖椁墓在宁波地区流行时间短, 保存完好的墓葬数量不多。以本次抢救性考古发掘为例, 为数不多的几座砖椁墓, 除 M10 保存相对较好外, 其余墓葬遭到不同程度的破坏。因此保存较好的 M10 在本地区砖椁墓的研究中就显得弥足珍贵。此外 M10 为双棺合葬墓, 为研究宁波地区东汉早期的合葬习俗提供了宝贵的资料。M10 位于朝东的坡地上, 从风水堪舆的角度, 符合当时背倚山峰、面临平原的选址标准。从板灰痕迹看, 有双棺, 位置一北一南。西汉时期夫妇合葬墓, 主要遵循吉事尚左、凶事尚右的原则, 因此以右为尊, 右边为夫, 左边为妻。M10 为同穴合葬, 右尊左卑的方位排列一脉相承。墓葬中南边的棺较长, 且随葬铁刀, 北边的棺较短, 随葬铜镜及琉璃耳珰, 因此推测南为夫, 北为妻。从坐西朝东的角度看, 南属右, 北属左, 右尊左卑。由此可见, 合葬墓中右尊左卑的方位排列在东汉早期的宁波地区已经出现, 可能是受到中原地区的影响。

M10 的随葬品保存基本完整, 为本地区东汉早期砖椁墓的随葬品组合研究提供了宝贵的资料。随葬品中, 除了较为常见的器物外, 还有一些颇具特色。如两件完整的釉陶盘口壶, 形体较大, 保存完整, 纹饰精美, 可以作为奉化地区东汉釉陶盘口壶的标准器。陶罍出土数量较多, 其中两件保存完整, 一为硬陶, 一为釉陶。双系罐也有一件保存极为完整, 皆可作为标准器。C 型双系罐出土时虽已碎裂, 但可修复, 属于黑釉陶器, 釉层较厚, 釉色较为纯正, 为汉代浙江地区黑釉陶器乃至黑釉瓷器的起源研究提供了较好的材料。M10 还出土了一件完整的琉璃耳珰, 通体呈深蓝色, 质地莹润, 为本地区耳珰的系统研究提供了有价值的资料。

附记: 本次考古勘探与发掘的项目负责人为李永宁, 参加人员有高祥祥、张灿乐、来通、王佳豪等人, 摄影高祥祥, 绘图来通、王佳豪。器物线图参考了原发掘简报中的材料。

(编辑: 王志高)

---

① 许超、张华琴:《宁波地区汉晋时期开发历程的考古学研究》,《浙江学刊》2016 年第 6 期。

南京童卫路 5 号六朝隋墓发掘简报

刘可维

（南京师范大学文博系）

[摘要] 2014 年，南京市考古研究所在童卫路 5 号建设工地发掘古墓 14 座。该墓群依地势排列，墓葬均为中小型砖室墓。其中一部分墓葬类型与遗物较为罕见。该墓群为南京六朝墓研究提供了新资料。

[关键词] 童卫路；墓葬；六朝；隋代

2014 年 7 月，在南京市玄武区童卫路 5 号建设工地施工过程中，发现了一批砖室墓。南京市考古研究所随后对该建设工地进行调查、勘探，并清理了所发现的墓葬。现将其中 14 座砖室墓的发掘收获简报如下。

一　墓地概况

墓地位于中山门大街南侧、童卫路西侧，紫金山南麓卫岗高地的东坡。因早期厂房建设和此次施工的影响，原地貌已发生较大改变，部分取土区内墓葬已暴露至底部，并且未发现墓葬之外的其他遗迹现象。墓葬多遭受不同程度的盗掘、损毁，唯小型墓 M15 保存完好。该墓群依地势集中分布，朝向东南。除 M5 为清代土坑墓外，其余 14 座墓葬均为中小型砖室墓，排列具有一定规律，其中 M7 被 M5 和 M6 打破（图一）。

二　墓葬形制及出土遗物

（一）墓葬形制

14 座砖室墓可分为三型。

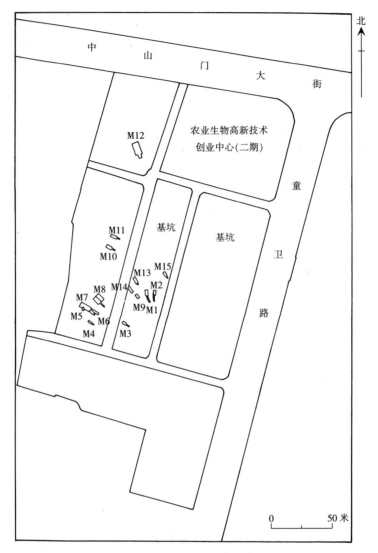

图一　墓地位置及墓葬分布图

A 型　10 座（M3、M4、M6、M7、M9、M10、M11、M12、M13、M14）。平面呈凸字形，由排水沟、墓道、封门墙、甬道、墓室等部分构成。墓葬方向均为南偏东，处于100°～160°之间。墓前设置排水沟。墓道均呈斜坡状，两壁内收。墓室呈长方形，券顶。铺地砖为一层或两层，有人字形、单砖纵向错缝平铺、单砖横向错缝平铺、两纵两横席纹平铺等几种铺设类型。墓壁采用三顺一丁砌法。墓砖多见有绳纹、莲花纹、菱形纹等装饰，有的端面模印有阳文"正方"。墓葬大多毁坏严重，仅存墓底，出土遗物较少，甚至完全没有。其中 M12 规模最大，出土遗物相对较多（图二、图三）。

M12 位于发掘区西北部，方向 160°。已发掘斜坡墓道长 2.6、深 0.96～1.36 米，从封门墙前 0.9 米处起坡，两壁内收，并有二次开挖的迹象。排水沟已发掘长度 2.6 米，为砖砌结构，底部纵向平铺一层长方形单砖，其上纵向平铺两列单砖，中间留有宽 0.06、高

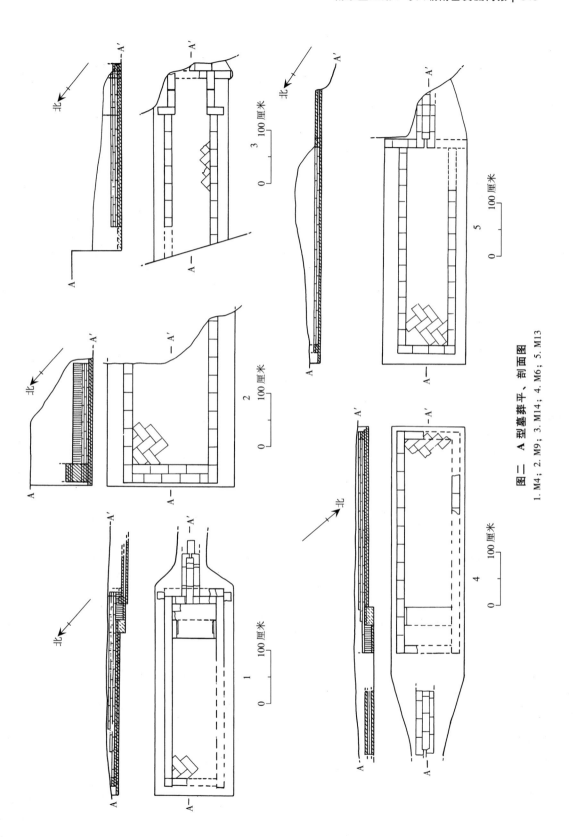

图二 A 型墓葬平、剖面图

1. M4；2. M9；3. M14；4. M6；5. M13

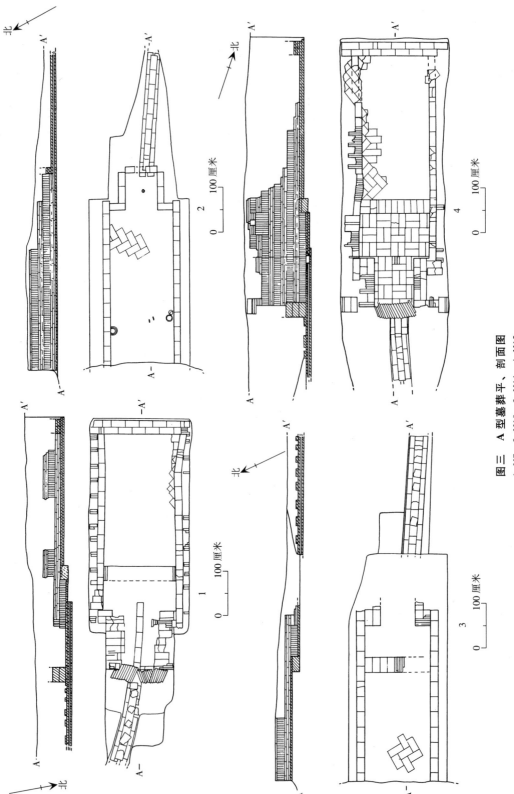

图三 A 型墓葬平、剖面图
1. M7；2. M10；3. M11；4. M12

0.04 米的孔道，顶部用单砖纵向平铺。砖室通长 6.17、宽 1.94 米，残高 1.32 米，顶部已不存。封门墙残高 0.48 米，为单砖斜向侧立砌筑。甬道长 1.1、宽 0.9 米，残高 0.56 ~ 1.12 米。底部设有方形窨井，边长 0.16、深 0.16 米。墓室长 4.46、宽 1.65 米，残高 0.08 ~ 1.32 米。甬道及墓室前部有两层铺地砖，均为两纵两横席纹平铺；墓室后部同样为两层铺地砖，上层铺砖呈斜人字形，下层为单砖横向错缝平铺。墓壁为三顺一丁砌法，墓室前部西侧墙上设有直棂假窗，上有凸字形壁龛。窗宽 0.5、高 0.36 米。壁龛宽 0.12、进深 0.16 米。墓室后部设有棺床，高 0.16 米，棺床前置祭台。墓室用砖有长方形和楔形两种，平面拍印有绳纹。长方形砖有长 0.32、宽 0.15、厚 0.04 米和长 0.34、宽 0.16、厚 0.045 米 2 种规格，楔形砖长 0.34、宽 0.16、厚 0.035 ~ 0.045 米。墓内有红褐色积土，质地紧密，含砖块、黄土块、灰土块、瓦片等物，偶见有浅灰色淤土和红漆皮。

  B 型　1 座（M8）。并列双室墓，两室均设有甬道与棺床（图四）。

  M8 位于发掘区西南部，方向 135°。排水沟为两室共用，位于东室前端，砌法与 M12 相同，排水孔宽 0.06、高 0.04 米。砖室通长 4.74 米，封门墙和砖室顶部均已不存。东室遭破坏严重，仅存西墙。西室内长 4.2、宽 0.86 ~ 0.95、残高 0.04 ~ 0.28 米。铺地砖一层，呈斜"人"字形，延伸至墙外。墓壁为三顺一丁砌法。两室中间有两道砖墙，间距 0.04 米。两墙的中前部设有过道，宽 0.16、残高 0.12 米。西室棺床长 3.46、宽 0.85、高 0.12 米。墓室用砖长 0.32 ~ 0.34、宽 0.15、厚 0.04 米，端面有莲花纹。墓内有红褐色积土，质地略松，含砖块、黄土块、灰土块等物，偶见有草木灰和红漆皮。

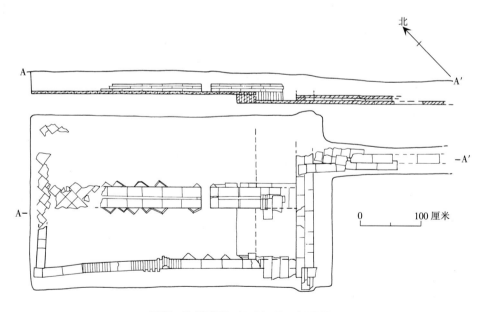

图四　B 型墓葬（M8）平、剖面图

  C 型　3 座（M1、M2、M15）。长方形墓室。其中 M1 与 M2 保存较差，M15 保存完好（图五）。

M15 位于发掘区中部，方向 150°。已发掘排水沟的长度为 2.4 米，砌法与 M12 相
同，排水孔宽 0.05、高 0.04 米。封门墙仅存两层横向平铺单砖。砖室通长 2.8、宽
0.56、高 0.56 米。铺地砖一层，为双砖横向平铺。墓壁为单砖斜向侧立交错垒砌，后
壁和封门呈外弧形，顶部用砖两排，横向平铺，以砖竖向压缝。墓室用砖有长方形砖和
楔形砖 2 种，长方形砖长 0.34、宽 0.145、厚 0.04 米，平面拍印有绳纹，端面有莲花纹，
侧面有莲花纹和方格纹；楔形砖长 0.34、宽 0.145、厚 0.02 ~ 0.04 米，平面拍印有绳纹，
端面有莲花纹。

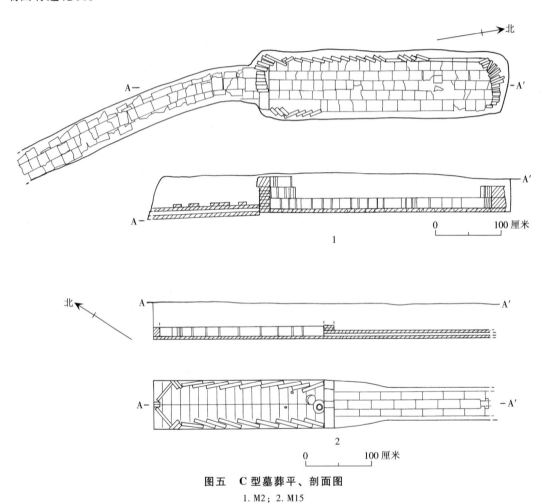

图五　C 型墓葬平、剖面图
1. M2；2. M15

（二）出土遗物

1. M1

铁刀　1 件（M1∶1）。已锈蚀，残长 23.3、宽 3、最厚处 0.9 厘米。

2. M2

青瓷碗　2 件。M2∶1，灰白胎，圆唇，直口，弧腹下收，平底，假圈足。除圈足外，

满施青釉，小开片，内外底均见积釉，内底心可见小乳突，口径 8.2、底径 3.4、高 5.2 厘米（图六：1）。M2：2，灰白胎，圆唇，直口，上腹近直，下腹圆曲，平底，假圈足。釉色青中微泛黄，小开片，碗内底有少许积釉，外部施釉不及底，内底心可见小乳突，口径 4.4、底径 2、高 3 厘米（图六：2）。

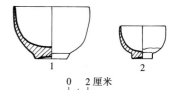

图六　M2 出土青瓷碗
（M2：1、2）

铁钱　M2：3，锈蚀严重，数枚粘连在一起，钱文不清。

3. M7

铜钱　M7：1，可辨认者有"五铢""货泉"各 1 枚，其余或钱文不清，或数枚粘连在一起。

铜镜　1 件（M7：2）。锈蚀，残，仅剩二分之一，圆钮，纹饰不清。直径 7.5、厚 1.1 厘米。

滑石猪　1 件（M7：3）。残，仅剩后半部，呈伏卧状，背部刻划有鬃毛。残长 3.6、宽 1.4、高 1.3 厘米。

陶凭几　1 件（M7：4）。灰陶，残，仅剩三分之一，几面背部设插几腿用的方形凹槽，残存有一个凹槽，几腿作兽蹄状。未能修复。

陶果盒　1 件（M7：7）。灰陶，残，同心圆形，圆唇，子母口，口微敛，平底，圈足。未能修复。

陶砚台　1 件（M7：8）。灰陶，残，圆形，圆唇，直内壁，平底。未能修复。

青瓷盏　2 件（M7：5）。灰白胎，圆唇，直口，口沿下一周凹弦纹，浅弧腹，平底。器内外施青釉，有少许脱釉，口径 8.7、底径 5.4、高 3.9 厘米。M7：6，灰白胎，圆唇，直口，口沿下一周凹弦纹，弧腹，内底微凸，外底平。釉层已全部脱落。口径 8.4、底径 5.7、高 3.3 厘米。

4. M8

铜钱　M8：1。锈蚀严重，数枚粘连在一起，钱文不清。

陶俑　1 件（M8：2）。红陶，男性，胸部以下残，头戴前部低平、后部斜高的"介帻"，五官残缺，服饰为右衽。残高 17.6 厘米。

5. M10

青瓷盏　1 件（M10：1）。仅剩底部，平底内凹，釉层已脱落。未能修复。

青瓷碗　1 件（M10：2）。仅剩底部，平底，假圈足，釉层已脱落。未能修复。

青瓷盘　3 件。形制相同，大小相近。灰白胎，圆形，圆唇，敞口斜直腹，内底饰有两圈凹弦纹。釉层大部分已脱落。M10：3，平底。口径 18.2、底径 15.5、高 2.3 厘米。M10：4，平底微凸。口径 17.2、底径 14.7、高 2.5 厘米。M10：5，平底内凹。口径 17.4、底径 15.2、高 2.2 厘米。

滑石猪　2 件。M10：6、M10：7，形制、大小相同。体型修长，呈伏卧状，长吻，尖耳，背部及颔下刻划有鬃毛。通长 7.6、宽 1.4、高 1.3 厘米。

6. M12

（1）青瓷器

4 件。器形有盏、鸡首壶、砚台。

盏　2 件。M12∶1，灰胎偏红，方唇，直口，口沿下一周浅凹弦纹，弧腹下收，内底微凹，外底平，假圈足。釉层已全部脱落。口径 8.2、底径 3.8、高 4 厘米（图七∶1）。M12∶8，灰白胎，圆唇，口微敛，圆弧腹，平底，器内底与腹相接处有凹槽一周。器内外施青釉，小开片，部分有脱釉现象。口径 8.4、底径 5.6、高 3.4 厘米（图七∶2）。

鸡首壶　1 件（M12∶5）。鸡首、口颈部已残，圆肩，肩部对称贴塑两横系，系下有凹弦纹一周，鼓腹斜收至底，平底。仅器表施釉，釉不及底，有流釉现象，底径 14.8、残高 17.5 厘米。

砚　1 件（M12∶7）。灰胎，圆唇，侈口，斜腹，砚心突起，下附六个蹄形足。除内外底外满施青釉，小开片。口径 13、底径 13、高 4.6 厘米（图七∶3；图十三）。

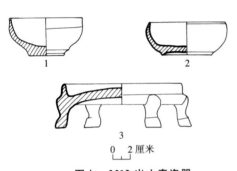

0　2厘米

图七　M12 出土青瓷器

1、2. 青瓷盏（M12∶1、8）；3. 青瓷砚台（M12∶7）

（2）陶器

14 件。均为灰陶，器形有果盒、俑、盘、勺、凭几、算、耳杯、魁。

果盒　2 件。形制相同，大小相近。圆唇，子母口，直腹，平底，圈足外撇。内有一圆形凸棱，将果盒分为两部分。M12∶2，外口径 20.2、内口径 9.2、底径 23、高 5.2 厘米（图八∶1）。M12∶12，外口径 21.6、内口径 9.6、底径 24、高 5.4 厘米（图八∶2）。

俑　3 件。男俑 2 件，形制相同，作直立拢手状。头戴尖顶翻盖帽，盖已残，高鼻深目，带有胡人特征。上着右衽窄袖衣，有中衣，下穿及地长裙，裙摆前后中部有内凹褶，底部露出双足。M12∶4，高 30.8 厘米（图九∶1；图十七、图十八）。M12∶15，仅存上半身，残高 16.7 厘米。女俑 1 件，M12∶9，作直立拢手状。头梳双圈高发髻，两侧垂发遮住双耳，上着右衽窄袖衣，有中衣，下穿及地长裙，底部露出双足。高 33 厘米（图九∶2；图十九、图二十）。

盘　4 件，圆唇，敞口，斜腹，平底。根据内底纹饰分两型。A 型 2 件，内底有两周凸弦纹。M12∶6，口径 16、底径 14.4、高 2 厘米。M12∶11，口径 18.6、底径 16.6、高 1.8 厘米（图八∶3）。B 型 2 件，内底有一周凹弦纹。M12∶14，仅剩三分之一，未能修复。M12∶17，口径 18.4、底径 17.2、高 1.8 厘米。

勺　1 件（M12∶10）。方唇，敞口，斜弧腹，圜底。曲柄，断面呈不规则六边形，柄首呈菱形。长 18.4、宽 5.9 厘米（图八∶8；图十二）。

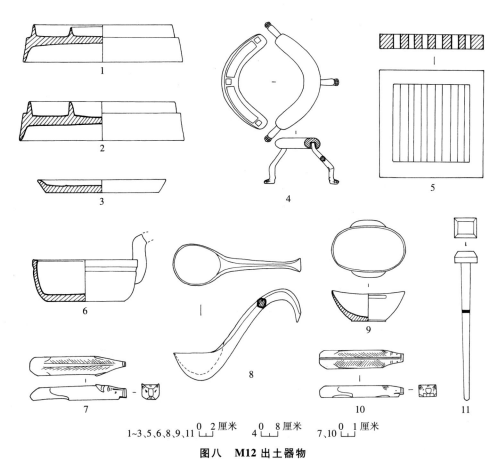

图八　M12 出土器物

1、2. 陶果盒（M12：2、12）；3. 陶盘（M12：11）；4. 陶凭几（M12：13）；5. 陶算（M12：16）；6. 陶魁（M12：20）；7、10. 滑石猪（M12：3、22）；8. 陶勺（M12：10）；9. 陶耳杯（M12：19）；11. 铜棺钉（M12：21）

凭几　1 件（M12：13）。几面呈弧形，背部设插几腿用的方形凹槽。几腿细长作兽蹄状，曲肢。几面长 45.6、通高 22 厘米（图八：4）。

算　1 件（M12：16）。平面近方形，中部有 6 个长方形漏孔。长 15.2、宽 15、厚 2 厘米（图八：5；图十五）。

耳杯　1 件（M12：19）。方唇，敞口，口外侧伸出两耳，斜弧腹，两端上翘，平底，假圈足，口长径 10.6、短径 6.4、耳外伸 1、底长径 5.2、短径 2.7、高 4.2 厘米（图八：9；图十一）。

魁　1 件（M12：20）。方唇，直口，口沿下一周凹弦纹，弧腹下收，平底。曲柄，断面呈不规则六边形，柄首已残。口径 15.2、底径 11.2、高 5.8 厘米（图八：6）。

（3）其他

5 件。有铜棺钉、滑石猪。

铜棺钉　3 枚。形制相同，盝顶形钉帽，直柄，柄断面呈长方形。M12：21，通长 20.8 厘米（图八：11）。

滑石猪　2 件。体型修长，呈伏卧状，尖耳，背部刻划有鬃毛。M12：3，吻部尖长，耳较长，前腿无明显刻画。通长 6.9、宽 1.3、高 1.1 厘米（图八：7）。M12：22，吻部较短，耳较短，四肢均有刻画。通长 6.1、宽 1.3、高 0.8 厘米（图八：10）。

7. M13

青瓷盏　1 件（M13：1）。灰白胎，圆唇，直口，口沿下一周凹弦纹，浅弧腹，内底微凸，假圈足，内底心可见小乳突。釉层已全部脱落，口径 8.3、底径 5、高 3.9 厘米。

青瓷盘口壶　1 件（M13：2）。残，灰胎，敞口，器表及内口沿处施釉，釉色青中微泛黄，小开片。未能修复。

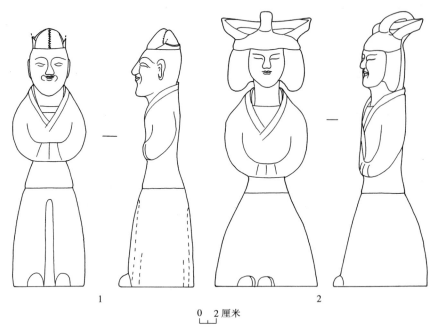

0　2 厘米

图九　M12 出土陶俑
1. 男俑（M12：4）；2. 女俑（M12：9）

8. M14

青瓷钵　1 件（M14：1）。灰白胎，圆唇，直口，口沿下一周凹弦纹，浅弧腹，平底，器内底有凹槽一周。器内外施青釉，釉层大部分已脱落。口径 19.4、底径 12.4、高 7.1 厘米。

9. M15

青瓷盘口壶　1 件（M15：1）。灰白胎，盘口，束颈，溜肩，圆鼓腹，平底。颈部有两道竹节状装饰，肩部对称贴塑 2 个横向复系和 2 个横向单系，系均已残，腹部有覆瓣莲瓣纹。器表施青釉，小开片。盘口内可见积釉，有流釉现象，下腹部及底部无釉。器内仅口沿处施青黄釉，脱釉较严重。口径 11.2、底径 14.6、腹径 20.8、高 34.8 厘米（图十六）。

青瓷辟雍砚　1 件（M15：2）。灰胎，圆唇，直口，斜腹，砚心突起，镂孔圈足。除内外底外施青釉，釉色较深，积釉严重。口径 13、底径 13、高 4.6 厘米（图十、图十四）。

铜钱　M15：3，可辨认有"太货六铢"2 枚。

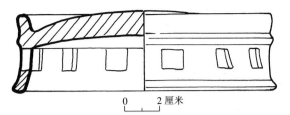

0   2厘米

图十 M15 出土青瓷辟雍砚（M15：2）

图十一 陶耳杯（M12：19）

图十二 陶勺（M12：10）

图十三 青瓷砚台（M12：7）

图十四 青瓷辟雍砚（M15：2）

图十五 陶算（M12：16）

图十六 青瓷盘口壶（M15：1）

图十七 陶男俑正面（M12：4）

图十八 陶男俑侧面（M12：4）

图十九 陶女俑正面（M12：9）

图二十 陶女俑侧面（M12：9）

三 结语

　　卫岗为紫金山南麓低矮山陇，是六朝墓葬集中分布的地点之一，附近曾多次发掘两晋墓葬。[①] 本次发掘的 14 座砖室墓，分布集中，规模不大，为一处比较重要的墓地。

　　A 型墓为南京地区最为常见的凸字形单室墓，其中用砖侧面光素的墓葬时代应为东晋中期到南朝早期，用砖模印莲花纹的可确定为南朝。B 型的 M8 并列双室，是一种合葬小型墓葬，推断其时代为南朝。C 型的 M15 出土的青瓷盘口壶腹部装饰覆瓣莲花纹、颈部装饰竹节状凸棱。上述特征见于南朝的青瓷盘口壶之中，北魏韦乾墓（534 年）曾出土过非常相近的产品[②]。M15 出土的两枚"太货六铢"为南朝陈后期铸造的钱币。此外，一件褐釉青瓷辟雍砚（M15∶2）圈足部分装饰有镂孔，砚池断面近"V"形，同样形制的辟雍砚见于长沙隋墓之中[③]。根据遗物中年代最晚的辟雍砚判断，M15 可能为隋代墓葬，最迟不会晚于唐代早期。

　　附记：本次发掘领队为马涛，整理人员有陈大海、刘可维、王耀文、常守帅、董补顺、蒋艳华。

（编辑：王志高）

---

① 南京博物院：《南京市卫岗西晋墓清理简报》，《文物》1983 年第 10 期；南京博物院：《南京市卫岗南京农业大学西晋墓发掘简报》，《东南文化》1981 年第 5 期；南京博物院：《南京农业大学东晋墓》，《东南文化》1997 年第 1 期；南京市博物馆：《南京淳化防化团、孝陵卫大棚门东晋墓》，载南京市博物馆编《南京文物考古新发现——南京历史文化新探贰》，江苏人民出版社，2006。
② 魏女：《西安北魏韦氏纪年墓出土瓷器及相关问题探讨》，《考古与文物》2010 年第 3 期。
③ 湖南省博物馆：《长沙两晋南朝隋墓发掘报告》，《考古学报》1959 年第 1 期。

南京西善桥岱山 M10 发掘简报

徐　峰

（南京师范大学文博系）

周保华

（南京市考古研究院）

[摘要]　岱山保障房项目工地位于南京市地下文物重点保护区西善桥古墓葬群范围内。2011 年，南京文物部门在此发掘了六朝至明清时代墓葬 30 座。其中多数为六朝时期墓葬，时代从孙吴到南朝晚期，是六朝时期一个集中的墓葬埋藏区。其中的 M10 墓葬形制较为完整，出土器物特征鲜明，时代推测为东晋晚期至南朝刘宋时期。

[关键词]　西善桥；岱山；墓葬；南朝；东晋

2011 年，为配合南京市保障房的建设，南京市考古研究院（原南京市博物馆考古部）在西善桥岱山保障房工地进行了全面的考古勘探，发掘了一批六朝至明清时期墓葬。其中 M10 时代为东晋晚期至南朝刘宋时期（图一），现将这座墓葬发掘情况报告如下。

一　墓葬形制

M10 为平面呈凸字形的券顶砖室墓，方向 330 度。墓圹长 7.2、宽 4.4 米，距现地表 3.24 米。其中甬道部分宽 3.6 米。墓葬发掘前已遭到破坏，但形制基本保存完好，有墓道、封门、甬道、墓室等部分（图二、图八）。

墓道位于砖室前部。平面呈梯形，宽 2.6~2.68 米。填土浅红褐色，土质较硬，推测经过简单夯打。墓道底部斜坡状，坡度 30°。排水沟砌筑于墓道中部，系在墓道底部开挖沟槽再砖砌而成。沟槽宽 40 厘米。排水沟砖砌五层。底部一层纵向平铺，中间三层两排纵向平铺，留宽 6 厘米排水孔。再上一层纵向平铺。

封门墙呈弧形，砌筑于甬道外侧。一丁一顺，残存 6 组。残高 1.2、宽 1.68、厚

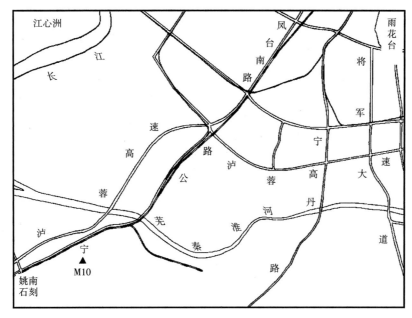

图一　墓葬位置示意图

0.34 米。

甬道内长 2.4、内宽 1.44、内高 2.4 米。甬道券顶基本保存完好，砌法为一丁三顺五组后起券，起券高度 1.4 米。起券部分一丁三顺和一丁四顺，共 10 组，丁砖为楔形砖。甬道券顶上砌筑有挡土墙，惜已破坏，仅两侧留有部分，可看出三丁两顺结构。甬道内壁两侧的中、下部分别留有两个正方形门槽，16 厘米见方，深 4 厘米。紧贴门槽向内，甬道两边有台阶状突起，长 88、高 52、凸出墙壁 4 厘米。甬道内铺地砖共三层，下层为横向错缝平砌，中间为纵向竖砌，上层为席纹。

墓室平面长方形，券顶部分已坍塌。墓室内长 5.2、内宽 2.12、残高 2.22 米。墓室的前后各砌有挡土墙，厚 34 厘米。墓壁一丁三顺 6 组后起券。墓室右壁有直棂假窗两个，后壁有一个，左壁毁坏不存。直棂假窗宽 32、高 36 厘米。直棂假窗上沿向外凸出，再上砌有双凸字形灯龛，灯龛高 16、深 16 厘米。右壁假窗距墓底 68 厘米，后壁假窗距墓底 96 厘米。

棺床位于墓室的后部，距甬道 1.5 米，高于墓室地面 16 厘米。棺床长 3.7 米，宽等同于墓室宽度。棺床铺砌三层砖，底层横向错缝平砌，中间一层纵向侧立砌，再上人字形铺砌，棺床前部平砖一排锁口。棺床前设置有窨井，长 20、宽 18 厘米。窨井连接墓外排水沟。

墓葬用砖为青灰色，质地坚固，规格有三种：1. 楔形砖，长 34、宽 12～16、厚 4 厘米，主要用于券顶；2. 长方形砖，长 34、宽 17、厚 4 厘米，墓室主体用砖；3. 长方形砖，长 44、宽 18、厚 4 厘米，主要用于外挡土墙。

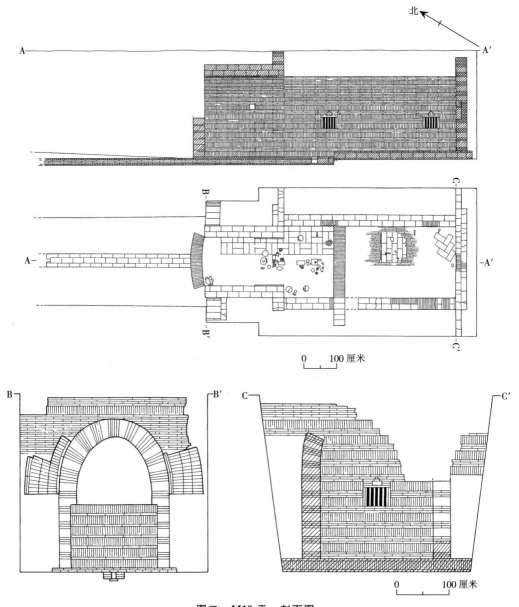

图二 **M10 平、剖面图**

二 出土器物

M10 被盗扰，出土器物凌乱。共出土瓷、陶等器物二十余件，计有壶、盘、碗、杯、仓、灶、俑等器型。

瓷器 6 件。

青瓷盘口壶 2 件。M10:1，弧肩，鼓腹，平底。肩部对称贴塑泥条复系。口沿下有一圈凸弦纹。盘口口沿有褐斑，施青绿釉，釉层冰裂，施釉不及底，口径 18.4、底径 11.2、高 39.6 厘米（图三：1）。M10：18，仅余盘口及颈部，圆唇，敞口，直颈。青灰胎，施青绿釉，釉层有脱落。口径 17、残高 10 厘米（图三：2）。

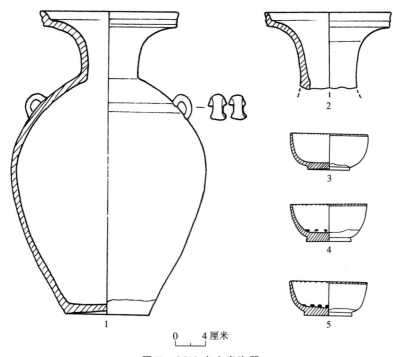

0 —— 4 厘米

图三　M10 出土青瓷器
1、2. 盘口壶（M10：1、M10：18）；3～5. 碗（M10：3、M10：10、M10：19）

　　青瓷碗　4 件。均圆唇，敞口，弧腹，假圈足，足壁外撇，足底有线切痕。口沿有一圈褐色点彩。青灰胎，施青绿釉。M10：3，釉层冰裂，有脱落，施釉不及底。口径 10.4、底径 5.6、高 4.7 厘米（图三：3）。M10：10，内底有八支烧痕，施釉不及底，釉层基本脱落。口径 10.2、底径 6、高 4.8 厘米（图三：4）。M10：19，内底有九支烧痕。釉层脱落。口径 10.4、底径 6.4、高 4.4 厘米（图三：4）。M10：29，仅余两片。

　　陶器　19 件。

　　盘　5 件。圆唇，敞口，弧壁，平底，内底有一道凸弦纹。M10：4，口径 17.2、底径 15.6、高 2 厘米（图四：1）。M10：5，口径 17.6、底径 15.6、高 2 厘米（图四：2）。M10：13，M10：15，口径 17.6、底径 16、高 2 厘米（图四：3；图四：4）。M10：17，口径 17.2、底径 16、高 2.2 厘米（图四：5）。

　　碗　1 件（M10：12）。泥质灰陶。方唇，弧腹，假圈足。口沿外及外底各饰一道凹弦纹。口径 16.8、底径 12.4、高 6.4 厘米（图四：6）。

　　果盒　1 件（M10：9）。泥质灰陶，圆形。子母口，圆唇，平底，直壁，圈足。盘内有一圈凸棱将盘分为内外两部分。外口径 18.8、内口径 10.2、底径 21、高 4.6 厘米（图四：7）。

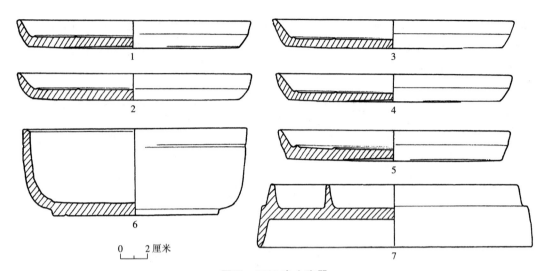

图四　M10 出土陶器

1～5. 盘（M10：4、M10：5、M10：13、M10：15、M10：17）；6. 碗（M10：12）；7. 果盒（M10：9）

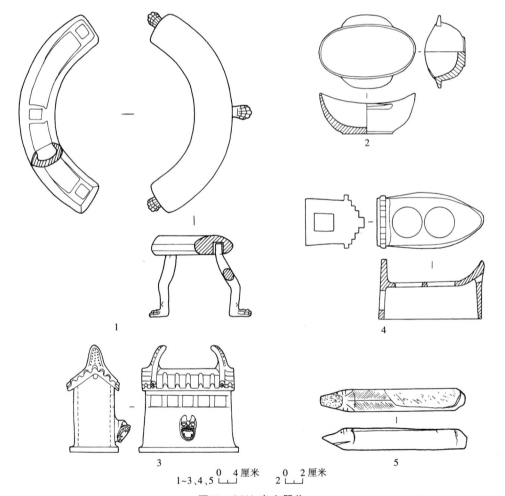

图五　M10 出土器物

1. 陶凭几（M10：6）；2. 陶耳杯（M10：7）；3. 陶仓（M10：11）；4. 陶灶（M10：8）；5. 滑石猪（M10：28）

图六　M10 出土陶俑

1. M10：16；2. M10：20；3. M10：21；4. M10：14；5. M10：22；6. M10：23

　　凭几　1 件（M10：6）。泥质灰陶。整体呈圆弧状，截面呈"∩"形。背面有三个方形凹槽，三足插于槽内。足作兽蹄状，中部有折，足端分五趾。长 44.8、宽 8.4、高 18.2厘米（图五：1）。

耳杯　1 件（M10：7）。泥质灰陶。杯口椭圆形。圆唇，敞口，弧腹，平底，假圈足。口沿外侧附有两弧状耳。耳杯两端向上翘起。口长 10.8、宽 6、高 4.5 厘米，底长 5.6、宽 3.2 厘米（图五：2）。

仓　1 件（M10：11）。主体呈长方体，悬山顶，两端邸吻向内弯曲，两面山墙顶端有穿孔。仓正面上方开有并排 5 窗，中窗的下面饰有一兽头。兽头两耳直立，双目怒睁，张嘴做怒吼状，露满口獠牙。长 22.8、宽 11.2、高 23.6 厘米（图五：3；图九）。

灶　1 件（M10：8）。船型，灶尾上翘，上有二灶眼，圆孔，直径 6.4 厘米。火膛口为竖长方形，口上有挡火墙，呈阶梯状凸字形。灶长 23.2、宽 12.2、高 13.2 厘米（图五：4；图十）。

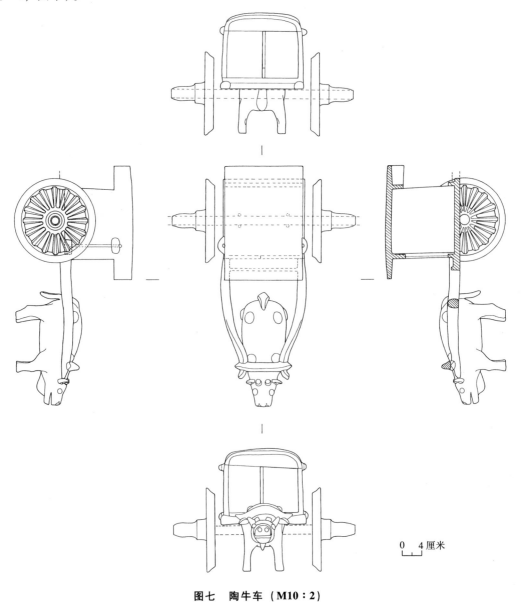

0　4 厘米

图七　陶牛车（M10：2）

俑　6件。均泥质灰陶。M10：16，女俑。头戴巾帕，结绾垂在头部右侧。面部娇小，高眉，眼皮低垂。鼻部高挺，口微张，满含笑意。内穿圆领衣，外着交领罩衣，双手垂拱。下穿及地长裙，双脚露于裙外。高23.2、宽10厘米（图六：1；图十一）。M10：20、M10：21。女俑，头戴双环髻，双环落于两侧，两鬓发髻垂于耳侧，环髻上有圆形装饰。面部丰满，高眉，颧骨突出，双手垂拱。圆领中衣，外着交领罩衣，下穿及地长裙，双脚露于裙外。M10：20，高26、宽10厘米（图六：2；图十二）。M10：21，高26.4、宽10厘米（图六：3；图十三）。M10：14，男俑，头戴冠，着圆领中衣，罩交领襦裙。浓眉大眼，高鼻，嘴微凹。双手垂拱，双脚露于裙外。高26.8、宽10.4厘米（图六：4；图十四）。余2件残，仅余俑身（图六：5；图六：6）。

牛车　1件（M10：2）。牛头部前伸，瞪目，竖耳，两角残缺，身体壮硕，关节突出，宽扁尾下垂。车为长方形，棚式顶。车厢前部外壁左右各有两钮，上下对直，上钮贯通，下钮孔不贯通，两钮之间有竖向滑槽，似是插旗幡等物所用。牛长23.8、宽9.6、高13.8厘米；车长43、宽16.8、高15.2厘米；车轮直径16.8厘米（图七、图十五）。

熏　1件（M10：24）。泥质灰陶。仅可辨器形。

其他

滑石猪　1件（M10：25）。刻划简单，仅以点、线勾勒猪形。长6.7、宽1、高1厘米（图五：5）。

铁棺钉，锈残。

三　结语

根据墓葬形制和出土器物，可对 M10 的年代略作分析。

M10 为平面呈凸字形的单室券顶砖墓，前带长甬道。墓室后部有砖砌棺床，左右和后壁均砌筑有直棂假窗，且假窗上带有凸字形小灯龛，这是南京地区东晋晚期至南朝早期墓葬的典型特征。类似的墓葬有司家山谢氏家族墓[①]、南郊谢琉墓[②]等。在甬道中部左、右两壁上下各有一空槽，推测原装有木门，或者仅具有象征意义，暂未得知。在疑似门槽的内侧两壁略呈阶梯状凸出的结构，也可见于雨花台区姚家山东晋墓 M1 和 M3[③]、贾东 M19 刘宋墓[④]等。

从出土器物看，出土的青瓷碗口沿带有褐釉斑，是这一时期瓷器常见的装饰风

---

① 南京市博物馆：《南京司家山东晋、南朝谢氏家族墓》，《文物》2000 年第 7 期。
② 南京市博物馆：《南京南郊六朝谢琉墓》，《文物》1998 年第 5 期。
③ 南京市博物馆、雨花台区文化广播电视局：《南京市雨花台区姚家山东晋墓》，《考古》2008 年第 6 期。
④ 南京市博物馆、雨花台区文化广播电视局：《南京市雨花台区西善桥南朝刘宋墓》，《考古》2013 年第 4 期。

格。牛车、凭几、盘、耳杯、果盒等陶质模型明器的组合，也主要流行于这一时期。但从随葬器物整体风格看，更具有南朝早期特点。如青瓷盘口壶与隐龙山南朝墓 M1∶2 类似，陶仓与 M3∶9 类似，陶灶与 M3∶8 类似，陶耳杯与 M3∶7 类似。[①] 出土陶女俑比较有特色，头戴巾帕，发髻结绾垂于一侧，双环髻垂落于云鬓之上，环髻上有装饰均比较少见，类似的双环髻俑见于前新塘南朝墓。[②] 同时，前新塘南朝墓的形制也与 M10 比较接近。出土牛车比较完整，车厢部分与南京雨花台区铁心桥街道马家店南朝墓出土者类似。[③]

综合看来，可以判定该墓葬年代属于东晋晚期到南朝刘宋时期。

附记： 本次考古发掘的领队为岳涌，周保华、王海平、李强发掘，董补顺、张拴堂绘图，李永忠、雷雨拓片，王泉摄影。

（编辑：王志高）

图八　M10 全景

---

① 南京市博物馆：《南京隐龙山南朝墓》，《文物》2002 年第 7 期。
② 南京市博物馆：《南京前新塘南朝墓葬发掘简报》，《文物》1989 年第 4 期。
③ 南京市博物馆、雨花台区文化局：《南京铁心桥镇马家店村南朝墓清理简报》，载南京市博物馆编《南京文物考古新发现——南京历史文化新探贰》，文物出版社，2006。

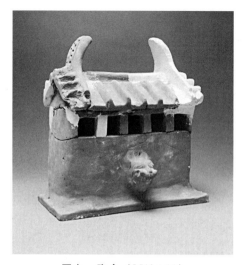

图九　陶仓（M10：11）

图十　陶灶（M10：8）

图十一　陶俑（M10：16）

图十二　陶俑（M10：20）

图十三　陶俑（M10：21）

图十四　陶俑（M10：14）

图十五　陶牛车（M10∶2）

湖北省荆州市肖家台墓地发掘简报

罗 廷

（荆州博物馆）

[摘要] 湖北省荆州市肖家台墓地位于荆州区郢城镇荆北村，临近郢城遗址和荆州古城。2018 年夏季，为配合地方工程建设，荆州博物馆对墓地进行了发掘，清理墓葬 32 座。许多墓葬分布相互交错，形成复杂的打破关系。墓地时间跨度长，出土器物丰富，为研究唐代至明清时期荆州地区历史文化、丧葬风俗提供了新的资料。

[关键词] 肖家台墓地；砖室墓；瓷碗；铜镜；荆州

一 地理位置及环境

荆州市肖家台墓地位于荆州火车站东南侧，西南距荆州古城约 2 公里，东北距郢城遗址约 500 米，西北距楚纪南故城约 5 公里（图一）。墓地地理坐标东经 112°12′59.86″，北纬 30°22′4.45″，海拔高程为 32.3 米。墓地原为荆北村五组农田，现存一高出地表约 1 米的台地，台地南北长约 30 米，东西宽约 45 米，其周边大部分为鱼塘。

二 工作经过及方法

为配合荆州楚天置业荆北新区 WD002-28 宗地开发项目，2017 年 9 月荆州博物馆对项目用地范围进行了考古勘探，勘探面积 5420 平方米，在项目用地的西南部发现肖家台墓地（图二）。2018 年 7 月 12 日至 2018 年 9 月 20 日，荆州博物馆对肖家台墓地进行抢救性考古发掘。发掘项目负责人为杨开勇，参加发掘的人员有罗廷、陈方林、谢顺义、袁绪胜。

考古发掘采用探方法发掘，根据勘探发现的墓葬位置及大小采用 RTK 系统进行统一

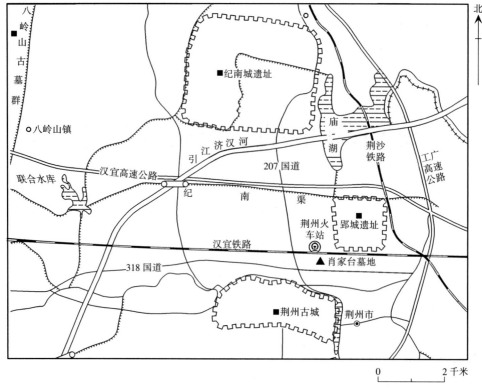

图一　肖家台墓地位置图

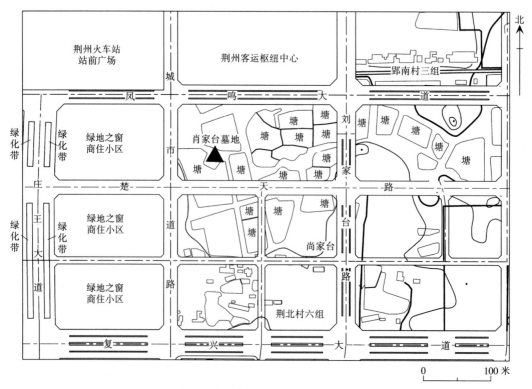

图二　肖家台墓地位置及周边地形图

布方和编号，共布设探方 14 个，其中 10×10 米探方 8 个，5×10 米探方 5 个，5×5 米探方 1 个，探方编号采用象限法，由英文字母 T、N、E 和阿拉伯数字组成，"T" 为探方代号，"N" 为由南向北的排数，"E" 为由西向东的列数，即 TN1E0、TN02E01、TN03E01……共发掘唐、宋、明清时期墓葬 32 座。

三　地层堆积与遗迹分布

（一）地层堆积

肖家台墓地地层堆积较简单，大部分探方从上至下仅有二层。第一层为褐色表土，土质疏松，分布于整个发掘探方，该层厚 15～40 厘米，包含大量植物根系及碎砖等；第二层为灰褐色土，土质较疏松，各个探方皆有分布，该层厚 20～35 厘米，包含少量晚期陶瓷片、碎砖块等，属近代扰乱层。墓葬均开口在第二层下，打破生土。

（二）遗迹分布

共发掘墓葬 32 座（M1～M32），分布较密集，埋藏较浅，存在打破关系，如 M17 打破 M18，M9、M10、M11 打破 M30。除 TN1E1、TN1E2、TN1E3、TN2E1 未发现遗迹现象外，32 座墓葬分布于各方（图三）。

四　墓葬

发掘墓葬 32 座，其中竖穴土坑墓 27 座，砖室墓 5 座。按其时代分为唐、宋、明清时期，其中唐墓 2 座、宋墓 20 座、明清时期墓葬 10 座。

（一）唐墓

共发掘 2 座。

（1）墓葬形制

M30　跨 TN3E2 和 TN4E2 两个探方。开口第②层下，被 M19、M10、M11 打破，打破生土。长方形竖穴土坑砖室墓，方向 116 度。墓口长 4.5、宽 2.7 米，墓坑残深 1.5 米。墓坑填土为灰白夹黄褐色花土，土质疏松，包含大量碎砖块。人骨及葬具腐朽无存。砖室平面呈长方形，有两个砖室，为同穴合葬，分为东室、西室。东室平面呈长方形，长 3.7、宽 1.06 米，残高 1.34 米。砖室墙砖为"三横一丁"结构，即三层整砖错缝平砌，间以一

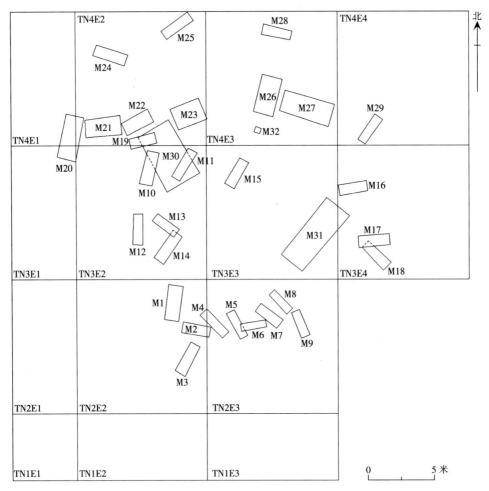

北

TN4E2

M25

M24

TN4E1

M22

M21

M19

M20

M28

TN4E4

M26

M27

M29

M32

TN4E3

M30

M11

M15

M16

M10

M13

M12

M14

TN3E3

M31

M17

M18

TN3E1

TN3E2

TN3E4

M1

M4

M5

M8

M2

M6 M7

M9

M3

TN2E1

TN2E2

TN2E3

TN1E1

TN1E2

TN1E3

0　　　　　　5 米

图三　肖家台墓地墓葬分布图

层丁砖。中部及北部保留部分券顶，墙砖上部（距底约 1 米）起券，为单砖错缝平砌。封门在砖室南端，结构与墙砖一致。铺地砖为单砖人字形平铺一层；西室平面亦为长方形，长 3.86、宽 1.1 米，残高 1.46 米。砖室墙砖、券顶结构与东室相同，南端的封门下部为"一横一丁"，上部为单砖错缝平砌。铺地砖亦为人字形平铺。西室较东室略长，西室北侧砖墙与东室南侧砖墙共用两层丁砖相接。墓砖为素面，有长方形和楔形两种，整砖长 34～36、宽 16～17、厚 5 厘米。出土瓷碗 2 件、滑石猪 1 件（图四、图五）。

M31　跨 TN3E3、TN3E4 两个探方，开口第②层下，打破生土。长方形竖穴土坑砖室墓，方向 223 度。墓口长 5.4、宽 2.1 米，墓坑残深 0.96 米。墓坑填土为灰白夹黄褐色花土，土质疏松，包含大量碎砖块。人骨及葬具腐朽无存。砖室平面呈长方形，长 4.6、宽 1.26 米，残高 0.96 米。砖室券顶及上部遭扰毁无存，残存的砖室墙砖为"三横一丁"结构，即三层整砖错缝平砌，间以一层丁砖。其中上层丁砖为楔形砖。封门在砖室西南，为单砖平砌。铺地砖为单砖人字形平铺一层。墓砖为素面，有长方形和楔形两种，整砖长 34～36、宽 16～17、厚 5 厘米。未出土随葬器物（图六）。

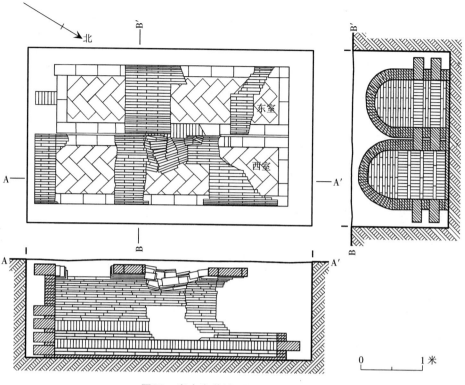

图四　肖家台墓地 M30 平、剖面图

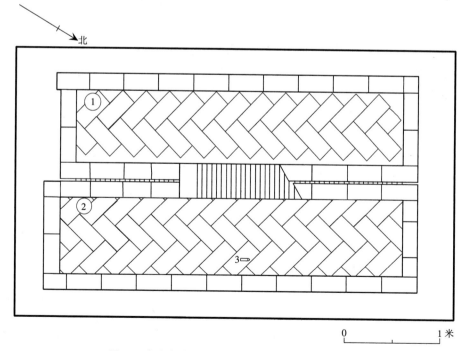

图五　肖家台墓地 M30 砖室平面及随葬品分布图
1. 瓷碗；2. 瓷碗；3. 滑石猪

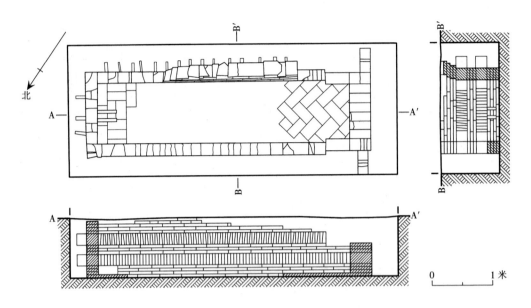

图六 肖家台墓地 M31 平、剖面图

（2）随葬器物

唐墓出土随葬器物 3 件，皆出自 M30。

瓷碗 2 件。形制一致，内底皆有支钉叠烧痕迹。M30：1，灰白胎。敛口，圆唇，弧腹，平底略内凹。内、外壁满施青釉。口径 16.8、底径 11.2、高 6.6 厘米（图七：1）。M30：2，灰白胎。敛口，圆唇，弧腹，平底略内凹。内、外壁满施青釉。口径 15、底径 10.5、高 6.4 厘米（图七：2）。

滑石猪 1 件（M30：3）。褐红色。条形，卧状，体型瘦长，形象较简化。长 8.2、高 1.6（图七：3）。

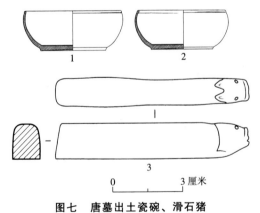

图七 唐墓出土瓷碗、滑石猪
1. 瓷碗；2. 瓷碗；3. 滑石猪

（二）宋墓

共发掘 20 座（M2、M5、M7、M10 ~ M16、M18、M20 ~ M27、M29），其中 M20、M27 这 2 座为砖室墓，余下的 18 座皆为竖穴土坑墓。墓葬存在打破关系，有单棺墓和同穴合葬墓。择要介绍如下。

（1）墓葬形制

M15 位于 TN3E3 方内，开口第②层下，打破生土。长方形竖穴土坑墓，方向 76 度。墓口长 2.4、宽 0.8 米，墓坑残深 0.5 米。墓坑口大底小，四壁斜直不光滑，底部较平。墓坑填土为灰褐夹黄斑点的花土，土质疏松，无包含物。单棺腐朽仅存痕迹，棺痕长 2.08、宽 0.64 ~ 0.5 米。人骨腐朽无存。墓坑南端以陶瓦作头枕，另出土铜镜 1 件、陶罐 1 件、瓷碗 2 件（图八）。

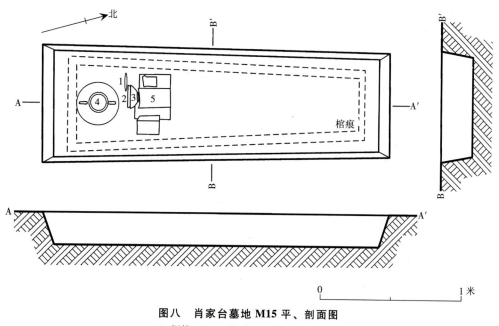

图八 肖家台墓地 M15 平、剖面图
1. 铜镜；2、3. 瓷碗；4. 陶罐；5. 陶瓦

M20 跨 TN3E1、TN3E2、TN4E1、TN4E2 四个探方，开口第②层下，打破生土。长方形竖穴土坑砖室墓，方向 260 度。墓口长 2.3、宽 1.4 米，墓坑残深 0.2 米。墓坑四壁斜直不光滑，底近平。墓坑填土为灰褐夹黄斑点的花土，土质疏松，包含少量碎砖。人骨及葬具腐朽无存。砖室遭扰毁严重，上部无存，平面呈长方形，南端宽，北端窄，长 3、宽 1 ~ 1.24 米。残存的墙砖为单砖错缝平砌，铺地砖多为残砖，砌法为横向平铺一层。未出土随葬器物（图九）。

M21 位于 TN4E2 方内，开口第②层下，打破生土。长方形竖穴土坑墓，同穴合葬，方向 253 度。墓口长 2.8、宽 1.4 米，墓坑残深 0.8 米。墓坑口大底小，四壁斜直不光滑，

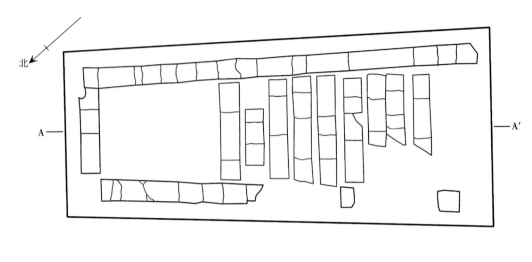

图九　肖家台墓地 M20 平、剖面图

底部较平。墓坑填土为灰褐夹黄斑点的花土，土质疏松，无包含物。单棺 2 具，腐朽仅存痕迹，棺痕长 2.04～2.1、宽 0.54～0.62 米。人骨腐朽无存，墓坑底部见草木灰。出土铜钱 10 枚、铜镜 1 件、陶罐 2 件（图十）。

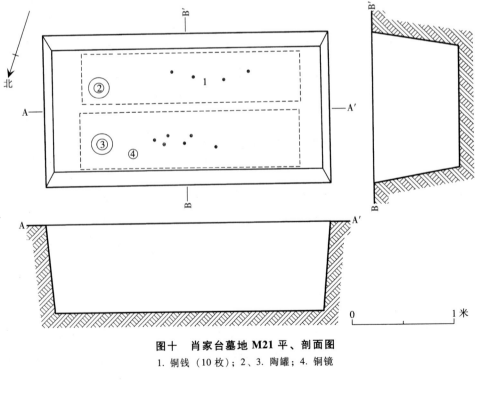

图十　肖家台墓地 M21 平、剖面图
1. 铜钱（10 枚）；2、3. 陶罐；4. 铜镜

M22 位于 TN4E2 方内，开口第②层下，打破生土。长方形竖穴土坑墓，方向 65 度。墓口长 2.8、宽 1.4 米，墓坑残深 0.8 米。墓坑口大底小，四壁斜直不光滑，底部较平。墓坑填土为灰褐夹黄斑点的花土，土质疏松，无包含物。人骨及葬具腐朽无存，墓坑底部见草木灰。出土铜钱 8 枚、瓷碗 2 件，随葬品皆置于墓坑东端（图十一）。

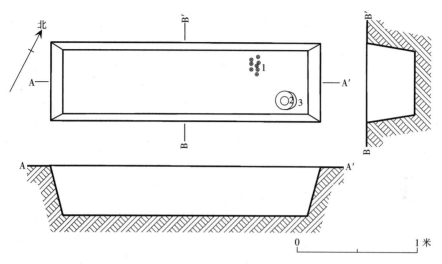

图十一 肖家台墓地 M22 平、剖面图
1. 铜钱（8 枚）；2、3. 陶瓷碗

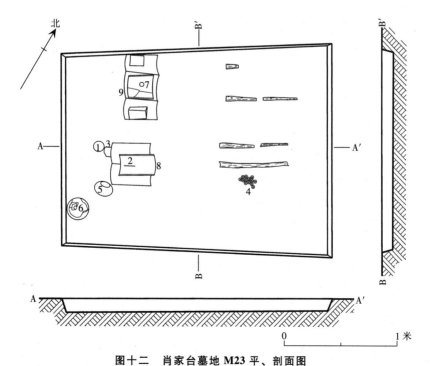

图十二 肖家台墓地 M23 平、剖面图
1. 铜镜；2. 玻璃簪；3. 陶罐；4. 铜钱（20 枚）；5. 瓷碗；6. 陶罐；7. 铜环；8、9. 陶瓦

M23　位于 TN4E2 方内，开口第②层下，打破生土。长方形竖穴土坑墓，同穴合葬，方向 166 度。墓口长 2.4、宽 1.8 米，墓坑残深 0.4 米。墓坑口大底小，四壁斜直不光滑，底部较平。墓坑填土为灰褐夹黄斑点的花土，土质疏松，无包含物。葬具腐朽无存，推测为 2 具单棺，人骨 2 具，腐朽严重，仅保留部分肢骨，应为仰身直肢式，头向朝西，皆有陶瓦作枕。出土铜钱 20 枚、铜镜 1 件、铜环 1 件、玻璃簪 1 件、陶罐 2 件、瓷碗 1 件（图十二）。

M24　位于 TN4E2 方内，开口第②层下，打破生土。长方形竖穴土坑墓，方向 115 度。墓口长 2.6、宽 0.9 米，墓坑残深 0.2 米。墓坑口大底小，四壁斜直不光滑，底部较平。墓坑填土为灰褐夹黄斑点的花土，土质疏松，无包含物。人骨及葬具腐朽无存，墓坑东端以陶瓦作枕。出土铜镜 1 件、瓷碗 2 件，随葬品皆置于墓坑东端（图十三）。

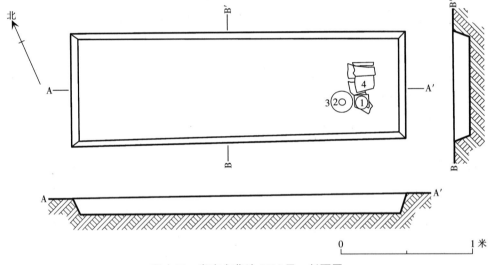

图十三　肖家台墓地 M24 平、剖面图
1. 铜镜；2、3. 瓷碗；4. 陶瓦

M26　位于 TN4E3 方内，开口第②层下，打破生土。长方形竖穴土坑墓，同穴合葬，方向 200 度。墓口长 2.8、宽 1.6 米，墓坑残深 0.4 米。墓坑口大底小，四壁斜直不光滑，底部较平。墓坑填土为灰褐夹黄斑点的花土，土质疏松，无包含物。单棺 2 具，腐朽仅存痕迹，棺痕长 1.76～1.82、宽 0.48～0.52 米。人骨腐朽无存，墓坑底部见草木灰。出土铜钱 10 枚、玻璃簪 1 件、铜镜 1 件、陶罐 2 件（图十四）。

M27　位于 TN4E3 方内，开口第②层下，打破生土。长方形竖穴土坑砖室墓，方向 126 度。墓口长 3.8、宽 0.7 米，墓坑残深 0.2 米。墓坑四壁斜直不光滑，底近平。墓坑填土为灰褐夹黄斑点的花土，土质疏松，包含少量碎砖。人骨及葬具腐朽无存。砖室遭扰毁严重，上部无存，平面呈长方形，南端宽，北端窄，长 3.1、宽 0.9～1.2 米。残存的墙砖为单砖错缝平砌，铺地砖多为残砖，砌法横向平铺一层。未出土随葬器物（图十五）。

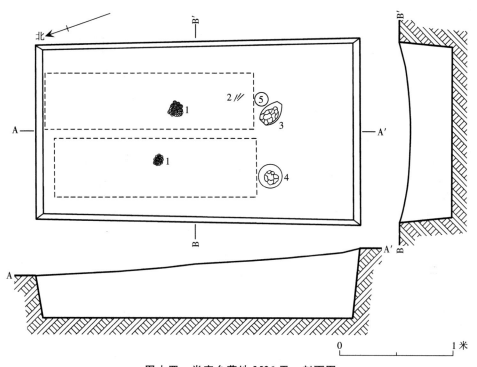

图十四　肖家台墓地 M26 平、剖面图
1. 铜钱（10 枚）；2. 玻璃簪；3、4. 陶罐；5. 铜镜

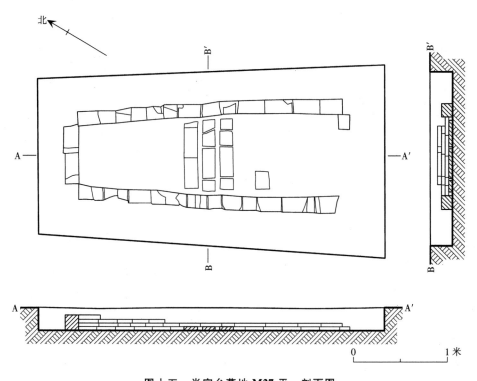

图十五　肖家台墓地 M27 平、剖面图

M29 位于 TN4E4 方内，开口第②层下，打破生土。长方形竖穴土坑墓，方向 223 度。墓口长 2.3、宽 0.7 米，墓坑残深 0.6 米。墓坑口大底小，四壁斜直不光滑，底部较平。墓坑填土为灰褐夹黄斑点的花土，土质疏松，无包含物。单棺腐朽仅存痕迹，棺痕长 1.74、宽 0.46 米。人骨 1 具，腐朽严重，推测为仰身直肢式，头向北，仅存部分肢骨及头骨。出土铜镜 1 件、玻璃簪 1 件、铜钱（9 枚）、陶罐 1 件、木珠串饰 1 件（图十六）。

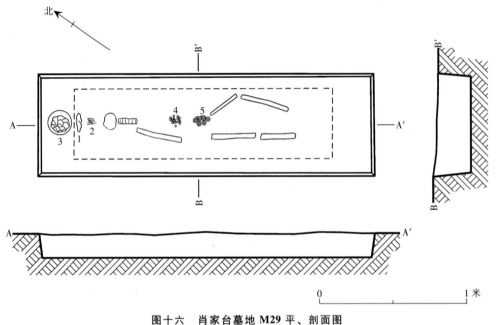

图十六 肖家台墓地 M29 平、剖面图
1. 铜镜；2. 玻璃簪；3. 陶罐；4. 木珠串饰；5. 铜钱（9 枚）

（2）随葬器物

发掘的 20 座宋墓出土随葬器物共计 67 件（套），以陶器、釉陶器、瓷器、铜器、玻璃器为主，器形有罐、碗、镜、簪、环、木串饰等。其中陶器 18 件，包括陶钵 2 件、陶罐 10 件、釉陶罐 2 件、釉陶碗 4 件；瓷器 16 件，除 1 件盏外，其他 15 件皆为瓷碗；玻璃器 3 件（玻璃簪）；铜钱 10 组，共 112 枚；铜器 11 件，包括铜镜 10 件、铜环 1 件；木珠串饰 1 件；陶枕瓦 8 件（套），约 30 块。

1. 陶器

18 件，分别是 10 件陶罐，2 件陶钵，2 件釉陶罐，4 件釉陶碗。皆保存较差，多数无法修复。

陶罐 10 件。M7∶1，泥质灰陶。小直口，方唇，矮领，溜肩，斜腹，平底略内凹。器表有轮制痕迹。口径 8.6、底径 8.4、高 27.2 厘米（图十七∶1）。M10∶1，泥质灰陶。侈口，圆唇，溜肩，弧腹，平底略内凹。素面。口径 9.4、底径 8、高 22 厘米（图十七∶2）。M13∶2，泥质灰陶。侈口，圆唇，溜肩，斜弧腹，平底略内凹。素面。口径 7.4、底

图十七　宋墓出土陶器、釉陶器、瓷器

1. 陶罐（M7：1）；2. 陶罐（M10：1）；3. 釉陶罐（M15：4）；4. 陶罐（M13：2）；5. 釉陶罐（M23：3）；6. 釉陶碗（M19：1）；7. 釉陶碗（M19：2）；8. 瓷碗（M10：1）；9. 瓷碗（M10：2）；10. 瓷碗（M11：5）；11. 瓷盏（M11：6）；12. 瓷碗（M13：1）；13. 瓷碗（M15：2）；14. 瓷碗（M24：3）

径 5.1、高 7.9 厘米（图十七：4）。

　　釉陶罐　2 件。M15：4，夹砂灰褐陶。小口，尖唇，折沿，溜肩，弧腹，平底略内凹。外口沿施一周红褐釉，器表上部施酱色釉，下腹及底无釉。肩饰 2 个对称的条形钮，下腹饰数道凹弦纹。口径 8.8、底径 11.4、高 31.2 厘米（图十七：3）。M23：3，夹砂灰陶。侈口，卷沿，溜肩，弧腹，假圈足略高。器身内、外施酱釉，底无釉。中腹饰三道凸弦纹。口径 6.2、底径 3.6、高 7.3 厘米（图十七：5）。

釉陶碗 4 件。M19：1，红褐胎。敛口，圆唇，斜弧腹，圈足。外口沿及内壁施黄釉。口径 16.6、圈足径 8、高 6.5 厘米（图十七：6）。M19：2，红褐胎。敛口，圆唇，斜弧腹，圈足。外口沿及内壁施酱釉。口径 17.4、圈足径 7.6、高 6.8 厘米（图十七：7）。

2. **瓷器**

16 件，釉色滋润，或泛白、泛黄。

瓷碗 15 件。M10：1，灰白胎。敞口，斜弧腹，矮圈足。外壁数道凸棱。内、外壁施釉，釉色泛白，底无釉。口径 14.8、圈足径 5.6、高 6.5 厘米（图十七：8）。M10：2，灰白胎。敞口，斜弧腹，矮圈足。内、外壁施釉，釉色青中泛黄，底无釉。口径 17.4、圈足径 4.9、高 6.2 厘米（图十七：9）。M11：5，灰白胎。敞口，斜弧腹，矮圈足。内、外壁施釉，底无釉。口径 16、圈足径 5.6、高 3.4 厘米（图十七：10）。M13：1，灰白胎。敞口，斜弧腹，矮圈足。内、外壁施釉，局部呈冰裂状纹，底无釉。口径 15.2、圈足径 6.8、高 5.8 厘米（图十七：12）。M15：2，灰白胎。敞口，斜弧腹，矮圈足。内、外壁施釉，局部呈冰裂状纹，底无釉。口径 17、圈足径 5.4、高 6 厘米（图十七：13）。M24：3，灰白胎。敞口，斜弧腹，矮圈足。内、外壁施釉，釉色青中泛黄，底无釉。口径 15.8、圈足径 4.2、高 5.2 厘米（图十七：14）。

瓷盏 1 件（M11：6）。灰白胎，胎体轻薄。敞口，圆唇，斜腹壁，小矮圈足，口大底小，形似漏斗。内壁及外壁上部施酱釉，釉色滋润，釉层凝厚，内壁满釉至底，釉面有黑、褐相间的卵点纹。口径 12.5、圈足径 3.6、通高 4.5 厘米（图十七：11）。

3. **铜器**

铜镜 10 件。主要分为圆形、葵花瓣形、菱花形三种，多为素面，锈蚀严重。M5：3，葵花形，六瓣边，桥形钮，素面。直径 14.5、厚 0.5 厘米（图十八：1）。M11：7，葵花形，六瓣边，钮残缺，素面。直径 9.4、厚 0.2 厘米（图十八：2）。M15：1，葵花形，六瓣边，钮残缺，素面。直径 13、厚 0.4 厘米（图十八：3）。M16：2，葵花形，六瓣边，桥形钮。背面铭文"湖州真■念二叔■"。直径 11、厚 0.5 厘米（图十八：4）。M19：3，葵花形，六瓣边，桥形钮，素面。直径 10、厚 0.2 厘米（图十八：5）。M23：1，葵花形，六瓣边，桥形钮。背面有圆形纹饰，锈蚀不完整。直径 10、厚 0.2 厘米（图十八：6）。M24：1，葵花形，六瓣边，钮残缺。背面有圆形纹饰及草叶纹，锈蚀不清。直径 11、厚 0.3 厘米（图十八：7）。M26：5，圆形，圆钮。直径 12、厚 0.3 厘米（图十八：8）。M29：3，菱花形，八瓣边，圆形钮。背面饰由圆圈纹组成的纹饰带，圈内饰四组菊花纹，呈盛放状，纹饰繁复且生动。直径 13、厚 0.3 厘米（图十八：9）。

铜环 1 件（M23：7）。圆形。直径 1.6 厘米。

4. **玻璃器**

M23、M26、M29 三座墓出土 3 件玻璃质地的簪，皆残断。M23：2，蓝色，残长 10.8 厘米（图十九：1）。M26：2，青白色，残长 14 厘米（图十九：2）。M29：2，淡蓝色，残长 11.2 厘米（图十九：3）。

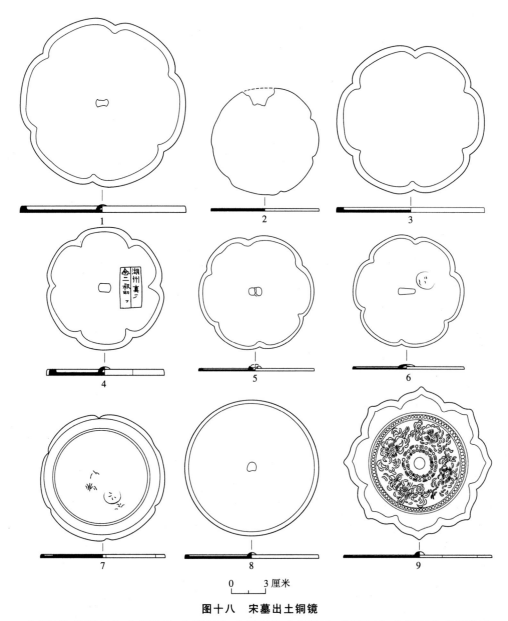

图十八　宋墓出土铜镜

1. M5：3；2. M11：7；3. M15：1；4. M16：2；5. M19：3；6. M23：1；7. M24：1；8. M26：5；9. M29：3

5. 木珠串饰

M29：4，残存 1 颗母珠、37 颗子珠及坠饰等构件。

6. 铜钱

10 组 112 枚。保存较差，锈蚀锈蚀、粘连。铜钱皆为方孔圆钱，正面钱文多为篆书、隶书、楷书，分直读、旋读，外郭宽厚，内郭狭，直径 2.0 ~ 2.5 厘米。年代都是北宋时期，可辨的钱文年号有"至元道宝""景德元宝""宋元通宝""皇宋通宝""元丰通宝""元祐通宝""开元通宝""太平通宝""咸平元宝""熙宁元宝""开元通宝""治平元

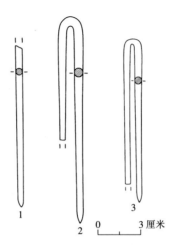

图十九　宋墓出土玻璃簪
1. M23∶2；2. M26∶2；3. M29∶2

宝"、"淳化元宝"。

7. 其他

瓦枕 8 件（套），约 30 块，多残断，背面多有细密的布纹。

（三）明清墓

10 座，皆为竖穴土坑墓，其中明墓 6 座，清墓 4 座。墓葬保存较差，人骨及葬具多腐朽无存，出土少量随葬品。

（1）墓葬形制

M4　明墓，跨 TN2E2、TN2E3 两个探方，开口第②层下，打破生土。长方形竖穴土坑墓，方向 315 度。墓口长 2.3、宽 0.7 米，墓坑残深 0.25 米。墓坑口大底小，四壁斜直不光滑，底部较平。墓坑东侧北端设一壁龛。墓坑填土为黄褐色花土，土质疏松，无包含物。单棺腐朽仅存痕迹，棺痕长 1.84、宽 0.46 米。人骨仅存局部肢骨腐朽痕迹。出土釉陶罐 1 件、瓷碗 1 件，皆置于壁龛内（图二十）。

M32　清墓，位于 TN4E3 方内，开口第②层下，打破生土。墓坑方向 16°。墓口长 0.46、宽 0.42 米，墓坑残深 0.15 米。墓坑口、底同大，四壁陡直不光滑，底部较平。墓坑填土为黄褐色花土，土质较疏松，无包含物。砖壁，无底砖，四周为单砖平砌。底部见少量骨屑，可能属于迁葬或衣冠葬（图二十一）。

（2）随葬器物

釉陶罐　1 件（M29∶2）。侈口，凸流，束颈，溜肩，深弧腹，錾残，平底略凹。下腹饰数道凸弦纹。内壁及外壁上部施酱釉，釉色浓厚泛黑。口径 7.2、底径 8.7、高 15.5 厘米（图二十二）。

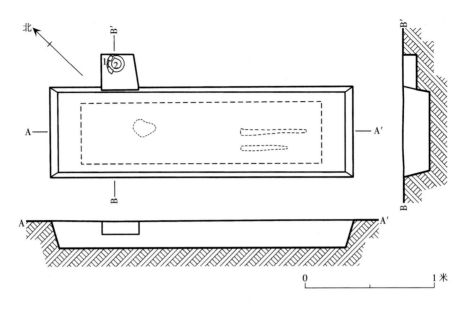

图二十　肖家台墓地 M4 平、剖面图

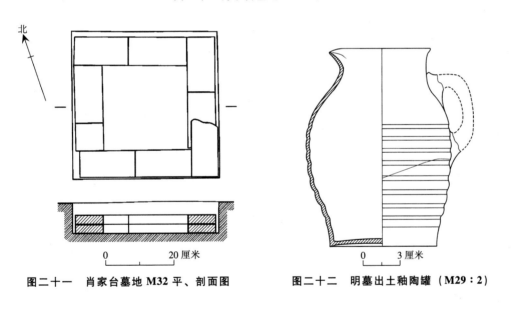

图二十一　肖家台墓地 M32 平、剖面图

图二十二　明墓出土釉陶罐（M29：2）

五　结语

　　肖家台墓地以唐、宋时期墓葬为主，墓葬主要分布在台地的中心，且存在相互打破关系，说明该墓地曾在不同的历史时期被重复使用。发掘的 2 座唐墓皆为砖室墓，虽遭扰毁，但其形制较典型，特别是三横一丁的砌筑方式及出土的随葬品为墓葬年代判断提供了佐证。发掘的 20 座宋代墓葬出土了一批较有代表性的青瓷器，特别是 M11 出土的

瓷盏（M11∶6），保存完好，釉色精美，反映了当时发达的陶瓷制作工艺。墓地的科学发掘为揭示其内涵提供了翔实的资料，也为研究墓地所在区域历史变迁提供了有价值的资料。

附记：肖友红、刘宏昊绘图，刘祖梅器物修复。

（编辑：王志高）

编 后 记

《东亚文明》集刊，原刊名《东亚古物》，由南京师范大学文物与博物馆学系主编。其第一辑于2019年12月由社会科学文献出版社出版，设置有"先秦考古""历史时期文物考古研究""区域历史文化""域外遗珍""博物馆与文化遗产保护""田野考古报道"6个栏目，共发表23篇涉及考古学、文物学、博物馆学等方向的论文，其中包括4篇来自日本、韩国、美国学者的论文。此外，还刊布了3篇重要的考古发掘简报。

《东亚文明》第一辑出版后，在学术界取得较好的反响，其学术价值也获得普遍肯定。2020年初，本系即开始着手第二辑的编辑工作，在组稿阶段陆续收到来自海内外的不少稿件。然而，新冠肺炎疫情突袭而至，此后的编辑工作被迫中断，未能实现在2020年内出版的计划。进入2021年度以来，本系克服重重困难，最终于暑期前完成统稿工作。本辑共收录27篇中外学者论文及考古发掘简报，根据来稿所涉及的研究领域，在第一辑的基础上增设了"考古学史""科技考古"两个栏目，用于展现考古学的历史进程，以及最新的科技考古动态。

《东亚文明》第二辑的出版，得到了南京师范大学社会发展学院主要领导的大力支持，本系全体同仁亦鼎力襄助。其编辑工作的分工如下：王志高、徐峰、刘可维、祁海宁、陈声波负责统稿、校勘等工作，郭卉承担目录的英译工作；本系在读研究生徐良、马健涛、康梓耀、孙宇阳、王筱轩5位同学承担了初稿文字及插图的形式统一工作。此外，在王志高、李济沧、刘可维等老师的指导下，本系在读研究生陈瑾瑜、左凯文、孙婉、裴春松等同学还翻译了韩国、日本、越南学者的多篇论文。

希望《东亚文明》能够成为供考古学、文物学、博物馆学、文化遗产保护展示等领域学者交流讨论的一个综合性平台，敬请国内外同仁不吝赐稿！

南京师范大学文物与博物馆学系

2021年8月

图书在版编目（CIP）数据

东亚文明. 第 2 辑 / 南京师范大学文物与博物馆学系
主编. -- 北京：社会科学文献出版社，2021.9
　　ISBN 978 - 7 - 5201 - 8804 - 3

　　Ⅰ.①东…　Ⅱ.①南…　Ⅲ.①考古 - 研究 - 东亚
Ⅳ.①K883.1

　　中国版本图书馆 CIP 数据核字（2021）第 162959 号

东亚文明　第 2 辑

主　　编 / 南京师范大学文物与博物馆学系

出 版 人 / 王利民
责任编辑 / 李　淼
责任印制 / 王京美

出　　版 / 社会科学文献出版社
　　　　　地址：北京市北三环中路甲 29 号院华龙大厦　邮编：100029
　　　　　网址：www.ssap.com.cn
发　　行 / 市场营销中心（010）59367081　59367083
印　　装 / 三河市东方印刷有限公司

规　　格 / 开　本：787mm × 1092mm　1/16
　　　　　印　张：24.5　字　数：534 千字
版　　次 / 2021 年 9 月第 1 版　2021 年 9 月第 1 次印刷
书　　号 / ISBN 978 - 7 - 5201 - 8804 - 3
定　　价 / 98.00 元